低空经济

新质生产力的一种新经济结构

兰旭东 陈向 / 著

电子工业出版社
Publishing House of Electronics Industry
北京·BEIJING

内容简介

本书指出了低空经济作为新质生产力的一种新经济结构的本质、内涵与特点，强调了低空经济的全球战略定位及其与"一带一路"倡议的协调关系，指明了未来低空经济的发展方向；详细对比了通用航空与低空经济，指出了低空应急救援和安全保障管理对当前及未来我国低空经济发展的重要意义，分析了在全球经济现状下低空经济的政策引导和布局，探讨了低空经济的产业规模、发展规划、技术革新和风险；重点介绍了工业级无人机、eVTOL、有人驾驶通航直升机与固定翼飞机的发展现状及其关键系统，并讨论了"AI+低空飞行器"赋能千行百业的情况；根据低空经济的行业特征提出了人才需求，分享了各地发展低空经济的现状和未来目标，给出了各地政府、企事业单位、高等院校和个人参与低空经济建设的建议。

本书能够帮助读者深刻认识低空经济的本质、内涵与特点，全面认知低空飞行器的技术特点，深入了解低空经济的政策法规、发展现状、技术核心、人才需求和未来趋势。本书可为政府工作人员、企事业单位、高等院校、培训机构、投资者和投资机构，以及对低空经济感兴趣的各类人士提供参考。

未经许可，不得以任何方式复制或抄袭本书之部分或全部内容。
版权所有，侵权必究。

图书在版编目（CIP）数据

低空经济：新质生产力的一种新经济结构 / 兰旭东，陈向著. -- 北京：电子工业出版社，2025.3. -- ISBN 978-7-121-49701-8（2025.8重印）

Ⅰ. F561.9

中国国家版本馆CIP数据核字第202544DT84号

责任编辑：张彦红　　　　　特约编辑：田学清
印　　刷：中国电影出版社印刷厂
装　　订：中国电影出版社印刷厂
出版发行：电子工业出版社
　　　　　北京市海淀区万寿路173信箱　　邮编：100036
开　　本：720×1000　1/16　印张：34.5　字数：497千字
版　　次：2025年3月第1版
印　　次：2025年8月第6次印刷
定　　价：139.00元

凡所购买电子工业出版社图书有缺损问题，请向购买书店调换。若书店售缺，请与本社发行部联系，联系及邮购电话：(010) 88254888，88258888。

质量投诉请发邮件至 zlts@phei.com.cn，盗版侵权举报请发邮件至 dbqq@phei.com.cn。
本书咨询联系方式：faq@phei.com.cn。

序

低空经济是新质生产力崛起与战略布局的新篇章。在当今这个日新月异的时代，科技的飞速发展正不断改变着我们的生活方式、生产模式和整个经济结构。随着我国"新质生产力"概念的提出，低空经济作为其中一种重要的新兴力量，正引领我们步入一个全新的发展阶段。

低空经济，顾名思义，是指依托低空空域资源，通过先进的航空器技术、空中交通管理、智能化应用等手段，实现人员与物资的快速、高效、绿色运输，进而推动产业升级、经济发展和社会进步的一种新型经济形态。它不是一种简单的交通方式的革新，而是一种全新的生产力布局和对经济发展模式的探索。

在低空经济的浪潮中，我们看到了新质生产力的崛起。这种生产力以高科技为支撑，以创新驱动为核心，以绿色低碳为导向，展现出强大的生命力和竞争力。它打破了传统生产力的束缚，为经济发展注入新的活力和动力。同时，低空经济也为我们提供了一种全新的战略布局思路。通过合理规划低空空域资源，优化空中交通网络，加强空地协同，可以实现资源的高效配置和产业的协同发展，从而推动经济社会的全面进步。

低空经济的发展离不开政策的支持、技术的创新和市场的培育。政府需要制定科学合理的政策法规，为低空经济的发展提供有力的保障；企业需要不断加大研发投入，推动技术创新和产业升级；市场需要不断完善和成熟，为低空经济的应用提供广阔的空间和舞台。只有这样，我们才能共同推动低空经济这一新质生产力在经济社会发展中发挥更大的作用。

低空应急救援和安全保障是低空经济发展的关键内容，是国家战略布局的重要组成部分。加速建设符合我国国情的、具有中国特色的低空应急救援体系已迫在眉睫。随着低空经济的提出和大力推进，我们相信，未来的低空应急救援体系一定会越来越成熟。

清华大学兰旭东教授撰写的这本关于低空经济的著作全面剖析了低空经济的内涵、特点和发展趋势，深入探讨了低空经济在新质生产力和战略布局中的重要地位与作用；另外，通过案例分析和实证研究，展示了低空经济在各大领域的应用和取得的成果，为读者提供了一份全面、深入、实用的参考指南。

我与兰旭东教授相识已久，他在航空动力、无人飞行器等领域深耕多年，是航空领域的资深学者，对这一领域的过去非常熟悉，对其现状掌握得非常全面，对其未来有着严谨的预判。因此，他撰写的这本关于低空经济的著作的理论广度、技术深度、战略高度均是一流的，是我国新质生产力和低空经济发展的重要补充，能为读者带来耳目一新的观点和全面、系统的展示。

展望未来，低空经济必将以其独特的优势和无限的潜力，成为推动经济社会发展的重要力量。让我们携手共进，共同迎接低空经济这一新质生产力带来的美好未来！

刘大响

中国工程院院士

北京航空航天大学教授

2024 年 11 月于北京

前言

进入 21 世纪以来,经济全球化使各国经济紧密相连,形成了一套复杂而庞大的全球经济体系。多个经济体在全球经济中扮演着重要的角色,共同推动全球经济的发展,总体呈现出快速增长的趋势。然而,近年来,一些霸权国家给全球经济带来很大的负面影响,贸易保护主义抬头、多边贸易体制受到冲击、全球贸易增长放缓等全球化逆流问题给世界经济带来了灾难。作为应对措施,我国提出由技术革命性突破、生产要素创新性配置、产业深度转型升级而催生的新质生产力发展战略。

低空经济作为新质生产力的重要组成部分,是一种新经济结构,涉及军、警、民等多个领域的各类低空飞行活动。低空经济的发展依赖航空技术、材料科学、信息技术等领域的创新,以各种有人驾驶和无人驾驶航空器的各类低空飞行活动为牵引,通过优化生产要素配置,辐射带动相关领域融合发展,提高资源利用效率,形成一种具有"多领域、跨行业、全链条"特点的综合性经济形态。

本书定位于探究低空经济的本质、内涵、技术革新、产业结构、未来规划,以及低空飞行器及其关键系统等内容,分为三篇,共十五章。

其中，基础篇和发展篇由兰旭东撰写，共十章，内容涵盖低空经济的本质、发展低空经济的基础建设、中美在通用航空领域的发展现状、低空应急救援和安全保障管理、在全球经济的发展现状下发展低空经济的必要性、低空经济产业的发展策略、从通用航空到低空经济的技术革新、各地发展低空经济的现状和未来目标、低空经济的人才需求和培养、各方参与低空经济建设的建议。技术篇由陈向撰写，共五章，重点介绍了工业级无人机、eVTOL（电动垂直起降飞行器）、有人驾驶通航直升机与固定翼飞机的发展现状及其关键系统，并讨论了"AI+低空飞行器"赋能千行百业的情况。总之，随着技术的不断进步和政策的持续支持，低空经济将迎来更加广阔的发展前景，为全球经济的高质量发展注入新的动力。

在本书的撰写过程中，有幸得到众多行业专家、学者、地方政府领导和低空经济产业领军人物的支持，尤其是各个头部无人机、eVTOL整机与关键系统研发制造企业负责人和通用航空运营公司负责人，正是你们在一线努力获得的技术与场景创新，才让我国的低空经济产业在全球大放异彩，让千行百业有机会因"无人机+"而提质增效，让老百姓可以"升维"享受更加美好的生活，也让本书的读者能够通过图文掌握关于低空经济产业的全新发展动态，在此一一致谢（排名不分先后）。

感谢刘大响院士。刘大响院士作为中国航空领域的前辈，全国劳动模范称号、航空航天月桂奖"终身奉献奖"、国家科学技术进步奖特等奖、首都精神文明建设奖、何梁何利基金科学与技术进步奖的获得者，总是不遗余力地指导和关心后辈的成长。此次撰书，刘大响院士提出了很多有价值的修改建议和意见，并提供了本书第四章的主要素材。真心感谢刘大响院士！

感谢清华大学航空发动机研究中心主任周明教授和航天航空学院领导、同事们的指导与支持。

感谢中国职工技术协会无人机和无人系统专业委员会首任会长包延君先生，他为本书的内容提出了很多来自一线的真实反馈。

感谢北京军民产融服务协会创始理事陈玉杰先生一直以来的支持。

感谢北京、深圳、四川成都和自贡、陕西西安、内蒙古呼和浩特和鄂尔多斯、江西九江共青城、安徽合肥等地方政府领导的支持与关注。

感谢航空工业自控所朱雪耀、成都市无人机产业协会李永光、翊飞航空徐强、纵横股份任斌、星展测控韩磊/孙攀东、华奕航空王晋华、腾盾科创王琦、迅蚁科技章磊、微至航空徐淳、驼航科技王强、中无人机朱海海、沃飞长空郭亮、亿航智能胡华智、追梦空天蔡文宽、小鹏汇天赵德力、御风未来刘十一、零重力李宜恒、倍飞智航张曙光、览翌航空党铁红、尚飞航空邢华楠、峰飞航空谢嘉、时的科技蒋俊、沃兰特黄小飞、深圳市低空经济产业协会和东部通航赵麒、向哥低空经济智库赵恒、山河星航邓宇、天鹰装备谢建立/谢启浩、爱邦电磁范晓宇、钛深科技汪晓阳、盛邦安全权小文、辰航卓越潘泉、凌波微步赫立宁、航瑞动力朱航、宗申动力周丹、应流航空辛强、義禾航空刘传超、芯派科技罗义、卧龙电驱刘栋良、羽嘉动力管泽浩、德赛控制郭万里、盟维科技张跃钢、艾飞智控杨军、腾远智拓刘道选、虹跃光电团队、奥伦达科技赵浩杰、夜行人张勇、亨睿航空朱月琴、兴航航空徐科、华晟复材段玉岗、沃祥航空杨朋涛、朗正科技于今、航弓科技苏尔敦、艾威航科张惠沅、共达地创新赵丛/李苏南等在本书撰写过程中提供的指导与支持。

感谢电子工业出版社的张彦红、李淑丽、孟宇等编辑在本书出版过程中的辛勤付出。没有你们的夜以继日，本书不可能这么快面世。

由于作者自身水平有限，书中难免存在不足之处，敬请广大读者批评、指正。

兰旭东、陈向

2024 年 12 月

目录

第一篇　基础篇

第一章　首先是经济 / 2
　　第一节　资金是经济发展的载体 / 2
　　第二节　新质生产力"新"在哪里 / 6
　　第三节　低空经济的本质 / 8

第二章　基础建设——低空经济的"支撑者" / 14
　　第一节　物理基础设施 / 14
　　第二节　信息基础设施 / 19
　　第三节　空中管理系统 / 21
　　第四节　数字化管理服务系统 / 23
　　第五节　建设标准与规范 / 25
　　第六节　与城市房地产的融合发展 / 27

第三章　通用航空——低空领域的成熟经济 / 32
　　第一节　什么是通用航空 / 32
　　第二节　通用航空是低空经济的重要组成部分 / 33

第三节　美国通用航空发展现状 / 35
第四节　中国通用航空发展现状 / 59
第五节　中美通用航空实力对比 / 69

第四章　低空应急救援和安全保障管理 / 73

第一节　中国的低空应急救援能力亟待提高 / 74
第二节　提高低空应急救援能力是国民经济的重要增长点 / 75
第三节　低空经济产业发展的关键是开放低空空域 / 78
第四节　低空空域的安全保障与管理 / 80

第五章　从全球视角看发展低空经济的必要性 / 87

第一节　全球经济发展现状 / 87
第二节　美国对世界经济的影响 / 94
第三节　中国经济发展现状 / 103
第四节　中国经济面临的困境 / 106
第五节　低空经济是摆脱困境的有效方案 / 109
第六节　低空经济的政策演进 / 114
第七节　低空经济的全球布局 / 120

第六章　低空经济，万亿市场 / 126

第一节　低空经济产业规模估算 / 126
第二节　低空经济的代表企业 / 129
第三节　低空运营服务及保障 / 145
第四节　低空经济的发展规划 / 149

第七章　技术演进：从通用航空到低空经济 / 155

第一节　从通用航空到低空经济的技术革新 / 155

第二节　满足市场需求的低空核心技术 / 160

第三节　低空经济的发展挑战 / 166

第二篇　技术篇

第八章　工业级无人机 / 182

第一节　工业级无人机的分类 / 183

第二节　工业级无人机的典型应用场景 / 215

第九章　eVTOL / 232

第一节　eVTOL 的主要特点 / 234

第二节　eVTOL 的分类 / 238

第十章　有人驾驶通航直升机与固定翼飞机 / 251

第一节　有人驾驶通航直升机 / 251

第二节　有人驾驶通航固定翼飞机 / 256

第三节　通航运营的代表企业——东部通航 / 261

第十一章　低空飞行器关键系统 / 272

第一节　安全使能子系统 / 273

第二节　动力子系统 / 285

第三节　航电与飞控子系统 / 309

第四节　飞机平台与机电子系统 / 336

第十二章　"AI+低空飞行器"赋能千行百业 / 352

第一节　AI 在低空经济中的应用潜力 / 352

第二节　低空 AI 应用场景 / 354

第三节　低空 AI 部署方式 / 388

第四节 低空 AI 与传统地面安防 AI 的差异 / 392

第五节 低空 AI 的代表企业——共达地 / 396

第三篇　发展篇

第十三章　低空经济的"南北东西" / 400

第一节 华东地区——抢在前列 / 400

第二节 中南地区——积极贡献 / 413

第三节 华北地区——稳步推进 / 432

第四节 西南地区——藏龙卧虎 / 456

第五节 西北地区——应用广阔 / 473

第六节 东北地区——蓄势待发 / 476

第十四章　人才是根本 / 479

第一节 行业特征 / 479

第二节 人才需求 / 488

第三节 人才培养 / 501

第十五章　凝心聚力，参与低空经济建设 / 506

第一节 各地政府深刻领会 / 507

第二节 企事业单位积极加入 / 512

第三节 高等院校迅速调整 / 521

第四节 职业选择适度倾斜 / 528

第一篇　基础篇

第一章

首先是经济

低空经济首先是经济,经济发展的载体是资金,资金之于经济就如血液之于人体。资金流向哪里,就会在哪里生根发芽、开花结果。因此,资金的一个固有特性就是流动性,资金的流动性高意味着经济的活跃度高。衡量资金能力的指标有两个:资金总量和流动速度。资金总量反映的是总体规模,是"量";流动速度反映的是能力,是"质"。只有既有"质"又有"量",才能使经济健康发展。当资金总量基本不变时,流动速度又与流通"通道"有关。这里的流通"通道"指的就是经济结构。

第一节 资金是经济发展的载体

资金既是经济活动的"血液",也是连接生产、分配、交换和消费等各个环节的纽带,对经济体系的稳定、增长与发展起着至关重要的作用。

1. 资金是经济的驱动力

资金是经济增长的直接动力。通过投资，资金被转化为生产力，如建设基础设施、研发新技术、扩大生产规模、带动产业转型升级、促进经济结构优化等，从而提高经济整体的生产效率和竞争力，为经济持续增长提供动力。

企业是经济活动的主体，资金是企业运营和发展的基础。无论是初创企业还是成熟企业，都需要资金支持其开展研发、生产、市场推广等业务。可以说，资金直接影响企业的生存和市场竞争力。因此，企业可以通过融资、投资等手段获得必要的资金支持，实现快速发展。

资金流动是全球贸易与合作的重要支撑。国际贸易需要的支付结算、信用担保等金融服务离不开资金的支持。跨国投资作为资金流动的重要形式之一，促进了资本、技术、人才等生产要素在全球范围内的优化配置，推动了全球经济的融合与发展。

金融市场是资金配置的重要场所，资金在金融市场的流动能反映市场的供需变化，为投资者提供风险管理和资产配置的工具。稳定的金融市场有助于降低系统性风险，保护投资者的利益，维护金融安全和经济稳定。

资金是科技创新的重要驱动力。资金通过风险投资、科研资助等方式投入科技领域，支持科研人员开展前沿技术研究和应用开发，有助于推动科技进步和产业升级，为经济增长注入新的活力。

资金对教育、医疗、社会保障等社会事业领域的推动与民生的改善意义重大。资金通过公共财政投入、社会捐赠等方式支持教育资源的均衡分配、医疗服务的普及和提升、社会保障体系的完善等，提高人民的生活水平和幸福感。

2. 资金流动变缓的影响

资金流动变缓会引起经济衰退，甚至引发战争，重创全球经济和人类福祉，所带来的损失极大，应尽量避免。

资金流动变缓意味着投资活动受到抑制，致使企业难以获得充足的资金进行生产扩大、技术升级或新项目的开发，导致企业的创新力降低；资金流动变缓还会限制企业采用新技术和购买先进设备的能力，从而降低企业的生产效率和竞争力，影响企业的盈利能力和市场地位，进一步影响就业等宏观经济表现，形成恶性循环，使经济增长动力减弱。

资金流动变缓可能导致金融机构的流动性风险增加，信贷紧缩。在这种情况下，企业更难获得贷款，而金融机构则面临更高的不良贷款率，进一步加剧金融市场的波动和风险。这会导致投资者对市场信心下降，对未来经济前景持悲观态度，从而减少投资和消费，进一步抑制经济增长。

资金流动变缓可能导致跨境资本流动减少，影响国际贸易和投资的活跃度，引发汇率波动。当资本流出时，本国货币可能贬值，进而影响出口竞争力和国际收支平衡。

资金流动变缓可能导致企业的盈利能力下降或破产倒闭，就业压力增加，失业率上升，影响社会稳定和居民消费能力（内需不足）。同时，政府财政收入可能因经济增长放缓而减少，导致在公共服务（如教育、医疗、社会保障等）方面的投入不足，影响民生福祉。

资金流动是全球经济联系的重要纽带。资金流动变缓会削弱各国之间的经济联系和合作，不利于全球经济的复苏和增长，甚至引发全球金融市场的动荡。

3. 防止资金流动变缓的措施

显然，防止资金流动变缓的最直接的措施就是加快资金的流动速度。通常通过优化金融环境、促进投资、拉动消费、提高资金使用效率等措施遏制变缓的资金流动性。

包括股票、债券、外汇等在内的多层次金融市场体系为资金提供了多样化的投资渠道和流动平台，可在确保金融安全的前提下，通过简化审批流程，提高金融服务效率和透明度，来避免资金流动的障碍；同时，发展供应链金融、绿色金融等创新型金融产品，提高服务质量，以满足不同经济主体的融资需求。

投资和消费是促进资金流动、提振经济活力的重要手段。政府应加大对基础设施、科技创新、绿色能源等领域的投资力度，并通过政策引导和市场机制，鼓励消费者增强对高质量商品或服务的消费意识，提高投资和消费对经济增长的贡献率；同时，尽可能引导资金向高效益、高成长性的行业和企业流动，尤其是具有极强创新能力的高科技企业和未来技术产业，避免资金在低效行业和领域内"打转"而丧失流动性。

另外，政府应提高资金使用效率，加快资金在不同领域、不同行业、不同企业之间的配置速度，进一步利用大数据、云计算、人工智能等现代信息技术手段，提高资金流动的数字化水平，降低交易成本。

以往，采用上述措施多管齐下确实可以有效缓解资金流动变缓对经济的不良影响。然而，时至今日，全球主要国家和地区已经进入一个高度发达和高速发展的时期，经济体量空前巨大，在不改变经济结构的情况下，采用上述措施加快资金的流动速度已无法有效提高经济运行效率，必须通过改变经济结构进而改变资金的流动速度来实现。

第二节　新质生产力"新"在哪里

在人类的历史进程中，没有哪个时期比现在更需要科技驱动，世界的经济体量已经庞大到必须出现全新的生产驱动力才能推动的地步。新质生产力就是这样一种"新"力量。它是由技术革命性突破、生产要素创新性配置、产业深度转型升级而催生的当代先进生产力，以劳动者、劳动资料、劳动对象及其优化组合的质变为基本内涵，以全要素生产率提升为核心标志。新质生产力具有颠覆性创新驱动、发展速度快、发展质量高等特点，是以智能技术、绿色技术、高效能源利用技术为代表的新一轮技术革新驱动的经济结构跃迁。

近年来，中国在科技创新方面取得了显著的成就，如在载人航天、量子信息、核电技术、大飞机制造等领域取得了重大突破。这些技术革新不仅推动了中国新质生产力的发展，还促进了中国经济结构的优化升级。新能源汽车、锂电池、光伏产品等重点领域的加快发展，以及数字经济等新兴领域的领先优势，都是技术革新驱动经济结构跃迁的生动例证。

低空经济是新质生产力的重要组成部分。

在南方，以深圳为代表的科技发达城市，紧握"低空经济"这一有力抓手，着力构建城市智能空中交通技术体系和运行体系；率先出台全国首部低空经济立法——《深圳经济特区低空经济产业促进条例》，并发布相关实施方案，新增低空经济与空天产业集群。目前，深圳已拥有成熟完备的无人机产业链条，覆盖生产制造、技术研发、软件开发、商业应用、人才培育等诸多环节，聚集了大疆创新、丰翼科技、道通智能等一批行业头部企业。此外，深圳还积极探索低空经济的各类应用场景，涵盖交通、物流、旅游、巡检等领域，推出"跨城急送"无人机配送业务，提高了配送效率。

在北方，以呼和浩特为代表的航天优势城市，依托当地雄厚的航天基础优势，快速切入低空经济、商业航天新赛道，培育新质生产力，发展未来产业。由内蒙古航数科技主导研发的"青城一号"卫星于北京时间 2024 年 5 月 21 日 12 时 15 分在中国酒泉卫星发射中心发射成功，这一事件提升了内蒙古在中国航天数据创新应用和空天科技发展中的战略地位，为构建内蒙古航天产业体系、推动地区经济转型升级注入了新的动力。2024 年 7 月，呼和浩特低空经济装备制造产业园揭牌成立，这是内蒙古首个低空经济装备制造产业园，为内蒙古发展低空经济提供了有力的载体。该产业园现已签约新一代商业运载火箭制造、商业液体火箭制造、通用航空飞机生产制造等 26 个项目，计划总投资 1000 多亿元，涉及航天装备、商业航天、低空经济等领域。

此外，福建首批低空客货邮物流航线正式运行，推动了物流产业的转型升级；四川跨省低空物流首航成功，展现了低空经济在物流领域的巨大潜力；湖南首条低空物流航线进入常态化运营，为低空经济的发展提供了有力的支撑。这些案例充分展示了低空经济作为新质生产力重要组成部分的发展实践，通过科技创新、产业转型升级和高效运营，推动了经济的高质量发展。

第三节　低空经济的本质

低空经济的本质是新质生产力的一种新经济结构，是改变资金流通"通道"、加快资金流动速度的具体实现方式。

2024年2月23日下午，中共中央总书记、国家主席、中央军委主席、中央财经委员会主任习近平主持召开中央财经委员会第四次会议，研究大规模设备更新和消费品以旧换新问题，研究有效降低全社会物流成本问题。习近平在会上发表重要讲话强调，加快产品更新换代是推动高质量发展的重要举措，要鼓励引导新一轮大规模设备更新和消费品以旧换新。物流是实体经济的"筋络"，联接生产和消费、内贸和外贸，必须有效降低全社会物流成本，增强产业核心竞争力，提高经济运行效率。会议强调，优化主干线大通道，打通堵点卡点，完善现代商贸流通体系，鼓励发展与平台经济、低空经济、无人驾驶等结合的物流新模式。统筹规划物流枢纽，优化交通基础设施建设和重大生产力布局，大力发展临空经济、临港经济。

1. 低空经济的定义与特点

低空经济是指围绕低空空域资源开展的各类经济活动的总称，涉及军、警、民等多个领域，横贯第一、第二、第三产业，涵盖上中下游整个发展链条。低空经济以各种有人驾驶和无人驾驶航空器的各类低空飞行活动为牵引，辐射带动相关领域融合发展，形成一种综合性的经济形态。这种经济形态具有"多领域、跨行业、全链条"的特点，已不再是单纯从事民事飞行服务的经济形态，而是具有较强的综合性的经济形态。

低空经济的发展依赖航空技术、材料科学、信息技术等领域的创新。这些技术的不断突破和应用，将推动低空经济不断发展，是新质生产力的技术创新性特征的突出体现。

低空经济通过优化生产要素配置，提高资源利用效率。作为低空飞行器的重要组成部分，无人机在农业、林业、电力巡检等领域的应用在很大程度上替代了传统的人力劳动，降低了成本，提高了效率。这种生产要素的优化配置，正是新质生产力的重要体现。

低空经济涉及多个行业和领域，通过与农业、工业、服务业等产业的深度融合，推动相关产业的转型升级和高质量发展。这种产业间的深度融合，是新质生产力的重要特点之一。

随着技术的不断进步和应用领域的不断拓展，低空经济以其高效、安全、环保等特点，可为经济发展提供新动力，在加强社会保障、服务国防事业等方面发挥更加重要的作用。这种高质量发展态势，正是新质生产力所追求的目标。

2. 低空经济的主体在"地"不在"空"

低空空域是低空经济的"秀场"，但其主体部分主要体现在地面建设上。低空经济的发展离不开机场、起降点、导航设施、通信设备等一系列地面设施的建设和完善。这些设施是低空飞行活动得以顺利开展的基础，也是低空经济产业链中的重要环节。

低空经济涉及的航空器制造、维修、运营、服务等多个环节基本都是在地面完成的，如航空器的设计、制造、组装、测试等。同时，低空经济还能带动航空材料、航电系统、航空培训等相关产业链的发展，这些都是以地面建设为主体的。

低空经济的健康发展需要空域管理、飞行审批、安全监管、应急救援等多方面的完善服务与支持保障体系。这些工作虽然与空中飞行活动密切相关，但其主体部分仍然是在地面进行的。例如，空域管理需要地面空管系统的支持，飞行审批需要地面审批机构的审核，安全监管需要地面监管机构的监督等。

低空经济还可为应急救援、环境监测、农业植保等领域提供有力支持，提升社会服务水平。这些经济效应和社会影响都是基于地面建设和发展而实现的。

地面基础设施的完善、产业链的构建、服务与支持保障体系的建立、经济效应和社会影响的实现，都是低空经济健康发展的重要保障。这些内容非常符合2024年2月23日重要会议中提出的"统筹规划物流枢纽，优化交通基础设施建设和重大生产力布局"的要求，必将带动中国经济的新一轮大发展。

3. 低空经济是中国发展全球战略的重要部署

低空经济是中国扩大内需、提振本国经济、发展全球战略的重要部署。

首先，低空经济是中国扩大内需的重要引擎，将创造新的消费场景和业态。低空经济包含无人机、eVTOL、有人驾驶通航直升机与固定翼飞机等多种航空器的研发制造和运营服务，这些新兴产品和技术为空中游览、城市空中交通、低空物流等创造了全新的市场业态，有效激发了消费潜力，扩大了内需。低空经济不仅直接促进了航空器制造、维修、运营等核心产业链的发展，还将带动高端制造、人工智能、物联网等相关产业的协同发展。这种产业链的延伸和拓展，可为经济增长提供更多的原动力。

其次，低空经济是中国提振本国经济的重要手段。低空经济是战略性新兴产业之一，中国通过政策扶持、低空释放、资金投入和市场培育等多种手段，正在大力推动低空经济的快速发展，为经济增长注入新的活力。与过去几十年以房地产为牵引的传统经济发展模式不同，低空经济作为一种综合性的经济形态，具有产业链条长、业态多元、附加值高等高科技特点。低空经济的快速发展有助于推动中国经济从传统制造业向高技术、高附加值产业转型升级，提升中国整体经济竞争力和可持续发展能力。

最后，低空经济是中国发展全球战略的重要部署。低空经济作为一种新型经济形态，在中国全球战略发展中扮演着重要的角色，是中国推动经济转型升级、拓展国际合作空间的重要部署之一。①低空经济的发展有助于提升中国在全球经济中的竞争力。随着无人机、通用航空等众多核心技术的快速发展，低空领域的物流运输、空中旅游、应急救援等正在形成新的经济增长点，提升其在全球产业链和价值链中的地位。②低空经济为中国参与全球治理提供了新的平台和机遇。全球化使世界各国的合作与竞争日益激烈，低空经济的发展涉及多个国家和地区的利益，需要各国和各地区共同制定规则与标准。中国可以通过积极参与国际合作，推动低空领域的规则制定和标准建设，为自身争取更多的话语权和影响力。③低空经济有助于推动中国与其他国家之间的互利、共赢和合作。通过加强在无人机、通用航空等领域的合作，中国可以与其他国家共享技术成果和市场资源，实现互利共赢。这种合作模式有助于增进中国与其他国家之间的友谊和信任，为构建人类命运共同体贡献力量。

需要注意的是，低空经济的发展面临着诸多挑战和风险。例如，空域管理、安全监管、技术标准等问题需要得到妥善解决；同时，还需要加强与国际社会的沟通和协调，确保低空经济在全球范围内健康发展。

随着技术的不断进步和政策的持续支持，低空经济有望在未来成为中国经济增长的新引擎和全球航空产业的重要力量，带动"一带一路"沿线各国的基础建设和产业结构调整，造福世界人民。

4. 低空经济与"一带一路"倡议

低空经济与"一带一路"倡议紧密相关、相互促进、共同发展。

"一带一路"是中国提出的重大倡议，旨在加强沿线各国之间的经济合作与基础设施建设，推动沿线各国共同发展与繁荣。这一倡议涉及多个领域和产业，包括交通、能源、通信等基础设施项目，以及贸易、投资、金融等领域。低空经济作为一种新型经济形态，具有广阔的应用前景和巨大的发展潜力，可通过多种方式为"一带一路"倡议提供支撑。

首先，低空经济能够助力提升区域间的互联互通水平。"一带一路"沿线各国能够通过开展无人机货运、空中旅游等项目，开辟新的物流通道和旅游线路，进而促进区域间的经贸往来和文化交流。这种高效的互联互通方式有助于缩小地域差距，推动各相关国家的经济发展。

其次，低空经济还可为"一带一路"沿线各国带来技术创新和产业升级的机会。随着无人机、通用航空等技术的不断发展，低空领域正逐渐成为技术创新的热点领域。通过参与低空经济建设，各国可以引进中国的先进技术和管理经验，提升自身的科技水平和产业竞争力。

此外，低空经济的发展还有助于增强"一带一路"倡议的国际影响力。随着低空经济的蓬勃发展，越来越多的国家和地区加入这一合作框架中，形成了更广泛的国际合作网络。这将有助于推广"一带一路"倡议的理念和目标，增进国际社会对中国的理解和信任。

总之，以低空经济为代表的新质生产力是中国和平发展、与世界共享高科技和新经济成果的重要战略部署。大力发展低空经济无论是对国内经济还是对世界格局都具有重要的战略意义。中国要积极参与低空经济的发展和建设，与世界各国同发展、共命运！

第二章

基础建设——低空经济的"支撑者"

低空经济的基础建设是一项复杂而系统的任务,是支撑低空经济活动的基石,主要包括物理基础设施、信息基础设施、空中管理系统、数字化管理服务系统、建设标准与规范。另外,本章最后一节还介绍了低空经济与城市房地产的融合发展。

第一节 物理基础设施

物理基础设施是低空经济活动的硬件保障,主要包括低空飞行器起降平台,低空飞行器充(换)电站,低空飞行器中转站、货物装卸区、乘客候乘区。

1. 低空飞行器起降平台

低空飞行器起降平台是低空飞行器起飞、降落和停靠的地方,通常具备适应不同类型低空飞行器起降需求的能力,以确保低空飞行器能够安全、稳定地进行起降操作,是低空经济活动的核心设施。

根据不同的分类标准，低空飞行器起降平台可以分为多种类型。根据使用场景不同，可以分为城市内起降平台、郊区起降平台、景区起降平台等；根据功能不同，可以分为载人起降平台、物流起降平台、应急救援起降平台等。此外，还可以根据平台的结构、材料、技术等特点进行进一步的分类。

低空飞行器起降平台的建设需要遵循一定的要求和标准，通常包括以下几项。

位置选择：起降平台应选择在交通便利、地势平坦、无高大建筑物或障碍物遮挡的空旷地带，以确保低空飞行器的安全起降。

尺寸与承重：起降平台的尺寸与承重应根据预期使用的低空飞行器的类型和数量确定，以满足起降需求。

材料与结构：起降平台应采用坚固、耐用的材料，并设计合理的结构，以承受低空飞行器的重量和起降时的冲击力。

安全设施：起降平台周围应设置安全围栏、警示标志等安全设施，以确保人员和设备的安全。

通信与导航：起降平台应配备必要的通信与导航设备，以便与低空飞行器进行联系。

目前，国内外已有多个城市开始建设低空飞行器起降平台。例如，深圳在《深圳市低空起降设施高质量建设方案（2024—2025）》中明确提出，到2025年年底，建成1000个以上低空起降点，实现低空飞行服务保障达到国际先进水平。这些平台将涵盖直升机/eVTOL载客运输、物流运输、社区配送、公共治理服务等多个领域，为低空经济的发展提供有力的支撑。

随着低空经济的不断发展，低空飞行器起降平台将呈现以下发展趋势。

智能化：起降平台将采用更先进的智能技术，如自动驾驶、远程监控等，以提高起降效率和安全性。

网络化：起降平台将与低空飞行器的通信、导航、监视等系统实现更紧密的连接，形成完善的低空飞行网络。

多样化：起降平台将根据不同场景和需求进行定制化设计，以满足不同类型低空飞行器的起降需求。

绿色化：起降平台将采用更环保的材料和技术，减少对环境的影响，推动低空经济的可持续发展。

2. 低空飞行器充（换）电站

低空飞行器充（换）电站的发展是低空经济领域的一个关键环节。随着低空飞行技术的不断进步和市场的日益拓展，低空飞行器充（换）电站的建设和发展也呈现出积极的态势。低空飞行器充（换）电站的建设需要考虑低空飞行器的能源类型和充电需求，以确保充电效率和安全性。多地政府已出台相关政策，规划建设低空飞行器充（换）电站网络，以推动低空经济的发展。

从技术的角度考虑，为了提高充电效率，需要重点研究快充技术，包括：采用高效能量传输技术和小型化充电设施设计，缩短充电时间，提高低空飞行器的使用效率；发展无线充电技术，实现在飞行过程中或停止时为低空飞行器提供电力，提高充电的便捷性和灵活性；同步推进太阳能充电技术在低空飞行器中的应用。随着太阳能充电技术的不断进步和成本的不断降低，太阳能充电站有望成为未来低空飞行器充（换）电站的重要组成部分。

从低空飞行器充（换）电站的建设布局与规划的角度考虑，为了满足低空飞行器的充电需求，低空飞行器充（换）电站需要实现网络化布局，包括：在机场、交通枢纽、旅游景点等关键区域建设低空飞行器充（换）电站，以形成完善的充电网络；遵循统一的标准和规范，统一充电接口和充电功率，确保设施的安全性、兼容性和可持续性。另外，随着人工智能技术的不断进步，采用智能化管理系统可以实现远程监控、故障预警、数据分析等功能，有望大幅提高运营效率和服务质量。

低空飞行器充（换）电站是重要的低空飞行器地面配套设施，是低空经济的重要组成部分，是接下来一段时间需要大力发展的产业，机遇多、挑战小。目前，国内外已有多个城市开始建设低空飞行器充（换）电站。例如，十堰市在打造低空飞行试验基地的过程中，规划了多个无人机起降场和充（换）电站，以满足无人机的起降、充电和运营需求。这些电站的建设不仅提高了无人机的运营效率，也为低空经济的发展提供了有力的支撑。政府和企业应尽可能推动低空飞行器充（换）电站的发展与建设。

3. 低空飞行器中转站、货物装卸区、乘客候乘区

作为低空飞行器在不同航线或不同运营网络之间的连接点，中转站

的建设首先需要考虑的就是交通的便利性。中转站应位于交通便利、易于到达的地点，便于低空飞行器的快速中转和乘客的便捷换乘，减少中转时间，提高运营效率。其次应考虑与周边交通网络的连接，如与地面交通、其他低空飞行航线等的连接。此外，中转站的设施设备应配备完善，包括停机坪、候机室、安检设备、通信导航设备等，以确保低空飞行器的安全停放和乘客的舒适候机。

货物装卸区的建设类似中转站的建设，同样要考虑装卸货物的高效性，包括：使用自动化装卸机器人、智能分拣系统等，提高装卸效率和准确性；建立严格的安全管理制度和操作规程，确保货物在装卸过程中的安全；配备必要的安全设施，如监控摄像头、消防设备等。另外，货物装卸区应与物流信息系统紧密相连，以实现货物的实时跟踪和信息更新，提高物流管理的透明度和效率。

乘客候乘区是低空飞行器乘客等待登机、休息和获取信息的区域，建设需要注重舒适性和便利性。乘客候乘区应提供舒适的座椅、空调、照明等设施，以营造良好的候机环境，同时应配备必要的服务设施，如餐饮、购物、卫生间等；应提供航班信息显示屏、广播系统等信息服务设施，以及时更新航班动态和相关信息，方便乘客获取所需信息；应建立严格的安全管理制度和应急预案，确保乘客的人身安全和财产安全，同时应配备必要的安全设施，如安检门、监控摄像头等。

目前，国内外已有多个城市开始建设与低空经济相关的基础设施。这些基础设施将配备相应的中转站、货物装卸区和乘客候乘区，以满足低空经济的发展需求。

低空经济中配合低空飞行器中转站、货物装卸区、乘客候乘区，以及其他地面保障基础设施（如紧急备降设施、停机设施、检修设施等）的建设是确保低空交通顺畅、高效和安全运行的关键。未来，随着低空经济的不断发展，这些区域的建设将更加完善和高效，从而为低空飞行器的运营和乘客的出行提供更加便捷及舒适的服务。同时，政府和企业应加强合作，推动低空经济物理基础设施的建设和升级，促进低空经济的持续健康发展。

第二节　信息基础设施

信息基础设施是低空经济活动的"神经中枢"，是支撑低空飞行活动高效、安全运行的关键组成部分。

1. 通信设施

通信设施是低空经济信息基础设施的核心之一，确保了低空飞行器与地面控制站、其他飞行器及空中交通管理系统之间的实时通信。这些设施包括但不限于地面 5G 移动公网（5G-A）和低轨卫星互联网。5G-A 是基于 5G 网络在功能与覆盖上的演进和增强，具有高速率、低延迟、大连接数等特点，能够支持低空飞行器的高密度、高频次通信需求。根据深圳市的相关规划，5G-A 将在低空经济中发挥重要的作用，为低空无人飞行器的通信和监管提供有效的手段。低轨卫星互联网能够为低空飞行器提供全球范围内的通信覆盖，确保其在偏远地区或海洋上空也能保持通信畅通。

2. 导航设施

导航设施是低空飞行器准确飞行和定位的基础，主要包括北斗卫星导航系统、激光雷达和融合导航。作为中国自主研发的卫星导航系统，北斗能够为低空飞行器提供高精度的定位、导航和授时服务。激光雷达和融合导航等先进技术能够进一步提高导航的准确性与可靠性，确保低空飞行器在复杂环境下的安全飞行。

3. 监视设施

监视设施用于实时监控低空飞行器的飞行状态和周围环境，确保飞行安全。监视设施包括一次/二次雷达、广播式自动相关监视（ADS-B）等。雷达系统能够实时跟踪低空飞行器的位置、速度和高度等信息；ADS-B 系统能够使低空飞行器自动广播其位置信息，便于其他飞行器和地面控制站进行监控。

4. 气象设施

气象设施对于保障低空飞行器的安全飞行至关重要，主要通过气象雷达等实时监测低空飞行区域的气象条件，如风向、风速、降雨量等，能够提供更精确的气象数据，帮助低空飞行器规避恶劣天气。

5. 信息处理系统

信息处理系统是低空经济信息基础设施的"大脑"，负责处理与分析来自通信、导航、监视和气象等设施的数据，为低空飞行器的飞行决策提供支持。信息处理系统包括低空飞行数字化管理服务系统和空中交通管理系统（ATMS）等。前者用于对低空飞行器的飞行计划、航线规划、飞行状态等进行数字化管理；后者用于管理空中交通运输的信息处理系统，其组成部分包括空中交通服务（ATS）、空中交通流量管理（ATFM）和空域管理（ASM）等。

在全国低空经济信息基础设施建设方面走在前列的深圳市，率先提出了"深圳低空智能融合基础设施项目"。该项目包括低空飞行器等物理基础设施，低空飞行通信、导航、监视、气象等信息基础设施，以及低空飞行数字化管理服务系统的建设。项目金额达 5 亿余元，旨在打造完善的低空经济信息基础设施体系。此外，中国民用航空局在推进低空经济发展专题新闻发布会上表示，研究建立低空三维数字化空域地理信息系统，组织推进北斗导航、卫星通信、自主飞行等技术应用，构建天地一体的低空通信导航监视网络，全面提升低空航行服务能力。这些举措将为低空经济的发展提供有力的支撑。

总之，在低空经济的发展中，无论是物理基础设施还是信息基础设施，都是推动低空经济持续健康发展的重要保障，是拉动我国经济恢复增长、引领世界的关键性与基础性工作。

第三节　空中管理系统

低空经济的空中管理系统，全称为通信、导航、监视与空中交通管理系统（CNS/ATM 系统）。这一系统不仅负责低空飞行器的通信、导航和监视，还承担着空中交通管理的重任。它通过对低空飞行器的实时监控和调度，确保飞行活动的安全、高效和有序。

空中管理系统主要由以下几个部分组成。

通信部分：负责低空飞行器与地面控制站、其他飞行器之间的通信联系，确保信息准确、及时传递。

导航部分：为低空飞行器提供精确的导航服务，包括定位、航线规划等功能，确保低空飞行器能够按照预定路线飞行。

监视部分：对低空飞行器进行实时监控，包括获取飞行状态、位置、速度等信息，以便及时发现并处理异常情况。

空中交通管理部分：负责低空飞行器的流量管理、航线规划、航班调度等工作，确保空中交通的顺畅和安全。

空中管理系统应具备以下主要功能。

空域管理：依据既定的空域结构条件，实现对空域的划设调整，尽量满足空域使用各方的需求。这有助于优化对空域资源的使用，提高空域利用率。

空中交通服务：主要目的是防止低空飞行器之间、低空飞行器与障碍物之间发生碰撞。通过提供实时的飞行信息和交通咨询，帮助飞行员做出正确的飞行决策。

空中流量管理：当某区域的空中流量超过或即将超过该区域空中交通管理系统的可用能力时，预先采取适当措施，保证空中流量最佳地流入或通过相应区域。这有助于减少航班延误的现象，提高空中交通的运行效率。

此外，随着人工智能、大数据等技术的不断发展，低空经济的空中管理系统正朝着智能化、数字化、一体化的方向发展。政府相关部门应通过引入先进的技术手段，提高空中管理系统的自动化水平和智能化程度，实现更加高效、精准的空中管理。政府相关部门还应不断完善低空经济的法规政策体系，为空中管理系统的建设和发展提供有力的法律保障。同时，应加大监管力度，确保空中管理系统的规范运行和飞行安全。为了满足低空经济不断发展的需求，空中管理系统需要不断进行技术创新和升级，包括引入新的通信技术、提高导航精度、加强监视能力等，以适应未来低空飞行器的多样化和复杂化趋势。

第四节　数字化管理服务系统

低空经济的数字化管理服务系统是一个综合性的管理平台，旨在通过数字化手段对低空空域进行精细化管理，提升低空飞行的运行效率和安全水平。该系统通过集成信息处理、数据分析、决策支持等多种先进的技术和管理理念，为低空经济活动的参与者提供高效、便捷的服务。该系统通常包括空域管理、飞行监管、信息服务等多个模块，能够实时获取、处理和分析低空飞行器的飞行数据，为管理者和运营者提供决策支持。

空域管理：负责低空空域的划分、规划和管理，确保各类低空飞行器能够在指定的空域内安全飞行，通常与地理信息系统（GIS）相结合，实现对空域资源的可视化和动态管理。

飞行监管：对低空飞行器的飞行过程进行实时监控和管理，包括对飞行轨迹、速度、高度等关键参数进行监测，能够及时发现并处理飞行中的异常情况，确保飞行安全。

信息服务：为低空飞行器的运营者、乘客和相关部门提供必要的信息服务，如天气预报、空域状况、飞行计划等，通过整合各类信息资源，提高信息的准确性和时效性。

数字化管理服务系统的关键技术包括数字技术、人工智能技术和通信技术。该系统采用大数据、云计算、物联网等技术，收集、存储、处理和分析低空飞行器的飞行数据，具备强大的数据处理能力；采用机器学习和深度学习等智能手段，对飞行数据进行智能分析和预测，提高自身决策能力和应对突发事件的能力；采用5G和卫星通信等方法，实现低空飞行器与地面管理系统之间的实时通信，确保信息的及时传递和共享。

目前，国内已有多个组织开始建设数字化管理服务系统，举例如下。

由粤港澳大湾区数字经济研究院研发建设的"智能融合低空系统"（SILAS）是全球首个将市域级低空空域数字化的管理系统。该系统汇集了深圳全市空域的全因素数据，具备支持深圳所有同时在空合作飞行器的基础管理和服务能力，包括空域划设与管理、航线规划、空管指令发送等。

由中国民用航空局上线运行的"民用无人驾驶航空器综合管理平台"（UOM）能够对无人驾驶航空器进行综合管理。该平台集成了飞行计划申报、飞行监控、信息服务等功能，为无人驾驶航空器的安全飞行提供了有力的保障。

由中国移动自主研发的以"5G+AI"为核心、结合北斗高精度定位与三维数字空间航图等关键技术的"中国移动数字低空管理平台",具备智慧飞行枢纽构建、智能内业处理和多元关系挖掘三大核心能力,可实现分布式、弹性部署、可自愈、云网融合的无人机行业云原生服务。

随着人工智能技术的不断发展,低空经济的数字化管理服务系统将更加智能化,能够自动处理和分析大量的飞行数据,提高决策效率和准确性。5G、卫星通信等技术的广泛应用将使低空飞行器与地面管理系统之间的通信更加稳定、快速和可靠,实现信息的实时传递和共享。随着低空经济的不断发展,相关的管理和服务标准将逐渐完善,为低空经济的数字化管理服务系统的建设和运营提供有力的支持。未来,低空经济的数字化管理服务系统将更加注重与相关部门和行业的协同合作,实现资源共享和优势互补,提高低空飞行的整体运行效率和安全水平。

第五节　建设标准与规范

低空经济的基础建设需要遵守一定的标准与规范,以确保设施的安全性、兼容性和可持续性。这些标准与规范涉及国际民用航空组织(ICAO)的标准和建议措施(SARPs)、中国民用航空局的相关规章和规范性文件等,包括低空基础设施建设、低空飞行器制造、低空运营服务和低空飞行保障等环节。在建设过程中,需要严格遵守这些标准与规范,确保低空经济基础建设的质量和安全性。

1. 低空基础设施建设标准与规范

低空基础设施建设部门应根据低空经济的发展需求和空域资源情

况，合理规划低空基础设施的布局，包括通用航空机场、无人机起降设施等地面保障设施网及低空航路航线网。通用航空机场的建设应遵循《民用机场管理条例》的相关规定，确保机场设施符合安全标准。此外，还应建设低空飞行数字化管理服务系统，实现飞行计划的在线申报、审批和监控。

2. 低空飞行器制造标准与规范

低空飞行器的设计应符合《无人驾驶航空器飞行管理暂行条例》的相关规定。低空飞行器的生产应取得国家相关部门的生产许可，确保生产过程的合规性和产品质量的可靠性。低空飞行器在投入使用前应通过适航审定，确保符合安全飞行标准。例如，无人机在通过中国民用航空局的适航审定，获得适航证书后方可飞行。

3. 低空运营服务标准与规范

低空运营服务部门应制定完善的低空运营服务流程，包括飞行计划的申报、审批、执行和监控等环节，确保服务的规范性和高效性；提供优质的低空运营服务，包括飞行保障、飞行安全、用户服务等，提升用户的满意度和信任度；保证低空运营服务的价格公开透明，遵循市场规律，确保服务的合理性和公正性。

4. 低空飞行保障标准与规范

低空飞行保障部门应制定完善的低空飞行规则，包括飞行高度、速度、航线等方面的规定，确保飞行的安全性和有序性；建立低空飞行监控系统，对飞行活动进行实时监控和记录，确保飞行的可靠性和合规性；

制定完善的应急处置预案，包括飞行事故、突发事件等方面的应对措施，确保在紧急情况下能够及时、有效地进行处置。

总之，低空经济的建设标准与规范是一套涵盖多个方面的综合性体系。为了确保低空经济的健康、有序发展，相关部门应严格遵守国家相关法规和标准，加大监管和执法力度，推动低空经济规范化、标准化发展。

第六节　与城市房地产的融合发展

城市内的点对点飞行是低空经济的主要组成部分，包括物流运输和载人飞行等。因此，除需要上述基础建设外，低空经济还悄然渗透到了房地产行业，为传统房地产行业带来了新的发展机遇与挑战。低空经济与城市房地产的融合发展，将成为当前和今后经济领域的一个新热点。

1. 低空经济与城市房地产建设的相互促进关系

低空经济依托低空空域开展各种飞行活动，如航空旅游、无人机物流等，这些活动往往需要地面基础设施的支持，如起降场、停机坪等。这些基础设施的建设往往与城市房地产紧密相连，可以推动周边房地产价值的提升。低空经济还能带动相关产业的发展，如航空制造、维修、服务等，这些产业的发展将进一步促进城市房地产的繁荣。

城市房地产建设为低空经济提供了必要的地面空间和基础设施。例如，在住宅区、商业区等区域建设无人机起降场、停机坪等，可以为低空经济活动提供便利。城市房地产的繁荣还能吸引更多的投资和人才，为低空经济的发展提供有力支持。

2. 融合路径的具体实施策略

规划引领，协同发展：在城市规划阶段，应将低空经济与城市房地产建设纳入统一考虑范畴，明确低空经济在城市发展中的地位和作用；制定协同发展规划，确保低空经济与城市房地产在空间布局、基础设施建设、产业发展等方面相互协调、相互促进。

基础设施建设：加强低空经济相关基础设施建设，如无人机起降场、停机坪、低空飞行服务保障系统等；推动城市房地产项目与低空经济相关基础设施的有机融合，如在住宅区、商业区等区域建设无人机配送通道、空中花园等。

产业融合与创新：鼓励低空经济与城市房地产相关产业的融合发展，如航空旅游与房地产的结合、无人机物流与电商平台的合作等；推动技术创新和应用，如利用无人机进行空中拍摄、监测等，为城市房地产建设和管理提供新手段。

产业园区建设：部分房地产企业通过建设以低空经济为核心的产业园区，将自身定位为产业服务商，积极涉足低空经济领域。例如，华夏幸福与廊坊临空投资发展有限公司签署战略合作协议，双方拟在低空经济领域开展合作。这种合作不仅促进了低空经济产业的发展，也为房地产企业带来了新的增长点。

股权投资与合作：部分房地产企业通过股权投资与合作的方式，直接涉足低空经济领域。例如，碧桂园参股丰翼科技、荣盛发展通过旗下的美亚航空进入低空经济领域。这种方式能够使房地产企业共享低空经济产业的发展红利。

政策引导与支持：政府应出台相关政策，支持低空经济与城市房地产的融合发展。例如，提供税收优惠、资金支持、土地供应等方面的政策扶持；建立完善的法规体系，规范低空经济和城市房地产建设的市场秩序，保障各方的合法权益。

3. 典型应用场景：未来楼宇与无人物流系统的综合建设

未来楼宇与无人物流系统的综合建设模式可能是"住宅楼顶无人物流配送点＋用户定点配送系统"，以实现快递的精准配送，解决"最后一公里"的物流配送难题。

- 在住宅楼顶建设无人物流配送点的可行性

住宅楼顶通常较为空旷，且不受地面交通的限制，适合作为无人物流配送点的选址。通过合理利用楼顶空间，可以有效缓解地面物流配送的压力。

随着无人机、无人驾驶等技术的不断成熟，在住宅楼顶建设无人物流配送点已成为可能。这些技术可以确保配送过程的安全、高效和精准。

在推进住宅楼顶无人物流配送点建设时，需要遵守相关政策和法规，确保合规运营。同时，政府也应出台相应政策，鼓励和支持这一新兴业态的发展。

- 用户定点配送系统的建立

用户定点配送系统包括订单处理、货物分拣、无人配送、定点接收等多个环节，具体分为以下两个步骤。

一是设立定点接收设施，如智能快递柜或无人机停机坪，方便用户接收快递。这些设施应具备安全、便捷、易操作等特点，以满足用户需求。

二是建立快递公司与用户之间的信息交互平台，确保订单信息的准确传递和实时更新。用户可以通过手机 App 或其他方式查看快递的配送进度，并在定点接收设施处领取快递。

- 快递精准配送的实现

为了实现快递的精准配送，可采取以下措施。

利用全球定位系统（GPS）等技术手段，对无人机或无人配送车进行精准定位，确保快递能够被准确送达定点接收设施。

在配送中心或住宅楼顶无人物流配送点，通过智能分拣系统对快递进行快速、准确的分拣，提高配送效率。

建立实时监控系统，对无人配送过程进行全程监控，确保配送过程的安全和顺利。同时，实时监控系统还可以提供数据支持，帮助无人机或无人配送车优化配送路线，提高配送效率。

- 面临的挑战与解决方案

无人机或无人配送车在空中或地面行驶时，可能面临碰撞、坠落等安全风险。因此，需要加强技术研发，提高无人配送设备的安全性能。同时，建立完善的安全管理制度和应急预案，确保在发生安全事故时能够及时响应和处理。

在建立用户定点配送系统时，需要注重对住户隐私的保护。应通过加密技术、匿名化处理等手段，确保住户个人信息的安全。

目前，关于无人物流配送的法律法规尚不完善。因此，政府、企业和社会各界需要共同努力，推动相关法律法规的制定和完善，为无人物流配送的发展提供法律保障。

• 案例参考

珠海市正通过政策支持，试点利用挑高、错层、外挑式的大阳台集中打造户属空中花园，增加居家活动空间的多样性，并为无人机精准投送提供条件。这一案例为在住宅楼顶建设无人物流配送点提供了有益的参考。

《关于上海市推进住宅小区和商务楼宇智能末端配送设施（智能快件箱）建设的实施意见》为定点接收设施的建设提供了政策指导和支持。

第三章

通用航空——低空领域的成熟经济

第一节 什么是通用航空

通用航空(General Aviation),简称通航,涵盖除军事、警务、海关缉私飞行和公共航空运输飞行外的所有民用航空活动。通用航空不仅包括各种类型的飞行活动,还包括与之相关的研发制造、市场运营、综合保障和延伸服务等全产业链。根据中国民用航空局等权威机构的解释,通用航空业是一个战略性新兴产业体系,具有产业链条长、服务领域广、带动作用强等特点。

通用航空可根据不同的标准和维度进行划分,基于不同的飞行活动性质和用途的通用航空分类如表3-1所示。

表3-1 基于不同的飞行活动性质和用途的通用航空分类

分 类	描 述
工业航空	工业领域活动,如航空摄影、探矿、吊装等
农业航空	农业生产活动,如农药喷洒、施肥、播种等

续表

分　类	描　述
航空科研和探险活动	包括航空科学实验、航空探险、航空测量等
飞行训练	为获取飞行执照和提升等级而进行的飞行训练活动
航空体育运动	航空模型、滑翔机、跳伞等航空体育运动项目
公务航空	为政府、企业等提供的公务飞行服务
私人航空	个人或家庭使用的私人飞行服务

此外，还有一些其他分类方式，如根据飞行器的类型、飞行高度、飞行速度等进行划分。无论采用哪种分类方式，都可以看出通用航空的广泛性和多样性。

第二节　通用航空是低空经济的重要组成部分

通用航空与低空经济密切相关，二者相互传承、逐步递进。通用航空是指使用民用航空器从事公共航空运输以外的民用航空活动。它涵盖广泛的飞行活动，包括工业、农业、林业、渔业、建筑业、医疗卫生、抢险救灾、气象探测、海洋监测、科学实验、教育训练、文化体育等多个领域。它不仅是国家综合交通运输体系和应急救援体系的重要组成部分，也是促进经济社会发展的重要力量。

低空经济关注的主要是在低空空域中开展的航空活动及与其相关的经济社会活动，具有"多领域、跨行业、全链条"的特点，是近年来随着通用航空的快速发展而逐渐兴起的新型经济形态。低空经济的内涵远大于通用航空，通用航空只是低空经济的重要组成部分；也可以理解为，低空经济是在通用航空的基础上进一步发展丰富之后展现出的一种新型经济形态。

从产业结构上看，通用航空包括通航制造、市场运营、综合保障、延伸服务，低空经济包括低空制造、低空飞行、低空保障、综合服务，内涵远大于通用航空，如图 3-1 所示。

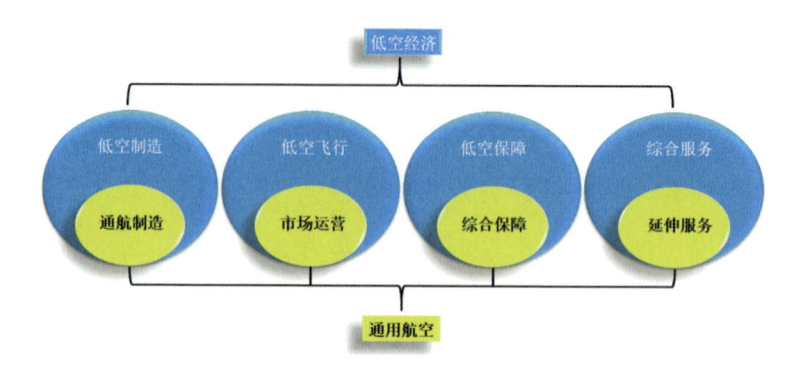

图 3-1　通用航空与低空经济的产业结构关系

从定义方法上看，通用航空和通用航空产业的定义采用的是外延定义法。外延定义法是一种通过列举一个概念所涵盖的具体对象或范围来定义该概念的方法。在通用航空和通用航空产业的定义中，主要通过列举它们所包括的具体航空活动和相关产业来明确它们的内涵与外延。具体来说，通用航空指的是使用民用航空器从事公共航空运输以外的民用航空活动，这些活动涵盖了多个领域，如工业、农业、林业、渔业等。而通用航空产业则是指与这些航空活动相关的产业链，包括航空器制造、运营、服务等多个环节。通过外延定义法，我们可以清晰地了解通用航空和通用航空产业的具体内容与范围。

而低空经济的定义采用的是内涵定义法。内涵定义法是一种通过揭示一个概念的本质属性或特征来定义该概念的方法。在低空经济的定义中，我们关注的是在低空空域中开展的航空活动及与其相关的经济社会活动，这强调了低空经济的本质特征和核心要素，即航空活动在低空空域的经济社会影响。具体来说，低空经济不仅涉及航空器的使用，还关注这些活动如何促进产业升级、提高生产效率、改善民生等，这些都是低空经济的内涵。因此，低空经济的定义更注重揭示其本质属性和特征，而不仅仅是列举其所包括的具体对象或范围。

从发展历史和发达地区上看，通用航空发展至今约有百年历史，目前世界上通用航空最发达的地区当属美国；低空经济从概念提出至今还不到20年，2024年首次写入我国政府工作报告，是对低空领域发展应用的全新定义。

为了更好地理解低空经济，厘清通用航空与低空经济的发展脉络和异同，我们有必要先了解世界上通用航空最发达的地区——美国的现状，然后以此为对比，介绍中国通用航空的发展现状及二者的实力差距，从而窥探低空经济提出的重大意义。

第三节　美国通用航空发展现状

1. 美国通用航空的发展历史

美国通用航空的发展历史可以追溯到第一次世界大战时期，其发展历程大致可以分为以下几个阶段。

- 起步与初步发展阶段（第一次世界大战至第二次世界大战）

第一次世界大战时期，因战争需要而制造的军机、修建的机场和培训的飞行员，在战后大量进入民用领域，为美国通用航空产业的发展奠定了坚实的基础。

1926年，美国联邦政府出台了《空中商务条例》，这是首个航空业管理法案，标志着通用航空开始受到政府监管。

第二次世界大战时期，美国成为全球最大的飞机制造商和出口国，私人飞行、公务飞行等市场需求不断增加，通用航空成为极具价值的产业。

- 快速发展阶段（第二次世界大战后至20世纪70年代末）

第二次世界大战后期，美国逐渐完善了通用航空设施，减少了对通用航空的限制，推动了通用航空市场的快速发展。例如，1944年，美国联邦航空管理局（FAA）建立了一套可容纳50万架飞机的空管系统，为通用航空市场的发展做好准备。

美国政府逐步将85%的空域划归民用，并从20世纪70年代起将3000米以下空域归为非管制区，规定私人飞机无须预交飞行计划即可飞行。

美国各地政府的私人机构修建了上千个通用航空小机场，为通用航空产业的发展提供了重要的支撑。

- 低谷与复苏阶段（20世纪70年代末至90年代初）

20世纪70年代末至90年代初，美国的通用航空产业陷入低谷。1979年，美国商务部出台了《统一产品责任法案》，要求通用航空飞机制造商对产品负有终身责任（约40年），导致制造商面临大量安全诉讼和高额赔偿。

《统一产品责任法案》的出台使通用航空飞机的产量大幅下降，

制造商数量也显著减少。然而,《通用航空振兴法案》的出台将通用航空飞机的产品责任减少到 18 年，使美国的通用航空产业发展重新回到正轨。

- 稳步发展阶段（20 世纪 90 年代初至今）

美国的通用航空产业在经历次贷危机后再度恢复，并逐渐稳步发展。政府出台了一系列政策支持通用航空产业的发展，如《小型飞机复兴法案》等，促使通用航空飞机的交付量和订单交付额呈波动上升趋势，通用航空机队数和飞行小时数也呈持续增加趋势。

在这个阶段，私人飞机仍为美国通用航空产业的主流，同时活塞式通用航空飞机的数量减少，喷气式公务机的数量明显增加，试验机的数量也在增加。

2. 美国通用航空的发展现状

- 庞大的通用航空飞机数量

根据通用航空制造商协会（GAMA）的数据，美国拥有世界上最多的通用航空飞机。截至 2023 年，美国的通用航空飞机总保有量约为 22.4 万架，涉及公务飞行、出租飞行、空中旅游、医疗救援等多个应用场景，体现了美国通用航空市场的规模和成熟度。其中，固定翼飞机在美国通用航空飞机中占据主导地位，占比高达 79%，包括活塞式飞机、涡桨式飞机和喷气式飞机等多种类型；旋翼飞行器［主要指直升机，也包括多旋翼飞行器（多用于无人机）］虽然在美国通用航空飞机中的占比较小，但仍在特定领域（如医疗救援、空中观光等）发挥着重要的作用。从飞机的用途来看，美国的通用航空飞机广泛应用于私人飞行、公务飞行、农业作业、医疗救援、空中观光等多个领域，其中私人飞行是美国通用航空飞机的主要用途之一，占比高达67%。这些飞机为美国民众提供了便捷的出行方式，同时促进了通用航空产业的发展。近年来，美国通用航空飞机的交付量整体呈波动上升趋势。2023年，美国通用航空飞机的交付量达到2104架，较2022年有所增加。这一趋势表明，美国的通用航空市场仍在发展壮大。

- 完善的通用航空设施

美国拥有全球最多的通用航空机场，包括公共机场和私人机场两种类型。公共机场主要由政府建设，用于提供公共服务；私人机场则由私人投资建设，形式各异，但都能满足通用航空飞机的起降需求。根据FAA的数据，截至2020年，美国拥有约1.9万个机场，其中公共机场5217个，私人机场14 702个。这些机场遍布全美，为通用航空飞机提供了广泛的起降点。

美国的通用航空机场设施完善，包括跑道、停机坪、航站楼、塔台、导航设备等基础设施，以及燃油供应、维修保养、餐饮等后勤保障设施。这些设施为通用航空飞机的运营提供了便利。

美国通用航空广泛使用GPS进行定位。经过多年的使用和完善，其GPS已经十分可靠，并且开发了许多便捷功能，为通用航空飞行提供了精确的定位和导航服务。虽然通用航空机场一般不建设陆基导航台，但美国布局了密集的周边机场或航路的VOR/DME台，以供通用航空飞机在需要时使用。

美国的飞行服务站（FSS）可以免费提供飞行前服务、飞行中服务和飞行数据等服务内容。飞行员可以通过 FSS 获取相关的飞行信息，如气象、航路、目的地机场等。此外，在后勤保障设施方面，美国的大部分机场都有固定运营基地（FBO）提供飞行计划、燃油、维修保养、餐饮等后勤保障服务，确保通用航空飞机的正常运营。除 FBO 外，美国还有许多第三方代理公司为通用航空飞行提供专业服务，如客户行程支持、航空气象、飞行计划等。这些服务为通用航空飞机的运营提供了更多的选择和便利。

美国将真高 3000 米以下的低空空域完全开放，允许通用航空飞机在这些空域内自由飞行，为通用航空飞行提供了广阔的空间。不过，为了方便管理，FAA 对通用航空飞行实行严格的分类分级管理。FAA 根据通用航空机场的飞机数量和类型、飞行架次、飞行任务和飞行目的地等，将通用航空机场划分为国家级、地区级、本地级和基本级四类，并针对不同等级的机场实施不同的管理措施。正是因为有如此完善的通用航空设施，美国才能成为世界头号通用航空强国。

- 活跃的通用航空活动

美国通用航空的年作业飞行量巨大，运载的乘客数量也相当可观。根据 GAMA 和相关行业报告的数据，美国每年的通用航空飞行时间为 2500 万 ~ 2800 万小时（不同年份的数据略有差异），这一数字远高于其他国家，反映了美国通用航空活动的高频率和广泛应用。在这些飞行时间中，载人飞行占据了相当大的比例，显示出美国通用航空在人员运输方面的重要作用。从运载乘客的数量来看，美国通用航空每年运载的乘客数量超过 1600 万人次。这些乘客中既包括私人消费性飞行的乘客，也包括公司商务飞行的乘客，还包括教学飞行的学员等。如此庞大的乘客数量进一步证明了美国通用航空在人员运输方面的强大能力。

此外，美国的通用航空飞机总保有量约为22.4万架（截至2023年），位居世界首位，这为巨大的年作业飞行量和可观的乘客数量提供了坚实的保障。飞机涵盖从活塞式飞机到喷气式飞机、从固定翼飞机到旋翼飞行器等各种类型，可以满足不同领域的飞行需求。

美国通用航空巨大的年作业飞行量和可观的乘客数量依赖美国庞大的通用航空飞机保有量、广泛的飞行活动领域及高度发达的通用航空产业体系。这些因素共同推动了美国通用航空产业的持续发展和繁荣。

- 领先的通用航空飞机制造

美国的通用航空飞机制造占全球市场份额的六成以上，营业额超百亿美元。美国不仅是世界上最大的通用航空飞机生产国之一，还是通用航空技术的领导者。

美国拥有多家知名的通用航空飞机制造商，如波音公司、赛斯纳飞机公司等，它们的产品在全球范围内得到了广泛的应用。美国在通用航空领域的技术创新、研发能力和生产工艺等都处于全球领先地位。美国的通用航空飞机在性能、可靠性、安全性和舒适性等方面表现出色，满足了全球用户对高质量通用航空飞机的需求。根据GAMA的数据，美国的通用航空飞机在全球市场中的交付量和交付额都保持稳定增长的趋势。在2022年全球通用航空飞机交付量中，美国占据主导地位。美国通用航空飞机制造业的营业额也呈现出稳定增长的趋势。根据公开发布的信息，美国通用航空飞机制造业的营业额已经连续多年超过百亿美元，并且有望在未来继续保持增长。

3. 美国通用航空飞机的分类

美国通用航空飞机可按发动机类型、飞行器类型和用途等多个维度分类。

1）不同的发动机类型

- 活塞式发动机

活塞式发动机主要用于低速和亚声速固定翼飞机及小型直升机。在2023年美国通用航空飞机交付量中，活塞式飞机的占比达到44%。

- 燃气涡轮发动机

燃气涡轮发动机包括涡扇、涡桨、涡喷和涡轴等多种类型。涡扇主要用于公务机，性能先进、安全舒适，但价格较贵。涡桨和涡喷主要用于亚声速固定翼飞机，涡轴则主要用于中型以上直升机。在2023年美国通用航空飞机交付量中，涡轮螺旋桨飞机的占比达到18%。

2）不同的飞行器类型

- 固定翼飞机

固定翼飞机主要包括活塞式飞机、涡桨式飞机和喷气式飞机。在美国通用航空飞机中，固定翼飞机占据主导地位，相关数据显示，固定翼飞机的占比达到79%。

- 旋翼飞行器

旋翼飞行器主要指直升机，也包括多旋翼飞行器（多用于无人机）。

直升机按发动机类型又可分为活塞式直升机和涡轴式直升机。旋翼飞行器虽然在美国通用航空飞机中的占比较小，但仍在特定领域发挥着重要的作用。

3）不同的用途

根据 GAMA 的分类方式，美国通用航空飞机的用途可分为以下几类。

- 私人飞行

私人飞行是美国通用航空飞机的主要用途之一，占比高达 67%，主要满足个人或家庭的出行需求，如休闲娱乐、日常出行等。

- 公务飞行

公务飞行主要满足企业高管、政府官员等的出行需求。该类飞机通常采用涡扇发动机，性能先进、舒适度高。

- 其他用途

其他用途包括教练飞行、航空应用、航空观测、吊挂飞行、航空观光、航空医疗救助等。该类飞机在特定领域发挥着重要的作用，可满足不同用户的出行需求。

4. 美国主要通用航空飞机制造商

美国的通用航空飞机制造商众多，在全球通用航空领域占据着重要地位。

- 贝尔直升机公司

贝尔直升机公司，全称为贝尔直升机德事隆（Bell Helicopter Textron）公司，是世界上知名的直升机和倾转旋翼飞行器制造商之一。贝尔直升机公司的前身是贝尔飞行器公司，由劳伦斯·贝尔于1935年创办，位于美国得克萨斯州的沃斯堡。在第二次世界大战期间，贝尔飞行器公司制造了几种战斗机，并研制了Bell X-1，这是世界上第一架在平飞状态下突破音障的飞行器。1941年，贝尔飞行器公司进入直升机领域，并于1943年成功推出了其第一架直升机——Bell 30。贝尔于1956年去世后，公司经历了一段时期的财政困境，最终在1960年被德事隆收购，更名为贝尔直升机德事隆公司。

贝尔直升机公司的民用产品主要包括Bell 2×× 系列和Bell 4×× 系列。其中，Bell 407是中国民用直升机市场上的主力机型之一（见图3-2），贝尔直升机公司已向中国市场交付超过100架该机型。此外，Bell 505也是贝尔直升机公司所有民用直升机中市场增量最快的机型之一。

图 3-2　Bell 407

贝尔直升机公司的军用产品主要包括 Bell UH-1 系列（如 UH-1 Iroquois，或称"休伊"）、Bell AH-1 系列（如 AH-1 Cobra，或称 HueyCobra）等，分别如图 3-3 和图 3-4 所示。这些军用直升机在全球范围内得到了广泛的应用。

图 3-3　Bell UH-1

图 3-4　Bell AH-1

贝尔直升机公司还与多家企业开展了合作，如与阿古斯特·维斯特兰公司合作生产了 Bell A139（见图 3-5）直升机，以及与波音公司合作生产了 V-22 鱼鹰倾转旋翼机等。

图 3-5　Bell A139

贝尔直升机公司在得克萨斯州的沃斯堡与阿马里洛生产军用直升机和倾转旋翼机，而其民用直升机则集中在加拿大魁北克省的米拉贝尔生产。除生产直升机外，贝尔直升机公司还提供全面的直升机维修、保养和升级服务，以确保其产品的持续运行和安全性。

贝尔直升机公司在全球直升机制造领域占据着重要的地位，其产品在全球范围内得到了广泛的应用和认可。在中国市场上，贝尔直升机公司也占有较大的市场份额，特别是在民用涡轴直升机市场上。

- 赛斯纳飞机公司

赛斯纳飞机公司（Cessna Aircraft Corporation）的历史可以追溯到1911年，当时克莱德·赛斯纳制造了第一架飞机。但公司正式成立于1927年，位于美国堪萨斯州的威奇塔，主要生产小型通用航空飞机，包括单发活塞式飞机、涡轮螺旋桨飞机和轻型商务飞机等。

1911年，赛斯纳制造了美国密西西比河以西、落基山以东中部地区的第一架飞机，并成功试飞。1924年，赛斯纳与劳埃德·斯蒂尔曼、沃尔特·比奇一起组建了生产双翼机的旅行航空制造公司。1927年，赛斯纳离开旅行航空制造公司，组建了自己的赛斯纳飞机公司，并正式开始批量生产轻型飞机。1932—1934年，由于经济大萧条，赛斯纳飞机公司一度关停。但在1934年，赛斯纳的两个外甥德韦恩·华莱士和德怀特·华莱士接管了公司，并重新开始制造飞机。第二次世界大战后，赛斯纳飞机公司推出了赛斯纳170和172型飞机，这两种飞机成为历史上制造数量最多的轻型飞机之一。1985年，赛斯纳飞机公司被通用动力公司收购，并于次年停止了单发活塞式飞机的制造。1992年，德事隆跨国工业集团收购了赛斯纳飞机公司，并重新开始制造轻型飞机。

赛斯纳飞机公司的产品包括以下系列。

单发活塞系列，包括赛斯纳162、赛斯纳172、赛斯纳182、赛斯纳206等型号。其中，赛斯纳172是其经典机型，全球销量超过43 000架，是世界上最为长寿且成功的机型之一，被广泛用于飞行培训。

涡轮螺旋桨系列，以赛斯纳208为代表。该系列飞机以其优良的适应能力和多用途性而著称，被广泛用于军事、货运等领域。

轻型商务系列，包括Citation系列等。该系列飞机以其高性价比而深受用户欢迎，在中轻型公务机市场占据重要地位。

赛斯纳飞机公司是世界上最大的通用航空飞机制造商之一，其产品在全球范围内享有很高的声誉。赛斯纳飞机在中国市场也占据了重要地位，被广泛用于飞行培训和通用航空领域。优秀的飞行性能、先进的航空技术、完善的售后服务和充足快捷的航材供应，使赛斯纳飞机公司成为中国通用航空产业的重要合作伙伴。除飞机制造外，赛斯纳飞机公司还提供飞行员培训、飞机维修和保养等服务。赛斯纳飞行员中心是全球最大的飞行员培训网络之一，已经有超过40万人在这里学会了驾驶飞机。赛斯纳飞机公司在全球范围内建立了完善的维修服务中心，为用户提供24小时的服务支持。

- 湾流宇航公司

湾流宇航公司（Gulfstream Aerospace Corporation）是一家全球知名的飞机制造商，专门生产豪华、大型公务机。

湾流宇航公司的前身可以追溯到1958年，当时格鲁曼飞机公司推出了第一架专为商务应用设计的公务机"湾流Ⅰ"。而湾流宇航公司作为独立实体，是在之后的多次分割和重组中逐渐形成的。特别是在1999年通用动力公司收购湾流生产线后，正式成立了专门生产公务机的湾流宇航公司。其总部位于美国佐治亚州的萨凡纳，主要产品为湾流系列飞机。该系列飞机的具体机型包括以下几种。

湾流Ⅰ：1958年推出，是湾流系列飞机的第一款机型，采用涡轮螺旋桨设计。

湾流Ⅱ：在湾流Ⅰ的基础上改良而成，采用双喷气发动机，提高了舒适度，延长了航程。

湾流Ⅲ、Ⅳ、Ⅴ：后续推出的机型，在性能、舒适度和航程上都有所提升。特别是湾流Ⅴ，作为超远程公务机，它拥有更大的座舱和更远的飞行距离。

其他机型：如湾流 G100/G200（基于以色列飞机工业公司的 Astra 和 Galaxy 公务机）、湾流 G300/G350/G400/G450/G500/G550/G650 等，都是湾流宇航公司在不断发展中推出的机型。

湾流宇航公司已生产了 1300 多架飞机，这些飞机被广泛用于商业、政府机构、私人、军事等领域。在《财富》杂志 500 家最大的企业中，有超过 1/4 的公司使用湾流公务机，这足以证明湾流宇航公司在公务机市场的领先地位。湾流系列飞机以其卓越的性能、豪华的内饰和较强的远距离飞行能力，赢得了全球用户的广泛赞誉和信赖。近年来，湾流宇航公司不断推出新机型，以满足不断变化的市场需求。目前，湾流 G700 作为公司内先进的机型，拥有更快的飞行速度、更远的飞行距离和更大的座舱，备受全球用户的瞩目，如图 3-6 所示。太空探索技术公司（SpaceX）的创始人埃隆·马斯克耗资 7800 万美元购买了一架湾流 G700。

图 3-6 湾流 G700

随着全球经济的不断发展和人们对高效、舒适出行的需求不断增加，湾流宇航公司有望继续保持在公务机市场的领先地位，并不断扩大市场份额。

- 雷神技术公司

雷神技术公司（Raytheon Technologies Corporation）是一家全球领先的航空航天与防务公司，是航空和国防领域的巨头，旗下拥有多个知名品牌，如普·惠（Pratt & Whitney）公司。普·惠公司是世界三大航空发动机企业之一，其产品被广泛用于波音、空客等机型。

2020年，雷神技术公司由雷神公司（Raytheon Corporation）与联合技术公司（United Technologies Corporation）合并而成，成为一家全新的航空航天与防务巨头。其产品涵盖航空航天、防务和商业航空等多个领域，具体包括：导弹系统、雷达系统、卫星通信系统等航空航天产品，涵盖网络安全、情报、监视与侦察等领域的防务产品，以及航空发动机、航空电子系统等商业航空产品和服务。

合并后的雷神技术公司不断加大研发投入，推动技术创新和产品升级；积极开展数字化转型，运用先进的信息技术和数字化手段，提高生产效率和管理水平；积极拓展国内外市场，加强与全球用户的合作与交流，不断提升品牌影响力和市场份额，以满足不断变化的市场需求，为用户提供更加优质、高效的服务。

- GE航空集团

GE航空集团（GE Aviation）是美国通用电气（General Electric，GE）公司旗下的一个重要业务部门，主要从事商用和军用飞机发动机、集成发动机部件、电力和机械飞机系统的设计与生产业务。此外，GE航空集团还涉及风能和其他可再生能源发电设备、电网解决方案，以及天然气、蒸汽、核能等其他发电设备的生产业务。

GE航空集团提供包括涡轮机、燃烧室、热端部件等在内的多种集成发动机部件，这些部件在提高发动机性能和可靠性方面发挥着关键的作用。GE航空集团与法国制造商赛峰集团的合资企业CFM国际（CFM International）共同占据了全球商用飞机发动机市场的显著份额。它生产的发动机以高性能、高可靠性和低维护成本而著称。除发动机和部件外，GE航空集团还提供电力和机械飞机系统，如辅助动力装置（APU）、环境控制系统等，从而为飞机的正常运行提供有力支持。

GE航空集团在全球航空领域占据重要地位，其发动机和部件被广泛用于多种机型，包括商用客机、军用飞机和直升机等。

- 豪客比奇飞机公司

豪客比奇飞机公司（Hawker Beechcraft Corporation）是世界领先的公务及特殊任务飞机制造商，其前身为1932年成立的比奇飞机公司，总部位于美国堪萨斯州的威奇托市。它主要从事公务机、涡桨式飞机、活塞式飞机的制造业务，并提供飞机服务与保障、飞机管理和租赁等业务，公司授权的维修中心遍布全球，有100多家。

1932年，沃尔特·比奇和奥利夫·安·比奇夫妇成立了比奇飞机公司。1937年，比奇飞机公司开始生产"双发比奇"18型飞机，后来该飞机在商业上取得了巨大的成功。第二次世界大战期间，比奇飞机公司为美国和盟军空军生产了大量的飞机。战后，比奇飞机公司继续发展，推出了多种新型飞机,包括"富豪""男爵""空中国王"等系列。1980年,比奇飞机公司成为雷神公司的子公司。随后,该公司不断发展壮大,成为世界领先的公务及特殊任务飞机制造商。

豪客比奇飞机公司的产品系列包括从单发与双发活塞式飞机、涡轮螺旋桨飞机到轻型、中型喷气式飞机共 11 个机种。其中,喷气式飞机系列中有中型机"豪客"(Hawker)系列和"首相 I"(Premier I)等。豪客系列的旗舰机型——复合材料机身的豪客 4000,是当今世界最先进、最豪华的超中型公务喷气机之一,如图 3-7 所示。此外,该公司还为美国政府和国防部提供了多种飞机,如"坚鸟鹰"(T-1A Jayhawk)喷气教练机与 C-12 涡轮螺旋桨飞机等。从 1932 年到 2024 年,该公司共生产了 54 000 架飞机,其中 36 000 架仍在使用中。

图 3-7　豪客 4000

- 派珀飞机公司

派珀飞机公司(Piper Aircraft Corporation)的发展历史可追溯至

1927年，当时威廉·派珀收购了泰勒兄弟飞机制造公司，并将其重组为泰勒飞机公司。后来，泰勒飞机公司更名为派珀飞机公司。公司总部位于美国佛罗里达州的维罗海滩，主要从事飞机制造业务，包括教练机、高性能涡轮螺旋桨飞机等多种型号，如 PiperJet、Meridian 等。

派珀飞机公司的创始人派珀在 1937 年推出了著名的 Piper Cub 飞机，他的梦想是让每个人都能坐上飞机。从 1927 年到 2009 年，派珀飞机公司共生产了 160 种认证型号的飞机 14.4 万架，其中 9 万架仍在使用中。

自 2009 年起，派珀飞机公司归文莱政府所有，成为通用航空飞机制造业的"三巨头"之一。其主要产品包括 PA-28、PA-44、PA-34 和 M 系列等多种型号。其中，PA-44 是一款美式双引擎轻型飞机，由 PA-28 单引擎飞机发展而来，主要用于多引擎飞行训练，如图 3-8 所示。该飞机具有 T 型尾翼和后掠式垂直尾翼，并配备了两台莱康明活塞式发动机，航程可达 1517 千米。

图 3-8　PA-44

派珀飞机公司积极拓展国际市场，加强与全球用户和合作伙伴的合作与交流。此外，它还专门成立了名为派珀工业制造有限公司的子公司，为新的外部用户提供零部件和服务，进一步拓展了公司的业务范围。

- 西锐飞机设计公司

西锐飞机设计公司（Cirrus Design Corporation）是一家在私人航空领域具有显著影响力的企业。公司成立于1984年，总部位于美国明尼苏达州的德卢斯（原位于威斯康星州，后于1994年迁往德卢斯），主要经营私人飞机的设计、开发、制造及销售，包括单引擎活塞式飞机和喷气式飞机，控股股东是我国的中航通飞（自2011年起），主要产品包括入门级飞机SR-20，以及SR-22和SR-22T等机型，并针对私人航空业的高端市场提供性能更好的"愿景"喷气机。西锐飞机设计公司以其先进的复合材料技术和整机降落伞系统而闻名，这些技术提高了飞机的安全性和性能。按2023年已交付量计算，西锐飞机设计公司在全球私人航空市场的份额达到32.0%；2024年上半年，西锐飞机设计公司的收入同比增长11.6%至4.75亿美元，毛利润达1.63亿美元，毛利率为34.4%，净利润达3560万美元，同比稳健增长23.6%。截至2024年6月30日，该公司的积压订单超过1200架，显示出其业务的持续稳定发展和市场需求的强劲增长。

西锐的SR-2X（见图3-9）系列和"愿景"喷气机已成功确立了自驾飞机的行业标准，并在60多个国家获得了认证和验证。

综上所述，美国通用航空飞机制造业的实力雄厚，拥有众多知名的制造商和品牌。这些企业在技术创新、产品研发和市场推广等方面都保持着领先地位，是全球通用航空市场发展的主力。

图 3-9　西锐 SR-2X

5. 美国通用航空的未来发展趋势

结合当前的发展态势和公开信息，可以判断美国通用航空未来可能的发展趋势如下。

1）市场规模和交付量持续增长

根据前瞻产业研究院的数据，美国通用航空市场近年来呈现波动上升趋势。2023 年，美国通用航空飞机的交付量达到 2104 架，较 2022 年有所增加。预计这一趋势将持续下去，美国通用航空机队数及飞行小时数也将持续增加。到 2038 年，美国通用航空机队数预计将增加至 214 090 架，飞行小时数预计将增加至 3020 万小时。结合当前的市场趋势和行业预测，可以合理推测美国通用航空未来的交付量将继续保持稳定增长。当然，具体的交付量会受到多种因素的影响，包括全球经济状况、政策环境、技术进步和市场需求的变化等。

2）新技术不断发展和应用

随着电动航空、无人驾驶等新技术的不断发展，美国通用航空领域也将迎来更多的技术创新和应用。

- 电动飞行器的发展

电动飞行器具有高便利性、低噪声、低成本和绿色低碳等特点，可用于城市空中交通的载人飞行、物流运输、应急救援等场景，被誉为"第三次航空技术革命"，是航空产业和技术革新的重要方向。近年来，随着电池技术的不断创新和突破，电动飞行器得到了快速的发展。

电动飞行器的概念在美国早已有之，且研究起步较早、投入力度也较大，但真正的技术突破和商业化尝试始于近些年。2009 年，全球第一家 eVTOL 企业 Joby Aviation 成立，标志着电动飞行器领域开始受到关注。该公司的 Joby S4 飞机已完成了多次试飞，并获得了 FAA 的特殊适航认证。目前，多家航空巨头和创新型科技企业都在积极布局电动飞行器市场，推动技术的不断创新和应用。

- 电池技术的突破

电池能量密度和功率密度的提升是电动飞行器发展的关键。美国的研究机构和企业在电池技术方面取得了显著的进展，如斯坦福大学在锂金属电池领域取得了重要的突破。锂金属作为电池的负极材料，具有超高的理论能量密度，是现有锂离子电池的两倍以上。这些新技术的不断创新，为电动飞行器的续航能力和有效载重提供了有力的支持。

- 充电基础设施的建设

2023 年 10 月，美国空军创新部门和贝塔公司在佛罗里达州的杜克机场举行了首个电动飞行器充电站的奠基仪式。这一活动标志着美空军在电动飞行器应用方面迈出了重要的一步。该充电站按照 GAMA 发布的《充电基础设施互操作性》白皮书中制定的标准设计，具备高效、安全的充电能力。贝塔公司不仅为美空军研制了电动飞行器，还在积极扩展其充电网络。该公司已为其 Alia 飞机开设了新的制造工厂，并配备了相应的充电基础设施。贝塔公司的充电站内设有多种级别的快速充电桩，可为不同型号的电动飞行器提供充电服务，并满足其日益增长的充电需求。美国电动飞行器充电基础设施的建设遵循 GAMA 等权威机构发布的标准，以确保充电基础设施的安全性和互操作性。

根据美国航空航天工业协会等机构的报告，未来美国将继续加强电动飞行器及其充电基础设施的研发和建设，推动电动飞行器在军民领域的广泛应用。

- 无人机技术的成熟

无人驾驶航空器，即无人机，在美国的应用已经相当广泛，涵盖了民用和军用两大领域。在民用方面，无人机被用于拍摄、投递、植保、监测等多种场景，为人们的生活和工作带来了便利；在军用方面，无人机则承担着空中侦察、战场监视、定点打击等重要任务，成为现代战争中的重要力量。美国的无人机市场非常活跃，不仅本土企业众多，还吸引了全球各地的无人机制造商和供应商。同时，美国也是全球最大的无人机消费国之一，对无人机的需求持续增长。为了确保无人机的安全飞行，美国已经建立了一套相对完善的法规体系。这些法规对无人机的飞行高度、速度、范围等进行了明确的规定，保障了无人机飞行的安全性和合法性。

- 空中交通管理的优化

无人机的普及对空中交通管理提出了新的要求。为了确保飞行器在美国国家空域系统（NAS）中安全、高效地运行，FAA 提出"可扩展的交通管理"（xTM），为城市空中交通 / 先进空中交通、无人机系统和高空航空器系统提供合作式间隔管理（CSM）和合作式流量管理（CFM）等服务，从而使空中交通管理系统能够适应新兴飞行器的类型和运行方式。美国通过设立合作式区域，实现空中交通管理和 xTM 的协作配合，有效管理飞行器进出、穿越走廊的时机和位置。美国将常规空域划分为 A、B、C、D、E、G 六类，每类空域都有其特定的使用规则和服务标准，并通过设立合作式区域等特殊空域，实现更精细化的空域管理。同时，美国国家航空航天局（NASA）等机构正在研发垂直起降场自主运行系统、先进安全管理系统等技术，以提高空中交通管理的效率和安全性。这些技术将被用于城市空中交通、无人机系统等新兴飞行器类型中，实现飞行器的自主运行、风险预测和导航性能评估等功能。

6. 美国 eVTOL 的发展现状与未来趋势

根据贝哲斯咨询的数据，2023 年全球 eVTOL 的市场规模为 88.36 亿美元，北美占据半壁江山，如图 3-10 所示。这表明美国是 eVTOL 市场的重要参与者。

美国有多家公司积极布局 eVTOL 市场，如 Joby Aviation、Archer Aviation 等。这些公司纷纷推出自己的原型机，并加速试飞流程和商业化进程。

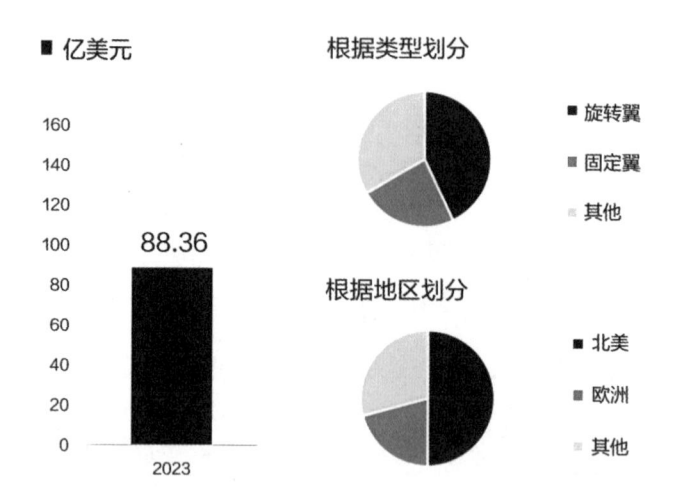

图 3-10　全球 eVTOL 的市场规模及细分市场占比分析

根据咨询公司 SMG 定期发布的先进空中交通现实指数，在 2023 年 6 月公布的前 15 名厂家中美国有 6 家，显示出美国在 eVTOL 领域的领先地位。

美国 eVTOL 在技术方面取得了显著的进展，如推力矢量型构型的应用、智能驾驶技术的研发等。然而，eVTOL 仍面临避障、智能驾驶、航线规划、电池技术等方面的挑战。

美国政府也在积极推动 eVTOL 的发展，通过政策支持和资金投入促进技术创新与产业化落地。例如，FAA 正在积极推动 eVTOL 的适航认证工作。

根据摩根士丹利（Morgan Stanley）的预测，全球 eVTOL 的市场规模预计在未来几十年内将显著增长。到 2026 年，全球 eVTOL 的市场规模将达到 619 亿美元；到 2040 年，全球总体潜在市场规模将达到 1 万亿美元；到 2050 年，这一数字将达到 9 万亿美元。美国作为 eVTOL 市场的重要参与者，有望在这一增长中占据重要地位。

随着技术的不断进步,美国 eVTOL 将在避障、智能驾驶、航线规划、电池技术等方面取得更大的突破,推动 eVTOL 的性能提升,加速其商业化进程。随着 eVTOL 市场的不断发展,FAA 等监管机构将不断完善相关法规和标准,以确保 eVTOL 的安全运营和合规性,以便为 eVTOL 的商业化运营提供有力保障。美国 eVTOL 将在城市空中交通、货运物流、旅游观光等领域得到广泛应用。随着技术的不断成熟和市场的不断拓展,eVTOL 有望成为未来城市出行的重要交通方式之一。

第四节　中国通用航空发展现状

1. 中国通用航空的发展历史

中国通用航空的发展历史是一个跨越多个时期、伴随技术进步和市场需求变化的复杂过程,其发展历程大致可以分为以下几个阶段。

- 萌芽与起步阶段(1912—1949)

中国的通用航空活动最早可以追溯到 20 世纪初。随着飞机的发明和航空技术的初步发展,人们开始探索飞机在除军事和商业运输外的其他领域的应用。早期的通用航空活动主要包括航空摄影、航空探矿、农业飞行等,这些活动为后续的通用航空业发展奠定了基础。

1912 年,中国航空先驱冯如在广州开展了本土上第一次有人驾驶的飞行活动,这是中国通用航空业的起点。冯如被誉为"中国航空之父"(见图 3-11),他的飞行活动激发了中国人对通用航空事业的热情。1913 年,中国第一所航空学校在北京南苑机场成立,为培养航空人才提供了重要的平台。1931年，浙江省水利局租用了德国汉莎航空公司的飞机进行航空摄影，这是中国首次开展的通用航空商业活动，显示出通用航空在实际应用中的潜力。

图3-11 "中国航空之父"冯如（1884年1月12日—1912年8月25日）

- 发展与壮大阶段（1949—2000）

中华人民共和国成立后，中国的通用航空业开始发展。1951年，应广州市政府的要求，民航广州管理处派出一架飞机执行灭蚊蝇飞行任务，这一活动揭开了中国通用航空业发展的新篇章。1952年，天津建立了第一支通用航空队伍——军委民航局航空农林队。1952—1965年，中国的通用航空业取得了长足的进步，航空摄影、航空探矿、航空护林、飞播造林等项目为中国的经济和社会发展做出了巨大的贡献。然而，到了20世纪70年代，中国的通用航空业遭受了严重的破坏和损失。

之后，中国的通用航空业开始恢复。截至1987年年底，中国通用航空从业职工达7000多人，飞行员达1500多人，各类飞机、直升机达400多架。但在1988—1995年，中国的通用航空业处于震荡调整状态，年作业飞行量为40 000小时左右。1996年之后，中国的通用航空业开始稳步发展，年作业飞行量开始稳步增长，通用航空活动的主体形式开始多样化，民营资本大量涌入通用航空领域。

- 新时代的新发展阶段（2000年至今）

进入21世纪之后，中国政府开始高度重视通用航空业的发展。2016年，国务院颁布了《国务院办公厅关于促进通用航空业发展的指导意见》，将通用航空业定位为战略性新兴产业体系，并提出了明确的发展目标。根据中国民用航空局的数据，截至2023年年底，中国通用航空机场数达451个。此外，中国民用航空还拥有大量的运输飞机和通用航空飞机，为通用航空业的发展奠定了坚实的基础。

近年来，中国在通用航空领域取得了显著的技术进步。例如，国产4吨级先进双发多用途直升机"吉祥鸟"AC332（见图3-12）的成功首飞，标志着中国航空应急救援装备体系建设和高原地区通用航空运营取得了新进展。

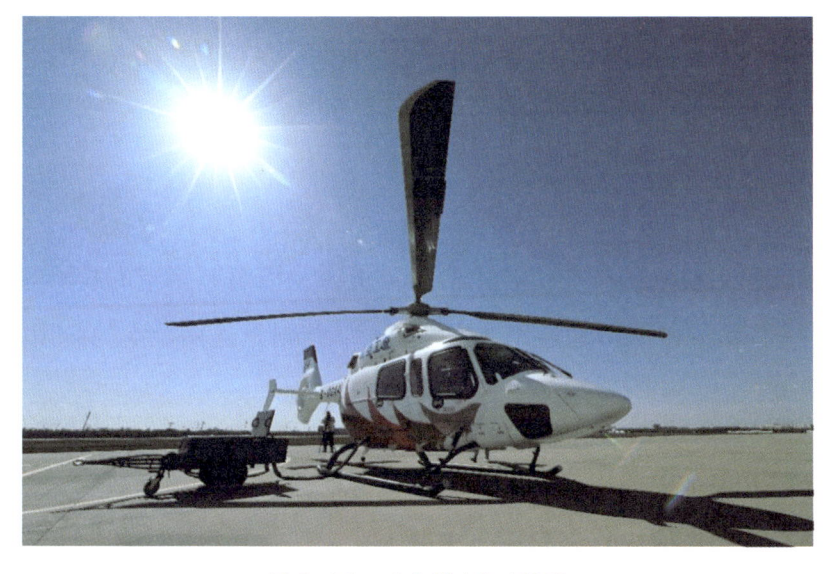

图3-12 "吉祥鸟"AC332

随着国内经济的持续快速发展和市场化进程的逐步推进，中国通用航空市场的结构发生了较大的变化。除传统的工农业生产支持外，通用航空还开始涉足医疗救护、公务飞行、培训飞行等领域。同时，随着国内企事业单位购置自用公务机数量的不断增加，航空器代管市场也在逐渐扩大。

2. 中国通用航空的发展现状

如前所述，中国的通用航空经历约百年的发展历程，尤其是进入21世纪以来，总体呈现出井喷式的发展势头，在多个领域表现突出。

- 行业定义与范围

《中华人民共和国民用航空法》第一百四十五条规定："通用航空，是指使用民用航空器从事公共航空运输以外的民用航空活动，包括从事工业、农业、林业、渔业和建筑业的作业飞行以及医疗卫生、抢险救灾、气象探测、海洋监测、科学实验、教育训练、文化体育等方面的飞行活动。"这一定义明确了通用航空的广泛性和多样性。

- 产业链结构

中国通用航空的产业链结构清晰，上游是原材料供应和核心零部件制造，中游是整机制造和通用航空运营，下游则是通用航空的应用领域。具体来说：

上游：包括金属原材料、燃料等基础原材料，以及发动机、机翼等核心零部件的供应。代表企业有中航工业、博云新材、中国航发等。

中游：包括通用航空机场建设、服务、人员培训、航空器的维修保养等。整机制造商有中航电测、洪都航空等；川大智胜、威海广泰、四创电子主要提供机场设备与空管配套设施；海特高新、中信海直和航信科技主要提供通用航空运营与维修服务。

下游：通用航空作为生产工具或消费物品服务于国民经济的三大产业，包括公务包机、短途飞行、航空作业、飞行训练和娱乐运动五大类。

- 行业发展现状

根据相关机构的数据，截至2023年年底，中国通用航空企业达689家，较2022年年底有所增加，显示出行业持续发展的态势；在册通用航空飞机3173架，表明中国通用航空飞机的数量在稳步增长；通用航空飞机全年作业飞行135.7万小时，反映出通用航空在作业飞行方面的活跃程度；通用航空全年运营市场规模约524亿元，显示出市场的巨大潜力和增长空间。

- 竞争格局

中国通用航空业的代表企业主要分布在北京、四川、陕西等地，黑龙江、辽宁、广东、安徽等地也有产业链企业分布。基于各企业通用航空运营业务的收入情况，初步核算2023年中航通飞的市场份额约为4.64%，位居行业第一，中信海直的市场份额约为3.68%，南航通航的市场份额约为1.20%。但与国外（重点是美国）相比，中国的通用航空行业规模和竞争能力还有很大的发展潜力。

- 政策环境与发展趋势

近年来，国家不断释放政策红利支持通用航空业的发展。例如，

2024年3月发布的《通用航空装备创新应用实施方案（2024—2030年）》提出："到2030年，以高端化、智能化、绿色化为特征的通用航空产业发展新模式基本建立，支撑和保障'短途运输＋电动垂直起降'客运网络、'干—支—末'无人机配送网络、满足工农作业需求的低空生产作业网络安全高效运行，通用航空装备全面融入人民生产生活各领域，成为低空经济增长的强大推动力，形成万亿级市场规模。"

在中央和地方一系列促进通用航空业发展的政策规划的推动下，近5年来行业总体发展势头良好，发展潜力巨大。展望未来，中国的通用航空业将呈现以下发展趋势：一是行业总体规模将持续扩大，二是通用航空装备将不断创新和升级，三是通用航空服务领域将进一步拓展和深化。

3. 中国主要通用航空飞机制造商

中国的通用航空飞机制造商在通用航空产业链中扮演着重要的角色，主要集中在上游的原材料供应和核心零部件制造、中游的整机制造等环节。

- 中航通飞

中航通飞，全称为中航通用飞机有限责任公司，成立于2009年2月6日，注册资本约为133.66亿元（可能有偏差），总部位于广东省珠海市，是中国航空工业集团有限公司旗下的重要成员，专注于通用航空领域的发展。截至2023年12月，中航通飞的总资产约为667亿元，职工16 000余人。控股股东为中国航空工业集团有限公司（持股比例为73.387 1%），其他股东包括广东粤财投资控股有限公司、广东恒健投资控股有限公司、珠海格力航空投资有限公司等；业务范围涵盖航空产品的研发、制造、销售和维修等多个环节；代表机型为大型水陆两栖飞机 AG600（见图 3-13），该项目填补了国内相关领域的空白，获得了党中央、国务院和国家领导的关注。

图 3-13　AG600

2023 年，中航通飞全球交付各型通用航空飞机 647 架，各类通用航空飞机飞行小时数达到 6.3 万小时，营业收入达到 221 亿元；所属运营企业拥有多个中国民用航空运营资质，拥有各型通用航空飞机 109 架、飞行员 157 人、航管保障人员 198 人。中航通飞坚持自主创新，不断推进产品研发和技术升级，具备飞机改进改型、新型号研发、航空零部件制造等飞机制造综合能力。

- 洪都航空

洪都航空，全称为洪都航空工业集团，是以洪都航空工业集团有限责任公司为核心企业组建的大型企业集团；前身是南昌飞机制造公司，曾用名为国营洪都机械厂，创建于1951年，是国家"一五"计划156项重点工程之一。

洪都航空是集航空产品和机电产品科研、生产、经营于一体的高科技企业集团，主要涉及教练机、强击机、农林飞机、海防产品、片梭织机、摩托车和发动机的生产。公司研制了L-15战斗教练机（见图3-14）、K8教练机、N5A农林飞机等多种型号的飞机和航空产品，在国内外的航空领域占据重要地位。根据洪都航空发布的2024年半年度报告，公司实现营业收入13.63亿元，同比下降20.55%，归母净利润354.44万元，同比下降48.73%。这主要是由公司本期产品交付量减少导致的。

图3-14 L-15战斗教练机

- 中直股份

中直股份，全称为中航直升机股份有限公司，是中国直升机和通用航空、支线飞机的科研与生产基地，拥有Y12轻型多用途飞机、Z9直升机（见图3-15）、EC120直升机和转包国外航空产品四大系列产品，以及AC311、AC332、AC313等多型民用直升机和运12系列飞机。中直股份依托自主研发、引进、消化国际先进技术，实现产品国际取证和销售，在复合材料研制和生产应用方面拥有绝对优势。

图3-15　Z9直升机

根据中直股份发布的财报数据，2023年公司全年净利润为4.43亿元，同比增长14.11%，2024年第二季度总营收为48.01亿元，归母净利润为1.67亿元。这些数据表明，中直股份在航空产品制造领域具有较强的盈利能力和市场竞争力。

近年来，中直股份坚持多元化发展策略，不仅专注于直升机和通用航空飞机的研发与生产，还积极拓展其他业务领域。在无人机领域，公司研发的多型无人直升机在低空经济领域展现出巨大的潜力；在eVTOL领域，公司也展现出前瞻性的布局和雄厚的技术实力。

- 中信海直

中信海直，全称为中信海洋直升机股份有限公司，是中国唯一一家从事海上石油、港口引航、海上救助和通用航空飞行服务的专业通用航空企业。其主营业务涵盖直升机飞行服务、航空维修与服务、通用航空运营业务和航空租赁业务等多个领域。根据中信海直发布的财报数据，2024年年中公司总营收为9.62亿元，同比增长6.10%，归母净利润为1.32亿元，同比增长2.11%。这些数据表明，中信海直在财务上保持了稳健的增长态势。

随着国家对海洋经济的重视和通用航空业的快速发展，中信海直作为行业内的领军企业，将面临更多的市场机遇和挑战。

- 威海广泰

威海广泰无人机公司是威海广泰空港设备股份有限公司（简称"威海广泰"）旗下的一个重要业务板块。威海广泰创建于1991年，总部位于山东省威海市环翠区，是一家集空港地面设备、消防装备、消防报警设备、军工产品、特种车辆、无人飞行器等产业于一体的多元化上市集团。公司于2007年1月在深圳证券交易所上市，股票代码为002111。威海广泰是国家创新型企业、国家技术创新示范企业，拥有"国家认定企业技术中心""国家空港地面设备工程技术研究中心""国家地方联合工程实验室"等荣誉和资质。

威海广泰在无人机领域拥有自主研发能力，能够根据不同的行业需求提供定制化的无人机解决方案。公司的无人机产品已广泛应用于公安反恐、消防监控、电力巡检、管道巡检、航拍、道路监控、应急抢险、边防巡逻等多个领域。公司不仅在国内市场占据领先地位，还积极拓展国际市场，产品已出口至多个国家和地区。

上述只是国内通用航空领域的代表企业，还有很多相关企业，如川大智胜、四创电子、海特高新、航信科技等，都为中国的通用航空乃至低空经济贡献了力量。

未来，中国通用航空业的发展趋势会呈现出多元化、智能化、绿色化和规模化的特点，以丰富低空经济的内涵。

第五节　中美通用航空实力对比

作为全球第一强国，美国在无人机、eVTOL等领域具备世界先进水平；中国作为后进者，近些年在无人机、eVTOL等领域也发展迅猛。基于强大的内需实力和"一带一路"倡议的推行，中国的通用航空和低空经济不仅快速发展到比肩美国的程度，而且有很大的挖掘潜力。因此，有必要对中美通用航空实力进行对比，以便看清形势，找准努力方向。

1. 飞机总保有量

美国：根据公开信息，美国拥有世界上最多的通用航空飞机。截至2023年，美国的通用航空飞机总保有量约为22.4万架，占全球很大比例。这体现了美国通用航空市场的规模和成熟度，说明通用航空是其交通运输体系的重要组成部分。

中国：相较于美国，中国的通用航空飞机总保有量较少。截至

2023年年底，国内在运营的通用航空飞机总保有量为3173架（另有说法为2141架或3329架，不同数据来源略有差异）。

2. 飞行时间

美国：美国每年的通用航空飞行时间为2500万～2800万小时，其中70%为载人飞行。这一数字反映了美国通用航空活动的高频率和广泛应用。

中国：中国的通用航空飞行时间近年来有所增加，2023年飞行时间为135.7万小时（另有说法为153.6万小时）。

3. 基础设施

美国：截至2020年，美国不仅拥有约1.9万个机场供通用航空飞机使用，还拥有数量众多的开放式空域，为通用航空飞行提供了广阔的空间。此外，美国还有3750家通用航空后勤服务站，为通用航空飞行提供了全面的服务支持。

中国：中国的通用航空机场数量相对较少，且地面保障设施设备仍不完善。截至2023年年底，全国在册管理的通用航空机场数量达到451个（另有说法为包含临时起降点在内的通用航空机场仅有约450个）。

4. 飞行员数量

美国：截至2019年年底，FAA认证的现役飞行员共计664 565名，其中通用航空飞行员约38万名。这些飞行员支撑着庞大的通用航空机队。

中国：中国通用航空领域的人才储备问题较为严重，特别是飞行员的培养和供给不足。截至 2023 年年底，通用及小型运输航空从业飞行员仅 3980 名（另有说法为 2820 名或不含 141 部航校的飞行员数量）。

5. 飞行作业类型

美国：美国的通用航空飞行应用以私人消费性飞行、公司商务飞行为主，教学飞行也是重要组成部分。

中国：中国的通用航空飞行作业类型也涵盖多个领域，但由于市场尚不成熟，因此非经营性质的通用航空活动较少。

6. 政策支持

美国：美国政府对通用航空产业的支持历史悠久，充分挖掘了其市场潜力。

中国：近年来，中国政府发布了一系列政策支持通用航空产业的发展，包括低空空域改革、通用航空机场审批与建设等。尽管政策支持力度在不断加大，但仍有较大的发展空间。

7. 产业前景

美国：美国的通用航空产业运营规模大、运营效率高、飞行服务保障能力强。随着技术的不断进步和市场的不断拓展，美国的通用航空产业将继续保持领先地位。

中国：中国的通用航空产业具备巨大的发展潜力。随着政策的推动和市场需求的增长，预计未来将有更多的企业和资本投入通用航空产业。随着经济的持续增长和基础设施的不断完善，中国的通用航空产业有望实现快速增长。

从上述对比来看，美国在多个方面均占据绝对优势。但中国的通用航空产业处于快速发展阶段，随着政策的支持和市场的推动，未来有望逐渐缩小与美国的差距。要想实现"弯道超车"，就需要开拓新赛道，基于直升机、无人机和 eVTOL 的低空经济就是一条可以大胆尝试的路径。

第四章
低空应急救援和安全保障管理

中国是一个面积辽阔、人口众多的大国，也是世界上自然灾害最多的国家之一。2023 年，全国受灾人口约为 9544.4 万人次，因灾死亡/失踪 691 人，直接经济损失达 3454.5 亿元。除自然灾害外，事故灾难、公共卫生、社会安全等突发事件也在中国时有发生。

应急救援体系是指在突发事件发生时，为迅速、有效地控制事态的发展，减轻或消除其对社会、环境和人民生命财产造成的危害，而建立的一整套组织、指挥、协调、救援和保障系统。低空经济是指在垂直高度 1000 米以下、根据实际需要延伸至不超过 3000 米的低空空域范围内，以垂直起降型飞机和无人驾驶航空器为载体，以载人、载货及其他作业等多场景低空飞行活动为牵引，带动相关领域融合发展的综合性经济形态。

低空应急救援具有快速、高效、受地理空间限制较少等优势，是众多国家普遍采用的有效手段。大力发展低空应急救援能力，有利于提高国家的总体应急救援水平，同时加快低空经济产业的发展，改善经济结构，形成新的经济增长点，促进内需，造福人民。因此，这是一项建设和谐社会、安国利民的重大战略举措。

第一节　中国的低空应急救援能力亟待提高

1. 低空应急救援在"5·12"汶川地震中发挥了重要作用，也暴露出问题

2008年5月12日，四川汶川发生特大地震，军队与民用航空等部门迅速调集全国航空救援力量，全力开展抗灾救援飞行行动。据不完全统计，在救援阶段，各部门共出动飞机、直升机428架，实施抗灾救援飞行8277架次，转运和空投救灾物资22 543吨，转运伤病人员66 728人次。这表明，中国的低空应急救援体系在抗震救灾中发挥了不可替代的作用，受到全国人民和世界舆论的高度赞扬。但在此次抗震救灾中，也暴露出中国的低空应急救援体系存在许多薄弱环节，包括救援装备数量少、救援机型不配套、基础设施不健全、低空应急救援体制不完善、缺乏专业的救援队伍等。

2. 世界主要发达国家已形成较完善的低空应急救援体系

作为一种应对自然灾害和突发事件的常用手段，低空应急救援已成为当今世界许多国家应急救援体系的主要救援力量。世界主要发达国家和部分发展中国家已形成符合各自国情、较为完善的低空应急救援体系，具有较强的低空应急救援能力。美国在1956年颁布了《全国搜索救援计划》，确定应急救援管理的最高行政机构是美国联邦应急管理局。美国空军是本土范围内的搜救执行机构，拥有可用于执行救援任务的直升机近1万架，仅纽约市的民用直升机保有量就超过2000架。此外，加拿大拥有可参与救援的各类飞机1000多架，所需费用由政府拨款；

俄罗斯专门设立俄罗斯紧急情况部，以管理 4 万余人的救援部队，负责应对各种灾害；日本归属警方、消防机构及民间企业的直升机有 1000 多架，这些直升机在紧急时可随时应召投入救援行动；德国建设了覆盖全国的低空应急救援体系，拥有救援用直升机超过 300 架，在整个德国国土内的任何一点，15 分钟内都可以得到国家的低空应急救援服务；法国的低空应急救援队可实施覆盖法国全境的低空应急救援行动；英国、瑞士等均设立了国家低空应急救援中心；巴西、韩国等也成立了专职的低空应急救援队。

3. 中国的低空应急救援能力与发达国家相比仍有差距，亟待提高

当前，直升机是应对地震灾害最快捷、最有效的应急救援手段之一。截至 2024 年 8 月，中国在册的民用直升机总数为 913 架。2021 年，美国在册的民用直升机总数达到 13 257 架，位居世界首位，每百万人拥有 40.7 架民用直升机。相比之下，中国每百万人仅拥有 0.65 架民用直升机，为世界平均水平的 1/5。按国土面积计算，中国每十万平方千米仅拥有 9.5 架民用直升机，为美国、英国、法国、德国、日本、俄罗斯、加拿大、澳大利亚平均水平的 1/9，不到巴西、南非平均水平的 1/2。中国的直升机以中小型号为主，高原型、重型直升机几乎空白，高性能大中型直升机也不多，绝大多数直升机缺乏绞车等基本救援设施。

第二节　提高低空应急救援能力是国民经济的重要增长点

世界上绝大多数低空应急救援飞行均属于通用航空范畴。截至

2018年年底，全球通用航空器保有量约为44.6万架，年作业飞行量超过3500万小时。2018年，美国通用航空直接提供了120万个全职和兼职工作岗位，在间接、引致和激发影响下支持了约421 100个服务领域的工作岗位、88 300个批发和零售贸易领域的工作岗位、84 700个金融和保险领域的工作岗位。同年，美国通用航空的经济产出为2470亿美元，直接贡献了1280亿美元的国内生产总值（GDP），在间接和引致影响下贡献了1190亿美元的GDP。通用航空对美国人均GDP的贡献为393美元。以上数据表明，通用航空对国民经济的带动作用明显。

以低空飞行器为基础的低空应急救援必须依托航空制造业、航空运营业和航空服务业的紧密结合，以提高中国的低空应急救援能力，为航空制造、运营和服务提供重要的经济增长点。低空应急救援对经济增长的拉动作用及具体做法主要表现在以下三个方面。

1. 促进航空制造业的大发展

低空应急救援为航空制造业开辟了一个除军事需要和一般民用运输需要外的新的需求空间，为航空制造业的大发展提供了重要的推动力。

作为通用航空的支柱产业，直升机产业是军民通用性很强的高技术产业。美国、俄罗斯、日本等国家都将直升机产业作为其重点产业来扶持。2023年，全球直升机市场的规模达到1588.65亿元，预测到2029年将达到3198.1亿元，年均复合增长率为12.12%。这表明直升机产业在全球范围内呈现出强劲的增长势头。中国的直升机市场作为全球市场的重要组成部分，同样呈现出稳步增长的趋势。2022年，中国直升机市场的规模达到约 480 亿元，年均复合增长率接近 10%；预计未来五年内，中国直升机市场的规模将以年均 9% 的速度增长。随着国民经济的发展和人民生活水平的提高，直升机在民用领域的应用范围将日益广泛，市场需求将持续增长。

我们应本着"以我为主、自主保障、需求牵引、创新推动"的原则，整合全国的科技和工业资源，攻克技术难关，提高国产民用直升机的可靠性和高温、高原适应性，提升运输类飞机及各类通用航空飞机的性能和质量，同步解决动力、机载设备和救援装具的配套与自主保障问题，扩大无人机、eVTOL、有人驾驶通航直升机与固定翼飞机等在低空应急救援中的应用范围，以促进整个航空制造业又好又快发展。

2. 助力国家低空基础设施的建设

低空应急救援体系的建设必须有相应的基础设施条件作为保障，因此需要加强对机场网络、通信网络、空域管理、航空维修、气象服务、后勤保障等多种基础设施的建设。截至 2023 年年底，中国通用航空机场数达 451 个。因此，我们应以小型通用航空机场布局与建设、空情雷达网络和应急通信系统建设为重点，满足低空应急救援的实施需要，通过若干年持续不懈的努力，构建完善的覆盖全国低空空域的先进基础设施体系。

3. 促进中国特色低空应急救援体系的建设

低空应急救援能力是国家处置紧急情况的重要能力，涉及国家安全，惠及人民利益，对此政府应加大投入。但是，像汶川地震这样的重大灾害毕竟是小概率事件，不可能由国家长期出资维持一个庞大的机群和队伍来专门应对。因此，需要建设以商业化运作为主的低空应急救援体系。

这套体系平时可为社会提供各种商业模式的有偿的专业化航空作业或救助服务，由政府给予适当的财政补贴，以维持其正常运转；当发生大规模自然灾害和公共危机事件时，这套体系可随时应召作为国家的社会救援力量，统一参与抢险救灾。

第三节 低空经济产业发展的关键是开放低空空域

空域和土地、海洋一样，都是国家重要的自然资源，具有极高的经济价值和社会价值。开放低空空域已成为低空经济产业发展的关键，也是中国提高低空应急救援能力和突发事件处理能力的关键。

1. 加快开放低空空域，促进低空经济产业的发展

许多国家都将低空交通与地面交通同等看待。以美国为例，它将空域按照 50 米的间隔分层，将 3000 米以下空域完全开放，这有力地促进了低空经济产业的发展。截至 2023 年，美国在册的通用航空飞机总数约为 22.4 万架，通用航空飞行时间为 2500 万～2800 万小时，航空制造业的年营业额约为 580 亿美元。

相比之下，截至 2023 年，中国通用航空飞机总保有量为 3173 架，通用航空飞行时间为 135.7 万小时，航空制造业的年营业额约为 510 亿元。因此，我们应本着"使用最大化、限制最小化"的原则，建立更为合理、开放的空域管理新体制，逐步有序开放 1000 米乃至 3000 米以

下空域，加快低空经济产业的发展，打造航空大国、强国。

2. 加快开放低空空域，构建空中立体交通

美国学者认为，从 1905 年至 20 世纪末，人类已有三次"交通运输革命"。第一次是汽车代替马车，第二次是螺旋桨飞机代替汽车，第三次是喷气式飞机代替螺旋桨飞机。而构建空中立体交通，发展"小飞机运输系统"（SATS）是人类高速交通运输的"第四次革命"。美国将发展通用航空运输作为构建 21 世纪空中立体交通的长期规划。"小飞机运输系统"可连接城市近郊、农村和偏远地区，其速度和效率将达到高速公路的 4 倍。

为适应全球交通运输的新一轮革命，中国迫切需要进一步开放低空空域，划分自由而有序的低空飞行区域，构建未来的空中立体交通，以满足社会经济又好又快发展的需要。

3. 加快开放低空空域，已具备基本条件

经过 40 多年的改革开放，中国的经济发展迅速，社会环境稳定，国防安全体系得到巩固，对"净空"的要求已大大降低，可以将以往用于国防的大量空域资源释放出来作为民用，为发展低空经济奠定基础。同时，中国已经初步建立了自动化空中交通指挥控制体系，表明中国开放低空空域的技术条件已经基本成熟。而低空飞行在工业勘探和遥测、农业飞播和飞洒、公务和商务飞行、航空体育、航空抢险救灾等方面都有着广泛的需求。因此，在开放低空空域和发展低空经济产业方面，中国现在可谓"万事俱备，只欠东风"。

第四节　低空空域的安全保障与管理

低空空域是国家宝贵且有限的资源，可以给国家带来巨大的经济效益和社会效益，也是保障国家安全的重要领域。因此，国家必须像对地面和高空一样，对低空空域进行管控，站在国防安全的高度，在保障低空空域安全的前提下，有序、高效地管理并使用低空空域。

1. 低空空域的安全保障

• 低空飞行安全

要提高低空飞行的安全系数，使其与运输航空的安全系数保持在同一水平，确保低空飞行安全。具体措施如下：一是抓好低空飞行器制造领域建设，提高低空飞行器的安全性能及其与空中交通指挥监控平台的互联互通能力，确保低空飞行器主动接受管控；二是建设地面的低空监管控制平台，使其承担起对低空飞行器的管控责任，同时做好与空中交通指挥监控平台的情报共享，确保对低空飞行器的管控严于对运输航空的管控；三是政府、企业、低空监管控制平台三方共同把好低空飞行人员的政治关、技术关和道德关，避免人为灾难事故的发生。

• 低空信息安全

低空飞行活动极易精准获取国家重要的地理位置信息，如军事重地、公路、铁路、桥梁、电力设施、水源地、政府所在地、重要仓储地等关系到国家命脉的重要信息，直接对国家安全构成威胁，需要重点防范。具体措施如下：一是对所有低空飞行器加装摄 / 录像装置，并实行管控和备案登记制度；二是要求所有低空飞行器严格按照任务规定的航路和高度飞行，严禁闯入禁飞区和管制区域；三是对闯入上述区域的低空飞行器，各级低空监管控制平台要具有处罚违法、违规低空飞行器和违规人的能力与权力。

- 要地防空安全

各级低空监管控制平台要具有接管所有闯入或误入禁飞区和管制区域的低空飞行器的最高控制权限，能够对违法、违规低空飞行器进行临时接管或干预，同时对违规人发出警告或处罚决定等；对不听劝阻或无法管控的不明飞行器，可以为各地的要地防空部门提供目标指示，并配合其对不明飞行器进行管控，直到将其迫降、毁伤或击落。

各地的要地防空部门可以与属地的低空监管控制平台就低空空情进行共享和联动，也可以为低空监管控制平台配备相应的自动化反制设备或装备，同时提供远方情报，构成各地联防联控的低空要地防空态势，平时可组织联防演练。

2. 低空空域的使用

- 合理划设低空空域

合理划设低空空域的具体措施如下。一是在目前军 / 民用航空运输机场、通用航空机场、临时起降点的基础上继续深化，对低空空域进行静态划设、动态管理。对于没有飞行任务的静态空域，必须确保其能被随时释放出来，由低空空域管理部门统一调配使用。拥有静态空域的机场、临时起降点可以优先使用已获取的静态空域，但不能将其据为己有。二是划设低空空域的电子围栏和航路、航线，并给出各地明确的自由飞行空域的电子围栏，包括具体的飞行高度和开放时间。具体做法是，结合各地的实际情况，逐步给出各地低空应急救援、观光旅游、低空交通运输、农林喷洒等通用航空作业任务空域的电子围栏，以及跨区域、转场飞行的航路和航线，建立空中转向、调头交叉飞行的空中立体交通系统，并根据实际情况不断调整。

- 规范使用低空空域

各航空公司要严格根据低空空域的划设和电子围栏的标识，按照相关要求，遵循提前申请、高效使用、安全退出的步骤使用低空空域，并接受监管部门的临时调配，服从飞行管理，遇有情况及时报告。在这一前提下，各航空公司可以较自由地规范使用低空空域，提高低空空域的利用率，使其承载更多的低空飞行活动。

3. 科学管理低空空域

科学管理的要点是用科学的手段，让非专业的人做专业的事。换句话说，就是让人人都能做只有专业人士才能完成的专业事。低空空域是保障国防安全的重要阵地，只有在保障空域安全、飞行安全和信息安全的前提下，低空的所有飞行作业和开发利用才有价值。为了保障对低空空域的科学管理，结合实际工作经验给出以下一些意见。

- 建立以电子围栏和交通标识为基础的低空空域图

中国在航空、铁路、公路和城市轨道交通等基础设施建设领域投入了巨资才取得今天的建设成果，而低空交通是不输给任何一个交通领域的唯一空白地，同样需要投入大量的人力、物力和财力。只有这样，我们才可以开发这个蕴藏着宝贵资源但空间有限的新领域。我们可以在电子地图中通过电子围栏和各种各样的交通标识规划出低空空域图，让低空飞行器在空中以优雅的姿态，安全、高效、自由地飞行，让飞行员和乘客尽享低空飞行的乐趣。

具体做法是，将低空空域的规划、建设和管理纳入国家"新基建"的范畴，以国家的意志统筹规划，调动国家和社会两个积极性，动用国家财政和社会资本，合力推动对低空空域的科学管理。

这样做的依据是，低空空域是以新发展理念为引领，以技术创新为驱动，以信息网络为基础，面向低空交通高质量发展需要，提供数字转型、智能升级、融合创新等服务的新型基础设施体系，与国家提出的"新基建"理念完全吻合。具体表现为以下三点。

第一，低空空域是典型的由新一代信息技术演化而来的基础设施，符合"新基建"对信息基础设施的要求；第二，低空空域是深度应用互联网、大数据、人工智能等技术支撑传统基础设施转型升级而形成的融合智能基础设施；第三，低空空域是以科学研究、技术开发、产品研制为主的具有公益属性的基础设施。

- 建立满足低空通信导航需求的基础公共通信网

无论是地面的基础交通设施，还是空中的基础交通设施，都需要强大的基础公共通信网作为支撑。建立满足低空通信导航需求的基础公共通信网既是国家发展的需要，也是国内各电信运营商的责任。因此，我们应在现有4G、5G公共通信网的基础上，研究提出为低空（3000米以下）提供通信保障的方案，并在有条件的地方率先提供服务，为低空通信导航提供可靠的通信保障。

- 在公共通信网不能覆盖的低空飞行区域建立专用通信网

在公共通信网不能覆盖的低空飞行区域，应由低空空域管理单位或飞行单位自行建立专用通信网，以保障低空飞行安全。

- 低空飞行作业必须具备三维通信导航保障能力

为了保障低空飞行安全，所有的低空飞行器必须自带或加装机载三维通信导航保障系统，与地面的三维通信导航保障系统构成完整的低空三维通信导航保障系统，确保对低空空域的合理、高效和动态使用。

- 加快规划和建设低空空情综合处理预警系统

ADS-B被动预警系统由多个地面站和机载站构成，以网状、多点对多点的方式完成数据的双向通信。机载站主要传递飞机的四维位置信息（如经度、纬度、高度和时间等）、其他可能附加的信息（如冲突告警、飞行员输入、航迹角、航线拐点，以及航向、空速、风速、风向和飞机外界温度等）和飞机的识别信息与类别信息。地面站处理完收到的空中广播信息后，可以将处理结果输入管制员的监控终端，以便为监视和管制提供参考，也可以将其输入空中交通管理系统，供相关部门和人员参考与使用。同时，地面站还可以向低空飞行器发送空中交通监视全景信息、气象和航行情报信息等，以便帮助机组及时了解周边交通信息、航路气象和空域限制信息，为飞行安全提供保障。

ADS-B 存在的主要问题如下：一是由飞行目标发送（广播）自己的位置、姿态和航行信息，地面站只能被动接收目标信息并进行通信导航，这种情况只适用于我机和友机，对敌机和有可能发动恐怖袭击的不明飞行器没有任何预警作用；二是 ADS-B 是按照 ICAO 认可的国际航空电信协会（SITA）规定的电报计量标准收取通信费的，这直接提高了通用航空飞行的运行成本，使空管和航空公司等用户望而却步，导致已配置先进机载设备的低空飞行器、配套建设的空—空数据链与地—空数据链、地面用户设备被束之高阁。

解决上述问题的主要方法是，逐步建设以全自动化、主动预警的低空雷达组网系统为主，辅以利用飞行目标的飞行噪声和光学影像的声探测技术与光电探测技术有效结合的低空声光复合探测预警系统，或者辅以激光低空补盲系统的低空空情综合处理预警系统。该系统不仅可以接收来自军方的远方情报，也可以接收上级、友邻单位和本部各雷达情报分站报知的空情，综合处理后供本级使用或按照约定上报军方、通报民用航空组织或友邻单位，实现各方低空情报共享。

若增加防御功能，则此系统可以在军方远方情报的指导下，对复杂背景下来袭的远距离低慢小目标（包括蜂群无人机、无人机和巡航弹）进行主动预警探测，实现察打一体功能；也可以将综合处理后的可靠低空情报上报到军方相应的防空作战系统和单元，用于预警与制导，以大幅提升中国的要地防空能力。

综上所述，低空空情综合处理预警系统的指示精度高、可扩展性强，可与辖区内的指控系统、友邻探测系统和各类打击系统配合，以适应不同用户、不同场景的需求，最终形成"空—天—地""通—导—遥—智"

一体化的低空交通综合保障体系。

在逐步建立并不断完善上述系统的基础上，最终形成集监控和飞行于一体的低空空域管理体系，并充分运用陆、海、空、天各种侦察预警手段，构成规模庞大的低空立体侦察预警网，实现空间上的立体化，最终通过各种侦察与感知设备构成低空交通综合保障体系。

第五章

从全球视角看发展低空经济的必要性

讨论中国发展低空经济的必要性，离不开分析全球经济发展现状和美国对世界经济的影响，从而寻求中国经济发展的突破口。

第一节 全球经济发展现状

当前，全球经济总体增长趋势放缓，债务增加、失业率提高，局部战争持续、种族矛盾凸显，全球主要国家的友好交流和国际贸易减少。世界似乎被一只无形的"大脚"踩了刹车，让大家前仰后合。

1. 全球经济增长乏力，复苏之势明显

全球经济总体呈现波动增长的趋势，不同经济体之间的增长速度和复苏步伐差距明显，以近 10 年为例：

2014 年：全球经济在高收入经济体的复苏拉动下出现回升，全球经济增长率从 2013 年的 2.4% 上升至 3.2%。

2015 年：全球经济下行压力加大，国际货币基金组织（IMF）将全年经济增长率由 3.3% 下调至 3.1%，世界银行则将全年经济增长率由 3.0% 下调至 2.8%。

2016 年：全球经济增速继续放缓，IMF 计算全年经济增长 3.1% 左右，新兴经济体与发达经济体的表现分化明显。

2017 年：全球经济出现广泛复苏，但发达国家与发展中国家之间仍存在不平衡现象。IMF 指出，约 3/4 的国家的经济增长加速。

2018—2024 年：全球经济持续处于中低速增长轨道，增长动力需进一步加强，增长分化趋势日益明显。根据联合国经济和社会事务部发布的《2024 年世界经济形势与展望》报告，全球经济增长率预计将从 2023 年的 2.7% 下调至 2024 年的 2.4%（后又调整为 2.7%）。这表明全球经济正处于低速增长平台期，有企稳回暖的趋势。

2. 通胀压力缓解，货币政策逐渐宽松

IMF 近日发布报告称，到 2024 年，全球平均通胀水平将降至 5.8%，而到 2025 年，这一数字将进一步降至 4.3%。这表明，随着经济恢复稳定和政策效应显现，全球通胀压力正逐步缓解，主要发达经济体的通胀水平呈现下降趋势。以美国为例，其消费者价格指数（CPI）增速在 2023 年有所放缓，核心 CPI 增速也逐渐回落。欧元区的通胀水平同样呈现下降趋势，尽管在某些月份有所反复，但总体趋势是向下的。

通胀压力的缓解主要得益于各国央行采取的紧缩货币政策。通过提高利率、缩减资产负债表等手段，可有效抑制需求扩张和价格上涨。此

外，全球经济复苏的态势也为通胀压力的缓解提供了有力支持。

在全球通胀压力缓解和经济增长放缓的背景下，各国央行将逐步降低利率，以刺激经济。

2024年6月，欧洲央行将三大关键利率均下调25个基点，这是其自2023年10月以来的首次降息。7月，欧洲央行决定维持欧元区三大关键利率不变。9月12日，欧洲央行决定再次下调存款机制利率25个基点至3.5%，下调再融资利率60个基点至3.65%，下调边际贷款利率60个基点至3.9%。这是欧洲央行在2024年的第二次降息。

英国央行英格兰银行于2024年8月1日宣布降息25个基点，将基准利率从5.25%下调至5%。这是英国央行自2020年3月以来的首次降息。

北京时间2024年9月19日凌晨2时，美联储宣布，将联邦基金利率的目标区间下调50个基点至4.75%~5%，这是其4年来的首次降息。2022年3月以来，美联储启动了一轮近乎史无前例的激进加息，并从2023年7月起将政策利率维持在5.25%~5.5%的高位至今。根据美联储的预测，2024年年底美国联邦基金利率将达到4.4%，即4.25%~4.5%的目标区间，到2025年将降至3.4%，到2026年将降至2.9%。

此外，瑞士、瑞典等国的央行也相继降息以应对经济放缓的挑战。

在资产价格和金融风险可控的前提下，采取适度宽松的货币政策有助于降低企业和个人的融资成本，促进投资和消费的增长。同时，也有助于稳定金融市场和增强市场信心，促进全球经济的进一步复苏。

3. 全球贸易动态与全球化进程

- 全球贸易动态

2024年9月，世界贸易组织（WTO）发布的《货物贸易晴雨表》显示，2024年第三季度全球货物贸易保持复苏态势，全球货物贸易景气指数为103，高于基准点100，且较2024年3月发布的100.6略有上升。这表明2024年第三季度全球货物贸易额保持正增长。

在各成分指数中，汽车产品、集装箱运输、空运和出口订单指数均高于趋势水平，显示出相关行业的强劲增长势头。然而，电子元件和原材料指数均低于趋势水平，反映出这些领域将面临挑战。

尽管晴雨表指数发出了积极的信号，但全球贸易前景仍然高度不确定。地缘政治风险加剧、地区冲突持续、发达经济体货币政策转变和出口订单减少等因素，都有可能对全球贸易产生不良影响。

受世界经济增长乏力、产业政策调整和供应链重塑、贸易及投资保护主义措施加剧、地区冲突持续和地缘政治关系紧张等多重因素的影响，全球外国直接投资（FDI）普遍收缩。联合国贸易和发展组织发布的《2024年世界投资报告》显示，2023年全球FDI下降2%至1.3万亿美元。

- 全球化进程

世界贸易的全球化进程是一个复杂且动态的过程，涉及多个方面，包括贸易壁垒的降低、生产链的国际化、跨国公司的兴起、国际经济组织的建立等。2024年，经济合作进入新阶段，技术创新、环境可持续性、人口结构变化和文化交流等方面的影响深远；虽然地缘政治风险、贸易保护主义、气候变化等因素为全球化进程带来挑战，但同时孕育着新的机遇。例如，科技和可持续发展为提高贸易韧性带来了最大的机遇，推动了数字服务贸易的快速增长。

面对全球化进程的挑战与机遇，各国需要加强国际合作，共同应对全球经济的变化和挑战。国际经济组织的调整与合作在全球化进程中至关重要。可持续发展目标将成为全球化进程中的重要议题，各国需要关注生态保护、绿色发展等领域，推动全球经济的可持续发展。

4. 区域经济合作的成果

区域经济合作是指地理位置相邻或相近的国家或地区之间，基于相同或相近的利益偏好而采取相同或相似的经济政策，使资源在国家或地区之间有效流动和重新配置，从而达到使区域内国家或地区经济集聚和互补的效应。其主要特点为合作范围的广泛性、参与主体和合作领域的多样性、利益目标的共同性、合作形式的灵活性。

区域经济合作的重要性体现为，能够促进区域内资源的优化配置，提高经济效率，推动区域经济的共同发展，加强区域间的经济联系，增进区域间的相互理解和信任，为区域的和平与稳定奠定基础。

全球很多国家或地区都通过加强区域经济合作，来应对全球经济挑战。例如，《区域全面经济伙伴关系协定》（RCEP）、《全面与进步跨太平洋伙伴关系协定》（CPTPP）等协定的签署，有助于促进区域内的贸易和投资自由化、便利化。这里列举两个典型的区域经济合作案例。

- 澜湄合作

澜湄合作是中国与湄公河五国（泰国、柬埔寨、老挝、缅甸、越南）之间的次区域合作机制。自 2014 年提出倡议以来，澜湄合作已成为地区合作的"金色平台"。澜湄国家一直密切合作，2024 年，中国与湄公河五国的贸易额比 10 年前翻了一番，上半年突破 2000 亿美元。中老铁路的开通与运营促成了客货两旺的局面，国际旅客列车搭载出入境旅客突破 20 万人次，国际货物列车累计开行超过 1 万列次。另外，六国在水资源管理、农产品推广、环境治理等方面也开展了深入的合作。

- 中欧区域政策合作

自 2013 年以来，郑州市积极融入国家"一带一路"倡议。特别是自 2017 年 2 月被国家发展和改革委员会列为第二轮中欧区域政策合作案例地区以来，郑州市充分利用这一平台优势，积极谋划、主动作为、不断创新，取得一系列代表性成果：自中欧班列（郑州）（2013 年 7 月 18 日）开行以来，已累计开行超 8400 列次，通达欧洲 40 个国家 140 个城市；成功举办中欧班列（郑州）博览会及多届亚欧互联互通产业合作论坛、中欧地理标志论坛等高端会议，吸引了来自全球相关行业的专业人士和国内外知名企业的积极参与；开通了空中、陆上、网上、海上"四条丝绸之路"建设，使中欧班列通达世界多个城市，实现了跨境电商交易额年均增长。

5. 新兴经济体的崛起

新兴经济体通常指那些经济发展速度较快，并在全球经济中逐渐占据重要位置的发展中国家或地区。自 20 世纪 80 年代末 90 年代初以来，全球化浪潮席卷世界，贸易自由化和资本流动的增加使这些国家或地区能够更好地融入全球市场。信息技术的迅猛发展也为这些国家或地区提供了前所未有的机遇，推动了其经济的快速发展。以中国和印度等国家为代表的新兴经济体始终保持着较高的经济增长率，成为全球经济增长的重要动力。随着产业结构的不断调整和升级，这些国家的竞争力也在不断提升。例如，中国从"世界工厂"向科技创新、互联网经济等领域拓展，印度则在信息技术和服务领域展现出巨大的潜力。新兴经济体通常拥有庞大的人口基数和快速增长的消费市场，能为国内外企业提供广阔的市场空间。

新兴经济体的崛起改变了全球经济格局，使世界经济增长的动力更加多元化。新兴经济体在全球贸易、投资、金融等领域发挥着越来越重要的作用，同时面临着来自传统经济体的竞争压力，双方摩擦不断。

除中国、印度外，还有巴西、俄罗斯和南非（也被称为"金砖国家"）属于第一梯队。巴西是南美洲最大的经济体，拥有丰富的自然资源和广阔的市场空间；俄罗斯在全球能源市场中扮演着重要的角色；南非则是非洲大陆最具影响力的经济体之一。此外，新兴经济体还有由墨西哥、韩国、菲律宾、土耳其、印度尼西亚、埃及等"新钻国家"组成的第二梯队。作为新兴经济体中的重要成员，这些国家也在各自的领域展现出独特的优势。

当然，挑战与机遇往往并存，新兴经济体在获得发展机遇的同时，也面临着经济增长的可持续性差及环境保护、社会公平等问题，需要在发展的过程中予以高度重视。

第二节　美国对世界经济的影响

美国通过以美元为基础的金融体系、以高科技为基础的军民用品输出和引领全球的文化输出领先世界。

1. 以美元为基础的金融体系

第二次世界大战后，美元作为世界主要储备货币和国际贸易中的主要结算货币，占全球外汇储备的58%（2023年数据），对全球经济、金融、贸易和政治格局产生了深远的影响。

美元汇率的变动直接影响全球主要货币的汇率，进而影响各国的出口竞争力和进口成本。当美元升值时，会导致以美元计价的商品价格在国际市场中上升，竞争力下降；反之，美元贬值则有利于以美元计价的商品的出口。美元的强势地位吸引了大量国际资本流入美国，提高了美国资产的价格，同时使其他国家面临资本外流的压力。美联储的货币政策调整，如加息或降息，会进一步影响全球资本的流动方向。对许多发展中国家来说，美元债务是其外债的主要组成部分。美元汇率的变动会直接影响这些国家的债务成本，进而影响其财政稳定性和经济增长潜力。

2. 以高科技为基础的军民用品输出

美国在高科技领域（如芯片制造、生物科技、人工智能和航空航天等）具有显著优势。其高科技信息产品（如智能手机、计算机软件、云计算服务等）在全球范围内广受欢迎；高科技生物产品（如基因测序、生物制药等）在全球范围内具有广泛的应用前景；高科技新能源产品（如太阳能电池板、风力发电机等）在全球范围内的输出推动了全球能源结构的优化和升级，助力实现绿色低碳发展；高科技航空航天产品众多，涵盖飞行器、导弹系统、卫星通信等多个领域，如由波音公司研制的 X-37B 太空飞机、由 NASA 支持波音公司研制的"星际客机"飞船、由洛克希德·马丁公司研制的新一代隐形空射武器——AGM-158 系列隐形巡航导弹、由雷神公司生产的"爱国者"防空导弹、由 SpaceX 公司研制的猎鹰系列火箭和星舰，以及各类通信卫星和侦察卫星等引领全球的高新技术。

这些技术不仅用于民用产品，还广泛用于军事装备。美国是全球最大的军用产品销售国之一，在隐身技术、无人驾驶技术、高能武器、遥感探测技术等方面具有显著优势。这些技术的应用使美国的军事装备在性能、精准度、生存能力等方面远超其他国家。美国每年的军售总额相当可观，且近年来呈现增长趋势。有消息称，美国 2024 财年对外出售的武器总额可能达到创纪录的 1000 亿美元。美国通过向其他国家出售高科技武器来提升其地缘政治影响力。这种军用产品的输出不仅为美国带来了经济利益，还提升了美国在全球安全事务中的话语权。

3. 引领全球的文化输出

美国是全球文化的引领者，如影视、音乐、知名品牌、互联网和社交媒体、生活方式和价值观、教育与学术交流等，均在全球范围内具有较高的影响力。这些文化产品不仅传播了美国的文化影响，也为其带来了巨大的经济利益。

1）影视娱乐

- 好莱坞电影

好莱坞电影是全球电影产业的重要组成部分，它们制作精良、情节引人入胜，深受全球观众的喜爱。例如，《泰坦尼克号》和《阿凡达》以及各种科幻电影在全球范围内掀起了票房热潮，为好莱坞在全球电影市场的领导地位奠定了基础。作为美国文化输出的重要代表，好莱坞电影能够通过精心设计的故事情节、人物形象和个人英雄主义的风格特点，引领观众思考和讨论一些普世的价值观问题，向全世界传播其自由、民主、个人主义等核心价值观，以及先进的科技和生活方式。好莱坞电影善于吸收和融合其他国家的文化元素，使自身更具多样性和包容性。同时，好莱坞在电影制造技术方面的创新和发展能力很强，无论是3D技术的引入，还是特效和计算机生成图像技术的突破，都使其制作的电影视觉效果更加真实和震撼，为观众带来了全新的观影体验。所有这些无不向全世界全面地展示美国自由民主的理念、兼收并蓄的文化、发达先进的硬实力。这是一种强大的吸引力，能够吸引各种顶级人才和企业、资金等向美国聚集。

- 流行音乐

美国流行音乐起源于19世纪末20世纪初，这一时期正值美国工业文明的兴起，大批农业人口进入城市，构成了早期的产业队伍，使城镇市民结构发生变化。这种社会变迁催生了新的音乐需求，早期流行音乐应运而生。这些音乐多来源于市民阶层中的新文化代表，反映怀念故土、眷恋家乡生活的通俗音乐作品，正好表达了远离家园来到陌生环境求生的人们的心理状态和淳朴的思想感情。在随后的发展过程中，美国流行音乐逐渐形成了多种流派和风格，包括叮砰巷歌曲、布鲁斯、爵士乐、摇滚乐、灵魂乐（Soul）、嘻哈音乐（Hip-Hop）等。

随着科技的发展，美国流行音乐的传播方式也经历了多次变革。从早期的活页乐谱到录音技术的普及，再到数字音乐时代的到来，每一次技术变革都极大地推动了美国流行音乐的传播和发展。如今，互联网和流媒体平台已成为美国流行音乐传播的主要渠道。

美国流行音乐市场高度商业化，唱片公司、音乐制作人、艺人等共同构成了完整的产业链。随着全球化和互联网的发展，美国流行音乐的影响力已远远超出国界，成为全球范围内的流行文化现象。代表人物有埃尔维斯·普雷斯利（猫王）、迈克尔·杰克逊、麦当娜、Lady Gaga和当前火爆全球的泰勒·斯威夫特（霉霉）。尽管进入21世纪，随着互联网、移动互联网、人工智能技术的不断发展，人们对流行音乐的关注度下降很多，但其影响力仍然存在。

人类不能没有音乐，所以，音乐不会消失。

2）科技创新

- 引领全球的顶尖科技

a. 信息技术

互联网与电子商务：美国孕育了众多世界知名的科技公司，如苹果、Meta、谷歌等，这些公司在互联网技术、大数据等领域处于领先地位。

智能设备：苹果以其创新的智能手机、平板电脑和个人计算机产品，引领了全球移动互联网和智能设备的发展潮流。

操作系统与办公软件：微软在操作系统与办公软件领域长期占据主导地位，其 Windows 操作系统和 Office 办公套件在全球广泛使用。

搜索引擎与互联网服务：谷歌是搜索引擎与互联网服务的巨头，其技术创新涵盖人工智能、云计算等前沿领域。

b. 半导体技术

美国拥有英特尔、高通、英伟达等全球领先的半导体芯片制造商。英特尔的处理器技术在个人计算机和服务器领域占据重要地位；而高通则在移动通信芯片领域占据领先地位；英伟达作为全球图形技术和数字媒体处理器行业的领导厂商，在可编程图形处理器方面拥有先进的专业技术。

c. 生物技术

生物制药：美国拥有众多先进的生物制药公司和研究机构，在基因编辑、癌症治疗、疫苗研发等方面处于世界前沿。

生物信息学：美国在生物信息学领域的研究成果为全球患者带来了许多革命性的治疗方案。

d. 航空航天技术

太空探索：NASA 在太空探索、卫星技术和载人航天等方面取得了一系列突破性的成果。例如，"阿波罗计划"实现了人类首次登月，太空站的建设和运营展现了美国在航天领域的强大技术实力。

商业航天：SpaceX 等公司在太空探索、火星登陆、卫星通信等方面取得了重大成就。

e. 人工智能与机器学习技术

深度学习与自然语言处理：美国在人工智能领域的研究成果居世界首位，如深度学习、自然语言处理、计算机视觉等技术。谷歌、亚马逊、Meta、OpenAI 等科技公司均在人工智能领域展开了广泛的研究和应用。

基础模型与生成式人工智能：美国在基础模型、生成式人工智能系统、多模态和大型语言模型等方面取得了显著进展。

f. 清洁能源技术

可再生能源：美国在可再生能源发电、储能装置、电动和混合动力发动机等领域取得了重要突破。特别是清洁能源发电和存储技术，已成为美国科技战略的重要组成部分。

核能技术：美国在核能系统、聚变能等领域的研究也处于世界领先地位。被称为"人造太阳"的可控核聚变技术是解决人类能源问题的终极方案，美国已经高强度投入研究了 60 多年，目前似乎看到了"曙光"。

g. 先进制造技术

增材制造：美国在增材制造领域持续投入研发，推动了 3D 打印等技术的创新与应用。

智能制造：通过集成先进计算、人工智能和自动化技术，美国在智能制造领域取得了显著进展。

h. 量子信息科学

量子计算与量子通信：美国在量子计算、量子通信和网络等领域的研究处于世界领先地位。例如，谷歌的量子团队推出了第二代量子处理器，展示了美国在量子计算领域的强大实力。

- 硅谷神话：永不停歇的创造力

硅谷，这片位于美国加利福尼亚州北部的弹丸之地，汇聚了全球顶尖的高科技公司和创新人才，持续引领着科技创新的潮流，是科技界长久以来津津乐道的神话，是永不停歇的创造力的代名词。

硅谷的崛起离不开斯坦福大学教授弗雷德·特曼的远见卓识。他鼓励学生在当地创业，并制定了方案来支持这一行动。这一举措直接促成了惠普等科技巨头的诞生，为硅谷的科技创新奠定了坚实的基础。硅谷逐渐发展为全球科技创新的中心，吸引了众多顶尖企业和人才聚集于此。

硅谷不仅是众多高科技公司的总部所在地，更是无数新技术、新产品的发源地。从个人计算机、网络搜索到社交网络，硅谷在每一次重大技术变革中都扮演着引领者的角色。硅谷的成功不仅推动了美国经济的发展，也深刻改变了人们的生活方式，甚至影响了整个世界。

硅谷之所以能够持续保持创新能力，得益于其完善的创新生态系统。这个系统包括有利于创新的法律法规、不断产出成果的高校和研究机构、易于流动的高素质人才、充足的风险资本和配套服务、鼓励承担风险和宽容失败的创新文化等。这些要素相互支撑、相互促进，为硅谷的科技创新提供了源源不断的动力。

硅谷的多元化人口结构和包容性文化也是其创造力的重要源泉。硅谷汇聚了来自世界各地的精英人才，他们带来了不同的文化背景、思维方式和创新理念。这种多元化的环境促进了思想的碰撞和灵感的激发，为硅谷的科技创新提供了丰富的素材和灵感。同时，硅谷对失败的宽容度也非常高，这种文化使人们敢于尝试、敢于创新，即使失败了也能从中吸取教训、继续前进。

硅谷的企业和科研机构在研发方面的持续投入是其创造力的重要保障。无论是私营机构还是政府部门，都高度重视科技创新和研发投入。这种持续投入不仅推动了新技术的诞生和应用，也为硅谷的科技创新提供了源源不断的资金支持。

尽管硅谷在科技创新方面取得了巨大的成就，但也面临一些挑战。例如，高昂的生活成本和税收压力使部分企业及人才选择离开硅谷，监管政策的收紧也对科技创新产生了一定的影响。此外，随着全球科技竞争的加剧，硅谷神话面临挑战。

3）教育与学术交流

美国之所以能够在经济、科技、娱乐、文化等方面引领全球，根本原因还是在于其高等教育资源丰富。

美国高等教育最早可追溯到1636年哈佛大学的建立，美国拥有各类大学3300多所，全球大约30%的科学和工程类论文、44%最常被援引的论文均出自美国的大学，70%的诺贝尔奖获得者在美国的高校供职。美国是世界拥有最多顶尖大学和科研机构的国家，其学术实力、创新能力及对全球教育的影响力举足轻重。这些大学为学生提供了丰富的课程选择和多元化的学习环境，强调批判性思维、创新思维和实践能力的培养，注重学生的全面发展和个性成长。从历年诺贝尔奖获得者中就能看出美国在教学和科研方面的强大实力。

美国主要的世界一流大学有：

麻省理工学院（MIT）：连续多年在各大学排名中名列前茅，以其卓越的工程技术教育和研究闻名于世。

斯坦福大学：在科学研究、技术创新和创业精神方面享有盛誉，培养了大量科技领域的领军人物。

哈佛大学：作为全球最古老、最著名的大学之一，哈佛大学在人文社科、商学、法学等多个领域都处于世界领先地位。

加州理工学院：专注于科学和技术领域的研究与教育，其物理学、天文学、化学等学科在全球享有极高的声誉。

普林斯顿大学：以其卓越的学术成就和严谨的学风著称，在人文社科、自然科学等多个领域都取得了杰出的研究成果。

随着全球化和信息化的发展，美国高等教育逐渐向在线教育、跨学科研究、终身学习和国际化等方向发展。

根据《2023年美国留学访学数据报告》，2023年持有F-1和M-1签证的国际学生人数超过150万人，同比增长10.4%，是2019年以来的最大入境学生规模。其中，中国和印度的留学生是主体。根据统计，留学生最多的20所美国大学包括纽约大学、东北大学、哥伦比亚大学等。在专业分布上，计算机、外语、工商管理、电子电气工程等专业备受留学生的青睐。对留学生来说，美国高等教育不仅提供了优质的教育资源和学习环境，还提供了广阔的视野和跨文化交流的机会。通过实地访校、参与课程、与教授和同学交流等方式，留学生可以更全面地了解美国的教育体系和文化背景。此外，留学生还可以通过实习、志愿服务等方式积累实践经验和社会资源，为未来的职业发展打下坚实的基础。同时，他们还可以结交来自世界各地的朋友，拓宽自己的人际网络和国际视野。

总之，美国在全球政治经济、科技文化、教育生活等各个方面都具有深远的影响，这使其具有全球独一无二的话语权。

第三节 中国经济发展现状

改革开放以来，中国经济快速增长，综合国力和国际影响力实现了由弱到强的巨大转变；GDP 不断攀升，经济总量跃居世界第二。随着经济的发展，中国的产业结构不断调整和优化，高新技术、绿色经济和现代服务等新兴产业蓬勃发展。这些新兴产业的崛起不仅提高了经济的附加值，还提升了经济的可持续性和竞争力。

当前，中国经济总体延续了稳中有进的发展态势，转型升级稳步推进，高质量发展继续取得新成效。根据国家统计局公布的数据，2023年中国 GDP 超 126 万亿元，同比增长 5.2%，高于全球 3.0% 左右的预计增速，在世界主要经济体中名列前茅。进入 2024 年，中国经济面临的机遇多于挑战，有利条件强于不利因素。预计全年 GDP 增速将保持在一定水平，随着内外部环境的改善，经济增长动力将进一步增强。

1. 工业生产增长动能较强

规模以上工业增加值保持增长，特别是装备制造业和高技术制造业增长显著，对整体工业生产的拉动作用明显。2024年上半年，全国工业增加值为19.98万亿元，同比增长3.68%；全国规模以上工业增加值同比增长6.0%，延续着较快的增长态势。

新兴产业（如新能源、新材料、人工智能等）在中国工业发展中占据越来越重要的地位，推动了工业结构的优化升级，为工业经济提供了新的增长点。装备制造业和高技术制造业成为推动工业增长的重要动力。2024年7月，规模以上装备制造业增加值同比增长7.3%，增速高于全部规模以上工业2.2个百分点，连续12个月高于全部规模以上工业；规模以上高技术制造业增加值同比增长10.0%，增速持续高于全部规模以上工业。

此外，中国工业正在向高端化、智能化、绿色化转型，锂离子电池制造、半导体器件专用设备制造、智能消费设备制造等行业利润同比分别增长45.6%、16.0%、9.2%。新能源汽车产业增长迅猛，新能源汽车产量快速增加，配套产品充电桩、汽车用锂离子动力电池产量也实现增长。

在全球经济复杂多变的背景下，中国工业产品出口保持增长态势。2024年1—7月，规模以上工业企业出口交货值达8.52万亿元，同比增长3.6%。在主要出口行业中，电子行业、汽车行业等出口交货值增速加快。

同时，国家出台了一系列稳增长政策，对工业经济增长形成了有力的支撑。例如，对大规模设备更新改造政策的支持力度加大，促进了工业企业的设备更新和技术升级。

2. 内需继续扩大

多家国际组织或机构预测，2024 年中国 GDP 预计将增长 4.5% ~ 4.8%，内需将继续成为推动经济增长的主动力。中央经济工作会议和政府工作报告均强调要加大宏观调控力度，统筹扩大内需和深化供给侧结构性改革。一系列政策措施的出台，为内需的扩大提供了有力的支持。随着各项宏观政策发力显效，消费将持续恢复，成为经济增长的"压舱石"。2024 年 8 月，社会消费品零售总额同比增长 2.1%，前 8 个月累计实物商品网上零售额同比增长 8.1%。固定资产投资保持增长态势，2024 年 1—8 月固定资产投资同比增长 3.4%，计划总投资亿元及以上项目完成投资同比增长 7.0%，拉动全部投资增长 3.8 个百分点。新兴产业的产品（如新能源汽车、智能绿色产品等）产量保持快速增长态势，成为内需扩大的新动力。2024 年 8 月，新能源汽车和充电桩的产量同比分别增长 30.5% 和 97.0%。

扩大内需的根本在于居民有稳定且可预期的收入，这主要体现在两个方面：一是居民有稳定收入的稳定工作，二是居民对未来预期保持乐观。在中国过去几十年的高速发展过程中，内需一直保持旺盛，这是因为老百姓对于以房地产为主要投资载体的市场环境的预期良好。然而，随着中国经济结构的调整和转型，房地产的投资属性大幅降低，人们意识到快速修建的钢筋混凝土和银行卡中的数字之间不再是正相关关系。基于对未来的担忧，人们会主动选择储蓄来对抗未来的不确定性。这会导致银行存款攀升，贷款乏力，资金无法流入社会以刺激生产和经营，资金流动速度降低，经济增长缓慢。这是中国经济目前面临的困境。幸运的是，在党中央的坚强领导下，中国出台了一系列刺激经济的政策。这些政策虽然短期内效果不明显（由经济惯性和认知惯性导致），但从长期来看一定会提振经济。低空经济就是在这样的情况下提出的一种新经济结构。

第四节　中国经济面临的困境

尽管经过几十年的高速发展，中国的经济总量跃居世界第二，综合国力大幅提升，世界影响力显著增强，但当前的中国经济，尤其是新冠疫情这些年，仍然面临较多的困境。

1. 有效需求不足

有效需求不足主要表现为消费和投资需求不足，这直接影响了经济增长的动力。消费需求的疲软导致市场活跃度下降，企业销售困难，进而影响企业的生产和投资意愿。投资需求的不足则限制了新项目的启动和现有项目的扩张，失业率上升会影响社会稳定和居民收入，物价水平下降可能引发通货紧缩等。这些都进一步抑制了经济增长的动力。

2. 部分行业产能过剩

产能过剩是指生产能力过剩，即企业的生产能力没有得到充分的利用，存在一定的闲置或浪费现象。这并不是指产品生产多了卖不掉，而是指即便产品需求得到满足，生产能力仍旧过剩。

产能过剩的问题广泛存在于多个行业：钢铁、水泥、电解铝等传统制造业在过去几十年的基础建设中经历了高速发展，但随后出现了产能过剩的风险；光伏、锂电池、新能源汽车等新兴行业在政策支持和技术进步下快速扩张，但由于全球需求的不确定性，也出现了产能过剩的风险。这就需要新的经济结构消化过剩的产能。

3. 国内经济大循环存在堵点

这体现在生产、分配、流通和消费等各个环节。

- 技术水平与创新能力不足

尽管中国已经建立了全面的工业门类，但在某些关键技术领域仍存在"卡脖子"问题，高度依赖进口，这限制了国内生产的自主性和竞争力。一旦进口渠道受阻，生产就会受到严重影响。为了解决"卡脖子"问题，必须加快自主研发、突破瓶颈。

- 产品与市场需求不匹配

市场需求是不断变化的，消费者对产品的需求可能受到多种因素的影响，如经济环境、消费习惯、政策导向等。如果企业未能及时捕捉到市场需求的变化，就有可能继续按照旧的生产计划进行生产，从而导致产品与市场需求不匹配。在经济快速增长时期，企业往往预测市场需求将持续增长，从而过度投资以扩大产能。但当市场需求增速放缓、未及预期时，便会导致产能过剩。此外，随着生产技术的不断进步，生产效率显著提高，企业在相同的投入下能够生产更多的产品。这种技术的进步虽然促进了生产力的提升，但也容易引发产能过剩的问题。

- 物流成本高、运输效率低

不同运输方式之间的协调不足、衔接不畅，就会导致运输效率低下。例如，铁路在综合交通运输中的优势未得到充分发挥，公路运输占比过高；"干—支—末"物流网络不完善，存在许多薄弱环节，如"最先一公里""中间换装一公里""末端配送与投递一公里"问题突出；物流标准不统一，增加了搬运、分拣、包装等环节的成本；国际铁路、国际公路、国际航空货运等还比较滞后，依赖国外跨国物流企业；应急能力较差，难以做到第一时间保障应急物资。

4. 外部环境复杂、严峻和高度不确定

外部环境的复杂性、严峻性、不确定性上升是当前全球经济面临的普遍问题，对中国经济影响深远。

随着新一轮科技革命和产业变革的推进，全球的经济格局正在经历深刻调整。新兴经济体和发展中国家的崛起，使全球经济增长动力更加多元化，但也带来了更多的竞争和不确定性。地缘政治风险是影响全球经济稳定的重要因素。近年来，地区热点问题频发，部分国家推行保护主义政策，对全球产供链造成干扰，增加了国际贸易和投资的风险。气候变化、公共卫生危机等全球性问题也对外部环境产生了复杂的影响。这些问题需要全球各国共同应对，但在短期内可能加剧经济的不确定性。

根据多家国际机构的预测，2024年全球经济增速普遍低于预期水平。全球经济增长动能的减弱意味着外部市场需求可能不足，对中国等出口导向型经济体构成严峻挑战。贸易保护主义抬头和贸易摩擦加剧使

国际贸易环境恶化。中国作为全球最大的贸易国之一,其出口产品可能面临更多的关税壁垒和非关税壁垒限制。国际金融市场的波动也可能对中国经济造成冲击。汇率市场的不稳定、资本流动的异常等都可能对中国经济的金融稳定产生影响。

各国政府为应对经济下行压力,可能采取不同的政策措施。这些政策措施的效果和副作用难以预测,增加了全球经济政策环境的不确定性。虽然科技革命和产业变革带来了新机遇,但其发展路径和速度仍存在不确定性。新技术、新产业的崛起可能对传统产业造成冲击,也可能带来新的市场垄断和风险。诸多难以预测的突发事件影响巨大,可能导致全球经济供应链中断、生产停滞等问题,对中国经济造成短期或长期的负面影响。

第五节 低空经济是摆脱困境的有效方案

低空经济作为一种新经济结构,是中国摆脱当前经济困境的重要途径和手段,是新质生产力的重要组成部分。

1. 促进产业转型升级

低空经济是依托先进的航空、通信、人工智能等技术的新经济结构,可以带动飞行器制造、航空服务、低空保障及综合服务等相关产业链的延伸和拓展,有助于中国传统产业向高技术、高附加值方向转型升级,提高产业的整体竞争力和创新能力,从而形成新的经济增长点。

低空经济对高端制造材料和精密制造技术提出了极高的要求,从航空材料到精密机械再到电子信息,直接驱动和促进了这些相关领域的技术创新与产业转型升级。以无人机为例,作为低空经济的主导产业,其发展推动了新材料、新能源、飞控系统、导航技术等多个领域的技术创新。

低空经济通过拓展多元的应用场景,为产业转型升级提供了新的市场需求和发展空间。例如,在农业领域,无人机可用于农药喷洒、病虫害监测等作业,提高农业生产效率;在工业领域,无人机可用于电力巡检、石油管道巡检等作业,降低人工成本和风险。这些应用场景的拓展不仅促进了低空经济的发展,也推动了相关产业的转型升级。

此外,国家和地方层面出台了一系列支持低空经济发展的政策与法规,为产业转型升级提供了有力保障。例如,国家出台了《无人驾驶航空器飞行管理暂行条例》《国家空域基础分类方法》等文件,为低空经济的发展提供了广阔的空间;地方政府则通过制定专项规划、提供财政支持、优化营商环境等措施,积极推动低空经济的发展。以苏州市为例,苏州市聚焦产业生态、保障体系、应用场景等方面,培育低空经济产业集群,推进无人机在低空领域的拓展应用。通过强化顶层设计、制定专项规划政策、试点示范引领、培育与扶持龙头骨干企业等措施,苏州市的低空经济产业取得了显著成效。截至2024年9月,苏州市已签约低空经济项目251个,涵盖低空制造、低空基础设施、低空应用等领域,签约低空经济相关产业基金16个,总规模超200亿元。

2. 拓展经济发展空间

随着低空飞行技术的不断进步和应用领域的广泛拓展,低空经济将快速渗透到农业、物流、旅游、医疗等方方面面,推动农业植保、物流配送、巡线巡边、旅游观光、应急救援等诸多行业的创新发展和效率提升，促进区域产业集群的形成和发展。例如，建设通用航空机场、无人机起降场和服务基地等基础设施，可以吸引相关企业和人才集聚，推动区域经济的转型升级。

低空经济的发展离不开科技创新的支撑。通过加强对低空飞行器及其关键部件的研发与制造，推动无人机、eVTOL等高新技术产品的应用与普及，可以促进科技成果的转化与应用，提升国家竞争力。

近年来，中央和地方政府高度重视低空经济，出台了一系列政策措施支持低空经济的创新发展。例如，优化低空管理体制、完善低空飞行服务保障体系、加强政策法规支撑等，为低空经济的发展提供有力保障。随着技术的不断进步和政策的逐步开放，低空经济市场的前景将十分广阔。据统计，2023年中国低空经济规模达5059.5亿元，增速达33.8%。未来，随着低空经济的持续发展和应用领域的不断拓展，其市场规模和经济效益有望进一步提升。

3. 促进区域协调发展

低空经济具有地域性特点，各地可以根据自身资源禀赋和实际需求发展低空经济，以促进不同地区的经济交流和合作，推动区域经济的协调发展。例如，一些地区可以利用其独特的地理位置和自然资源，发展低空旅游和观光业务，吸引更多的游客和投资，促进当地经济的繁荣。

低空经济通过飞行器的低空飞行活动，能够有效弥补地面空间的不足，集约利用空间资源。这种立体化的交通格局有助于优化区域资源配置，提高资源利用效率。

低空经济的产业链条长，涵盖飞行器研发制造、低空飞行基础设施建设运营、飞行服务保障等产业，它的发展将带动相关产业的技术创新和产业升级，促进区域产业结构优化和转型升级。

低空经济通过低空物流、低空旅游等方式，能够加强不同区域间的经济联系和互补，打破地理空间限制，促进区域市场一体化发展。

发展低空经济能够促使相关部门建设低空交通设施和服务网络，构建现代化、立体化的交通网络，促进城市与周边地区的融合发展，提升城镇化的质量和水平；减少地面交通拥堵和空气污染等问题，提升居民的生活质量和区域生态环境的质量，推动城市规划中更多的绿色基础设施建设，进一步加快新型城镇化进程。

深圳作为低空经济的重要试点城市之一，率先推出了促进低空经济产业发展的专项法规，并简化了审批流程。2024年2月27日，由峰飞航空自主研制的eVTOL"盛世龙"从深圳蛇口邮轮母港起飞前往珠海九洲港码头，用时20分钟。此次飞行由直升机全程伴飞并持续拍摄其飞行姿态，现场呈现了多种机型融合飞行的壮观场景。

中国作为世界上最大的发展中国家，拥有庞大的市场需求和丰富的资源禀赋，具备发展低空经济的良好条件。通过加强技术创新和国际合作，中国可以在低空经济领域取得领先地位，提升国际竞争力。

4. 推动经济绿色发展

低空经济的发展有助于推动中国经济向绿色、低碳的方向转型。低空飞行器相比传统交通工具，具有更高的能效和更少的排放，有助于减少环境污染和能源消耗。

低空经济可推动新能源、新材料、新一代信息技术与航空动力、整机制造和通用航空服务一体化等全产业链条的加速融合，带动上中下游产业链的绿色发展；进一步提高低空飞行器的节能、减排、降噪性能，全面提升低空飞行器的绿色制造水平和再制造能力；优先选用碳足迹较低的钢材、铝合金、高分子材料等作为低空飞行器生产制造的原材料，实现关键元器件、基础零部件的易回收和可回用。

各地应利用低空飞行器灵敏度高、灵活性强等优势，开展生态环境状况日常监测、生态保护修复成效评估、环境应急管理等工作，实现生态环境的精准化监测预警、动态化风险评估；促进各类生态环境信息跨区域、跨部门互联互通、成果共享，服务重污染天气应对、水环境治理、"无废城市"建设等重点领域；支持利用无人机技术参与智慧农业建设，防治农业面源污染，助力乡村生态振兴。

此外，还应加强顶层设计，锚定高端化、智能化、绿色化的低空经济发展目标，加强政策供给和技术支撑，激发市场活力；强化部门协同，启动低空经济绿色发展配套标准的编制工作，为通用航空机场建设、电动航空器制造、航油生产与使用等领域的高水平生态环境保护提供更多的政策支持；推动标准规范国际合作互认，提升中国绿色低空经济的国际竞争力和市场话语权。

随着技术的进步和行业的发展，低空经济在推动经济绿色发展方面将展现出更加广阔的前景。一方面，低空经济将进一步拓展其在生态环境保护领域的应用空间维度，助力生态环境监管智能化、决策科学化、治理精准化；另一方面，绿色低空经济的商业模式和服务方案将不断成熟与完善，汇聚绿色低空经济专业技术复合型人才，形成可持续的绿色发展路径。通过加强顶层设计、发展绿色航空制造业、拓展绿色应用场景、强化政策与技术支持等措施，低空经济将为实现中国经济社会的可持续发展贡献重要的力量。

第六节　低空经济的政策演进

中国开放低空的政策发展是一个逐步推进、不断深化的过程，旨在促进通用航空的发展和低空经济的繁荣。长期以来，中国低空空域的使用和管理采取与中高空空域同样的审批、管制方式，这在很大程度上制约了通用航空的发展。

2000年，低空空域管理改革首次列入国务院、中央军委空中交通管制委员会（以下简称"国家空管委"，已于2021年调整为"中央空中交通管理委员会"）工作计划，标志着国家开始关注低空空域的管理和改革。

2003年，国务院、中央军委发布《通用航空飞行管制条例》，对于通用航空的涵盖范围、飞行空域使用审批和管理权限及时间做出了规定。

2007年4月，国家空管委办公室确定中国实施空域分类的目标时间为2010年。然而，不幸的是，2008年"5·12"汶川地震造成了极大的损失，当时多数直升机未能在48小时内抵达救灾抢险第一线，甚至很多直升机超过96小时才抵达。事后相关报告被提交至中央军委，低空空域开放获原则性通过。

2008年，国家空管委在长春、广州和海口飞行管制分区开展低空空域管理改革试点，为后续的全面改革积累了经验。

2009年8月，西安国家航空产业基地获批"中国民用航空局通用航空产业试点园区"；10月，国家空管委召开低空空域管理改革研讨会，会议明确将"适时有序开放低空飞行区域"，拟于2015年前在全国范围内逐步开放，2020年前完善各项法规及低空管理模式。

2010年，国务院、中央军委联合下发《关于深化我国低空空域管理改革的意见》，确定低空空域改革的总体思路。该文件明确了改革分三个阶段：

"试点阶段（2011年前）：在长春、广州飞行管制分区改革试点的基础上，在沈阳、广州飞行管制区进行深化试点，在更大范围深入探索低空空域管理改革的经验做法，研究提出低空空域划分标准，完善政策法规，探索运行机制，简化工作程序，优化服务保障模式，为全面推进低空空域管理改革奠定基础。

"推广阶段（2011年至2015年）：在全国推广改革试点，在北京、兰州、济南、南京、成都飞行管制区分类划设低空空域，进一步建立健全法规标准，优化运行管理模式，合理布局和建设服务保障网点，基本形成政府监管、行业指导、市场化运作、全国一体的低空空域运行管理和服务保障体系。

"深化阶段（2016年至2020年）：进一步深化改革，使低空空域管理体制机制先进合理、法规标准科学完善、运行管理高效顺畅、服务保障体系可靠完备，低空空域资源得到科学合理开发利用。"

2013年11月，为了规范通用航空飞行任务的审批与管理，促进通用航空事业的发展，维护国家空中安全，中国民用航空局发布《通用航空飞行任务审批与管理规定》。该规定简化了通用航空飞行的审批流程，规定除9种特殊情况外的通用航空飞行任务不再进行飞行任务申请与审批。

2014年7月，《低空空域使用管理规定（试行）征求意见稿》将真高1000米（含）以下低空空域划分为管制空域、监视空域、报告空域和目视飞行航线；8月，《国务院关于促进旅游业改革发展的若干意见》对低空旅游的发展提出纲领性指导方针；11月，全国低空空域管理改革工作会议召开，会议决定分步对"两区一岛"和"两大区、七小区"进行1000米以下空域管理试点改革，涉及全国14个省、自治区、直辖市，试点地区占全国空域的33%。试点期间，共划设各类空域254个，其中管制空域122个、监视空域63个、报告空域69个，另划设低空目视飞行航线12条。这一时期，通用航空飞行计划报批时限和报备时限得到显著缩短，极大地方便了通用航空用户。

2015年6月，济南和重庆被确定为低空空域管理和通用航空发展综合配套改革的试验单位。这一举措旨在为国家全面开放低空空域管理改革提供可借鉴的经验，是将多元化的用户需求与优质高效的服务深度结合、协同推进的有益尝试。

2016年5月，国务院下发《国务院办公厅关于促进通用航空业发展的指导意见》，将通用航空业定位为战略性新兴产业体系，提出："及时总结推广低空空域管理改革试点经验，实现真高3000米以下监视空域和报告空域无缝衔接，划设低空目视飞行航线，方便通用航空器快捷机动飞行。"以中国现行最低安全高度平均为500米计算，真高3000

米低空空域相比真高 1000 米低空空域，其可用飞行层的空间增加约 4 倍，允许私人飞机使用 1000 米以下空域，这一举措开启了低空经济的新篇章。

2016 年 11 月，国家发展和改革委员会发布《关于做好通用航空示范推广有关工作的通知》，提出："结合地方发展基础和需求实际，分类推进通用航空基础设施建设，提升服务保障能力。充分发挥示范带动作用，形成可复制、可推广的好经验好做法，加快培育通用航空市场。"

2016 年 12 月，中国民用航空局印发《通用航空发展"十三五"规划》，这是中国行业管理部门第一次出台通用航空五年专项规划，是民用航空"十三五"规划体系的重要组成部分，是对《国务院办公厅关于促进通用航空业发展的指导意见》的具体落实。

2017 年 5 月，中国民用航空局发布《民用无人驾驶航空器实名制登记管理规定》，要求中华人民共和国境内最大起飞重量为 250 克以上（含 250 克）的民用无人机拥有者必须进行实名登记。6 月，科学技术部、交通运输部发布《"十三五"交通领域科技创新专项规划》，提出："适时、有序推进低空空域开放，是通用航空快速发展和安全有序运行、打开通航产业万亿级市场规模的必需。"

2018 年 9 月，中国民用航空局发布《低空飞行服务保障体系建设总体方案》，提出："按照功能定位和服务范围的不同，结合不同地区通用航空发展的差异化需求，逐步建立由国家级、区域级和服务站构成的低空飞行服务保障体系。"同年，在国家空管委批准《四川省低空空域协同管理试点方案》后，四川省开始尝试构建新型低空空域运行管理服务体系。

2019年1月，中国民用航空局发布《基于运行风险的无人机适航审定指导意见》，开展无人机适航审定分级管理。

2020年，新一轮的低空空域管理改革试点工作进一步拓展。8月，湖南省率先提出了全域低空空域管理改革试点；9月，江西省被列为全域低空空域管理改革的试点省份，开始探索"权责利一致、可持续发展"的低空空域协同运行管理机制；11月，广东省发展和改革委员会发布《广东省通用机场布局规划（2020—2035年）》，该规划的发展目标是："到2025年，全省通用机场体系基本形成，通用机场布点达到32个，机场密度达到每万平方公里1.8个。到2035年，全省通用机场体系进一步完善，通用机场布点达到57个，机场密度达到每万平方公里3.2个，通用机场服务覆盖所有县级行政单元，机场密度和通用航空运营服务能力接近发达国家（地区）水平。"

2021年2月，中共中央、国务院在《国家综合立体交通网规划纲要》中首次提出发展"低空经济"。同年，安徽省成为全国第三个全域低空空域管理改革的试点省份，标志着安徽省在低空空域管理改革方面迈出了重要的一步。

2022年7月，湖南省和四川省分别出台《湖南省通用航空条例》和《四川省通用航空条例》。湖南省和四川省是中国最先出台通用航空地方性法规的省份。这两部法规针对低空空域管理、安全监管和服务保障等方面做出了详细的规定，从法律的角度为通用航空和低空经济产业的长期、快速、平稳发展提供了坚实的保障。

2023年，安徽省的低空经济规模突破400亿元，以合肥市和芜湖市为双核，安庆市、六安市、宣城市等多点支撑的产业格局已经初步形成。12月，中央经济工作会议将低空经济明确为国家战略性新兴产业，为低空经济的发展提供了广阔的空间；12月，中国民用航空局发布《国家空域基础分类方法》，该方法依据多个要素对空域进行分类，有助于低空经济的精细化管理。

自2024年1月1日起，《无人驾驶航空器飞行管理暂行条例》正式施行，标志着中国无人机产业进入有法可依的发展新阶段。2月，《深圳经济特区低空经济产业促进条例》正式实施，这是国内首个为促进低空经济产业发展而推出的专项法规。3月，工业和信息化部、科学技术部、财政部、中国民用航空局发布《通用航空装备创新应用实施方案（2024—2030年）》，提出："拓展新型通用航空消费示范应用。面向低空旅游、航空运动、私人飞行和公务航空消费市场，在山西、内蒙古、上海、河南、湖南、海南、新疆等重点地区，开展'通用航空＋'应用示范。鼓励有条件的地区开发多样化低空旅游产品，推进'通用航空＋旅游'应用示范。支持开展飞行体验、航空跳伞等消费飞行活动，大力推广轻型运动飞机、特技飞行器，推进'通用航空＋运动'应用示范。"3月，安徽省印发《安徽省低空智联基础设施建设实施方案》，并在合肥市建设了全国首个面向政务服务的"一网统飞"系统。该系统按照市场化模式提供无人机公共治理服务。安徽省的低空经济正在从"以通用航空为主"的传统模式向"有人机和无人机融合发展"的新低空经济模式过渡。7月，国务院发布《国务院关于促进服务消费高质量发展的意见》，明确鼓励低空飞行等新业态的发展，支持多种类型特色旅游产品的推出。

当前，多地政府已经陆续发布了各自的低空经济产业规划及相关的支持措施，以推动该产业的发展。其中，由于珠三角和长三角地区已有一定的产业基础，因此正在引领着整个行业的发展方向，并展现出了较为显著的先发优势。据统计，全国超过六成的低空经济企业分布在中南和华东地区，尤其是广东省、江苏省、湖南省、浙江省和山东省等地。而华北地区的低空经济企业虽然占比约为12.6%，但也主要集中在北京市、河北省和天津市三地。在eVTOL产业方面，中南和华东地区同样占据主导地位，而华北、西南、东北和西北地区则以相关整机试验和关键系统配套为主，这四个区域的总体产业规模约为3亿元。此外，民用无人机产业主要集中在中南地区，其产业规模达到885.6亿元，占总体比重的75.4%。

首都北京则依托自身的人才优势、科技创新优势和产业聚集优势，孵化了数百家无人机产业链生态企业，成为全国充满活力的无人机创新发展城市之一。2020年10月，延庆区获批成为中国民用航空局全国首批民用无人驾驶航空试验区。依托其无人机装备产业基地，延庆区吸引了80余家无人机产业链生态企业入驻。2024年9月30日，北京市经济和信息化局等四部门发布了《北京市促进低空经济产业高质量发展行动方案（2024—2027年）》。该方案明确了六大类十八小类的重点任务，涵盖技术创新、产业链完善、监管运行优化、应用创新示范、基础设施建设和安全防范体系等多个方面。

综上，中国开放低空的政策发展是一个从无到有、从试点到全面开放、从粗放到精细化的不断推进和深化的过程。未来，随着政策的进一步支持和市场的不断发展，中国的低空经济有望迎来更加繁荣的发展。

第七节　低空经济的全球布局

低空经济的内涵和外延首先由中国提出，但也引起了国外主要国家和地区的重视，发展低空经济成为未来全球经济竞争的重要战略阵地。

• 美国

早在 20 世纪 60 年代，美国就开放了 3000 米以下的空域，为低空经济的发展提供了广阔的空间。这一举措不仅促进了低空飞行活动的普及，也为后续的低空经济发展奠定了基础。FAA 作为主要的空中交通管理机构，积极推动低空经济的规范化、市场化、智能化发展。FAA 与 NASA 等科研机构紧密合作，制定相关规划与路径，推动低空经济产业的技术进步和市场应用。美国政府通过了《先进航空运输技术法》等一系列法案，为低空经济的发展提供了法律保障，并通过财政补贴、税收优惠等政策手段，鼓励企业和个人参与低空经济活动。

美国积极推广 eVTOL 等新型飞行器，为低空经济的商业化运营提供了技术支持。多家美国企业（如 Joby Aviation、Archer Aviation、BETA 等）都在 eVTOL 领域取得了重要进展，部分机型已接近或完成适航审定，即将进入商业化运营阶段。美国在无人机领域也拥有完整的产业链和领先的技术实力。在美国，无人机被广泛用于科学探测、农业植保、电力巡检、航空拍摄、环境监控、抗震救灾等多个领域，推动了低空经济的多元化发展。

美国通过国家引导协调、适航创新跟进、开展试点运行等方式，推动城市空中交通和先进空中交通的发展。美国多家企业（如 Joby Aviation、Uber Elevate 等）都致力于开发高效、环保的空中交通解决方案，以满足城市日益增长的出行需求。除民用领域外，美国还将低空经济技术应用于军事和特种任务中。例如，美国空军启动了"敏捷至上"项目，探索 eVTOL 技术在特种作战、救援搜索、短距离运输等军事任务中的应用可行性。

美国在通用航空领域扎实和全面的基础为其在低空经济领域的全球布局铺平了道路。

- 日本

日本政府对低空经济的发展给予了高度重视，并制定了一系列明确的规划和支持政策。例如，日本经济产业省和新能源产业技术综合开发机构（NEDO）提出了在5年内扩大无人机应用，并力争在2025年大阪世博会上实现飞行汽车商业化的目标。此外，日本政府还启动了"下一代空中交通"项目，聚焦于无人机和飞行汽车的技术开发，旨在提高物流和检测部门的工作效率。

日本在低空飞行器的技术开发上具有较强的创新能力和技术实力。该国拥有一些实力强大的eVTOL企业，如SkyDrive，以及积极涉足空中交通领域的本田、丰田等汽车企业。此外，日本宇宙航空研究开发机构（JAXA）也在联合企业共同推进eVTOL的研发工作。

日本低空经济的应用场景十分广泛，包括石油海上平台飞行、港口直升机引航、观光娱乐、跨境飞行、城际飞行等。无人机和载人eVTOL在医疗救护、山区搜救等领域也展现出巨大的潜力。据罗兰贝格的预测，到2050年，全球低空经济市场规模将超过60万亿元。日本将努力成为低空经济的重要参与者之一。

- 欧洲各国

欧洲作为全球通用航空市场的重要区域之一，约有10万个为通用航空交通服务的机场（相比之下，连接定期航班的机场约有 3 万个）。这些机场遍布欧洲各地，为通用航空活动提供了便捷的起降条件。同时，欧洲各国还不断加强对通用航空基础设施的建设和升级，以满足日益增长的通用航空需求。欧洲各国的通用航空产业链较为完善，涵盖通用航空飞机制造、维修、运营、保养等多个环节。众多欧洲企业积极参与通用航空市场的竞争与合作，推动了产业链的协同发展。

以法国为代表的欧洲各国，在低空经济领域积极布局，已在 2024 年巴黎奥运会期间尝试飞行 eVTOL。这一项目由巴黎机场集团发起和推动，为 eVTOL 的商业化运营提供了政策保障。该项目采用的是 Volocopter 公司的 VoloCity 双座 eVTOL，它共有 18 个电池驱动的螺旋桨，续航里程为 30 千米，最高时速为 110 千米。峰飞航空与巴黎机场集团签署了战略合作协议，计划在巴黎蓬图瓦兹的垂直起降场进行 eVTOL"盛世龙"的试运营飞行。

同时，空客等传统航空巨头看到 eVTOL 市场的巨大潜力，积极加大在这一领域的研发投资。空客利用自身在航空技术、制造和供应链管理方面的优势，推动 eVTOL 技术的快速发展和商业化应用。为了加速 eVTOL 技术的研发进程，空客还通过合作与并购等方式整合行业资源。它与初创企业、研究机构等建立合作关系，共同推进 eVTOL 技术的研发和应用。

- 中国

中国的低空经济已处于世界第一梯队，凭借国内相对完整的应用场景创新链和低空经济产业链，在打造城市空中交通运营平台、发挥无人机制造等技术优势方面，走出了一条具有中国特色的低空领域发展之路。

中国的无人机产业在全球处于领先地位，民用无人机占据全球70%的市场份额。根据中国民用航空局的数据，截至2023年年底，中国无人机设计制造单位约2000家，运营企业接近2万家，国内注册无人机126.7万架。

中国的无人机出口量在全球市场占据重要地位，特别是在工业级无人机和消费级无人机领域。中国的无人机企业正积极拓展海外市场，与多个国家的企业建立合作关系，共同开拓国际市场。

eVTOL作为低空经济的新兴领域，中国企业在该领域的研发和生产方面也取得了显著进展。根据预测，全球eVTOL市场规模将持续增长，中国的eVTOL产业在2024年会进入商业化爆发期。中国的eVTOL企业正积极寻求国际合作，共同推动eVTOL技术的创新和应用。

目前，中国在低空经济领域的技术创新活跃，涉及低空飞行器研发与制造、运行保障设施、地面保障设施和监管服务等多个领域，新型创新技术处于世界一流水平。中国企业正不断加大研发投入，推动低空经济技术的创新和应用，以提高产品性能和市场竞争力。

截至2024年5月底，全球低空经济产业专利申请量达到约24.4万件，其中中国专利申请量达到约14.2万件，占全球专利申请量的58%，位居全球第一。中国企业在低空经济领域的专利申请量领先，这为其在全球市场的布局提供了有力的技术支持和知识产权保护。

中国企业开展国际合作的形式包括技术合作、市场开拓、产品销售等，主要的国际合作集中在"一带一路"沿线国家。

"一带一路"倡议为中国的低空经济提供了广阔的市场空间和较多的发展机遇。中国通过加强与沿线国家的经贸合作和技术交流，促进了国内低空经济相关产业的发展和创新。中国低空经济的优势产业，如无人机、eVTOL 等，通过"一带一路"倡议拓展到海外市场，实现了国际化发展。

反过来，低空经济的发展也为"一带一路"建设提供了新的动力和支撑。随着低空空域的逐步开放和管理的不断完善，无人机等低空设备在基础设施建设、物流运输等领域的应用将更加广泛。这不仅提高了"一带一路"建设的效率和质量，还降低了建设成本，为沿线国家带来了更多的实惠和发展机遇。

此外，低空经济与"一带一路"倡议的融合有助于推动全球经济的复苏和发展。在全球经济增长乏力的形势下，各国都在寻求新的经济增长点。低空经济与"一带一路"倡议的融合，可以为全球经济带来新的活力和动力，促进各国之间的经济合作和交流，促使各国共同应对全球性挑战。在具体实施上，可以利用"一带一路"倡议中的政策沟通、设施联通、贸易畅通、资金融通和民心相通五大目标，进一步推动中国低空经济的发展。例如，通过与沿线国家进行政策沟通和协商，推动低空领域的开放和管理制度的互认；加强设施联通，完善低空交通基础设施网络；深化贸易畅通，扩大低空经济产品的进出口贸易等。

综上，中国发展低空经济是重要的全球战略布局。

第六章

低空经济，万亿市场

截至 2023 年年底，我国低空经济产业规模达 5059.5 亿元；到 2030 年，我国低空经济产业规模预计将达到 2 万亿元；到 2050 年，我国低空经济产业规模预计将达到 10 万亿元。这些数据是怎么统计和估算出来的呢？低空经济的产业规模包含哪些内容呢？未来发展又该如何规划呢？

第一节　低空经济产业规模估算

产业规模是衡量一个产业产出规模或经营规模的重要指标，它直接反映了该产业的经济发展水平和市场竞争力。在计算产业规模时，通常使用生产总值或产出量作为衡量标准。生产总值是指一个国家或地区所有常住单位在一定时期内生产的所有最终产品和服务的市场价值，涵盖所有产业部门的增加值之和。产出量则是指某一产业在一定时期内生产的所有产品的数量。这两个指标都可以用来衡量产业规模，但具体使用哪个取决于数据的可获得性和分析的目的。

产业规模和产业结构是两个相关的概念。产业规模是一个绝对量，侧重于工业上的指标，如狭义上的产业规模指的是工业企业年主营业务收入的规模。而产业结构则是指产业内部各组成部分的比例关系，如第一产业、第二产业和第三产业之间的比例关系。这种比例关系直接反映了各产业之间的相对重要性，也间接反映了整个产业的规模结构。

在实际应用中，计算产业规模的方法包括自上而下和自下而上两种。自上而下的方法从宏观角度出发，通过对宏观经济数据的分析来估算整个产业的规模；自下而上的方法则从微观角度出发，通过对单个企业或个体的数据进行收集和分析，逐步汇总得到整个产业的规模。这两种方法各有利弊，选择哪种方法取决于数据的可获得性、分析的精确度要求及分析的目的。

低空经济的产业规模计算是一个复杂的过程，它涉及多个产业环节和广泛的经济活动。以下是一些关键步骤和考虑因素，用于大致估算低空经济的产业规模。

1. 划分产业环节

低空经济产业链可以划分为上游、中游和下游 3 个主要环节。

上游：原材料及部件，包括航空材料、航空部件、航空发动机和航空航天系统等。

中游：总装集成，涵盖消费级无人机、工业级无人机、民用直升机、eVTOL、飞行汽车等一系列低空经济产品。

下游：应用领域，包括无人机配送、飞行员培训、应急救援、旅游观光、空中拍摄、电力巡检等。

2. 数据收集与统计

通过行业报告、政府统计、市场调研机构等，收集上、中、下游各产业环节的市场规模数据，统计低空经济产业链上的企业数量及这些企业的营收、利润等财务指标；分析低空经济产业的投融资情况，包括创投融资次数、金额及上市后备企业数量等。

3. 综合评估与计算

直接经济贡献：将各产业环节的市场规模相加，得到低空经济的直接经济贡献。

间接与衍生经济贡献：考虑低空经济对其他相关产业的带动作用，如基础设施建设、旅游观光、物流配送等方面，这些间接与衍生经济贡献虽然难以直接量化，但可以通过专家评估、案例研究等方法进行估算。

未来产业规模预测：基于历史数据和当前趋势，采用适当的预测模型（如时间序列分析、回归分析等）对低空经济的未来产业规模进行预测。

4. 注意事项

数据来源的可靠性：确保所收集的数据来源可靠，避免使用未经核实的信息。

产业界定的准确性：在计算过程中，需要准确界定低空经济的产业范围，避免重复计算或遗漏重要部分。

动态调整：低空经济是一个快速发展的领域，市场规模和产业构成可能随着技术进步和政策的变化而发生变化。因此，在计算过程中需要保持灵活性，根据实际情况进行动态调整。

由于低空经济的产业规模计算涉及多个复杂因素，且数据获取和统计存在一定的难度，因此通常需要借助专业机构或权威机构发布的行业报告来完成。在实际操作中，建议咨询专业机构或参考权威机构发布的行业报告以获取准确、可靠的数据和评估结果。

第二节　低空经济的代表企业

低空经济的代表企业主要包括无人机企业、eVTOL 企业和直升机企业等。

1. 无人机企业

- 大疆创新

大疆创新，全称为深圳市大疆创新科技有限公司（DJ-Innovations，简称 DJI）。作为全球领先的无人机制造商，大疆创新在无人机系统、手持影像系统等领域拥有卓越的技术实力和市场地位。其产品广泛应用于影视传媒、电力巡检、遥感测绘、农业植保和基础设施建设等多个领域。该公司成立于 2006 年，由香港科技大学毕业生汪滔等人创立。总部位于广东省深圳市，客户遍布全球 100 多个国家，是全球无人机市场的领军企业。在全球消费级无人机市场的占有率超过70%，遥遥领先于竞争对手。

大疆创新的产品涵盖了多个领域，包括民用无人机、专业无人机、消费级无人机等，以及配套的手持云台相机等智能拍摄设备。大疆创新的代表性产品有"御"（Mavic）系列（见图6-1）、"精灵"（Phantom）系列（见图6-2）等消费级无人机，支持4K拍摄、适合高端影视航拍和专业应用的"悟"（Inspire）系列（见图6-3）专业无人机，为运动拍摄和稳定影像捕捉提供创新解决方案的Osmo（灵眸）系列手持云台相机。大疆创新结合先进的无人机技术和智能调度系统，为城市管理、应急救援等领域提供了高效支持的无人机机场。

图6-1 "御"系列

图6-2 "精灵"系列

图6-3 "悟"系列

- 观典防务

观典防务，全称为观典防务技术股份有限公司，是一家在A股上市的公司。作为无人机禁毒服务领域的先行者，观典防务专注于无人机禁毒服务及其他无人机服务领域的拓展和创新。观典防务利用无人机搭载的各种探测设备，对毒品原植物非法种植区域进行低空飞行巡查，快速发现、定位可疑目标，可为公安机关提供及时、准确的情报信息，有效打击毒品原植物非法种植活动。观典防务的主要业务领域包括无人机禁毒服务、遥感测绘、电力巡检等，其拥有先进的无人机技术和探测设备，能够高效、准确地完成无人机禁毒服务任务。

- 纵横股份

纵横股份，全称为成都纵横自动化技术股份有限公司，是一家在科创板上市的公司。该公司成立于2010年4月8日，专注于工业级无人机相关产品的研发、生产、销售与服务，以垂直起降固定翼无人机系统为核心产品，是国内工业级无人机领域规模领先、市场竞争力最强的企业之一。

纵横股份的产品线涵盖了垂直起降固定翼、多旋翼、大型固定翼无人机及无人值守系统，这些产品广泛应用于测绘与地理信息、公共安全、应急救援、电力巡检、国防等多个关键领域。该公司具备无人机的规模化生产能力，拥有复合材料、零部件、航电系统、整机的全自主生产能力，生产工艺成熟。该公司在飞控与导航系统、地面指控系统、综合航电系统等领域具有自主设计研发能力，掌握了多种前沿控制技术。该公司在飞行器总体设计、气动布局优化、动力匹配与优化、飞行力学与操控稳定性、复合材料等领域积累了深厚的技术实力和人才储备。

- 中航无人机

中航无人机，即中航（成都）无人机系统股份有限公司（股票代码：

688297），是一家在无人机领域具有重要地位的企业。中航无人机依托于中航工业成都飞机设计研究所近 60 年的技术积淀和人才优势，致力于为用户提供先进、可靠、易用的无人机系统。该公司主要从事无人机系统的设计研发、生产制造、销售与服务，产品广泛应用于侦察打击、察打一体、空中监视等多个领域。中航无人机的代表性产品有翼龙 -1、翼龙 -1D、翼龙 -1E（见图 6-4）、翼龙 -2、翼龙 -2D、翼龙 -3 等系列。这些产品具备长航时、高精度、多用途等特点，能够满足不同场景下的应用需求。

该公司注重技术创新和自主研发，拥有多项核心技术和专利，不断提升产品性能和市场竞争力。目前，该公司正在研发多款 1 吨及以下的中小型无人机，以满足低空经济等新兴领域的需求。此外，该公司还储备了大型多用途中高空长航时无人机系统——翼龙-3 无人机系统，以及一款效费比高的某发展型无人机系统等新产品。

图 6-4　翼龙-1E

- 航天彩虹

航天彩虹，全称为航天彩虹无人机股份有限公司，是中国航天科技集团有限公司第十一研究院控股的上市公司，致力于无人机及膜材料的研发、生产与销售。该公司秉承军工央企的使命与担当，以"彩虹"系列无人机为核心产品，在整机研发、设计、生产、销售和服务等方面形成了完整的体系，成为全球无人机领域具有较大影响力和竞争力的高科技企业之一。图 6-5 所示为"彩虹"系列无人机。

图 6-5 "彩虹"系列无人机

航天彩虹的"彩虹"系列无人机具备察打一体能力，广泛应用于军事侦察、目标定位、中继通信、电子对抗、反恐维稳、边境巡逻、海洋监测、森林防火、航空物探、气象探测等领域。在膜材料领域，该公司拥有高性能聚酰亚胺薄膜材料，广泛应用于柔性线路板、航天、航空、核电、微电子、电气绝缘、液晶显示、太阳能电池等领域。

2. eVTOL 企业

eVTOL 是近些年快速兴起的新兴飞行器，具有垂直起降、快捷机动、低成本、零排放、易维护等特点。与传统飞行器相比，eVTOL 在飞行性能和经济效益上具有显著优势，能在城市交通、医疗救援、物流配送、旅游观光等领域提供快速、高效、环保的空中出行服务。eVTOL的发展顺应了电气化、绿色化、智能化的未来趋势，是未来城市空中交通（Urban Air Mobility，UAM）构建三维立体、绿色低碳、高效智能的生态网络体系的重要支撑，也是低空经济的重要载体之一。随着市场潜力的不断释放，eVTOL有望成为下一个十年的出行利器。接下来，我们将介绍一些有代表性的eVTOL企业。

- 亿航智能

亿航智能，全称为亿航智能设备（广州）有限公司（EHang），是一家在全球范围内具有显著影响力的城市空中交通科技企业，专注于无人驾驶航空器产品和解决方案的研发、生产与应用，覆盖空中交通（载人交通和物流配送）、智慧城市管理和空中媒体等多个领域，致力于让每个人都享受到安全、自动、环保的空中交通，不断探索天空的边界，让飞行科技普惠智慧城市的美好生活。亿航智能的主要产品有EH216-S、VT-30等。EH216-S（见图6-6）是亿航智能的旗舰产品，它是一款无人驾驶载人航空器，已获得中国民用航空局颁发的全球首张无人驾驶载人电动垂直起降飞行器型号合格证和标准适航证、生产许可证。

图 6-6 EH216-S

EH216-S采用8轴16桨的分布式电力推进系统，具备全备份动力冗余安全性设计，适用于城市内客运、低空观光和低空出租车服务。VT-30（见图6-7）是一款8旋翼带尾推的垂直起降固定翼飞行器，采用双座配置，设计航程可达 300 千米。VT-30 与 EH216 机型互为补充，将进一步扩展低空交通网络，完善 UAM 生态。

亿航智能在无人驾驶技术和电动垂直起降能力方面拥有深厚的积累，并与多家企业合作，共同研发新技术。例如，与巨湾技研达成战略合作，联合研发全球首款 eVTOL 超快/极快充电电池，以提升产品的续航能力和运营效率。

图 6-7　VT-30

亿航智能已在全球多个国家和地区开展业务，包括中国、阿联酋、巴西等。在阿布扎比，EH216-S 成功完成了首次自动驾驶的 eVTOL 飞行，展示了其在全球空中交通领域的领先地位。在巴西，EH216-S 已获得巴西航天局的试验飞行许可证，为未来的城市空中出行奠定了基础。亿航智能是全球城市空中交通行业中无人驾驶航空器创新技术与应用模式的领军者之一。

• 时的科技

时的科技，全称为上海时的科技有限公司，成立于 2021 年 5 月，是一家专注于 eVTOL 研发与制造的科技创新型企业。时的科技的主要产品——E20（见图 6-8），是其自主研发的首款 5 座载人 eVTOL 原型机。

该产品采用倾转旋翼设计,具有高效的动力利用效率和良好的性价比。800V 高压电池包与机翼的融合设计,提高了充电速率和能量利用效率。其巡航速度为 260 千米/时,最高速度可达 320 千米/时。

图 6-8 E20

时的科技在 eVTOL 领域拥有自主研发的核心技术,特别是在倾转控制技术和电池机身一体化设计方面取得了显著突破。E20 原型机已获得中国民用航空华东地区管理局颁发的特许飞行证。目前,该公司意向订单已超过数百个,显示出市场对其产品的高度认可和期待。

- 零重力

零重力,全称为零重力飞机工业(合肥)有限公司,成立于 2021 年 3 月,总部位于安徽省合肥市高新区,在南京市、深圳市、嘉兴市等地设有研发、运营、生产、试飞等分支机构,经营范围涵盖民用航空器(发动机、螺旋桨)生产,民用航空器零部件制造,商业非运输、私用大型航空器运营人、航空器代管人运行业务及智能无人飞行器销售和制造等多个领域。其代表产品为零重力全新自主研发的新一代 eVTOL——ZG-ONE(见图 6-9)。整机采用 6 旋翼动力布局,设计最大起飞质量为650千克，可搭载2人，巡航速度为75千米/时，航程为30千米，航时为25分钟。

图6-9　ZG-ONE

• 沃兰特

沃兰特，全称为上海沃兰特航空技术有限责任公司，是一家在eVTOL领域具有显著影响力的高科技公司。该公司成立于2021年6月，总部位于上海市闵行区元江路。其主力产品VE25（见图6-10）采用复合翼构型，最大起飞质量为2.5吨，设计最大航程为400千米，巡航速度为235千米/时，可搭载1名驾驶员和5名乘客。VE25可满足低空观光、培训、短途运输、货运、应急救援、城市出行六大类应用场景的需求。

图6-10　VE25

沃兰特拥有业内顶尖水平的专业团队，核心成员来自中国商飞、空客、GE、霍尼韦尔等全球一流航空企业，拥有丰富的民用航空飞机研发、适航审定和商业化经验。该公司核心骨干深度参与过多款客运机型的研制、取证和商业化过程，具备丰富的型号经验。目前，沃兰特已与南航通航、中航材航空救援、亚捷航空集团等多家知名企业签订了战略合作及意向订单，订单数量超过 700 个，意向金额超过 150 亿元。

- 峰飞航空

峰飞航空，全称为上海峰飞航空科技有限公司，成立于 2017 年，是一家在 eVTOL 领域具有显著影响力的创新型企业，主要从事航空器及零部件的设计、研发、制造和销售等业务。该公司的主要产品有 V1500M（载物）和 V2000CG（载人）（见图 6-11）。其中，V1500M 已完成多次载货飞行测试，其表现可靠、稳定。

图 6-11　V2000CG

- 小鹏汇天

小鹏汇天（XPENG AEROHT）是一家在智能电动飞行汽车领域具有显著影响力的企业，总部位于广东省广州市。企业定位是融合智能汽车与现代航空，致力于为个人用户打造最安全的智能电动飞行汽车，为人类城市立体交通提供产品和解决方案。该公司的主要产品为旅航者T1、旅航者X1、旅航者X2（见图6-12）和飞行汽车等。旅航者X2采用全碳纤维结构，在确保机身轻量化的同时还能保持强度和耐久性；机臂可折叠设计便于存储和运输，满足未来城市出行的多样化需求。其配备自动驾驶、雷达测距、感知避障等技术，提供全方位安全保障；分布式电力推进系统满足单点失效安全要求，支持手动/自动两种驾驶模式。据该公司规划，小鹏汇天于2024年12月正式预售，并计划于2025年第四季度至2026年年初开始量产交付。

图6-12 旅航者X2

- 沃飞长空

沃飞长空（AEROFUGIA）是浙江吉利控股集团有限公司旗下的品牌，该公司创立时间为2020年9月，总部位于四川省成都市，致力于全球低空智慧交通飞行器的研发与商业化运营。该公司的主营业务有民用航空器整机及零部件设计、生产、维修和通用航空服务等。2021年，沃飞长空的太力TF-1（见图6-13）获得全球首张飞行汽车FAA适航证书。

2023年1月30日，太力TF-1完成兔年第一飞。2023年4月，AE200型号合格审定委员会（TCB）首次会议顺利召开；同年7月，获华龙航空100架AE200订单；同年12月，AE200适航技术验证机在中国民用航空西南地区管理局的见证下完成首飞。2024年6月20日，沃飞长空eVTOL载人首航顺利结束，同时成都城市低空载人出行验证完成首飞；同年6月27日，沃飞长空宣布完成B轮数亿元融资；同年7月，随着出行线路的验证完成，沃飞长空预计成都市将会在2025年正式迎来"打飞的"的出行模式。

图 6-13　太力 TF-1

- 御风未来

御风未来，全称为上海御风未来航空科技有限公司，成立于2015年，曾用名为上海福昆航空科技有限公司，是一家专注于空中出行创新的科技公司。该公司在上海市和粤港澳大湾区均设有研发、制造、试飞等多个基地；其自主研发的2吨级eVTOL M1系列飞行器（见图6-14）备受关注。

图 6-14　M1 系列飞行器

M1 采用复合翼构型，垂直起降动力系统和巡航飞行动力系统完全独立，共有 20 个螺旋桨，其中 16 个用于垂直起降，4 个用于提供向前推力；纯电版设计航程为 250 千米，巡航速度为 200 千米/时，最大有效载荷为 700 千克，可搭载 5 人。在飞控、动力和复材等关键技术上，御风未来均已实现国产化。其主要市场定位是满足城市内、城市间两到三小时车程范围内的中短途空中出行需求。

- 亿维特航空科技

亿维特航空科技，全称为亿维特（南京）航空科技有限公司，是一家专注于载人 eVTOL 研发与制造的企业，致力于推动城市空中交通的发展，为未来空中出行提供创新解决方案。该公司成立于 2022 年 1 月 12 日，总部位于江苏省南京市雨花台区软件大道 180 号。该公司目前的主力机型为 ET9（见图 6-15），该原型机采用纯电动力，具有 4 轴 8 桨复合翼构型，简洁紧凑、气动性能优越。该原型机可载 5 人，按照中高端商务出行乘坐体验标准设计，具有高安全性、高便捷性、低噪声、低成本的优良商业运营特点。

ET9 原型机已完成首飞，并即将进入适航认证流程，可广泛应用于高频货运、旅游观光、应急救援、城市空中出行等场景。

图 6-15　ET9

亿维特航空科技的创始人团队来自中国商飞及中航工业等航空院所，拥有丰富的载人飞机研发经验。该公司技术人员历经数十年的合作，完成了运 8 系列、ARJ21、C919、多款中大型无人机等型号的设计、研发与制造，积累了深厚的航空项目管理、飞机系统集成、适航认证经验。为了验证整机系统的稳定性与可靠性，亿维特航空科技与中国特种飞行器研究所联合研制了国内功率最大、功能最全的电动飞机共桨试验台架，并成功进行了 ET9 全机地面电鸟联试及动力系统台架测试，目前已完成了首飞。

3. 直升机企业

下面介绍一些有代表性的直升机企业。

- 中直股份

中直股份，全称为中航直升机股份有限公司，成立于 1999 年，前身是哈飞航空工业股份有限公司，于 2000 年在上海证券交易所上市。2014 年 12 月 25 日，公司更名为中航直升机股份有限公司。中直股份是国内直升机制造业中规模最大、产值最高、产品系列最全的主力军。其核心业务涵盖直升机整机及零部件制造、航空转包生产及客户化服务、eVTOL 等新能源飞行器的研制等。该公司的主要产品包括 Z 系列和 AC 系列直升机，如 Z-8、Z-9、Z-10（见图 6-16）、Z-11 等，以及运 12E、运 12F 等多用途飞机。此外，该公司还涉及航空零部件制造业务，如螺旋桨系统制造、复合材料制造等。

图 6-16　Z-10

- 陕直股份

陕直股份，全称为陕西直升机股份有限公司，成立于 2017 年 5 月 31 日，是一家专注于直升机全产业链发展的企业，隶属于陕投集团旗下陕西航空产业发展集团有限公司。该公司的主要业务包括直升机制造与维修、销售与租赁、通用航空和航空技术服务等，具备直升机整机制造、组装、维修等能力。该公司与德事隆集团旗下的贝尔公司合作，成为贝尔 407 直升机在北美地区以外唯一的总装线。

- 昌河飞机工业

昌河飞机工业，全称为昌河飞机工业（集团）有限责任公司，成立于1969年，是中国航空工业集团公司旗下的重要航空企业，拥有深厚的历史底蕴和强大的技术实力。该公司位于中国瓷都——江西省景德镇市，具备研制和批量生产多品种、多系列、多型号直升机及航空零部件的研发、生产和批量制造能力。其主要产品包括直8、直11系列直升机等。其中，直8运输型直升机是我国也是亚洲目前最大吨位的多用途直升机，可用于运输、巡航、救护、布雷、反潜等多种任务；直11系列直升机则以其较高的出勤率、良好的飞行性能、广泛的实用性和周到细致的售后服务而深受用户的喜爱。

此外，在通用航空领域还有以下企业。

- 中航通飞

中航通飞，全称为中航通用飞机有限责任公司，是中国航空工业集团有限公司旗下的大型国有企业集团，成立于2009年。该公司由中国航空工业集团公司与广东恒健投资控股有限公司、珠海格力集团有限公司等共同投资设立，主营通用航空产品，涵盖大型水陆两栖飞机、私人飞机、初级教练机等多种通用航空产品的自主创新、产品研发、生产制造、销售交付、客服保障。图6-17所示为大型水陆两栖飞机AG600。

图6-17 大型水陆两栖飞机AG600

第三节 低空运营服务及保障

低空运营服务企业主要提供基于低空飞行器的运营服务,包括但不限于直升机运营、无人机运营、物流配送、旅游观光等。这些企业通常拥有专业的飞行团队、先进的飞行器设备及完善的运营管理体系。

• 中信海直

中信海直,全称为中信海洋直升机股份有限公司,成立于1983年3月,是中国通用航空业的重要企业,前身为中国海洋直升机专业公司,1999年2月改制为股份公司,2000年7月在深圳证券交易所主板上市,成为中信集团旗下首家且唯一的通用航空业主板上市公司。

中信海直的主营业务涵盖多个领域,主要包括以下几个方面。

通用航空飞行服务:为国内外用户提供陆上石油、海洋石油服务、人工降水、医疗救护、航空探矿、航空摄影、空中广告、海洋监测、渔业飞行、气象探测、科学实验、城市消防、空中巡查、航空护林、空中拍摄和引航作业等方面的服务。

航空器维修:提供航空器、机载设备和部件的维修服务。

进出口业务:涉及航空器、航空设备、器材零配件及其他产品、技术的进出口业务。

在海上石油直升机服务领域,中信海直占据80%以上的市场份额,处于龙头地位。中信海直拥有亚洲最大的民用直升机团队，且拥有约 80 架直升机，涵盖多种当今世界最先进的机型（实际数量可能有所变化）。该公司还拥有一支技术精湛、训练有素、经验丰富的飞行员、机务人员和保障人员队伍。飞行员中有一些人持有国际飞行执照，而机务人员获得了欧洲航空安全局颁发的飞机维修执照。

- 顺丰控股

作为国内领先的物流巨头，顺丰控股积极布局低空物流领域，通过无人机等低空飞行器进行物流配送，目标是提高物流效率并降低成本。

顺丰控股从 2013 年起便开始布局中小型物流无人机领域，是业内首先提出无人机物流构想的企业。该公司通过合资、投资、自研、合作研发等多种方式，全面开展无人机物流相关工作，并成立了丰翼科技、丰鸟科技等专业子公司。目前，顺丰控股在低空物流领域的技术、货量、客户需求量、运营模式等方面均较为成熟。

丰翼科技：代表性产品包括 Manta Ray（魔鬼鱼）无人机和 Ark UAV 方舟无人机等。Manta Ray 无人机结合了多旋翼不依赖跑道起降和固定翼高效率巡航飞行的两大优点，支持运载各种形状的货物，适用于中远距离的末端配送业务，以及高原地区、偏远山区和海岛之间的货物运输。Ark UAV 方舟无人机（见图 6-18）采用 8 旋翼布局，具有多冗余度导航系统、飞控系统、动力系统和电源系统，适用于中短距离的末端配送业务，能够满足更多的运输任务需求。

图 6-18　Ark UAV 方舟无人机

丰翼科技的无人机目前在粤港澳大湾区已实现常态化运营，日均起降 800 至 2000 架次，日均运输单量突破 1.2 万票。截至 2023 年年底，顺丰控股旗下丰翼科技的无人机已经累计在全国开通 215 条航线，飞行达 80 余万架次，运输货物近 300 万件。

丰鸟科技：致力于大型无人机技术和服务的提供，打造业务载重 0.15～3 吨级中大型无人机生态。其代表性产品包括自主研发的垂直起降货运无人机、中型固定翼无人机及合作研发的大型固定翼无人机，如 FH-98 无人机（见图 6-19）。该无人机最大起飞质量达到 5.25 吨，最大业务载重为 1.5 吨，最大航程为 1200 千米，起飞与着陆距离最短仅 150 米。

其他无人机运营企业，如观典防务、纵横股份、中航无人机等，在工业级无人机领域具有重要地位，为农业、林业、环境监测、警务活动等多个领域提供了无人机运营服务。

图 6-19　FH-98无人机

低空保障企业主要负责低空基础设施的建设与配套保障，包括信息基础设施、低空规划、飞行培训、检测检验、地面保障等环节。

信息基础设施与低空规划：企业的这些环节负责低空空域的信息化建设和管理，如空管/监管平台的建设和运营。莱斯信息是目前的行业龙头，已经斩获低空飞行服务平台相关订单。其他企业如新晨科技、四川九洲等也在该领域有所布局。

飞行培训：低空飞行培训是保障飞行安全的重要环节。海特高新是国内知名的飞行培训机构，拥有一流的师资力量和先进的培训设施，可以为飞行员提供全方位的培训服务。

检测检验与地面保障：企业的这些环节负责低空飞行器的检测检验和地面保障工作。广电计量、谱尼测试等企业在检测检验领域具有丰富的经验，能够为低空飞行器提供全面的质量检测和安全评估。威海广泰、超图软件等企业则在地面保障方面有所布局，可以为低空飞行提供必要的地面支持和保障。

一些分系统及材料、零部件企业也发挥着重要的作用。例如，中航动力、宗申动力、应流股份在航空发动机领域具有重要地位；宁德时代、国轩高科、孚能科技在电池领域具有领先优势；中航机载、芯动联科、星网宇达在机载系统领域占据重要地位；中复神鹰、吉林化纤、中简科技、光威复材在碳纤维复合材料领域具有显著优势。

第四节　低空经济的发展规划

根据摩根士丹利的预测，到 2030 年飞行汽车行业将创造 3000 亿美元的市场规模；到 2040 年这一数字可能增长到 1.5 万亿美元。我国作为全球重要的城市低空交通市场之一，必须制定科学合理的低空经济发展规划。

低空经济的发展规划需要综合考虑市场需求、技术趋势、政策法规、基础设施建设、应用场景拓展等多个方面。低空经济应采取"一次规划、分步实施，循序渐进、可持续发展"的策略，以确保其健康、有序、长期发展。

1. 一次规划

从国家和地方的全局角度出发，全面规划和布局低空经济，明确发展方向、目标、重点任务和保障措施。通过对市场需求、技术趋势、政策法规等多方面进行深入的分析，科学预测低空经济的前景与潜在风险，为规划提供有力的数据支持。

- 全面调研与评估

深入分析低空经济各领域的市场需求，包括旅游观光、物流配送、环境监测等，评估其市场潜力和增长趋势。同时，跟踪无人机、低空飞行器及相关通信、导航技术的最新进展，预测技术突破对低空经济的影响。此外，研究国家和地方关于低空经济的政策法规，包括空域管理、飞行许可、安全监管等方面的规定，评估政策环境对行业发展的影响。

- 制定总体规划

结合市场需求、技术趋势和政策环境，制定低空经济的总体发展目标，包括产业规模、技术创新能力、产业链完整性等方面的指标。规划低空经济的发展路径，明确各阶段的发展重点和任务，包括基础设施建设、技术创新、应用场景拓展等方面的内容。在总体规划的指导下，编制低空经济的详细规划，包括空间布局、项目安排、投资估算、实施时间表等方面的内容。

- 统筹协调与资源整合

加强政府各部门之间的协调与配合，形成推动低空经济发展的合力。充分利用现有资源，如机场、空域、科研机构、企业等，为低空经济的发展提供有力支撑。鼓励社会各界积极参与低空经济的发展，包括投资者、创业者、科研机构、高校等，形成多元化的发展格局。

2. 分步实施

- 基础设施建设阶段

根据详细规划，优先建设低空经济所需的关键基础设施，如低空飞行起降场、航空指挥控制中心、充电和维修站点等。加快通信和导航等关键设施的建设与改进，提高低空飞行的效率和安全性。积极推动低空空域管理改革，为低空经济的发展提供充足的空域资源。

- 技术创新与应用阶段

支持无人机、低空飞行器及相关通信、导航设施的研发和创新，推动技术进步和产业升级。重点领域和区域将开展低空经济的示范应用，如物流配送、旅游观光、应急救援等，积累经验并推广成功模式。构建以企业为主体、以市场为导向、产学研深度融合的低空经济创新体系，促进技术创新成果的转化和应用。

- 产业链完善与拓展阶段

围绕低空经济产业链的关键环节，加强上下游企业的合作与协同，形成完整、高效的产业链。根据市场需求和技术发展趋势，不断拓展低空经济的应用场景，推动低空经济在更多领域的应用和发展。支持低空经济领域龙头企业的培育和发展，发挥其在产业链中的引领和带动作用。

- 监管与保障体系建设阶段

建立健全低空经济的监管体系，确保低空飞行活动的安全性和合法性，包括制定安全操作标准、建立事故应急处理机制、加强对空域的管理与监控等。加强低空经济领域的保障能力建设，包括飞行服务、气象服务、应急救援等方面的保障，提高低空飞行的安全性和效率。根据低空经济的发展需要，不断优化相关政策环境，包括税收优惠、财政补贴、融资支持等方面的政策，为低空经济的发展提供有力支持。

3. 循序渐进

- 政策引导与规划先行

政府应制定明确的低空经济发展规划，包括短期、中期和长期目标，以及实现这些目标的具体措施和步骤；逐步放宽低空空域限制，优化空域管理，为低空经济提供广阔的发展空间；出台一系列鼓励性政策，如财政补贴、税收减免等，吸引社会资本进入低空经济领域。

- 分阶段实施与逐步推进

根据低空经济的技术成熟度、市场需求和基础设施条件，分阶段实施相关项目；优先支持技术成熟、市场需求迫切的项目，如城市空中交通、物流配送等；在实施过程中不断总结经验教训，及时调整和优化实施方案。

- 注重风险防控与安全监管

加强低空飞行活动的安全监管，建立健全安全监管体系；制定严格的安全标准和操作规程，确保低空飞行活动的安全性；加强对低空经济相关企业的资质审查和监管力度，防止违法违规行为的发生。

4. 可持续发展

- 加强基础设施建设

加快通用机场、直升机起降点等基础设施建设，形成覆盖广泛、布局合理的低空飞行服务网络；推动低空数字化系统的开发与建设，提高低空经济的管理水平和运营效率。

- 推动技术创新与产业升级

加强产学研合作，鼓励企业加大研发投入，突破关键技术瓶颈；推动智能导航、大数据分析等技术在低空经济中的应用，提高低空飞行的精确性和安全性；培育低空经济领域的龙头企业和专精特新企业，形成具有竞争力的产业集群。

- 拓展应用场景与市场需求

积极探索低空经济在旅游观光、农业植保、物流配送、应急救援等领域的应用场景；推动低空经济与其他产业深度融合，拓展"低空+应用""低空+服务"产业链；关注低空消费市场的培育和发展，通过宣传推广、价格优惠、服务升级等措施提高消费者对低空经济的认知和接受度。

- 完善市场规范与法规建设

建立健全低空经济市场准入和退出机制，明确市场主体的权利和责任；加强市场监管力度，严厉打击违法违规行为，维护市场秩序和消费者权益；推动相关法律法规的制定和完善，为低空经济提供坚实的法律保障。

- 加强人才培养与国际合作

加强与高校、职业院校的合作，开设相关专业和课程，培养专业人才；通过举办培训班、研讨会等形式提升现有从业人员的专业技能和综合素质；加强与国际先进国家和地区的交流合作，引进先进技术和管理经验，推动低空经济的国际化发展。

"一次规划、分步实施，循序渐进、可持续发展"的策略是低空经济发展规划的重要指导原则。通过这一策略的实施，可以确保低空经济在健康、有序的基础上实现长期、稳定发展。

第七章

技术演进：从通用航空到低空经济

低空经济的提出和发展与通用航空有着密切的传承和递进关系。通用航空是低空经济的重要基础，低空经济则是通用航空的丰富和升级。从通用航空到低空经济的演进，涉及技术创新、市场应用、政策法规等多个方面的革新与发展风险。

第一节 从通用航空到低空经济的技术革新

通用航空作为低空经济的重要组成部分，其技术发展经历了从传统燃油飞机到新能源、智能化飞机的转变。

传统通用航空器种类丰富，包括公务机、私人飞机、轻型运动飞机、直升机等，广泛应用于商务出行、旅游观光、农业植保、空中拍摄等领域。其技术成熟度高、安全可靠，航时航程长，适用于远距离飞行任务，无须担心续航问题。然而，传统通用航空器也存在一些缺点：购买、运营和维护成本较高，普及难度大；通常需要特定的空域和起降条件，这在一些地区可能难以得到满足；此外，以燃油发动机为动力装置的通用航空器在使用过程中噪声较大，且会排放尾气，对环境和人体造成一定影响。

进入 21 世纪后，随着新能源技术、电子电器技术及网络智能技术等的不断提升和爆发式增长，几乎全球各个领域和行业都需要进行一次彻底的更新换代。技术革新在这个时代上演，通用航空领域也不例外。

如果从简单通俗的角度理解，低空经济可以被视为通过采用各种新技术，对包括通用航空在内的所有与低空经济相关产业进行技术革新的产物。具体体现在以下几个方面。

- 新能源技术的应用

新能源技术是推动低空经济革新的关键因素之一。电动机的研发和应用使得航空器更加环保、节能，且减少了碳排放并降低了噪声。此外，氢燃料、可持续航空燃料的应用也为航空业的绿色发展提供了新的路径。这些新能源技术的应用不仅提高了航空器的经济性，还促进了低空经济的可持续发展。

随着科技的进步，新型航空器不断涌现，特别是无人机和 eVTOL。这些新型航空器在性能、经济性、环保性等方面具有显著优势。它们通常具有较低的成本，易维护、易普及、易操作；灵活度高，能够在城市内部和周边地区实现点对点的快速出行，满足多样化的出行需求；采用电力驱动的低空飞行器几乎零排放，有利于环保和可持续发展。随着电池技术、材料科学、控制算法等领域的不断突破，低空飞行器的性能将进一步提升，展现出广阔的发展前景。然而，目前低空飞行器仍面临一些挑战。首先，技术成熟度较低，相比于传统通用航空器，低空飞行器仍处于不断发展和完善的阶段，存在一定的不确定性；其次，作为新型航空器，eVTOL 的安全性是首要考虑因素，需要确保其在各种复杂环境下能够稳定运行，这对飞控系统提出了更高的要求；最后，尽管低空飞行器技术发展迅猛，但相关法律法规和监管体系明显滞后，尚无法与市场需求和技术变化相匹配。

- 智能化技术的融合

智能化技术是低空经济发展的另一重要驱动力。通过集成传感器、大数据、人工智能等技术，低空飞行器具备了自主感知、自主决策、自主执行的能力。这不仅提高了飞行的安全性和效率，还拓展了低空飞行的应用场景。例如，无人机在物流配送、环境监测、应急救援等领域的应用已经取得了显著成效。

智能化技术通过优化飞行路径、提高飞行速度和减少飞行延误，显著提升了低空交通的效率。例如，利用先进的导航系统和空中交通管理系统，可以实时监测和分析空中交通状况，为低空飞行器提供最优的飞行路径和避障建议，从而减少飞行时间并降低能源消耗。

智能化技术在低空交通安全管理方面通过引入自动驾驶系统、碰撞预警系统和紧急避险系统等，大大降低了人为因素导致的飞行事故风险。这些系统能够实时监测低空飞行器的状态和周围环境的变化，及时发出预警并采取相应措施，确保低空飞行器的安全。

智能化技术的应用不仅提升了低空交通的效率和安全性，还推动了低空经济产业的升级。例如，物流配送、旅游观光、医疗救援等新兴领域的发展，都离不开智能化技术的支持。这些领域的发展不仅为低空经济注入了新的活力，还带动了相关产业链的发展，如低空飞行器制造、航空电子、航空材料等。

智能化技术还有助于促进低空经济的可持续发展。通过优化低空飞行器的设计和制造过程，减少能源消耗和排放，可以降低对环境的影响。同时，智能化技术还可以提高低空飞行器的使用寿命和维护效率，从而降低运营成本，为低空经济的长期发展提供有力支持。

- 技术革新的挑战

尽管低空经济在技术上取得了显著进展，但仍面临诸多挑战。首先，新能源技术如电动机、氢燃料等在续航能力、成本效益等方面仍需进一步突破。其次，智能化技术的集成和应用需要解决数据安全、算法优化等问题。此外，低空飞行器的适航取证、空域管理等问题也是制约低空经济发展的重要因素。

低空飞行器，特别是eVTOL和无人机，对动力系统的要求极高。如何提高电池的能量密度、延长续航时间、减轻质量等，是当前技术革新的重要方向。

飞控系统是低空飞行器的"大脑"，其稳定性和智能化水平直接关系到飞行的安全性和效率。随着应用场景的拓展，对飞控系统的要求也越来越高，需要不断优化算法、提升精度和可靠性。

在复杂的城市环境中，传统的全球导航卫星系统（GNSS）可能会受到信号遮挡和干扰。因此，需要引入如地基增强系统（GBAS）、多传感器融合等先进技术，以确保低空飞行器的精准定位和导航。

低空经济需要实现"空‐地"信息一体化服务，这就要求通信与网络技术必须具备高速、稳定、抗干扰等特性。特别是 5G 技术在低空智联网中的应用，将成为低空经济发展的重要特征。

低空飞行器需要在复杂环境中自主避障并规划最优路径，这就要求智能化系统必须具备实时感知、决策和执行的能力。

根据不同的应用场景，低空飞行器需要执行各种任务，如物流配送、环境监测、空中拍摄等。这就要求智能化系统能够灵活配置载荷、优化任务执行流程。

- 管理模式的挑战

随着低空飞行器的数量不断增加，空域管理变得日益复杂，因此需要建立更加便捷、高效的空域管理政策和制度，以满足市场需求。在运行管理上，传统空管模式需要向"无人驾驶、智能管控、有人监督"的新模式进行转变，以适应大量无人飞行器的飞行需求。

低空经济的安全监管涉及多个方面，包括低空飞行器的设计、制造、运营等。需要建立完善的安全监管体系，确保低空飞行器的飞行安全。加强对低空飞行器的实时监控和数据收集，以便及时发现并处理潜在的安全隐患。

- 产业转型的挑战

低空经济需要催生新的产业模式，如低空智联网、物流配送等。这就要求产业界不断探索和创新，以满足市场需求。同时，推动低空经济与传统产业的深度融合，赋能传统产业转型升级。

低空经济涉及多个产业链环节，包括低空飞行器制造、基础设施建设、运营服务等。需要完善产业链布局，促进各环节协同发展。加强产学研合作，推动低空经济关键技术的研发和应用推广。

第二节　满足市场需求的低空核心技术

低空经济的发展与国内和国际市场紧密相关，推出满足用户需求的低空服务（包括飞行器及配套服务等）才是低空经济可持续发展的关键。除法律法规及相关政策的影响之外，单纯从技术发展的角度来看，低空经济要想长期持续发展需解决几个核心技术问题。

1. 电动化技术、模块化技术和智能化技术

电动化、模块化和智能化是城市低空短途飞行的必然趋势和发展途径。偏离这一发展趋势，恐怕难以远行。正因如此，电动化技术、模块化技术和智能化技术成为低空飞行发展的关键技术。

- 电动化技术

相较于传统燃油推进系统，电力推进系统具备更高效率、更低噪声和更环保排放等优势。电力推进系统通过电能直接驱动电机产生动能，其电能利用率能够超过 70%，远高于传统燃油发动机的 40% 左右。

目前，全球低空飞行器动力系统技术的发展仍然呈现出多元化格局，但电动化技术是业界当前的主攻方向。例如，Joby Aviation 公司采用分布式电力推进系统，已成功完成载人飞行测试。国内低空飞行器动

力系统的研发则以纯电动推进系统为核心,但在混合动力技术方面尚处于起步阶段。

尽管电动化技术具备诸多优势,但电池技术仍是制约其发展的关键因素。电池能量密度、充放电速率和循环寿命等方面的表现将直接影响飞行器的续航里程和使用成本。

- 模块化技术

模块化技术是指将复杂系统分解为若干相对独立的模块,通过标准化接口进行组合,以实现系统的灵活性和可扩展性。在低空飞行器的设计中,模块化技术可以降低研发成本、缩短开发周期并提高维护效率。

目前,模块化技术已在低空飞行器领域得到初步应用。例如,部分飞行器采用模块化机翼设计,可以根据不同任务需求快速更换不同构型的机翼。此外,模块化技术还有助于实现飞行器的快速维修和升级。

模块化技术在带来便利的同时,也面临着诸多挑战。例如,如何在保证模块通用性的同时实现最优性能,以及如何确保模块间接口的可靠性和稳定性等。

- 智能化技术

智能化技术是指利用人工智能、大数据、云计算等先进技术实现飞行器的自主决策、智能控制和优化运行。在低空飞行器领域,智能化技术可以显著提高飞行的安全性和效率。

目前,低空飞行器的智能化技术主要包括飞控系统、感知系统、决策系统等方面。飞控系统相当于飞行器的"大脑",通过感知算法和综合处理突发状况实现飞行器的自主控制;感知系统则通过机载传感器设备实时监测飞行器的状态和环境信息;决策系统则根据感知信息和预设规则生成最优飞行方案。

尽管目前还面临着算法复杂性、数据可靠性、系统实时性等诸多难题,但随着人工智能的不断发展和应用场景的不断拓展,低空飞行器的智能化水平将不断提升。

2. 无人驾驶技术

无人驾驶技术,作为航空领域的一项关键创新技术,不仅广泛应用于无人机领域,也是 eVTOL 的核心技术和未来发展方向。尤其对我国,相较于世界通用航空最发达的美国而言,我国在通用机场、通用飞行器、飞行员及相关配套方面落后很多,如果沿着美国的发展路线走,路漫漫其修远兮。以无人飞行器和 eVTOL 为代表的新型低空飞行器极大地降低了对起飞场地和飞机设计制造的难度,同时采用无人驾驶技术即可完成飞行任务,不用专门培训专业飞行员。这就极大地节省了时间和资金等各种投入,使得我国可以快速达到美国现有通用航空水平,甚至引领全球未来低空经济的发展方向。因此,无人驾驶技术是满足未来市场需求的一项核心技术。

无人驾驶技术是指通过先进的传感器、控制系统、通信技术和人工智能等手段,实现飞行器在无人操控下的自主飞行。这项技术集成了自动控制、导航定位、环境感知、决策规划等多个领域的前沿科技,为飞行器的安全、高效、灵活运行提供了强有力的支持。

- 高度集成的"大脑"

飞控系统是 eVTOL 的"大脑",是实现其稳定飞行、精确操纵和能源高效利用的关键。这一系统集成了多种传感器、执行机构和算法,能够实时感知飞行状态、环境变化和任务需求,并做出相应的飞行控制决策。同时,eVTOL 可以根据预先设定的航线、飞行任务和实时数据反馈,自主调整飞行姿态、速度和高度,确保飞行的安全、准确和高效。

- 导航与感知的"眼睛"

eVTOL 配备了高精度的全球导航卫星系统和惯性导航系统,以及先进的视觉导航、激光雷达等传感器,实现了对飞行环境的全方位感知和精确定位。通过智能感知融合技术,将多种传感器获取的信息进行融合处理,提高了对飞行环境的理解和适应能力。这样,eVTOL 的"眼睛"能够同时"看"到更广阔、更清晰的飞行世界。

- 通信与数据链的"神经"

eVTOL 需要与地面控制站、其他飞行器及空中交通管理系统进行实时通信,无人驾驶技术中的超视距通信技术确保了这一通信链路的稳定、可靠和高效。

数据链的安全性对于 eVTOL 的飞行至关重要。无人驾驶技术通过加密通信、身份验证和数据完整性校验等手段,保障了数据链的安全性,防止了非法入侵和数据篡改。

- 自主决策与智能避障的"大脑"

eVTOL 的"大脑"还配备了先进的自主决策算法。这些算法能够根据飞行任务、环境变化和实时数据反馈，自主做出飞行决策，包括路径规划、避障策略、能量管理等。

智能避障系统是 eVTOL 自主飞行的重要保障。它利用传感器感知到的环境信息，结合自主决策算法，实现对障碍物的实时探测和有效避让。

无人驾驶技术是未来低空交通智能化、高效化和可持续发展的基础，也是我国全球战略的重要技术保障。

3. "地－空"信息一体化交通网络系统管理技术

"地－空"信息一体化交通网络系统管理技术是一个综合性的技术体系，旨在实现地面交通网络与空中交通网络的高效融合与协同管理。随着低空经济的快速发展，现有的空中和地面管理系统已难以满足低空飞行器在几何级数增长下的普及需求，带来了"地－空"信息一体化交通网络管理挑战。该问题极为复杂且艰难，属于超大系统级别的技术集成。

随着现代信息技术的飞速发展，地面交通网络与空中交通网络之间的界限日益模糊，传统的独立管理模式已难以满足日益增长的交通需求和安全要求。"地－空"信息一体化交通网络系统管理技术应运而生，它通过综合运用卫星空间通信、地面无线通信、互联网、计算机等多种通信技术手段，实现地面与空中交通信息的实时共享、协同处理与智能决策，从而提升整个交通系统的运行效率和安全性。

• 网络融合技术

设计能够支持地面与空中交通网络无缝衔接的网络架构，确保数据的高效传输和共享；制定统一的通信协议，实现不同网络节点之间的互操作性和数据兼容性；通过智能算法和优化策略，提升网络资源的分配和利用效率，从而提高网络的整体效能。

- 高速数据传输技术

采用先进的调制编码技术，提升数据传输速率和可靠性；研究适用于"地-空"信息一体化网络的多址接入技术，确保用户高效接入和数据传输；利用信道优化技术，减少信号干扰，提升数据传输的质量。

- 移动性管理技术

通过算法预测移动终端的未来位置，为切换策略和资源预留提供依据；设计合理的切换策略，确保移动终端在地面与空中交通网络之间的平滑切换；为即将接入的移动终端预留必要的网络资源，保证通信的连续性和稳定性。

- 安全防护技术

采用先进的加密技术，保护通信过程的安全性和数据的机密性；建立严格的认证机制，防止未经授权的访问和数据泄露；部署入侵检测与防御系统，及时发现并应对潜在的安全威胁。

- 智能化管理技术

实时监测网络性能参数，为网络优化提供数据支持；通过智能算法预测网络故障的发生，并自动采取恢复措施；根据网络负载和用户需求动态调度网络资源，提高网络资源的利用率。

在实际应用场景中,"地-空"信息一体化交通网络系统应通过实时共享和协同处理交通信息,降低交通拥堵和事故发生的概率,提高交通运行效率;同时,结合安全防护技术和智能化管理技术,增强整体交通的安全性;此外,它还能够为偏远地区、荒漠、海洋等地面通信网络无法覆盖的区域提供可靠的通信服务。

"地-空"信息一体化交通网络系统的建立不是一蹴而就的,需要随着低空经济的发展分步推进。无论是地面交通还是空中交通,安全始终是首要任务,完善可靠的"地-空"信息一体化交通网络系统是确保安全的基础。

第三节 低空经济的发展挑战

低空经济作为一种新经济结构形态,虽然已经具备了快速发展的基础条件,但在发展过程中仍面临诸多挑战。

1. 技术要求高

低空经济的发展高度依赖于先进的技术支持,如 eVTOL 和无人机等低空飞行器。这些低空飞行器的研发、制造和应用都面临着极高的技术要求。例如,eVTOL 的核心在于"三电"系统(电池、电机和飞控技术),而当前的电池技术和能源存储技术尚不能很好地满足商业化需求,电机与飞控系统也需要进一步优化和升级。此外,低空经济还涉及通信设施、导航设施、监视设施等多个领域,这些技术的融合应用也对整体系统的集成与控制提出了更高的要求。

- 电池技术和能源存储技术

当前，电池的能量密度、功率密度、安全性及循环寿命等方面尚不能完全满足低空经济中 eVTOL 等的商业化需求。例如，eVTOL 对电池的能量密度要求远高于乘用车常用的三元电池，但目前的技术水平还未达到商业化门槛。

电池技术的突破对于提高飞行器的续航时间和负载能力至关重要，而这是低空经济实现广泛应用的基础。

- 电机与飞控系统

eVTOL 大多采用分布式电力推进系统，这虽然显著提升了推进效率，但也对系统集成与控制、能源管理策略提出了更高的要求。

飞控系统作为 eVTOL 的"大脑"，负责飞行器的感知、控制和决策，其准确性和稳定性将直接影响飞行器的安全性和可靠性。

在垂直起降、巡航飞行、过渡转换等不同飞行模式下，飞控系统需要应对差异化的气动特性和飞行要求，这进一步加大了技术难度。

- 多学科技术融合

低空经济的发展不仅依赖于单一的航空技术，还需要与通信设施、导航设施、监视设施等多个领域的技术进行深度融合。这些技术的集成与应用需要解决大量技术难题，如"空‑地"信息一体化服务能力的提升等。

- 应用场景多样化

低空经济的应用场景广泛，包括物流配送、载人运输、城市管理等多个领域。每个领域对低空飞行器的技术要求都有所不同，这就要求企业在技术研发和应用过程中具备高度的灵活性和针对性。

- 持续研发投入

面对技术要求高的挑战，企业需要不断加大研发投入，推动技术创新和突破；通过引入新材料、新工艺和新技术，提高低空飞行器的性能和可靠性。

低空经济的发展面临着高技术要求，这构成了不容忽视的风险。当前，以电池技术为核心的关键技术面临着巨大的挑战，未来是否能够突破仍存在较大的不确定性。

2. 监管统筹滞后

低空经济的监管统筹问题也是制约其发展的一个重要因素。首先，空域开放是低空经济发展的基础，但当前国内空域审批流程复杂，各省市对于空域开放的态度和程度有所不同。其次，低空经济相关法律法规尚不健全，技术标准和规范仍在逐步出台和完善，整个过程需要时间，难以迅速满足低空经济快速发展的需要。最后，低空经济的整体战略部署需要加强，各领域之间的协同配合不足，资源利用效率不高等问题仍然存在。

- 空域开放程度有限

国内低空经济的发展高度依赖于空域的开放程度。然而，当前空域开放仍受到诸多限制，如地形、气候、国防等条件差异，导致各省市对于空域开放的态度和程度有所不同。

空域被细分为 A 至 W 共七类，其中 A 至 E 类为管制空域，G、W 类为非管制空域。低空经济主要涉及 G、W 类非管制空域和部分管制空域，需要向空军申请专属运行空域，审批流程复杂且耗时较长。国家空域基础分类示意图，如图 7-1 所示。

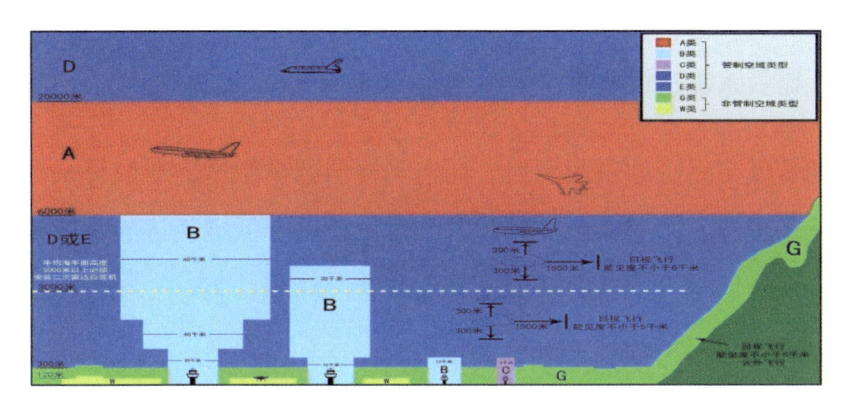

图 7-1　国家空域基础分类示意图

- 审批流程复杂

低空飞行器的运行需要经过多个部门的审批，包括空军、民用航空局等，审批流程烦琐且耗时较长，这在一定程度上限制了低空经济的发展速度。

- 法律法规滞后

现有的航空法规体系更多是针对传统民用航空飞机和直升机的，而 eVTOL 等新型低空飞行器在应用场景、技术特点等方面存在较大差异，造成现有法规难以有效监管。

低空飞行器的技术标准和规范尚未统一，亟待完善，因此对监管政策的灵活性和针对性提出了更高的要求。

- 政策执行难度大

由于法律法规不健全，各地在执行监管政策时存在较大的自由裁量权，容易出现标准不一、执行力度差异大等问题，影响低空经济的健康发展。

- 监管系统建设滞后

随着低空经济的快速发展，低空飞行器数量激增，对监管系统的要求也越来越高。然而，当前监管系统建设滞后于低空经济的发展速度，难以实现对低空飞行器的全面、有效监管。

- 技术手段落后

现有的监管技术手段在应对新型低空飞行器时显得力不从心。例如，传统的雷达系统难以有效探测和跟踪eVTOL、多旋翼等新型低空飞行器；通信、导航、监视等设施也需要针对低空经济的特点进行升级和优化。

- 加快空域开放与管理改革

建议各地部门要推动低空空域管理改革，简化审批流程，提高空域资源利用效率。同时，低空经济相关部门要加强与其他部门的协调合作，形成合力推进低空经济发展。

- 完善法律法规体系

加快制定和完善低空经济相关法律法规和技术标准规范体系。根据新型低空飞行器的特点，制定专门的监管政策和标准规范，确保监管政策具有灵活性和针对性。

- 强化跨部门协同合作

加强军用航空、民用航空、地方政府等之间的协同合作和信息共享机制，形成合力，共同推进低空经济发展。同时，加强监管力度，确保低空经济的健康、有序发展。

3. 基础设施薄弱

目前，我国低空支撑网络尚不完善，共享低空基础设施缺乏统一的标准和规范。从硬件层面来看，低空飞行起降点、维修保障设施、低空通信设施、导航设施、监视设施等大多仍处于规划阶段，实际落地并见效尚需时日。此外，我国现有的通用机场数量远低于发达国家，难以满足低空经济发展的需求。从软件层面来看，低空经济涉及的软件技术范围广泛，但相关平台的建设亟待完善。

- 通用机场及起降点建设不足

目前，我国通用机场和低空飞行起降点数量不足，且分布不均，难以满足低空经济快速发展的需求。通用机场和低空飞行起降点作为低空飞行器的重要起降点，其数量和布局将直接影响低空飞行的便捷性和经济性。

机场建设的滞后限制了低空飞行活动的范围和频率，增加了飞行成本和时间，不利于低空经济的规模化发展。

- 低空通信设施、导航设施、监视设施有待提升

低空通信设施、导航设施、监视设施是保障低空飞行安全的重要基

础设施，但目前这些系统的建设还不够完善，存在技术瓶颈和覆盖盲区，增加了飞行事故的风险，降低了低空飞行的安全性和效率，影响了低空经济的健康发展。

- 低空飞行服务站建设滞后

低空飞行服务站是保障低空飞行服务的重要机构，但与国际发达国家相比，我国低空飞行服务站建设仍存在较大差距；导致服务保障能力不足，难以满足低空飞行的多样化需求，从而限制了低空经济的拓展空间。

- 基础设施不完善

低空经济涉及的基础设施包括地面起降设施、空中交通管理系统、通信设施、导航设施等多个方面，但目前这些基础设施还不够完善，存在协同性差、信息共享不畅等问题，直接影响低空经济的整体运行效率和服务质量，增加了运行成本和风险。

- 应对策略

政府和企业应加大对通用机场、低空通信设施、导航设施、监视设施、飞行服务站等基础设施的投资力度，加快基础设施建设进度。

根据低空经济发展的实际需求，合理规划通用机场和低空飞行起降点的布局，提高低空飞行的便捷性和经济性。

加强低空通信设施、导航设施、监视设施等关键技术的研发和应用，提高低空飞行的安全性和效率。

制定和完善低空经济相关法律法规和政策措施，明确各方责任和义务，规范市场秩序，降低产业发展风险。

4. 飞行人才紧缺

低空经济的发展需要大量专业技能人才的支持，但当前我国在飞行运营、生产制造、运行保障等领域的专业技能人才严重短缺。复合型、交叉型人才培养尚处于探索阶段，飞行人才培训体系的构建迫在眉睫。随着低空经济的持续发展，未来对飞行人才的需求缺口将进一步扩大。

1）人才供需矛盾突出

- **市场需求激增**

随着低空经济的迅速发展，无人机、eVTOL等新兴技术的广泛应用，对飞行人才的需求急剧增加。特别是在物流配送、农林植保、电力巡检、旅游观光、应急救援、交通运输、医疗救援等多个领域，对专业飞行人才的需求尤为迫切。

- **人才供给不足**

尽管我国近年来在飞行人才培养方面取得了一定进展，但高素质、复合型飞行人才仍然短缺。根据统计，截至2023年年底，中国民用航空局颁发的有效民用航空器驾驶员执照总数为86 091本，其中直升机驾驶员执照仅3335本，且增长缓慢（从2018年至今总共增加228本）。预计未来几年，这一供需矛盾将进一步加剧。

2）人才培养体系不完善

• 飞行人才的培养周期长、成本高

飞行人才的培养需要经历严格的选拔、长期的训练和大量的资金投入。特别是在初期阶段，飞行人才需要接受专业训练，而这些训练通常需要在国外完成，增加了时间和经济成本。

• 培训体系滞后

目前，我国的飞行人才培训体系尚不完善，难以满足低空经济快速发展的需要。传统的人才培养模式已无法满足市场需求，急需进行改革和创新。

3）行业快速发展带来的挑战

• 技术更新快

低空经济领域技术更新迅速，对飞行人才的知识结构和技能水平提出了更高的要求。飞行人才需要不断学习和掌握新技术、新方法，以适应行业发展的需要。

• 应用场景拓展

随着低空经济的多元化发展，飞行人才的应用场景也在不断拓展。除了传统的航空运输领域，无人机、eVTOL等新兴技术在农业、林业、环境监测、应急救援等多个领域的应用也越来越广泛，对飞行人才的需求也更加多样化。

4）解决方案与建议

- 加强人才培养力度

政府、企业和教育机构应共同努力，加大飞行人才的培养力度。通过优化培养体系、提高培训质量、拓宽就业渠道等措施，吸引更多有志青年投身飞行事业。

- 引进国际先进经验

借鉴国际先进经验，结合我国基本国情，开发一批符合低空经济发展要求的教材、培训资料及相关服务等，提升我国飞行人才的整体水平。

- 完善法律法规体系

健全低空经济相关法律法规体系，为飞行人才的培养和使用提供保障。同时，加强行业监管和自律管理，规范市场秩序。

- 推动产学研用深度融合

促进产学研用深度融合发展，加强飞行人才与产业界的交流合作。通过共建实训基地、联合开展科研项目等方式，培养更多符合市场需求的高素质飞行人才。

5. 商业化周期长

低空经济的产业化、商业化周期较长，目前还处于起步阶段。多数企业仍在探索商业化方向，适航取证等关键环节也尚未完成。此外，低空经济的应用场景虽然广泛，但市场接受度和认知度仍有待提高。这些因素都可能造成低空经济在短期内难以实现大规模商业化运营。

1）技术难度与验证周期

- 技术难度大

低空经济涉及的核心技术，如 eVTOL 的"三电"系统（电池、电机和飞控技术），目前仍处于不断升级和优化阶段。例如，电池能量密度需进一步提升以满足商业化门槛，电机与飞控系统的高效集成与控制也是技术难点。

- 技术验证周期长

新技术从实验室走向市场需要经过多个阶段的验证，包括技术可用验证、工程化验证、产品定义、产品验证等。这些环节不仅耗时，还需要大量的研发投入和市场测试。

2）监管政策与空域开放

- 监管政策滞后

低空经济涉及的法律法规和技术标准尚未完善，监管政策的灵活性和针对性有待提高。例如，空域开放是低空经济发展的基础，但国内低空空域的审批和使用受到诸多限制，仍需经过空军审批和接受中国民用航空局管理。

- 空域开放进程缓慢

尽管近期中国民用航空局表示将配合相关部门做好空域分类和低空

空域管理改革试点，但空域改革的具体落地仍需时日，这在一定程度上延长了低空经济的商业化周期。

3）基础设施建设与标准化

• 基础设施空白

低空基础设施是各类低空经济活动的关键载体，但目前我国低空支撑网络尚未健全，共享低空基础设施缺乏统一的标准和规范。例如，停机坪、机场陆侧停车场、空中交通管理系统等基础设施建设滞后。

• 标准化进程缓慢

低空经济涉及多个领域和环节，需要建立统一的技术标准和管理规范。然而，目前这些标准和规范尚未完善，影响了低空经济的规模化应用。

4）市场接受度与商业化模式探索

• 市场接受度低

低空经济作为新兴领域，市场对其认知有限，接受度低。消费者和企业需要时间来了解并适应低空经济带来的新变化。

• 商业化模式不明确

多数企业仍在探索低空经济的商业化方向，尚未形成成熟的商业模式和盈利路径。这导致企业在商业化过程中面临诸多不确定性和风险。

5）专业人才短缺与培养周期

- 专业人才短缺

低空经济涉及飞行运营、生产制造、运行保障等多个领域，需要大量专业人才。然而，目前我国在这些领域的人才储备严重不足，难以满足低空经济快速发展的需要。

- 培养周期长

专业人才的培养需要经历较长的周期，包括理论学习、实践操作和资质认证等环节。这些环节不仅耗时，还需要投入大量的培训资源。

基于上述原因，低空经济仍然存在商业化周期较长的风险。

6. 市场竞争激烈

随着低空经济的兴起，越来越多的企业涌入这一领域，市场竞争日益激烈。低空经济企业面临的主要挑战是如何在激烈的市场竞争中脱颖而出。为此，企业需要加强技术创新和产品研发，提高产品质量和服务水平，以赢得市场份额和客户信任。

1）市场参与者众多

低空经济领域吸引了大量企业的关注和参与，包括国有大型企业集团、民营企业及中外合资企业。这些企业在低空制造、低空飞行、低空保障和综合服务等多个环节展开激烈竞争。例如，中国航空工业集团、中国航发、中国商飞等国有大型企业集团在低空经济领域占据主导地位，而民营企业如大疆创新、中航无人机、航天彩虹等也在无人机等细分市场取得了显著成就。这种多元化的市场结构使得竞争更加激烈。

2）技术竞争白热化

随着低空经济技术的不断发展，技术竞争成为市场竞争的关键。特别是在 eVTOL 等前沿领域，技术突破和应用领域的扩大将为企业带来巨大机遇。然而，这也要求企业不断投入研发资金，提升技术水平，以在激烈的市场竞争中占据优势。技术竞争的白热化不仅体现在核心技术的研发上，还体现在产品性能、成本控制、市场响应速度等多个方面。

3）市场应用领域的争夺

低空经济在农林植保、物流配送、环境监测、城市交通等多个领域具有广泛的应用前景。这些领域不仅市场需求巨大，而且具有巨大的增长潜力。因此，各企业纷纷加大在这些领域的布局和投入，以争夺市场份额。特别是在偏远地区和交通不便地区的物流配送、农林植保等方面，市场竞争尤为激烈。

4）品牌与市场份额的争夺

品牌影响力和市场份额是企业竞争的重要指标。在低空经济领域，企业需要通过品牌建设、市场营销等手段提升自身品牌知名度，同时加大市场开拓力度，提升市场份额。这不仅要求企业具备强大的产品实力和服务能力，还需要企业具备敏锐的市场洞察力和灵活的市场策略。

5）法律法规和政策的影响

法律法规和政策对低空经济发展至关重要。随着低空经济的持续发展，相关法律法规和政策体系不断完善。然而，法律法规和政策的变化可能显著影响企业的市场竞争。例如，空域开放政策、无人机管理规定等法律法规和政策的调整都可能影响企业的市场竞争策略和市场份额。

6）国际市场的竞争

低空经济是全球性的新兴产业，国际市场竞争同样激烈。我国企业在拓展国内市场的同时，还需要积极参与国际市场竞争，提升国际影响力。然而，国际市场竞争不仅要求企业具备强大的产品实力和服务能力，还需要企业具备国际化的战略视野和运营能力。

因此，低空经济发展中市场竞争激烈的风险主要体现在市场参与者众多、技术竞争白热化、市场应用领域的争夺、品牌与市场份额的争夺、法律法规和政策的影响及国际市场的竞争等多个方面，最后胜出者一定是少数综合能力强的头部企业。

第二篇　技术篇

第八章

工业级无人机

无人机包括消费级无人机、军用级无人机和工业级无人机。

中国的消费级无人机技术（包括飞控系统、图传系统、避障技术等）已达到世界领先水平，拥有从研发设计到生产制造，再到销售和服务的完整产业链。以大疆创新为代表的中国消费级无人机企业占据全球70%以上的市场份额，在全球民用无人机市场中排名第一。

随着人们对无人机技术的不断探索，军用级无人机走入公众视野。根据美国《航空周刊》情报网络（AWIN）2021年的公开统计，在全球察打一体无人机的市场占有率中，美国的"捕食者"系列无人机排名第一（54.38%），中国的"翼龙"系列无人机排名第二（18.13%），土耳其的Bayraktar TB2无人机排名第三（7.13%），中国的彩虹-3无人机排名第四（4.58%）。可见，中国军用级无人机的实力不容小觑。

工业级无人机是低空经济的重要组成部分，广泛应用于农业植保、城市治理、航拍测绘、巡检巡线、低空运输等应用场景。下面主要介绍工业级无人机。

第八章　工业级无人机

第一节　工业级无人机的分类

1. 按性能指标分类

根据 2023 年 6 月 28 日国务院、中央军委发布的《无人驾驶航空器飞行管理暂行条例》，无人驾驶航空器（无人机）按性能指标被分为微型、轻型、小型、中型和大型。

"微型无人驾驶航空器，是指空机重量小于 0.25 千克，最大飞行真高不超过 50 米，最大平飞速度不超过 40 千米 / 小时，无线电发射设备符合微功率短距离技术要求，全程可以随时人工介入操控的无人驾驶航空器。"此类典型的产品有可掌上起降的 DJI Neo。

"轻型无人驾驶航空器，是指空机重量不超过 4 千克且最大起飞重量不超过 7 千克，最大平飞速度不超过 100 千米 / 小时，具备符合空域管理要求的空域保持能力和可靠被监视能力，全程可以随时人工介入操控的无人驾驶航空器，但不包括微型无人驾驶航空器。"此类典型的产品有 DJI Air 3S。

"小型无人驾驶航空器，是指空机重量不超过 15 千克且最大起飞重量不超过 25 千克，具备符合空域管理要求的空域保持能力和可靠被监视能力，全程可以随时人工介入操控的无人驾驶航空器，但不包括微型、轻型无人驾驶航空器。"此类典型的产品有迅蚁科技运送血液的无人机 RA3。

"中型无人驾驶航空器，是指最大起飞重量不超过 150 千克的无人驾驶航空器，但不包括微型、轻型、小型无人驾驶航空器。"此类典型的产品有善于各类行业应用的纵横大鹏复合翼无人机 CW-25 和善于在应急领域作业的星展测控复合翼无人机 FS100。

"大型无人驾驶航空器，是指最大起飞重量超过 150 千克的无人驾驶航空器。"此类典型的产品有山地吊运利器驼航科技的驼峰 -600 等大型无人直升机，翼龙、彩虹、双尾蝎等大型固定翼无人机，近些年百花齐放的大型固定翼货运无人机和载人 / 货运 eVTOL 也属于此类。

《无人驾驶航空器飞行管理暂行条例》第八条第一款规定："从事中型、大型民用无人驾驶航空器系统的设计、生产、进口、飞行和维修活动，应当依法向国务院民用航空主管部门申请取得适航许可。"

2. 按构型分类

工业级无人机按构型可分为多旋翼无人机、复合翼无人机、无人直升机（单旋翼、纵列式双旋翼）、固定翼无人机和其他构型无人机。不同构型的无人机有不同的发展历史、构型特点、飞行性能特点和典型应用场景。

1）多旋翼无人机

- 多旋翼无人机的发展历史

多旋翼无人机的发展历经诸多关键阶段，逐步走向成熟与多元化应用。

20 世纪初，多旋翼飞行器初具雏形。1907 年，法国"旋翼机一号"

横空出世。它虽成功离地，但仅达1.5米的高度。20世纪50年代，军事需求成为多旋翼飞行器发展的强大推手。美国"飞行吉普"项目催生了VZ-7四旋翼载人飞行器，它靠涡轮轴发动机实现悬停、前飞，无奈时速、升限不理想，最终未能实现量产服役。

20世纪90年代中期到2010年，随着微机电、锂电池、无刷电机等技术的革新，小型电动多旋翼飞行器在航模圈崭露头角，涉足商业航拍领域，德国的Microdrones系列无人机顺势而生。Microdrones小巧便携，其早期产品有MD4-1000等，采用四旋翼设计，这是当时比较典型的多旋翼布局。MD4-1000主打消费级市场，配备基础飞控系统，能让普通爱好者较为轻松地操控飞行器，在一定程度上降低了航模的操控门槛，引发了不少航模爱好者的关注。不过，整体上受限于当时的技术水平，该系列与同期的其他多旋翼飞行器一样，存在遥控距离偏短、电池续航不足、画质采集欠佳等短板，这限制了其大规模的普及。

2010年堪称多旋翼无人机的转折点。当年，法国的Parrot公司推出了AR.Drone。它能够用移动设备操控并接收图像，搭配飞控与测高传感器，开启了消费级无人机的新纪元。2012年，大疆创新的Phantom登场。它在起飞重量、遥控距离、飞控系统上实现了全方位升级，使消费级无人机更加实用。

此后，多旋翼无人机一路"高歌猛进"。在军事领域，它被用于侦察乃至特殊作战任务；在民用领域，它更是大放异彩，在农业植保的精准喷药、应急救援的照明寻人、科考的古迹勘察中都发挥着重要的作用。多旋翼无人机凭借其灵活小巧、低空飞行的优势，深度融入各行各业，不断拓展其应用边界。

- 构型特点

多旋翼无人机具有多个旋翼，常见的有四旋翼、六旋翼和八旋翼。这些旋翼对称分布在机身周围，通过改变每个旋翼的转速来实现对飞行姿态的控制。

其机身结构相对简单，包括机架、电机、电调（电子调速器）、电池和飞行控制器等部件。机架一般采用轻质材料（如碳纤维或塑料）制成，以减轻重量。

- 飞行性能特点

多旋翼无人机能够垂直起降，不需要跑道，这使其在狭小的空间内也能方便起飞和降落，如在城市建筑物之间或山区的复杂地形中飞行。

它的机动性较好，可以在空中悬停，并且能够精准地控制飞行位置和高度。它的悬停精度可以达到厘米级，这对于航拍、监测等任务非常重要。

绝大多数多旋翼无人机依靠能量密度有限的电池提供动力（少数多旋翼无人机采用燃油活塞发动机，但由于多旋翼之间的匹配较难，因此这种发动机并没有成为主流），续航能力相对较弱，一般飞行时间为 20～60 分钟。另外，它的飞行速度也不是很快，最大平飞速度为 30～100 千米 / 时，部分第一人称视角（FPV）穿越无人机超过 200 千米 / 时。

- 典型应用场景

多旋翼无人机在航拍领域应用广泛，能够拍摄出稳定、高质量的空中画面，可用于电影制作、广告拍摄、风景摄影等；在农业植保领域也表现出色，可依据农田实况精准、高效地执行喷雾作业，不惧复杂地形；在低空监测和测绘领域，可用于监测作物的生长情况，获取农田的图像信息，或者实时查看建筑工程的进度；在吊装运输领域，凭借其灵活起降、低空避障的优势，可搭载数十千克的物资，于狭小及复杂区域精准投放，助力快递末端配送、紧急救援；在巡检巡线领域，能悬停贴近设施，多角度排查，借助高清设备与实时传输功能，精准发现电力、油气管道等线路的异常情况，保障人员安全。大疆创新在上述领域处于领先地位。

多旋翼无人机在医疗物资运输领域堪称"救急先锋"，在运输血液等对时效性要求极高的医疗物资时，能快速响应，避开地面交通拥堵，沿着预设的航线低空疾驰，将物资及时送达医院、急救站点等地，为挽救生命争分夺秒；在无人机快递场景下，可从分拣中心起飞，精准定位收货地址，哪怕是高楼林立的小区、蜿蜒曲折的小巷深处，也能高效地将包裹送达客户手中，缩短配送时间；用于外卖配送时，能迅速装载餐食，从商家直飞至顾客指定的地点，缩短餐食的在途时间，让消费者更快地享用到热气腾腾的餐食。迅蚁科技、丰翼科技和美团无人机分别在上述领域处于领先地位。

• 代表企业和机型

国内：大疆创新、道通智能、普宙科技、科比特航空、极飞科技、拓攻机器人、卓翼智能、飞马机器人、容祺智能、迅蚁科技、丰翼科技、美团无人机、一飞智控、大漠大智控、高巨创新、蜂巢航宇、云圣智能、因诺航空、时代星光、星逻智能、全华时代、奥伦达科技等。

国外：Microdrones、Parrot、3D Robotics 等。

多旋翼无人机的代表企业和机型众多，在此主要列出企业品牌。其中，大疆创新独占中国无人机产业的半壁江山，我们甚至可以从它的发展历程中推测出中国无人机产业的发展历程。

大疆创新是全球领先的无人机制造商，其客户遍布全球 100 多个国家，在全球消费级无人机市场中的占有率超过 70%，在国内消费级无人机市场中的占有率超过 90%。大疆创新的产品应用广泛，涉及影视传媒、能源巡检、遥感测绘、农业服务、基建工程、公共安全和应急救援等多个领域。典型产品包括可掌上起降的微型无人机 DJI Neo、消费级航拍无人机 DJI Air 3S、专业级航拍无人机 DJI Inspire 3、工业级无人机 DJI Matrice 350 RTK、工业级无人机机场套装经纬 M30T、农业无人机 DJI T100、运载无人机 DJI FlyCart 30 等。

大疆创新由汪滔于 2006 年创立，起初专注于飞行控制器的制造。经过多年的发展，大疆创新已经成为全球无人机行业的领军企业，以其创新和高质量的产品而闻名。大疆创新的历代旗舰产品，如"精灵"（Phantom）和"御"（Mavic）系列，以其高稳定性、高图像质量和用户友好的功能树立了行业标准。这些无人机被广泛用于摄影、摄像和其他领域，体现了大疆创新对卓越品质和性能的无限追求。

除了消费级无人机，大疆创新还成功拓展到农业、能源和物流等其他行业，通过融合无人机、AI 等前沿的综合性技术，赋能不同行业的生产效率提升，进一步巩固其行业领导者的地位。大疆创新对创新的承诺、对产品质量的卓越追求，使其在无人机行业中地位稳固。面对各种挑战，大疆创新展现出超强的韧性和创新能力，通过拓展产品线、多元化进入新领域，并专注于商业无人机市场，为未来的增长和成功奠定了基础。

（1）消费级无人机领头羊。

大疆创新对消费级无人机的探索起步于航模。2010年以前，大疆创新主要面向航模爱好者，以研究无人机飞控技术为主要业务。随着多旋翼飞行器在航模圈越来越受到追捧，大疆创新顺势推出了"风火轮"系列多旋翼航模套件，搭配其自研的Wookong-M飞控系统，在航模圈崭露头角。

2011—2012年，来自美国的竞争对手3D Robotics和来自法国的竞争对手Parrot陆续推出了消费级多旋翼无人机。而大疆创新通过专业级航拍无人机的应用实践，也敏锐捕捉到多旋翼无人机从航模领域破圈的机遇。2012年，大疆创新推出了第一代消费级无人机Phantom 1（见图8-1）。

图8-1　Phantom 1航拍无人机

有别于其他航模产品和专业级航拍产品，Phantom 1是全球第一款真正意义上"到手即飞"（Ready-to-Fly）的消费级无人机产品，其一体化设计省去了一般航模复杂的组装过程；高度集成的 Naza-M 专业飞控系统，赋予了 Phantom 1 远超传统航模多旋翼飞行器的稳定性和操控性，也使 Phantom 1 具备了 GPS 飞行模式、姿态飞行模式、失控自动返航、智能方向控制等传统航模多旋翼飞行器不具备的智能化功能。更重要的是，Phantom 1 搭载了可拆卸简易相机安装座，以便装载简易轻巧型的相机或其他视频拍摄电子设备，这使其航拍功能更加专业。Phantom 1 通过大幅降低航拍无人机的使用和操作门槛，成功从航模领域破圈，成为全球第一款真正意义上的消费级无人机产品。

Phantom 1 的推出并不足以使大疆创新在竞争中取得决定性优势，其竞争对手也争相推出集成度更高、功能更完善的消费级无人机产品。3D Robotics 紧锣密鼓地推出了第二代消费级无人机 3DR Solo，Parrot 的轻量级航拍无人机 AR.Drone 也通过入驻苹果体验店，展开激烈的渠道竞争。真正使大疆创新从消费级无人机市场中脱颖而出的是，其依托珠三角地区强大的消费电子产业链和人才聚集优势打造的快速产品迭代与供应链垂直整合能力。在一代产品 Phantom 1 取得商业成功的基础上，大疆创新在不到一年的时间里便推出了二代产品 Phantom 2 Vision（见图 8-2）。

图 8-2　Phantom 2 Vision 航拍无人机

相较于一代产品，二代产品不仅具有更高的集成度和更完善的智能控制系统，还搭载了与飞行器集为一体的自研云台相机。另外，大疆创新进一步展现了其强大的供应链垂直整合能力，其二代产品的 230 多种零部件中约 80% 都是容易获取的通用零部件，且成本超过 10 美元的零部件只有电池和摄像头。二代产品 999 美元的市场定价相比同级别的竞争对手 3DR Solo 1799 美元的市场定价，产品性价比突出。在这样的定价水平上，大疆创新仍然能够维持接近 50% 的极高毛利率，这将珠三角地区消费电子产业的成本和效率优势展现得淋漓尽致，也使竞争对手在大疆创新的超高的产品迭代效率和强大的成本控制能力面前黯然失色。

值得一提的是，大疆创新不断拓展其在消费级无人机领域的核心技术。起初，大疆创新专注于研究无人机飞控技术，缺乏对摄像头技术的研究，因此与 GoPro 合作，将 GoPro 的相机集成到大疆创新的无人机上。这种合作实现了双赢，GoPro 的相机得以拓展至空中摄影领域，而大疆创新的无人机则因搭载了高质量的相机而更具吸引力。然而，随着 GoPro 提出高额的利润分成，双方的合作关系破裂。GoPro 试图进入无人机市场，推出了 Karma 无人机，但因技术问题和市场反应冷淡，最终未能取得成功。在意识到影像系统是无人机的核心技术之后，大疆创新开始研发自己的相机和云台技术，逐渐减少了对 GoPro 相机的依赖。大疆创新放弃 GoPro，转向自研云台相机的决策，是出于对技术自主和市场控制的追求。通过收购镜头行业标志性企业哈苏（Hasselblad）的多数股权，大疆创新进一步增强了其在相机领域的实力。大疆创新不断推出创新的无人机产品，满足了从专业用户到普通消费者的各种需求，并且加大了对相机和云台系统的研发力度，推出了灵眸（Osmo）系列、如影（Ronin）系列等云台产品，成为全球范围内在消费级云台和相机领域举足轻重的玩家。

在后续的市场竞争中，大疆创新通过技术创新，在消费级无人机领域的图传、动力续航、智能避障、电子围栏、AI应用等技术细分赛道保持领先。同时，大疆创新不断拓展其消费级无人机的产品线，推出了DJI Mavic 3 Pro、DJI Mini 3 Pro、DJI Air 3S（见图8-3）等航拍无人机，以及 Osmo Action 4 等手持摄影产品，形成多样化的消费级无人机产品线，以满足不同用户的需求。

图 8-3　DJI Air 3S 航拍无人机

（2）工业级无人机实践者。

大疆创新在工业级无人机领域的拓展显著，特别是在 DJI Matrice 350 RTK 和经纬 M30T 两款产品上。它们在多个领域发挥着重要的作用，以下是它们的一些典型应用场景。

测绘领域：DJI Matrice 350 RTK 支持多种航线，利用仿地飞行和智能摆动拍摄功能可以高效收集数据；结合大疆创新智图软件能够快速获取高清二维及三维数字成果，大幅提升测绘工作的自动化和信息化水平。

空地协同领域：DJI Matrice 350 RTK 凭借高精度打点定位和云端实时建图等功能可以实现空地协同；配合大疆创新司空 2 平台可以快速完成现场建模，并将指挥信息传递给飞行平台及地面作业人员。

电网及能源巡检领域：DJI Matrice 350 RTK 通过在线任务录制可以生成巡检航线，实现自动化作业，减少重复性的巡检工作，提升巡检效率。在使用精准复拍功能时，它还支持自动框选和手动调整拍摄目标，以提高重复拍摄的准确性，提升巡检质量。

环保领域：经纬 M30T 能够利用高分辨率相机进行环境监测，帮助环保人员收集植物、土壤、水源等数据，提供合理的环境改善方案。

建筑领域：经纬 M30T 可用于对建筑物进行全景照片和视频的拍摄，通过高精度定位和数据重建技术实现建筑物/道路的三维建模和地形测量，提供先进的测量和监测服务。

社会领域：经纬 M30T 在公共安全、城市规划、开发管理、环境影响评估、灾难风险评估等领域的数据收集与应用中发挥着重要的作用。

消防领域：经纬 M30T 在消防领域也有广泛应用，可以为复杂建筑的消防检查提供更多的信息。消防人员可以通过无人机测量建筑外观，分离火源，制定精准的消防策略。

从市场定位来看，大疆创新的工业级无人机（如 DJI Matrice 350 RTK 和经纬 M30T）针对的是专业领域的行业需求，包括测绘、巡检、公共安全、能源等多个行业。这些无人机可以满足特定行业对飞行时间、防护等级、数据传输和精准定位的高标准要求。例如，DJI Matrice 350 RTK 支持 55 分钟的飞行时间，具备 IP55 防护等级和 O3 图传行业版，能够在各种恶劣环境下稳定工作。

从功能设计来看，大疆创新的工业级无人机集成了多种高性能传感器，并配备了先进的飞控系统和软件。例如，经纬 M30T 集成了多种高性能传感器，轻巧便携，并配备了全新升级的 Pilot 2 软件，显著提升了使用便捷性和操控体验。该无人机还支持智能摆动拍摄、在线任务录制和航带飞行等功能，大幅提升了作业效率和数据收集的准确性。此外，DJI Mavic 3 行业系列无人机具备实时仿地功能，能够在起伏的地形上自动仿地飞行，保证建图精度。

从载荷来看，大疆创新的工业级无人机能够搭载各种专业设备，如测绘相机、热成像相机、多光谱相机等，以满足不同行业的应用需求。例如，DJI Mavic 3 行业系列无人机配备机械快门相机、56 倍变焦相机及 RTK 模块，支持开展高精度、高效测绘及巡检作业。经纬 M30T 则集成了广角相机、变焦相机、激光测距仪、近红外补光和红外热成像模组，在消防、搜救、巡检、夜间作业等场景中表现出色。

（3）智慧农业探索者。

大疆创新在 2012 年开始尝试将无人机技术应用于农业领域，并在 2015 年创立大疆农业，发布 MG-1 农业植保无人机。此后，大疆农业无人机功能逐渐完善，从早期单纯的植保功能发展成播撒、喷洒、吊运等多种作业能力，广泛应用于"农、林、牧、渔"等全场景。

农业无人机作为典型的行业应用，有别于消费级无人机，它不仅降低了使用与操作门槛，还采用新技术手段切实提升了劳动生产率和最终产品附加值。大疆创新通过技术创新，以农业实践的实际需求为导向，以无人机平台为载体，综合利用无人机、遥感、AI等前沿技术手段赋能农业生产，探索从传统粗放型农业生产模式向科技驱动、数据驱动的智慧型农业生产模式转型的路径。

截至2024年10月，大疆农业无人机覆盖了全国38%的耕地面积，在水稻、小麦种植中的渗透率达40%；部分区域95%的作物都在使用其农业无人机进行全流程植保管理，果树的植保面积累计达3亿亩次。

2024年，大疆农业无人机的作业面积达25亿亩次，涉及20万台作业设备，近50万人投身于飞防服务。按5元/亩估算，25亿亩次的作业面积能够创造约125亿元的飞防市场规模。这一规模还未包括农业无人机在渔业、林业、牧业等新兴领域的潜力挖掘。例如，在"脐橙之乡"的湖北秭归，1000多位飞手为本地创造了数亿产值，表明农业无人机的规模化应用带动了飞防服务行业的迅速崛起。农业无人机自2016年从大疆创新引入日本起，已在全球100多个国家和地区应用，成为中国产品出海的新名片。

以大疆创新2024年11月发布的农业无人机DJI T100（见图8-4）为例，DJI T100的最大起飞重量为149.9千克，具备75升的喷洒容量和150升的播撒容量，以及85千克的吊运能力，广泛满足各类农业作业需求，在大规模农业生产中具备强大的作业能力。

DJI T100还首次将AI与增强现实（AR）技术相结合，通过AI算法自动识别作业中的障碍物并将其保存进地块信息中，提升了同一地块的作业效率。这种智能识别功能源于机器学习和深度学习算法的应用，使农业无人机在飞行过程中不仅能避开障碍物，还能实时记录并分析环境变化，为农业经营者提供数据支撑。AR技术能够帮助用户在操作时更直观地看到作物的生长情况及建议的处理方案，提升用户的操作体验。其安全辅助功能可以实时检测周围的人和车辆，为飞手提供实时提醒，同时生成 AR 飞行轨迹，帮助飞手预判飞行方向。返航时，系统还会提供安全降落投影，确保飞行的安全性和稳定性。

图 8-4　DJI T100 农业无人机

DJI T100 还配备了激光雷达和有源相控阵雷达，能够全方位感知周围环境，精准识别障碍物。激光雷达每秒能够捕捉 30 万个空间点云，提升了对电线和其他微小障碍物的识别率，进一步提升了农业无人机的作业安全性。DJI T100 配合 Phantom 4 多光谱版本或搭载多光谱相机的 DJI Matrice 系列无人机，在作业前可对作业区域进行高精度测绘和植被覆盖指数分析，这不仅能实时监测作业范围内作物的长势和病虫害情况，还能通过大疆创新智慧农业平台获得 AI 作业处方图，精确识别农田边界、作物密度与生长趋势。另外，通过精准控制变量，能够有效减少农药和化肥的使用,使农业作业更加环保。这种技术已经被广泛用于不同的作物中,在实现减药增效的同时,推进了全球农业生态的绿色可持续发展。

2023年,根据公开报道,大疆创新在江西赣州落地了"云上疆果"脐橙示范园,验证了单人用农业无人机完成全流程植保管理的可行性;在南非助力甘蔗小农增产增收,最高提升甘蔗产糖量1.78吨/公顷;在美国开展精准点喷除草,实现每英亩增收17美元。未来,大疆创新将在以科技手段赋能劳动生产率和最终产品附加值提升的路上持续探索。

(4)低空物流先行者。

2023年,大疆创新发布了首款运载无人机DJI FlyCart 30(以下简称"FC30"),正式进入物流运载领域。

FC30采用4轴8桨多旋翼构型,双电模式下最大载重30千克、满载最大航程16千米、空载最大航程28千米。FC30具备IP55防护等级,可适应-20℃~45℃的工作环境,最大飞行海拔高度为6000米。FC30通过前后旋转有源相控阵雷达和双目视觉系统,可实现多向、全天候、全时段智能避障,保障了飞行安全;搭载DJI O3图传,图传距离最远可达20千米,可满足超视距长航程运输需要,在信号受干扰时,可通过DJI增强图传模块实现4G增强图传;内置标配降落伞,具备开机自检、独立供电、开伞前停桨断电、声光报警、多方式触发等保障功能,可降低极端情况下人员及财产遭受安全损失的风险;配备全新双电池系统,支持自加热及电池热替换,可在关键任务中节省时间,保障飞行作业流畅。

虽然FC30进入物流运载领域较晚，但它选择了最具挑战性的测试场景——珠峰物资运输。2024年6月，大疆创新首次在珠峰南坡地区进行了高海拔运输测试，开辟了一条海拔5300~6000米的民用无人机运输航线。该运输航线从珠峰南坡大本营起飞（见图8-5），穿越危险重重的昆布冰瀑，抵达上方海拔6000米的C1营地。在这条运输航线中，FC30负责代替传统的人工运输物资，同时完成垃圾清运工作。

图8-5　FC30运载无人机从珠峰南坡大本营起飞

经验证，在气温达-5℃、风力达15米/秒（相当于7级风力）的飞行时段内，FC30未经任何改装，可在海拔6000米左右的高空稳定飞行，并具备15千克的载重能力。在载重15千克、航线长度2.7千米、拔升高度700米的运输任务中，FC30完成一次往返运输后仍有43%的电量，在极限爬升工况下动力裕度仍超过20%，动力系统表现稳定，且仍有升限空间。这也是人类开发的首条海拔高达 6000 米的民用无人机运输航线，标志着大疆创新在物流运载领域书写了全新的篇章。

2024 年 11 月 18 日，大疆创新 FC30 运载无人机正式获得中国民用航空局颁发的型号合格证，成为全国首款通过型号合格审定的中型多旋翼运载无人机。这标志着 FC30 运载无人机已完全符合中国民用航空局的适航要求和安全性水平，为其进一步开展商业化运作奠定了基础。

（5）适航现状：大疆创新占据"大半壁江山"。

大疆创新积极配合中国民用航空局关于适航管理的探索，深度参与适航技术标准和专用条件的研究与制定，全力配合认证流程。截至 2024 年 12 月，其 8 款产品（T10、T16 等 7 款农业无人机及运载无人机 FC30）获得中国民用航空局颁发的型号合格证。除此之外，仅有天域航通 HY100、亿航智能 EH216-S、峰飞航空 V2000CG 和航天时代飞鹏 FP-98 4 款无人机获得型号合格证。也就是说，仅大疆创新一家公司研发的无人机就占据了国内型号合格证取证无人机的"大半壁江山"。这意味着大疆创新在设计上充分考虑了适航性，在生产中严守规范流程，成功为行业树立了标杆，引领无人机企业重视适航，助力行业健康发展。

在国际认证方面，大疆创新也取得了显著进展，3 款农业无人机 T30、T40、T20P 在巴西获得了由巴西国家民航局（ANAC）颁发的设计授权证书，这是大疆创新的无人机产品在海外首次获得适航类证书。此外，DJI Mavic 4 无人机系列已成功通过美国联邦通信委员会（FCC）的严格认证，这进一步证明了大疆创新无人机产品的国际竞争力。

2）复合翼无人机

- 复合翼无人机的发展历史

复合翼无人机的发展见证了航空技术的持续革新。20世纪末至21世纪初，无人机的应用范围越来越广泛，科研人员受多旋翼、固定翼各自优势的启发，萌生出设计复合翼的设想，并开启了探索之旅。

早期探索的关键在于技术攻坚。在动力系统上，多方尝试进行不同的搭配，如2014年美国诞生的JUMP 20就以电动机保起降、以汽油发动机撑平飞。

在应用拓展阶段，复合翼无人机大放异彩。在军事领域，它因垂直起降、长航时等优势，可携带侦察、通信设备直击战场，助力情报收集、打击引导等任务；在民用范畴，面对地理测绘、电力巡检这类复杂的工况场景，它来去自如，无须宽阔的起降场，工作既高效又灵活。

在国内，纵横股份自2015年开始领军国内复合翼无人机行业，在复合翼无人机领域深耕多年，技术积淀深厚。其CW-15、CW-25等系列无人机的航时长、载荷优、稳定性卓越。该公司也于2021年登陆科创板，成为科创板无人机第一股（股票代码：688070），引领低空经济的发展。

星展测控基于轻量化机载宽带卫星通信技术自研的中型复合翼无人机FS100，在应急通信与应急救援领域有大量的实战经验，广受各级应急管理部门的好评。

近年来，得益于材料、电子与控制技术的飞跃，复合翼无人机行业快步向前，企业的成本降低，入局者增多。但纵横股份与星展测控从未停止创新的脚步，持续升级产品、拓展服务，积极参与标准的制定，凭借领先的技术、可靠的品质，引领复合翼无人机的国产化潮流，向全球彰显中国实力。

- 构型特点

复合翼无人机结合了固定翼无人机和多旋翼无人机的特点。它既有固定翼的部分（包括机翼、尾翼等），也有多旋翼的部分（通常在机翼两侧安装多个旋翼）。

这种无人机的机身结构相对复杂，需要综合考虑固定翼和多旋翼的布局，以及二者之间动力系统的协调和控制问题。

- 飞行性能特点

复合翼无人机具有垂直起降能力，可以像多旋翼无人机一样在没有跑道的情况下起飞和降落。同时，在飞行的过程中，它可以切换到固定翼飞行模式，利用固定翼的升力实现高效、高速飞行，其飞行速度可以达到固定翼无人机的水平，续航能力也比多旋翼无人机强。

由于其结构复杂，因此重量相对较大，可能影响其有效载荷能力。另外，复合翼无人机的成本较高，无论是购买价格还是维护成本都比固定翼无人机和多旋翼无人机高。

- 典型应用场景

复合翼无人机在需要兼顾垂直起降便利性和长距离飞行的场景中有很大优势。例如，在应急救援场景中，它可以快速起飞并到达较远的灾区进行物资投放或灾情侦察，也可以垂直降落在地形复杂的救援现场。

复合翼无人机还可以执行对山区、丛林等复杂地形的测绘和监测任务，在长距离飞行过程中高效地获取数据。

- 代表企业和机型

纵横股份 CW-15、CW-25、CW-100D，星展测控 FS100，远度科技 ZT-150V，联合飞机 TF-150，福昆航空 E40H，航景创新 FWA-150，傲势科技 XC-150 等。

3）单旋翼无人直升机

- 单旋翼无人直升机的发展历史

直升机的诞生是人类航空史上的一座重要里程碑。

1939 年，伊戈尔·西科斯基研制的世界上第一台单旋翼带尾桨的 VS-300 载人直升机首飞成功，为现代直升机的发展奠定了坚实的基础。它在飞行控制、稳定性等方面取得了关键性突破，使直升机的飞行更加安全、可靠和易于操控。

20 世纪 50 年代至 90 年代，无人直升机技术开始萌芽，以单旋翼带尾桨的构型为主，主要应用于军事领域的侦察和试验等。一些国家开始进行无人直升机的原理性研究和简单的原型机试验，但受限于当时的技术水平，无人直升机的性能和可靠性都较低，在实际应用中存在诸多限制。

21 世纪之后，随着电子技术、传感器技术、飞控技术等的不断进步，单旋翼带尾桨构型的无人直升机的发展速度逐渐加快，代表机型有美国诺思罗普·格鲁曼（Northrop Grumman）公司的火力侦察兵（Fire

Scout）系列、美国波音公司的"蜂鸟"A160T、奥地利西贝尔（Schiebel）公司的 S-100 等。同一时间，中航工业直升机设计研究所、华奕航空等组织也在国内推出了单旋翼带尾桨构型的无人直升机，并在军民领域逐渐拓展其应用范围。

随着时间的推移，无人直升机技术不断革新，表现为发动机性能不断提升、材料不断改进、航电系统日益先进。单旋翼无人直升机的应用范围得到不断拓展，从最初的军事侦察、运输，逐渐拓展到民用的医疗救援、抢险救灾、空中观光等众多领域，成为现代社会不可或缺的飞行器，在挽救生命、保障生产生活等方面发挥着极为重要的作用，持续书写着属于自己的辉煌篇章。

- 构型特点

单旋翼无人直升机继承了单旋翼载人直升机的构型特点，主要由机身、主旋翼、尾桨、动力系统和操纵系统组成。主旋翼是产生升力的关键部件，通过高速旋转在空气中产生向上的升力。尾桨用于平衡主旋翼旋转产生的反扭矩，确保直升机的飞行稳定性和航向可控性。

与其他旋翼布局的无人直升机相比，单旋翼无人直升机虽然机身的尺寸较大，但其机身结构相对简单，传动系统和操纵系统功能明确，避免了复杂系统间的耦合问题，具备天然的可靠性优势。动力系统可采用燃油（汽油或重油）发动机或电机驱动，通过传动系统高效地将动力传递至主旋翼和尾桨。由于其整体结构简单、操控方便，因此单旋翼布局的直升机无论是在有人驾驶领域还是在无人驾驶领域，都是全球应用最广泛、保有量最大的机型。

- 飞行性能特点

单旋翼无人直升机不仅具备垂直起降的能力，在低空飞行时还具有优越的机动性，能够在有限的空间内灵活调整飞行姿态和位置。这种灵活性使其在复杂的环境中表现得尤为突出。此外，单旋翼无人直升机还可以像固定翼无人机一样以一定的速度向前飞行，兼具悬停与快速转场的能力，既适用于精确操作的场景，又能胜任大范围的巡航任务。

不过，相较于多旋翼无人机，单旋翼无人直升机的机械结构较为复杂，导致其维护成本较高。此外，由于主旋翼和尾桨的高速旋转，因此其在飞行时产生的噪声较大。在飞行稳定性方面，单旋翼无人直升机相比多旋翼无人机稍显不足，且对操控技术的要求较高。然而，经过熟练操作，单旋翼的设计在飞行灵活性和任务适应性方面仍具有显著优势，尤其在复杂的任务环境中表现突出。

- 典型应用场景

单旋翼无人直升机在应急通信领域发挥着至关重要的作用。在自然灾害（如地震、洪水）突发导致地面通信设施损毁时，它能够快速携带移动基站升空，悬停在受灾"三断"（断电、断路、断网）区域，成为"空中信号灯塔"，恢复救援人员与受灾群众之间的通信，确保灾情信息和指令得到及时传递。

在野外探险或偏远地区的作业中，当通信不畅时，它可以传输位置信息和求救信号，帮助外界精准定位并展开施救。此外，在大型活动现场出现通信拥堵或基站故障时，单旋翼无人直升机能够搭载信号增强设备，优化信号强度并扩大其覆盖范围，确保通信畅通。

单旋翼无人直升机还适用于需要精确悬停和低空作业的场景，如在电力巡检中，可在电塔附近悬停并进行详细检查。在海上救援任务中，它能够在船舶甲板等有限的空间内降落，快速将救援物资送达目标位置，极大地提升救援效率。

- 代表企业和机型

华奕航空HY600（700千克级，指起飞重量，下同）、南京模拟技术研究所Z-6B（1600千克级）、航景创新FWH-1500（1000千克级）、山西喆航ZHU11（800千克级）、航天国器GQ-680（700千克级）、珠海隆华XO系列大型无人直升机（600千克级）、江西直升机JH-1小青龙无人直升机（500千克级）、腾盾科创"没羽箭"（450千克级）、中航工业直升机设计研究所AV500系列（450千克级）、航天时代飞鸿FH-909系列（300千克级）等。

其中，华奕航空HY600的任务载荷为300千克，于2024年6月荣获国内首张无人直升机特殊适航证，在应急通信、物资运送、消防、救援等领域经历多项实战和演练验证（见图8-6）。值得一提的是，HY600国内外首创的旋翼桅杆顶置卫星通信布局，在应急通信领域表现出显著的性能优势，确保了在复杂环境下的通信畅通。

以上单旋翼无人直升机均采用汽油或重油发动机提供动力。而珠海紫燕的灰鲸G1-运输型无人直升机的载重能力达21千克，是为数不多的电动单旋翼无人直升机的代表。

图 8-6　华奕航空 HY600 执行 2024 年广东韶关洪涝灾害通信恢复任务

（来源：华奕航空）

4）纵列式双旋翼无人直升机

- 纵列式双旋翼无人直升机的发展历史

纵列式双旋翼载人直升机诞生于 20 世纪 40 年代。1947 年，美国皮尔萨斯（Piasecki）直升机公司成功研制了世界上第一台纵列式双旋翼载人直升机 HRP-1。20 世纪 60 年代，美国波音公司在皮尔萨斯直升机公司的技术基础上，开始研制和大批量生产纵列式双旋翼载人直升机，其中最有名的机型当属 CH-46"海骑士"，后发展为 CH-47"支奴干"。这两款直升机在美军服役多年，在多次军事行动中均表现出色，展现了纵列式双旋翼载人直升机在运输、吊运等领域的巨大优势，是直升机发展史上的经典机型。

由于纵列式双旋翼载人直升机的重心适应性使其在运输、吊运等领域相比单旋翼无人直升机更有优势，因此 2020 年前后国内开始研发一系列纵列式双旋翼无人直升机。以驼航科技的驼峰-600为代表，其在应急救援、土地勘测、能源勘探、海岛运输等领域广泛应用。

• 构型特点

纵列式双旋翼无人直升机继承了纵列式双旋翼载人直升机的构型特点，其显著特征是拥有两副沿机身纵向前后排列的主旋翼，取消了常规单旋翼无人直升机必备的尾桨结构。这种独特的构型使机身无须预留尾桨传动及控制的空间，使机身布局更为紧凑、合理，提升了内部空间的利用效率。前后双旋翼通过传动系统与动力源（汽油或重油发动机）相连，能调节两副旋翼旋转平面的倾斜角度，从而灵活掌握飞行姿态。

• 飞行性能特点

良好的飞行稳定性与操控性：前后双旋翼的设计平衡了旋翼旋转产生的反扭矩，消除了单旋翼无人直升机因尾桨故障或调节失衡引发的机身打转隐患。在飞行过程中，即便遭遇强风、气流紊乱等复杂的气象条件，它也能依靠双旋翼的协同作业维持平稳的飞行姿态，并实现精准悬停与定位。

高效的飞行效率：相较于单旋翼搭配尾桨的传统模式，纵列式双旋翼系统的能量损耗更低，动力传输更直接、更高效，能够将更多的能量转化为飞行所需的升力与推进力，因此其续航里程、作业时长在一定程度上更具优势。

卓越的载重与吊运能力：得益于双旋翼布局带来的重心适应性，纵列式双旋翼无人直升机比单旋翼无人直升机具备更出色、更稳定的载重与吊运能力。它能够轻松执行挂载、绳索吊运较重设备或物资的任务。

- 典型应用场景

应急抢险救援：在地震、泥石流等灾害突发，导致道路受阻、救援车辆难以通行时，纵列式双旋翼无人直升机能够化身"空中先锋"，飞越废墟、泥沼，为被困群众送去急需的食物、药品；在发生森林火灾的早期，它可携带大容量灭火弹、救援绳索等专业装备奔赴火场或事故现场。

地质勘探和电力建设：纵列式双旋翼无人直升机可用于地质勘探和电力建设中的高附加值山地吊运，解决道路不畅的情况下人车无法运输上山的难题。

- 代表企业和机型

驼航科技"驼峰"系列（500～1000千克级，指起飞重量，下同）、航景创新 FWH-3000（2500千克级）、航天国器 GQ-1600（1600千克级）、中创航空 ZC500（600千克级）、北京航翙 HW600（600千克级）、三和航空 SG500（500千克级）、艾肯拓 MK-400（400千克级）等。

其中，驼峰-600重载无人直升机适用于在山地林区、海洋岛礁等复杂环境中执行重载运输和投送任务，目前已广泛应用于应急救援、国土勘测、能源勘探、海岛运输和科研挂飞等领域，在典型高附加值山地吊运场景下的单机作业效率可达约1吨/时（见图8-7）。

图 8-7　驼航科技驼峰-600 正在执行山地吊运作业

（来源：驼航科技）

5）固定翼无人机

- 固定翼无人机的发展历史

早期，受第一次世界大战军事需求的驱动，无人靶机崭露头角，这是固定翼无人机的前身。第二次世界大战时，美国"瑞安147"系列大放异彩，肩负军事侦察重任，为作战指挥传输关键情报，有力推动了实战进程。同一时期，英国也研制了多款无人靶机用于防空训练。

20 世纪 50 年代至 70 年代，固定翼无人机的应用走向多元。美国为核试验特制取样无人机，它能勇闯高危地带，减少人员涉险。苏联也曾推出用于边境巡逻的固定翼无人机，它能凭借长航时监测广袤区域。

20 世纪 90 年代至 21 世纪初，科技赋能迎来大发展。美国的"捕食者"无人机大放异彩，它搭载先进的侦察设备可实时回传战场画面；我国的"翼龙"系列紧跟其后，其察打一体性能卓越，可捍卫我国的领空安全，在海外军事合作中表现亮眼。

近些年，电动短距离起降飞行器（eSTOL）兴起，固定翼无人机在应急通信和支线物流领域也有了新的发展与应用。

- 构型特点

固定翼无人机的机翼固定在机身上，外形类似传统的飞机。它主要由机翼、机身、尾翼、起落架和动力系统组成。机翼的形状和设计对飞行性能有很大的影响，一般采用流线型设计，以减少空气阻力。

固定翼无人机多采用一个或多个（2～4个）汽油或重油发动机提供动力。近些年，国内外出现了采用涡轮混合动力系统、可实现超短距离起降的eSTOL，如美国Electra公司的eSTOL验证机EL-2 Goldfinch和中国翊飞航空的ES1000。

eSTOL采用油电混动推进，使用领先的分布式电力推进技术，由多个动力电机驱动，通过均匀分布的多组螺旋桨旋转产生的气流实现吹翼动力增升，从而大幅增加飞机在低速时的升力，减缓失速速度，缩短起飞和着陆所需的距离，实现超短距离起降。

- 飞行性能特点

固定翼无人机的飞行速度相对较快，一般可以达到100～300千米/时，甚至更高，这使其能够快速到达目标区域。它的续航能力较强，依靠燃油动力的固定翼无人机的续航时间可以达到数小时，甚至更长。

固定翼无人机不能像多旋翼无人机那样垂直起降，它需要一定的跑道起飞，降落时也需要跑道。而且固定翼无人机在空中的机动性较差，不能悬停，转弯半径相对较大。

eSTOL 在一定程度上减少了对常规跑道的依赖。以翊飞航空的 ES1000 为例，其业载达 1500 千克，起降滑跑距离仅为 100 米（见图 8-8）。这可以保障其在砂石、土地、草皮等非铺装道面完成起降，不依赖传统机场，并且能够在偏远山区、海洋岛礁，以及其他交通不便、基础设施不完善的地区开展航空物流。这种设计大幅拓展了固定翼无人机的市场，使其进一步开辟了更广泛的航线网络。国际上称美国 Electra 公司的 eSTOL 验证机 EL-2 Goldfinch 和中国翊飞航空的 ES1000 "不只是竞争者，更是改变游戏规则的航空器"。

图 8-8　翊飞航空 ES1000 短距离起飞概念图

（来源：翊飞航空）

- 典型应用场景

应急与气象："翼龙"系列无人机围绕"大气象、大应急"民用场景，填补了应急中继通信、空基台风探测、大型无人机人工增雨等领域的空白。多年来，"翼龙"参与了"森拉克"台风探测、郑州暴雨救灾、祁连山生态修复、泸定地震救灾、西南抗旱、三江源生态修复、甘肃积石山地震救灾、"杜苏芮"台风探测、第二次青藏高原科考、成都大运会保障、雅江山火、"摩羯"超级台风探测、洞庭湖决堤救灾等任务，飞行近200架次，取得了良好的社会效应。

林草巡护：我国林草面积广袤，现有林草治理与应急体系存在短板，因此完善并强化相关建设显得极为紧迫。在这种情况下，大型固定翼无人机成为破局关键。例如，腾盾科创的"双尾蝎"无人机搭载光电、卫星通信设备及灭火弹，能巡护林草、预警灾情、远程指挥、精准灭火。它在1000千米的起飞半径内5小时可达，单次巡护可超20小时，并实时回传数据辅助救灾。"双尾蝎"无人机曾在火灾季驻守川西高原，守护近500万公顷的林草，试点从四川铺开，辐射多省市防火区开展巡护。2024年甘孜州雅江大火，"双尾蝎"无人机7轮出动、飞行近90小时，实现在恶劣天气下精准监测，帮助指挥中心救灾。

货物运输：固定翼支线物流无人机可以装载0.5～6吨的货物，完成未来更加星罗棋布的通航机场之间的货物运输，并深入产地前端，快速实现消费者从枝头到舌头、从田间到餐桌的愿景。

- 代表企业和机型

应急通信和边境巡逻领域：中无人机（股票代码：688297）翼龙-2H、航天彩虹（股票代码：002389）彩虹-4、腾盾科创"双尾蝎"等。

支线物流领域：

（1）500～700千克载重的无人运输机：

壹通TP500，2022年6月首飞，500千克载重。

微至航空 Macro1.5，2023 年 4 月首飞，500 千克载重（见图 8-9）。

图 8-9　微至航空 Macro1.5 装卸货场景

（来源：微至航空）

马合飞机"榆阳一号"，2024 年 5 月首飞，500 千克载重。

西飞民机 HH-100，2024 年 6 月首飞，700 千克载重。

（2）1～2 吨载重的无人运输机：

朗星无人机 AT200，2017 年 10 月首飞，1.5 吨载重。

航天时代飞鹏 FP-98，2018 年 9 月首飞，1.5 吨载重。

天域航通 HY100，2019 年首飞，1.5 吨载重。

腾盾科创"双尾蝎 A"，2020 年 1 月首飞，1 吨载重。

通飞未来"运 5U"，2021 年 7 月首飞，1.5 吨载重。

航天时代飞鹏 FP-985"金牛座"，2022 年 8 月首飞，2 吨载重。

腾盾科创"双尾蝎D",2022年10月首飞,1.5吨载重。

腾盾科创大型无人运输机,2024年8月首飞,2吨载重。

翊飞航空ES1000(eSTOL),预计2025年之后首飞,1.5吨载重。

彩虹YH-1000,预计2025年之后首飞,1吨载重。

(3)2.5~6吨载重的无人运输机:

山河华宇SA750U,2024年8月首飞,3吨载重。

北方长鹰"长鹰8",预计2025年之后首飞,2.5吨标准有效载重。

白鲸航线W-5000,预计2025年之后首飞,5吨载重。

陕西无人装备"九天"无人机,预计2025年之后首飞,6吨载重。

珠海天晴SUNNY-T6000,预计2025年之后首飞,6吨载重。

6)其他构型无人机

共轴双桨无人直升机:上下共轴双旋翼,取消尾桨结构,机身紧凑;扭矩自平衡,升力大、稳定性强、操控较简易。典型机型为兵器计算所金雕-500和联合飞机TD550。

交叉双旋翼无人机:双旋翼呈交叉状布局,动力效率高;机动性出色,能快速转向、变速,实现在狭小空间内飞行,作业灵活。典型机型为清航装备JZ-550。

倾转旋翼无人机:结合直升机与固定翼飞机的优势,可垂直起降,对场地要求低；飞行时能切换模式，速度快、航程远、机动性佳。典型机型为联合飞机镧影 R6000。

扑翼无人机：能模仿鸟类和昆虫飞行的新型飞行器，设计基于仿生学原理，可以更隐蔽地接近目标进行侦察。典型机型为西北工业大学"小隼"扑翼飞行器。

微小型无人机：以新型微型静电电机为发动机核心，可实现在纯自然太阳光条件下的供能起飞和长时间持续飞行。典型机型为北京航空航天大学 CoulombFly。

无人飞艇：滞空时间长、载重较大、可低空慢速飞行。其应用场景广泛，可在地理测绘中精准航拍获取数据，在应急救援时快速投送物资、勘察灾情，还可用于边境巡逻监控，凭借其独特的优势助力多领域开展任务。典型机型为中航工业特种飞行器研究所在 2012 年研制的国内体积最大的对流层无人飞艇。

第二节 工业级无人机的典型应用场景

1. 航拍摄影

近年来，随着无人机航拍技术的迅猛发展，图像清晰度与稳定性持续攀升，路径规划、自动飞行、目标识别与追踪等智能化功能愈发成熟，无人机（若无特殊说明，本节所称"无人机"均指"工业级无人机"）在航拍摄影领域的应用得以不断拓展，渐呈广泛且深入之势。以大疆创新为代表的无人机制造商，凭借其出色的产品性能与技术优势，占据全球该领域市场份额的 70% 以上，代表机型为消费级航拍无人机 DJI Air 3S、专业级航拍无人机 DJI Inspire 3。

在电影创作、体育赛事直播等诸多领域，无人机均彰显出独特的价值，凭借其特殊的视角与较高的灵活机动性，成为获取高质量画面的关键工具。在电影创作中，无人机能够飞越山川峡谷，穿梭于森林树梢之间，自高空俯瞰大地，精准捕捉诸多震撼画面，为摄影师、制片人开辟新的创作路径，赋予观众别具一格的视觉体验。诸多知名影片，如《阿凡达》《速度与激情》《流浪地球2》《战狼2》等，皆不乏无人机航拍助力的身影。电影《战狼2》中的航拍镜头由飞影航拍团队历时5个月全程跟组拍摄完成，主要使用大疆创新"悟"系列中的 Inspire 1 RAW 搭配大疆创新的禅思 X5R 相机云台，以及零度的 HighOne 搭配索尼的 A7R2 摄像机进行拍摄。无人机航拍为影片呈现了许多宏大壮观的场景，如一些广袤草原、城市街道等大场景的俯瞰镜头，展现了当地的风貌和环境，为影片增添了广阔的视野和真实感。

环法自行车赛的赛道蜿蜒盘旋于阿尔卑斯山与比利牛斯山之间，地势起伏剧烈。赛事直播期间，无人机全程紧密跟拍。在选手奋力爬坡之时，镜头自后侧仰拍，使选手坚毅的身姿与背后壮美的山川相互映衬；在选手冲下坡道的刹那，无人机能够迅速前飞，精准捕捉选手风驰电掣的惊险瞬间，并且实时灵活切换视角，同步展现路边观众摇旗呐喊、加油助威的热烈场景，让全球观众仿若身临其境，深切领略顶级赛事蕴含的热血激情（见图 8-10）。

无人机航拍技术在建筑拍摄、城市规划、灾情评估、水文地貌勘察等诸多方面同样发挥着不可替代的作用。借由其提供的全面视角与翔实数据，设计、规划人员得以精准洞察实地的真实状况。以成都城市更新规划工作为例，在摸排老旧城区"八二信箱"街区的现状时，无人机大显身手。低空飞行时，无人机掠过古旧街道，使青石板路、木质门脸和老字号店铺的招牌清晰可见；升至半空后，无人机将街区建筑布局全貌尽收眼底，使独门小院、联排房屋错落分布的情形一目了然。设计、规划人员可据此精准锁定需要修缮、改造的区域，从而在保留城市珍贵记忆的同时，实现街区的有机更新。

图 8-10　环法自行车赛中的无人机航拍

2. 农业植保

近年来，无人机在农林作物的药物喷洒、施肥、病虫害监测和防治等方面得到广泛的应用，其高效、精准、安全的特点为现代农业的发展带来了显著的推动作用。中国民用航空局发布的《民用无人驾驶航空器操控员和云系统数据统计报告（2023年）》显示，在无人机云交换系统中，"从运行管理分类来看，Ⅴ类无人机也就是植保无人机的运行量最大，占 2023 年总运行量的 98.27%，比 2022 年同期增加了接近 8 个百分点；而其余运行管理类别无人机的运行量相比 2022 年同期均有所降低。"这显示出农业植保领域对无人机的强烈需求。

政策扶持对农业无人机行业的推动作用显著。自 2014 年《中共中央 国务院关于全面深化农村改革加快推进农业现代化的若干意见》提出"加强农用航空建设"后，农机产品标准从行业到国家层级不断完善，为植保无人机技术标准的国际化奠定了基础。农机购置补贴政策从 2017 年试点至 2024 年全面覆盖，大幅提升了农业无人机的普及率。2023 年，植保无人机在全国农机购置补贴中共补贴了 35 631 台，其中大疆创新产品的占比超过 80%。2024 年实施的《无人驾驶航空器飞行管理暂行条例》单独规定了农业无人机的范围与执照要求，降低了农业无人机的使用门槛，助力了行业发展。

无人机采用非接触式的作业方式，极大地降低了人力成本。同时，通过搭载多光谱传感器，无人机可以识别作物的健康状况、分析土壤条件等，提高农业生产效率和作物质量。农业无人机的代表品牌有大疆创新、极飞科技、拓攻机器人、极目机器人等。

无人机在农业植保领域的应用场景如下。

高效喷洒农药：无人机通过安装喷药装置，能够采用遥控操作系统进行农药的定量、精准喷洒（见图 8-11）。传统人工喷洒农药，一名熟练的农民一天能完成 1～2 公顷的农田作业，效率十分有限，还易因长时间接触农药而危害身体健康。与之相比，无人机的作业效率极高。庆阳市农业农村局报道称，平均一天一架无人机的作业面积可以超过 30 公顷，极大地提高了农业生产效率。以河南某大型粮食种植基地为例，以往在小麦病虫害高发期，要出动 20 名工人，耗费近一周的时间才能完成上千公顷的农药喷洒工作；引入无人机植保团队后，仅需 5 架无人机，用 3 天的时间就能出色完成任务，抢在病虫害大规模暴发前控制住局面。此外，在使用无人机喷洒农药时，药剂雾化后在旋翼的作用下穿透力较强、雾滴飘逸少、雾滴均匀。科研机构的实验数据表明，无人机喷药雾滴的均匀度能达到 85% 以上，远超传统喷雾器 60% 左右的水平，大幅提高了农药的使用效果。

图 8-11　极飞科技 P150 Pro 2025 版农业无人机在执行喷施作业

智能监测与预警：无人机通过搭载高分辨率的摄像头和应用图像识别技术，能够对农田进行定期巡查，及时发现病虫害并采取相应的防治措施。这种监测方式不仅可以减少农药的使用量，还可以避免病虫害的扩散，保护农田的生态环境。在新疆，当地棉农与极飞科技等农业科技公司合作，借助无人机智能监测棉花生长的全过程。无人机每周两次飞越棉田上空，采集图像数据，精准识别棉蚜、棉铃虫等常见害虫，准确率高达 90%。依据这些数据，棉农能提前一周高效预测棉花的产量。

精准施肥与灌溉：无人机利用其携带的传感器和 GPS，可以实现对农田的精准施肥与灌溉。通过分析土壤的养分含量和作物的生长需求，无人机可以精确计算施肥量和灌溉量。在山东寿光蔬菜种植区，以往菜农凭经验施肥、浇水，常造成肥料、水资源浪费，土壤板结问题频发。引入无人机精准作业后，经实地检测，化肥使用率降低约30%，灌溉用水节省25%左右，切实减少了化肥和水资源的浪费；实现蔬菜产量与品质双提升，黄瓜直条率提高10%，甜度增加1~2个单位。可见，无人机的引入提高了作物的产量和品质，助力了农业生产的可持续发展。

播种与授粉：虽然以前无人机在播种与授粉方面的应用相对较少，但随着技术的不断进步，无人机也开始尝试在这些领域发挥较大的作用。无人机可以利用其精确的定位和飞行能力，在短时间内对大面积的农田进行播种与授粉作业，提高作物的生长速度和产量（见图8-12）。在内蒙古西部的沙漠里，当地治沙企业利用无人机执行播种作业，一架无人机一天能播种沙棘、柠条等耐旱植物种子超500亩，相比人工播种效率提升20倍。过去人工播种受沙漠恶劣环境的限制，进度缓慢，无人机的引入大大加快了防沙治沙工程的推进，为尽快实现"沙漠变绿洲"的国家建设工程做出了贡献。

图8-12　大疆创新DJI T100农业无人机在执行播种作业

总之，无人机的作业速度快、作业面积大，显著提高了农业生产效率；可以实现人和药的分离，避免农药对操作人员造成伤害，提高了作业的安全性；其喷药效率高、用量少、飘逸少，减少了农药和水资源的浪费，降低了环境污染的风险，是农业植保的好帮手。不过，也要注意到，尽管无人机在农业植保领域的应用前景广阔，但仍面临续航能力、载重能力、稳定性等方面的挑战；再有，无人机的价格较高，对一些小型农户来说购买和使用无人机的投入较大；此外，无人机在农业植保领域的应用还需要配套的设备（如专业的电池充电设备、维修工具）和专业操控人员的支持等。这些都是未来无人机发展需要进一步提升之处。

3. 低空数字经济

"低空数字经济"的概念由复合翼无人机在国内的首创者纵横股份提出，可以泛指一系列将无人机结合光电传感器和 AI 技术用于千行百业时空大数据分析的经济形态。无人机在低空数字经济领域也有较多的典型应用场景。

- 电力巡检：高效精准守护电网安全

电力巡检是低空数字经济在基础设施运维领域的关键应用。相较于传统的人工巡检，无人机搭载高清摄像头、红外热成像仪，巡检效率高、成本低、安全性高，能够高效排查输电线路、变电站中的隐患。

- 智慧水利：全方位监控水系动态

我国河湖分布广、面积大，人工巡查水利设施的成本高、盲区多，无人值守系统因此大显身手。网格化部署的无人机携带双光吊舱、倾斜摄影相机等装备，5天能构建半径30千米的低空感知圈，精准定位隐患经纬度，辅助作业人员快速整改。

- 地质勘探：解锁高原地震带的奥秘

在地质勘探领域，无人机搭载激光雷达可采集地震带的数据，精准揭示地震带的几何形态、运动特征和地震复发历史，为区域的地震危险性评估夯实基础。

- 交通管理：空中协管疏导交通

在交通管理领域，无人机化身"空中交警"。在城市道路与高速公路上，它能实时巡查交通拥堵情况和安全事故，辅助交警疏导车流、处理事故，也能抓拍交通违法情况，提供执法凭证。

- 智慧矿山：助力矿山智能升级

在矿山管控领域，无人机可实现露天测量矿山，完成全天候、全时段的大范围巡检，突破传统测绘的局限，提升效率与精度，并将采集到的数据实时共享至各部门，提升矿山管控的安全性与生产的高效性。

4. 防灾减灾与应急救援

我国的自然环境复杂多变，地震、泥石流、洪涝、森林火灾等灾害频发，给人民群众生命财产安全带来极大的威胁。面对各种灾害，无人机好似一位无畏的"空中卫士"，凭借自身诸多优势，穿梭于各个受灾现场，成为抢险救灾行动中不可或缺的关键力量（见图8-13）。

第八章 工业级无人机

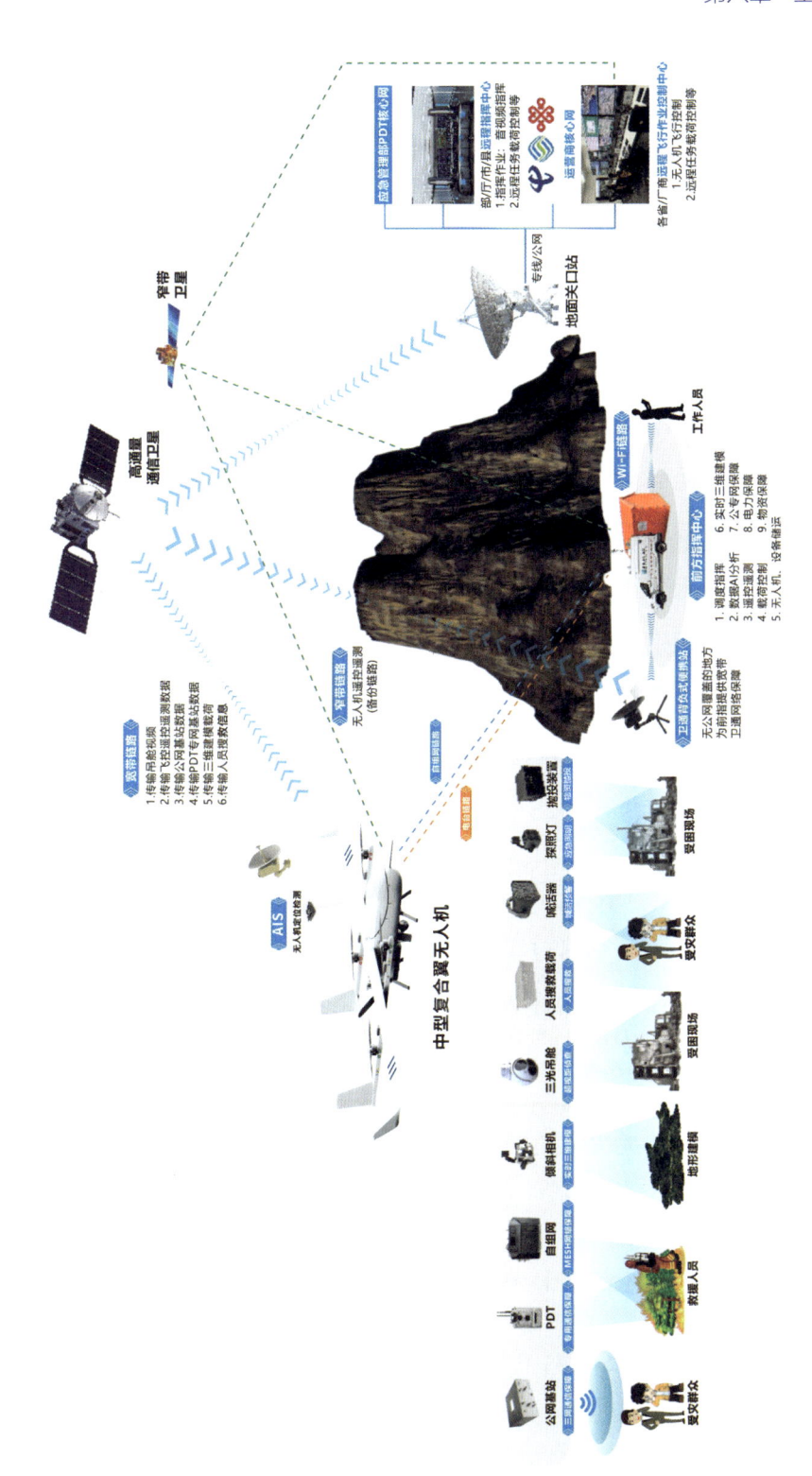

图 8-13 无人机应急总场景示意图

（来源：星展测控）

- 全天候巡护，防"灾害"于未然

我国多地地质条件复杂，地震带纵横交错：山区地势陡峭，每逢雨季，泥石流、山体滑坡等灾害随时可能暴发；平原地区水系发达，洪涝隐患不容小觑；森林覆盖区域广袤，森林防火更是重中之重。面对这种现状，无人机肩负起全天候巡护的重任。

以西南山区为例，这里处于板块活跃地带，地震频发，且强降雨集中，地震后山体松动，泥石流灾害风险骤升。无人机可以沿着设定的航线巡航，利用搭载的高精度传感器，采集山体震动、土壤湿度、植被覆盖变化等数据并上传至 AI 系统。AI 系统可以利用其风险预警技术，依据海量数据迅速甄别异常。在云南某地，无人机曾监测到地震后一处山体的土壤含水量接近饱和，坡度出现细微位移，并将这一情况上传至 AI 系统。AI 系统当即发出泥石流预警，提醒当地政府紧急疏散周边村落的居民，最后成功避险。

在水乡泽国的长江中下游平原，每年汛期水位上涨，堤坝安全关乎万千百姓。无人机可以低空掠过堤岸，利用红外热成像仪检测堤坝的渗漏情况，借助高清摄像头捕捉管涌、裂缝等隐患，并实时回传画面，助力水利部门 24 小时盯防，牢牢守住防洪安全线。

- 灾情侦察，为救援决策抢时间

灾害突袭时，时间就是生命。无人机的高机动性、垂直起降与卫星通信能力，让它能第一时间奔赴灾区，直击灾情核心。

2021 年，河南遭遇特大暴雨洪涝灾害，城市内涝严重，交通瘫痪，救援队伍难以快速摸清受灾全貌。在这种情况下，无人机迅速从临时安置点垂直起飞，搭载光电吊舱，穿越暴雨云层，将受灾区域的积水深度、房屋受损情况、人员被困位置等高清画面，经由卫星通信实时共享至指挥中心。指挥人员依据精准信息，迅速调配冲锋舟、救援物资，争分夺秒解救被困群众。

在四川凉山森林火灾扑救时，复杂的山地环境使火情侦察困难重重。在这种情况下，无人机可以凭借出色的性能飞临火场，在浓烟滚滚中精准定位火点，监测火势蔓延方向，回传画面助力消防队伍规划扑救路线，成为消防员的"空中侦察兵"。

- 通信保障服务，打通灾区"信息孤岛"

灾害常导致灾区"三断"，陷入"信息孤岛"困境。无人机可以携带轻量化机载宽带卫星通信技术设备，成为破局关键。

在青海玉树地震抢险阶段，震中偏远，公网通信瞬间中断，救援队伍失联。在这种情况下，无人机可以携带集成的公网基站升空，利用宽带卫星通信，快速恢复周边信号，使被困群众得以向家人报平安；同时，无人机集成的专业数字集群（PDT）基站，保障了救援队伍的高效协作，打通了信息传递脉络。

在沿海台风登陆引发洪涝的地区，低洼村落被洪水围困，常规通信失效。在这种情况下，无人机可以悬停半空提供稳定的信号，使外界救援信息顺畅传入村落，安抚受灾村民的情绪，支撑后续救援的展开。

- 网络中继服务，延伸救援通信"触角"

在应急场景里，地形限制常削弱地面的网络覆盖力度。无人机的机动性强、载重可观，通过搭载自组网设备拓展网络，可灵活应对这一场景。

在甘肃山区泥石流救援现场，山谷地形阻碍通信，前线救援进展难以得到及时反馈。在这种情况下，多架无人机升空，在空中接力传递网络信号，保证指挥中心实时掌握救援情况，精准调度大型机械设备清障、转运伤员。在东北林区火灾扑救时，无人机同样发挥网络中继的作用，保障火势监测、传递扑救指令，助力消防员高效灭火。

以星展测控为例，其FS100中型复合翼无人机（见图8-14）在2023—2024年"七下八上"防汛期间，先后为北京市门头沟区、房山区，黑龙江省五常市，广东省平远县，湖南省会同县、平江县、团洲垸、资兴市，陕西省凤县、柞水县等灾区提供了灾情侦察和公网通信恢复保障服务，为各地区应急指挥部门提供了第一手灾情资料，并持续保障了各县区/村镇的网络通信。

图8-14　星展测控FS100中型复合翼无人机执行通信任务

（来源：星展测控）

总之，无人机全方位融入各类灾害场景，用技术实力跨越地理阻碍、打破通信壁垒，在抢险救灾征程上一路护航，守护民众的生活安宁，为应急救援事业注入了强劲动力，未来也必将解锁更多的救灾技能。

5．物流运输

无人机在物流运输领域的应用场景日益广泛，其高效、灵活、便捷的特点为物流行业带来了革命性的变革。

快速送达货物：无人机可以在不受地形限制的情况下快速送达货物，大幅缩短物流运输的时间。相比传统的地面运输方式，无人机在空中直线运输，能够有效减少运送里程，提高配送效率。顺丰科技旗下的丰翼不断拓展其在粤港澳大湾区的无人机配送网络，截至2024年7月已开通"深圳—珠海""深圳—中山""深圳—东莞""海口—湛江"等跨城航线。其无人机在粤港澳大湾区的运营已实现常态化，日均起降800～2000架次，日均运输单量突破1.2万票。同时，丰翼实现了无人机同城及跨城范围内的即时、高效快递运输，推出了同城即时送、跨城急送两款无人机物流产品，这也是全球首批无人机物流产品（见图8-15）。同城即时送面向"同城服务范围2小时达"的需求，跨城急送面向"跨城服务范围4小时达"的需求，两款产品均通过"即时响应＋专人取件＋无人机运输＋专人送件"的运输方式，为用户提供了高时效的运输服务。

降低人力成本：无人机配送减少了对人力的依赖，可以降低人力成本。同时，无人机还具备灵活机动的特点，可以应对复杂多变的配送环境。随着可预见的未来人力成本的提高，以及无人机应用规模效应导致无人机成本的下降，利用无人机代替"快递小哥"的成本优势将愈加明显。

图 8-15　顺丰科技旗下的丰翼无人机携带快递箱即将着陆无人机巢

拓展配送范围：无人机能够轻松飞越建筑、河流等难以通行的地区，将货物送达偏远地区或交通不便的地区，拓展了物流运输的范围。江苏长江汇科技有限公司在长江南京段兴隆洲服务区开展了无人机配送物资服务。它使用的大疆创新 FC30 无人机，可通过空吊飞行向在航船舶索降投送补给物资，并为过往船舶提供垃圾回收、离岸物品配送等服务。

解决"最后一公里"难题："最后一公里"是物流运输的痛点，具体表现为末端配送难、成本高。无人机可以通过空中飞行直接将货物送达收货地址，实现"门到门"或"面对面"的服务，解决了传统配送方式中的这一难题。美团无人机"空投"服务已覆盖北京、上海、广州、深圳等一线城市，其中在深圳已开通约 30 条航线。截至 2024 年 9 月底，美团无人机的商业化订单量已超过 36 万单，配送服务涵盖办公、社区、景区、市政公园、校园、图书馆、医疗等多种场景，可为用户配送餐饮、快消品、母婴用品、数码产品等超 9 万种货品。美团无人机配送的平均时长仅为 12 分钟，较传统配送模式的效益提高 150%。在校园等场景中，其配送效率更高，如美团无人机北京大学深圳研究生院首条航线开通后,用户下单后最快约10分钟就能将货物送到宿舍楼前(见图8-16)。

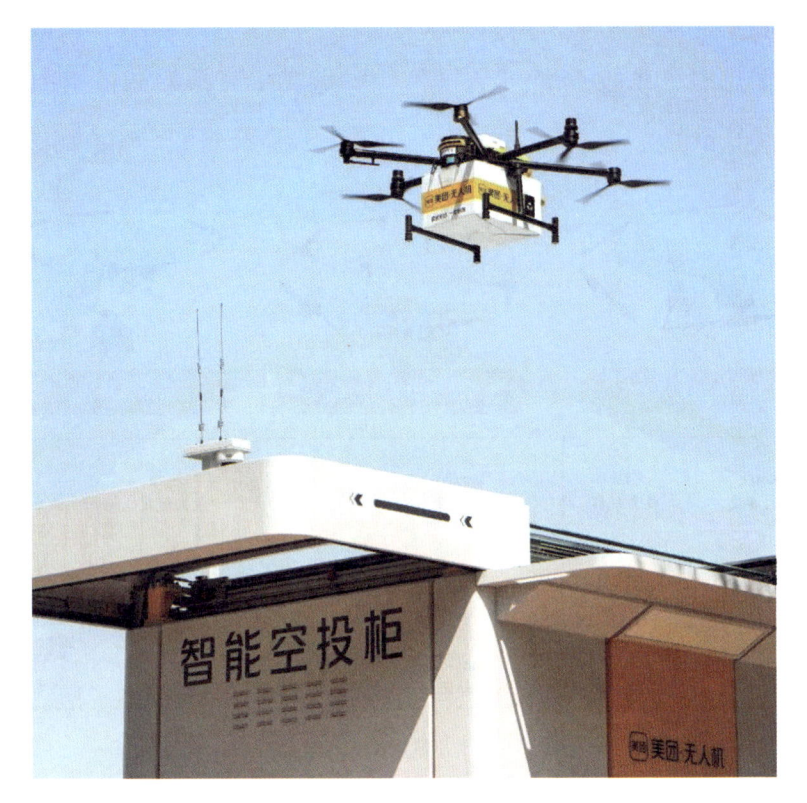

图8-16 美团无人机携带外卖盒即将着陆智能空投柜

紧急物资配送:在紧急情况下,如自然灾害、医疗急救等,无人机可以迅速将救援物资送达灾区或医院,提高救援效率,降低时间成本。无人机配送在紧急物资配送中发挥着越来越重要的作用。杭州迅蚁网络科技有限公司(简称"迅蚁科技")成立于2015年,是全球最早探索无人机物流的科技公司之一。它在2019年获批全球首个城市无人机物流商业运行许可,率先进行商业化应用,是我国城市无人机物流的开创者。截至2024年12月,迅蚁科技的产品在全国超30个城市已有运行,商业运行航线近300条,已完成超100万千米的商业物流飞行里程,在医疗急救、同城即配、生鲜电商、邮政快递、园区配送等领域形成了较为成熟的城市空中物流解决方案。迅蚁科技的产品覆盖了物流无人机（见图 8-17）、起降枢纽等硬件和空中自动驾驶系统 uamOS"悦翼"、城市空中信息服务系统 Skap"天图"等，形成了完整的城市空中物流解决方案产品矩阵。

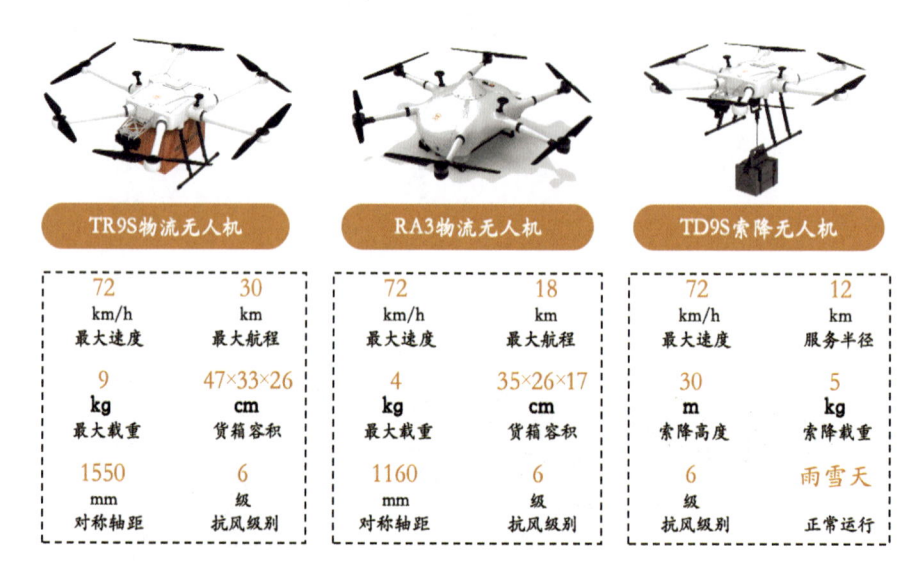

TR9S物流无人机		RA3物流无人机		TD9S索降无人机	
72 km/h 最大速度	30 km 最大航程	72 km/h 最大速度	18 km 最大航程	72 km/h 最大速度	12 km 服务半径
9 kg 最大载重	47×33×26 cm 货箱容积	4 kg 最大载重	35×26×17 cm 货箱容积	30 m 索降高度	5 kg 索降载重
1550 mm 对称轴距	6 级 抗风级别	1160 mm 对称轴距	6 级 抗风级别	6 级 抗风级别	雨雪天 正常运行

图 8-17　迅蚁科技的无人机

（来源：迅蚁科技）

2024 年 12 月 3 日，自贡市第三人民医院通过多学科协作，运用迅蚁科技的无人机从自贡市中心血站紧急调血（见图 8-18），全力以赴与"死神"赛跑，成功救治了一名出血量达 2500 毫升的宫外孕破裂失血性休克患者。迅蚁科技的无人机助力了"白衣天使"完成对生命的救助。

高海拔地区物资运输：大疆创新于 2024 年 6 月首次在珠峰南坡地区进行了无人机高海拔运输测试，这也是运载无人机在海拔 5300～6000 米航线上的首次往返运输测试。其无人机在海拔 6000 米的地区可稳定载重 15 千克，创造了民用无人机的最高运输纪录。

第八章 工业级无人机

图 8-18 迅蚁科技的无人机携带血液从自贡市中心血站起飞

200 千克以上载重能力的纵列式双旋翼无人直升机可用于地质勘探和电力建设中的高附加值山地吊运，解决道路不畅的情况下人车无法运输上山的难题，前文提及的驼航科技的驼峰 -600 在该领域有大量实践。尚飞航空正在研发中的 500 千克级货运 eVTOL，未来将提供更大载重的解决方案。

除上述几个领域的应用外，无人机在舞台表演、消防救援等领域都有着较为广泛的应用，其重要性日益凸显。随着技术的不断进步和应用的逐渐深入，无人机在未来将发挥更加重要的作用，成为人类社会不可或缺的一部分。

第九章
eVTOL

09

eVTOL 是一种集电动航空、无人驾驶、AI、信息通信等相关领域跨界技术于一体的新型飞行器，具备垂直起降和高效飞行的能力，是未来城市空中出行的重要载体。

eVTOL 容易与媒体上经常出现的另一个词"飞行汽车"混淆。从技术的角度讲，eVTOL 主要用于空中飞行，如城市空中交通、短途运输等，采用多旋翼、复合翼、倾转旋翼等便于飞行的构型，可在小空间内垂直起降，多依赖电力驱动，部分采用油电混动或氢电混动，适用于城市内和城际间的中短距离（10～200千米）快速运输，法规认证尚在完善。飞行汽车强调陆空两用，兼具汽车与飞行器的结构，起降条件相对复杂，动力系统多样，应用场景广泛，需要满足航空与汽车双领域的法规标准。二者在功能用途、设计结构、起降条件、动力和法规认证等方面均存在明显差异。

美国 SMG 咨询公司为了方便对先进空中交通（AAM）领域的企业进行评估，在 2020 年年末创建了 AAM 现实指数（AAM Reality Index），之后定期更新，并在国际航空界权威杂志《航空周刊》上发布。我们可以通过入选 AAM 现实指数的国内外主要 eVTOL 产品感受该领域的百花齐放，如图 9-1 所示。

第九章 eVTOL

图 9-1 入选 AAM 现实指数的国内外主要 eVTOL 产品

第一节　eVTOL 的主要特点

1. 智能技术的普遍应用

eVTOL 集成了先进的 AI 和无人驾驶技术，能够实现自主飞行和智能导航等多种功能。这种自主飞行能力不仅提高了飞行效率，还减少了人为操作可能带来的错误和风险。通过先进的飞控系统和传感器，eVTOL 能够实时监测飞行状态，并自动调整飞行参数，确保飞行的稳定性和安全性。智能导航技术是 eVTOL 实现精准定位、路径规划和避障的关键。借助 GPS、北斗卫星导航系统，以及惯性测量单元（IMU）、气压计等传感器，eVTOL 能够实时获取自身的位置、速度和姿态信息。同时，结合先进的算法和地图数据，eVTOL 能够规划出最优的飞行路径，并避开障碍物，确保飞行的安全性和高效性。飞控系统是 eVTOL 智能技术的核心组成部分，负责接收飞行员的指令或自动飞行计划，并根据飞行状态和环境信息，实时调整飞行器的姿态和动力输出。先进的飞控系统不仅能提高飞行的稳定性和安全性，还能实现更加精准的飞行控制和优化。eVTOL 还配备了智能感知与避障技术，以应对复杂的飞行环境。通过激光雷达、摄像头、超声波传感器等感知设备，eVTOL 能够实时获取周围环境的图像和数据，并进行处理和分析。结合先进的算法和机器学习技术，eVTOL 能够识别出障碍物、其他飞行器或地面车辆，并采取相应的避障措施，确保飞行的安全性。除飞行过程中的智能技术应用外，eVTOL 还注重智能运维与管理技术的发展。通过远程监控、数据分析、故障预测等技术手段，eVTOL 能够实现远程管理、维护和优化。这不仅提高了飞行器的运营效率和安全性，还降低了其运维成本和时间成本。

目前，多家知名的 eVTOL 制造商（如沃飞长空、峰飞航空、亿航智能、追梦空天等）都在积极研发和应用智能技术。它们的产品不仅实现了自主飞行和智能导航，还注重用户体验和便捷性。随着技术的不断进步和市场的不断发展，eVTOL 的智能技术应用将更加广泛和深入，为未来城市空中交通的发展提供有力支持。

2. 电力驱动与零排放

eVTOL 采用动力电池作为飞行动力来源，相比传统的内燃机，在能量转换效率上有显著提升。电力驱动能够直接将电能转化为机械能，减少了能量转换过程中的损失。电动机在运行过程中产生的噪声远低于内燃机，这对于城市空中交通尤为重要，有助于减少对周边环境的干扰。电力驱动系统的结构相对简单，减少了机械部件的复杂性和磨损，从而降低了维护成本和难度。电力作为一种清洁能源，在飞行过程中不会产生污染物排放，有助于改善城市的空气质量，减少空气污染，符合现代交通绿色化的发展趋势。尽管在电力的生产过程中可能产生一定的碳排放，但 eVTOL 的整体碳足迹仍远低于同等规模的燃油飞机。这是因为在电力生产过程中的碳排放可以通过多种方式进行控制和减少，如使用可再生能源等。随着全球碳中和目标的提出和推进，eVTOL 的零排放特性使其成为实现这一目标的重要工具之一。大规模应用 eVTOL 可以显著降低航空产业对环境的影响。

3. 垂直起降与灵活机动

eVTOL 采用电力驱动和分布式电力推进系统，能够实现垂直起降，无须机场跑道。这一特性使 eVTOL 能够在城市中的空地、楼顶停机坪等多种场所灵活起降,在有限的城市空间内高效利用垂直维度,减少了对地面交通资源的占用。同时,使 eVTOL 成为解决城市拥堵问题、提升交通效率的理想选择,极大地拓展了其应用场景。eVTOL 的普及甚至会改变传统城市建筑的风格,进一步推动未来城市发展技术的实施。

eVTOL 具有较短的起飞和降落时间,能够在短时间内快速响应交通需求。这种快速响应能力使其在应急救援、医疗转运等紧急情况下具有显著优势,能够直接在空中实现点对点的快速运输,避免了地面交通拥堵和绕行等问题。这种高效的运输方式将极大地缩短城市间的通勤时间,提升人们的出行体验。

eVTOL 的灵活机动性使其能够应用于多种场景,包括低空旅游、短途运输、物流配送等。这些应用场景的拓展将进一步推动低空经济的发展和繁荣。

eVTOL 在垂直起降与灵活机动方面展现出显著的优势和特点,必将成为未来城市空中交通和低空经济领域的重要力量,推动航空产业的绿色化、智能化发展。

4. 低噪声与高舒适性

eVTOL 采用电力驱动,相较于传统的内燃机,电动机在运行过程中产生的噪声更低。电动机没有内燃机的燃烧过程和复杂的机械运动部件,减少了振动和噪声的产生。同时,eVTOL 普遍采用分布式电力推进系统,通过将多台小型电动机和推进器分布在飞行器的不同位置,实现分布式推进。这种布局有助于均匀分布噪声源,减少单一噪声源对周围环境的影响。在设计的过程中,该类飞行器注重采用先进的降噪技术。

例如，通过优化推进器的叶片形状和数量，调整推进器的转速和推力分布，以及使用特殊的降噪材料（如吸音材料和隔音材料）来减少噪声的传播。

NASA等研究机构和企业正致力于研究如何降低eVTOL的噪声。例如，NASA启动了"革命性垂直升降技术"项目，探索如何降低eVTOL多个部件的噪声，并开发噪声预测工具，帮助制造商减少飞行器的噪声影响。一些eVTOL的原型机已经接受了噪声测试，并表现出较低的噪声水平。例如，Joby eVTOL在飞行期间的噪声水平比其他飞机低10分贝（A）以上；当飞行高度为250英尺（约76米，1英尺=0.304 8米）时，其噪声测量值为62分贝（A），这一水平远低于传统直升机。

在舒适性方面，eVTOL通常设计了宽敞的客舱，可为乘客提供充足的乘坐空间，让乘客有类似高级商务舱的乘坐体验。一些载人eVTOL采用先进的噪声、振动和声振粗糙度（Noise,Vibration, Harshness，NVH）设计，通过优化飞行器的结构和材料，进一步降低噪声和振动，提升乘坐的舒适性。同时，eVTOL配备先进的飞控系统和传感器技术，能够实现平稳的飞行控制，减少颠簸和不适感。此外，eVTOL的零排放和静默飞行能够融入城市背景噪声，为乘客提供更加宁静和舒适的乘坐环境。

5. 高效与安全

eVTOL采用先进的分布式电力推进系统和轻量化设计，飞行效率高、速度快。同时，由于不受地面交通情况的影响，因此eVTOL能够大大提高出行效率。相比传统的油动力飞行器（如直升机等），eVTOL

起飞、降落的准备时间很短，更加灵活便捷，同时由于其噪声低、舒适性强，因此更适合城市内点对点的高效出行。

eVTOL 在结构上采用冗余设计，如多电机、多旋翼等，以提高飞行的安全性；同时，采用先进的飞控系统和传感器技术，具备自主避障和紧急制动等安全功能。这些系统能够实时监测飞行器的状态和环境变化，确保飞行安全。

eVTOL 在投入商业运营前需要经过严格的适航认证和测试。这些认证和测试涵盖了飞行器的设计、制造、性能、安全等多个方面，确保了飞行器在各种复杂环境下都能稳定运行。

近年来，随着技术的不断进步和市场的不断拓展，eVTOL 在安全性方面取得了显著的进展。已经有公司正在研发具备更高安全性和可靠性的 eVTOL，并通过实际测试验证了其性能。

总之，eVTOL 的高效性和安全性是其显著特点。随着技术的不断成熟和市场的不断拓展，eVTOL 有望在未来成为一种更加普及和便捷的交通工具，为人们的出行带来更多的选择和便利。同时，我们也需要关注 eVTOL 技术的持续发展和安全性的不断提升，以确保其能够安全、可靠地运行。

第二节　eVTOL 的分类

根据构型不同，可以将 eVTOL 分为以下几类。

第九章 eVTOL

1. 多旋翼 eVTOL

多旋翼 eVTOL 具有多个对称分布在机身周围的旋翼，通过改变每个旋翼的转速来实现对飞行姿态的控制。多旋翼构型相对简单，但存在巡航速度较慢、航程较短和商载较小的缺点。典型机型如下。

亿航智能 EH216-S：亿航智能成立于 2014 年，其研发的 EH216-S 采用 8 轴 16 桨设计，最大起飞重量为 650 千克，续航时间为 25 分钟，航程为 30 千米，可载两名乘客（见图 9-2）。EH216-S 先后获得中国民用航空局颁发的型号合格证（TC）、生产许可证（PC）和标准适航证（AC），成为世界首个也是目前唯一一个获得适航三证的 eVTOL。亿航智能于 2019 年 12 月在美国纳斯达克证券交易所上市（NASDAQ：EH），成为全球首家城市空中交通行业的上市企业。根据亿航智能的财报，截至 2024 年 9 月，公司已向客户交付 375 架 EH216 系列飞行器。根据亿航智能的官网，截至 2024 年 11 月，EH216 系列飞行器已在全球 18 个国家完成超过 56 000 次安全飞行。

图 9-2 两名乘客搭乘亿航智能 EH216-S 在合肥体验低空观光服务

（来源：亿航智能）

Volocopter VoloCity：德国 Volocopter 成立于 2011 年，其研发的 VoloCity 拥有 18 个螺旋桨，全部呈圆形对称布局，巡航速度约为 90 千米/时，航程为 35～65 千米（见图 9-3）。截至 2024 年年底，它已累计完成超过 2000 次的飞行测试，计划按照欧洲航空安全局发布的垂直起降飞行器专用技术条件取证。2024 年，VoloCity 获批在 2024 年巴黎奥运会期间进行飞行展示。

图 9-3　有人驾驶的 Volocopter VoloCity 在法国圣西尔—莱科勒机场飞行

尚飞航空 JX1022（货运版）：尚飞航空成立于 2021 年，其核心研发团队由海外飞行器设计领军人才联合中航工业总师构成，团队参与过两款载人机（运-5B、小鹰 500）和一款运-5B 改大型无人机（鸿雁 HY100）的研发及适航全过程。尚飞航空专注于高附加值的山地吊运工业应用场景，致力于打造服务石油地质勘探、铁塔建设、电力施工等高难度作业需求的"空中货拉拉"JX1022（货运版）eVTOL（见图 9-4）。它坚持大载重、多旋翼结合增程器的技术路线，突破了 300 千克载重的技术瓶颈，为复杂地形和偏远地区提供了高性价比的空中运输解决方

案。尚飞航空还是国内适航获受理的第三家载物版 eVTOL 企业。

图 9-4　尚飞航空 JX1022（货运版）
（来源：尚飞航空）

此外，国内外还有很多刚加入多旋翼 eVTOL 设计、生产、制造、运营的新型创业公司，促进了低空经济发展的多样性。其他典型的多旋翼 eVTOL 企业和机型还包括：日本 SkyDrive 公司面向载人场景的 SD-05；美国 Lift Aircraft 公司 Lift Hexa；国内的小鹏汇天 X2、X3、"陆地航母"之陆行体和飞行体（见图 9-5），零重力 ZG-ONE，广汽集团 GOVE，中航工业直升机设计研究所 AR300（旋戈 -300），海鸥 EAGLE-212 等。

图 9-5　小鹏汇天"陆地航母"之陆行体和飞行体

（来源：小鹏汇天）

2. 复合翼 eVTOL

复合翼 eVTOL 以多个垂直轴向升力桨为起降动力，进入巡航阶段后，由一个或多个水平轴向推力桨提供推力，依托固定翼产生升力，多旋翼一般处于顺桨状态。复合翼 eVTOL 的巡航速度较快、航时较长、商载相对较大，主要用于中远途载人和货运等场景。典型机型如下。

Beta Technologies Alia-250：Beta Technologies 成立于 2017 年，其研发的 Alia-250 采用 4 组上方升力桨与后置推力桨架构，使用全电动动力系统并配备先进的高性能电池组，最大巡航速度为 274 千米/时，在满电状态下拥有约 622 千米的续航能力，能搭载 6 人或 3 个标准货物托盘（见图 9-6）。

图 9-6　Beta Technologies Alia-250

Wisk Aero 第六代飞行器：Wisk Aero 成立于 2019 年，是一家由波音公司和 Kitty Hawk 公司共同投资的 eVTOL 研发企业。其产品第六代飞行器采用自主飞行技术，共有 4 座，航程为 145 千米，具有自动驾驶能力，充电只需 15 分钟（见图 9-7）。

图 9-7　Wisk Aero 第六代飞行器

峰飞航空 V2000CG（货运版）/V2000EM（载人版）：峰飞航空成

立于 2017 年，其 V2000CG（货运版）（又称"凯瑞鸥"）的最大起飞重量为 2000 千克，巡航速度为 200 千米/时，最大航程为 200 千米，可用于低空物流、应急救援等领域，其消防版适配多种消防场景。它已获中国民用航空华东地区管理局颁发的型号合格证，是国内首个吨级以上获型号合格证的货运 eVTOL。与之同源的 V2000EM（载人版）（又称"盛世龙"）可载 5 人，最大航程为 250 千米（见图 9-8）。

图 9-8　峰飞航空 V2000EM（载人版）

（来源：峰飞航空）

其他典型的复合翼 eVTOL 企业和机型还包括：空客 CityAirbus NextGen，美国 Eve Air Mobility 公司 Eve，国内的沃兰特航空 AE25、御风未来 M1、航天时代飞鹏 FP-981C、览翌航空 LE200、齐飞航空 WF-01、亿维特航空 ET9 等。

3. 倾转旋翼 eVTOL

倾转技术在飞行器领域堪称一项具有革命性意义的突破。传统固定翼飞机与直升机在飞行性能上各有优劣。固定翼飞机的飞行速度快、航程远，但垂直起降能力欠佳；直升机虽可垂直起降，但其飞行速度相对较慢且航程有限。倾转技术巧妙地融合了二者的优势，实现了垂直起降与高效巡航的无缝衔接。

从技术特点来看，倾转电力推进系统或机翼—电力推进系统的组合体改变了螺旋桨的推力方向，使电力推进系统的推力在起降时可以平衡全部或部分飞行器的重力，以使飞行器获得垂直、短距起降的能力。倾转旋翼 eVTOL 的飞行过程如下（见图 9-9）。

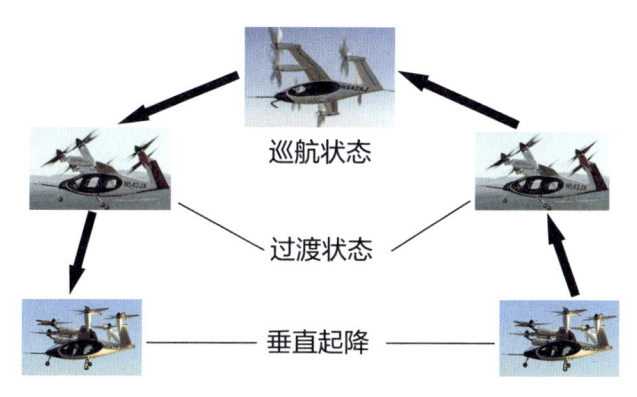

图 9-9 倾转旋翼 eVTOL 的飞行过程示意图

（来源：追梦空天）

（1）垂直起飞模式：在该飞行状态下，电力推进系统倾转 90°，螺旋桨推力方向垂直于地面，此时螺旋桨推力超出重力的部分形成升力，使飞行器实现垂直起飞。

（2）悬停转平飞模式：在飞行器达到一定的飞行高度后，电力推进系统逐渐向前倾转（在初始阶段飞行器低头，以配合推力方向改变），飞行器逐渐加速。

（3）水平飞行模式：当飞行器的飞行速度超过最小平飞速度时，

飞行器会自动切换至水平飞行模式,从而达到较高的飞行速度和飞行效率。

(4)平飞转悬停模式:在该飞行状态下,飞行器减速,通过逐渐旋转电力推进系统来平衡重力,达到悬停状态。

(5)垂直降落模式:在垂直降落时,飞行器在悬停状态调整姿态和位置,在预定地面降落。

典型机型如下。

Joby S4:Joby 航空成立于 2009 年,其主要产品为 5 座(可容纳 1 名飞行员和 4 名乘客)倾转旋翼 eVTOL S4,用于城市空中出行(见图 9-10)。

图 9-10 Joby S4

Joby S4 采用 6 个可倾转的电动螺旋桨,结合了直升机的垂直起降能力和固定翼飞机的高效巡航特性;采用分布式电力推进系统,即使部分电机或电池出现故障，飞行器仍能安全飞行。此外，Joby S4 还采用多重安全冗余设计，以确保飞行安全。Joby S4 的噪声水平在巡航时仅为 45 分贝，满足了城市空中交通的噪声限制。其电池能量密度达到 288 瓦·时/千克，支持一万次充放电循环，为飞行器提供了较长的航程和较强的快速充电能力。目前设计的巡航速度为 322 千米/时，航程为 241 千米。Joby S4 氢电混动版 eVTOL 验证机实现了单次飞行 841 千米。

Archer Midnight：Archer 航空成立于 2018 年，其主要产品为 5 座（可容纳 1 名飞行员和 4 名乘客）倾转旋翼 eVTOL Midnight，用于城市空中出行（见图 9-11）。它有 12 个电动螺旋桨，6 个倾转（5 片桨叶）用于起降与前飞，6 个固定（2 片桨叶）仅用于垂直起降。它的巡航速度为 241 千米/时，航程近 100 千米，仅需充电 10 分钟就可实现多次短距离飞行；其关键系统广泛冗余，用于监测并保障飞行安全；地面噪声约 45 分贝，比直升机安静很多；由 6 个独立电池包供电，优化后支持数千次飞行循环与快速充电。

图 9-11　Archer Midnight

沃飞长空 AE200：沃飞长空成立于 2020 年，是浙江吉利控股集团有限公司旗下聚焦垂直起降、新能源动力与智能驾驶研发的新通航企业，也是国内第一家受理适航申请、第一家获批审定基础、第一家获批设计保证系统、第一家启动航空器运行符合性评审的大型载人 eVTOL 主机企业，其核心团队拥有多年在航空工业领域从事大型无人机研发的经验。AE200 是一款 6 座（可容纳 1 名飞行员和 5 名乘客）倾转旋翼 eVTOL，可用于空中观光、交通接驳等多个领域，航程为 200 千米。AE200 以安全为导向，在设计时考虑系统可靠性与冗余性。它优化了气动外形并采用低速大扭矩电机与静音螺旋桨降噪。2024 年 6 月，AE200 Y01 原理样机完成了"全尺寸、全重量、全剖面"倾转过渡飞行（见图 9-12），标志着沃飞长空成为全球第二家、国内首家全面掌握电动倾转旋翼技术的企业。目前其适航审定工作正在推进中，预计 2026 年前后获得型号合格证。

图 9-12　沃飞长空 AE200 Y01 原理样机完成了倾转过渡飞行

（来源：沃飞长空）

追梦空天 DF600：追梦空天成立于 2022 年，起源于清华大学高速垂直起降飞行器团队，专注于混动倾转旋翼 eVTOL 的研发。继 2018 年至 2023 年完成关键技术和原理样机的验证工作之后，2024 年 8 月，追梦空天圆满完成了吨级混动倾转旋翼 eVTOL DF600 的第一阶段试飞工作，进度居于国内首位，是继美国 Joby 航空公司后全球第二家进入试飞阶段的混动倾转旋翼 eVTOL 企业；2024 年 11 月，完成倾转过渡全流程试飞。DF600 的最大起飞重量为 660 千克，典型载荷为 120 千克，航程预计可达 1000 千米（见图 9-13）。

图 9-13　追梦空天 DF600

（来源：追梦空天）

其他典型的倾转旋翼 eVTOL 企业和机型还包括：英国 Vertical Aerospace 公司 VX4，美国 Supernal 公司 S-A2，空客 Vahana，国内的时的科技 E20、零重力 ZG-T6、倍飞智航 TW-5000、华羽先翔"鸿鹄"Mark1、中航通飞 AG-EX、巽飞航空"文鳐"等。

4. 其他构型 eVTOL

其他构型 eVTOL 包括：德国倾转涵道翼 Lilium Jet，美国倾转涵道翼 Bell Nexus 6HX，美国串联多旋翼 Opener BlackFly，国内的玮航科技电动涵道风扇 eVTOL、天翎科倾转涵道翼 INFLYNC L600、腾希航空倾转涵道翼 Dragonfly-EV2000 等。

第十章

有人驾驶通航直升机与固定翼飞机

第一节　有人驾驶通航直升机

有人驾驶通航直升机（为了叙述方便，本章将"有人驾驶通航直升机"简称为"直升机"）是人类发明的最重要的飞行器之一，在近百年的发展中，对人类发展和科技进步的贡献极大。作为航空领域的重要组成部分，直升机必将在低空经济中发挥巨大的作用，特别是在紧急救援、商务飞行和旅游观光等方面。

1. 直升机的发展现状

直升机行业近年来持续增长，2023年全球直升机市场的规模为674.6亿美元，预计将从2024年的745.2亿美元增长到2032年的971.3亿美元，复合年增长率为3.4%。2023年，全球直升机交付量为962架，其中活塞式直升机为209架，涡轮式直升机为753架。

从技术创新发展的角度来看，直升机行业正朝着更加智能和环保的方向发展。电动直升机和无人驾驶直升机的研发成为当前热点，预计未来几年市场份额将不断扩大。同时，随着复合材料技术的发展及其应用的日益广泛，直升机的重量将不断减轻、性能也将得到提升。智能控制技术的发展进一步提高了直升机的安全性和效率。

从制造商和竞争格局来看，全球直升机制造商约有30家，主要集中在北美、欧洲和亚洲地区。美国和欧洲是最大的直升机生产基地，占据了全球市场份额的70%以上。在中国市场，国内外企业竞争激烈。国际品牌如罗宾逊、空客、贝尔等占据主导地位，而国内品牌如中航工业昌飞集团、哈飞集团等也在不断提升市场份额。可以预见，随着低空经济的快速推进，国内品牌的直升机占比一定会上升。

2. 直升机的应用场景

• 应急救援

直升机在应急救援中发挥着至关重要的作用。直升机能够快速到达水路、陆路不可通达的作业现场，开展搜索救援、物资运送、空中指挥等工作。在自然灾害（如地震、洪水、山火等）和紧急医疗救援中，直升机能够迅速将救援人员和物资运送到灾区，同时快速转运伤员到医疗机构接受治疗。这种高效的救援方式极大地提高了应急救援的效率和成功率。

• 医疗救护

直升机医疗救护，也称"空中120"，是直升机在医疗领域的重要应用。装有专用医疗设备的直升机能够迅速响应紧急医疗需求，为危重患者提供及时的转运和救治服务。这种服务在交通不便或时间紧迫的情况下尤为重要，能够极大地提高患者的生存率。

- 旅游观光

随着低空经济的崛起，直升机旅游观光逐渐成为新的旅游风尚。游客可以搭乘直升机从空中俯瞰壮丽的自然风光和人文景观，获得独特的视角和体验。这种旅游方式不仅丰富了旅游产品的种类，也提升了旅游产业的品质和吸引力。

- 农业植保

直升机在农业植保领域的应用也日益广泛。直升机能够在低空进行农药喷洒、施肥等作业，提高农业生产的效率和效果。相比传统的地面作业方式，直升机农业植保具有作业速度快、覆盖面积广、作业效果好等优点。同时，直升机农业植保还能减少农药浪费和环境污染，实现农业生产的可持续发展。

- 公务飞行

直升机在公务飞行中也扮演着重要的角色。政府机构、企事业单位等可以使用直升机开展公务出行、商务洽谈等活动。这种出行方式不仅提高了出行效率和便利程度，还展现了高端和专业的形象。

- 其他应用场景

除以上几个主要应用场景外，直升机还可以用于空中拍照、个人娱乐飞行等多种用途。例如，在影视制作方面，直升机可以用于拍摄空中镜头；在个人娱乐方面，拥有直升机驾驶执照的个人可以驾驶直升机进行飞行体验等。

3. 直升机的典型机型

- Bell 407

Bell 407 是由贝尔公司推出的 7 座单发轻型直升机，客舱宽敞，有多种改型，性能出色，最大巡航速度可达 260 千米/时，航程为 598 千米，实用升限为 5698 米，空重为 1210 千克，有效载荷为 1065 千克（机内）或 1200 千克（吊挂），最大起飞重量为 2722 千克（见图 10-1）。这款直升机的机身小、飞行灵活，适合执行公务飞行、医疗救援、抢险救灾、海洋作业、航拍等多种任务。自 1995 年首架直升机诞生以来，截至 2023 年 2 月，已生产超过 1600 架。

图 10-1　Bell 407

- 空客 H135

空客 H135 轻型双发多用途直升机可搭载 1～2 名飞行员和 5～6 名乘客，巡航速度为 252 千米/时，航程约 633 千米，起飞重量为 2980～3100 千克，广泛用于医疗救援等多个领域（见图 10-2）。H135

的前身是 EC135，由欧洲直升机公司（现为空客直升机公司）制造。自 1996 年首架生产型直升机投入使用以来，截至 2020 年 9 月，已生产超过 1400 架。

图 10-2　空客 H135（原欧洲直升机公司 EC135）

- 中航工业哈飞 AC312

AC312 是由中航工业哈飞集团研发的 4 吨级双发多用途直升机（见图 10-3）。它基于直-9 改进，配两台 ARRIEL2C 发动机，客舱空间大，最大客座 13 座。它应用广泛，涵盖客货运输、救援、执法等多个领域，2014 年获生产许可后批量进入国内民用市场，已经成为国内市场中占有率最高的国产直升机。

图 10-3　中航工业哈飞 AC312

第二节 有人驾驶通航固定翼飞机

1. 固定翼飞机的发展现状

有人驾驶通航固定翼飞机(为了叙述方便,本章将"有人驾驶通航固定翼飞机"简称为"固定翼飞机")的历史可以追溯到1903年,当时莱特兄弟成功试飞了"飞行者一号",标志着人类历史上第一架能够自由飞行且可以完全操纵的动力飞机的诞生。随后,飞机技术不断发展,其用途日益多元化。在飞机发展的早期,双翼机因具有较大的机翼总面积,在低速条件下能产生足够的升力而盛行,但随着飞行速度的提高,双翼机的阻力成为限制速度的主要障碍。从20世纪30年代起,双翼机逐渐被单翼机取代。

发展至今,固定翼飞机在全球范围内有着广泛的应用,包括私人飞行、飞行培训、旅游观光、公司包机、警务执勤和农务作业等。美国作为通航的发源地,其通航飞机以20座以下的小型固定翼飞机和旋翼飞机为主。在中国,通航业近年来得到了迅速发展,这主要得益于国家政策的支持、市场需求的增长和技术创新的推动。中国轻型固定翼飞机行业的发展得益于经济的发展和人民生活水平的提高,人们对私人飞行、商务飞行、飞行培训等的需求不断增长。

当前,全球固定翼飞机市场呈现增长态势。2023年,全球固定翼飞机的交付量为3050架,同比增长9.0%,其中活塞式飞机的交付量为1682架,涡轮螺旋桨飞机的交付量为1368架。这表明固定翼飞机在全球范围内的需求保持持续增长。

未来，小型固定翼飞机的发展趋势将更加智能化和绿色化。随着AI、大数据等技术的发展，固定翼飞机将变得更加智能，以提高飞行的安全性和效率。同时，人们对环保意识的增强将推动固定翼飞机采用更环保的材料和技术，减少对环境的影响。此外，国际合作也将成为提升中国轻型固定翼飞机国际竞争力的重要途径。

2. 固定翼飞机的应用场景

- 农业应用

固定翼飞机在农业中被广泛用于病虫害监测、农药喷洒、播种施肥和作物授粉等任务，提高了农业生产效率。例如，农林 5、Y5B、Y11 等机型均为常见的农业航空作业机型。

- 工业应用

在工业领域，固定翼飞机的应用包括探矿采油、电力巡检、地理测绘和航空摄影等。

- 交通运输

固定翼飞机因其高速和长航程的特点，被广泛用于长途客运、货物运输等领域。此外，固定翼飞机在支线客运和短途运输中也发挥了重要的作用，构成了低空航空近程公共运输体系。

- 环境监测

固定翼飞机被广泛用于生物检测、空气检测和放射性检测等环境监测任务，帮助相关人员保护和评估自然环境。通过航空遥感技术，固定翼飞机可以对大气污染物进行立体分布探测，提供大气气溶胶消光系数、大气污染物等的垂直结构信息。

- 私人和商务飞行

私人飞机和商务专机是通航发展最快的领域之一，固定翼飞机因其高速和高舒适性的特点而在这一领域占据主导地位。传统活塞式飞机依然是这个领域的绝对主力军，被广泛用于私人飞行、商务飞行等领域。

- 空中救援

固定翼飞机被广泛用于空中侦察勘测、指挥调度、紧急输送、人员转运等空中救援任务。例如，空中国王 350ER 是一款长航程、高性能的固定翼飞机，可用于深远海的海上应急救助，其搜救半径可达 1000 海里。

- 空中旅游和娱乐

固定翼飞机被广泛用于空中旅游和娱乐，能够提供独特的视角和体验。通航旅游包括商务会议、观光旅游、休闲度假、冒险体验、体育娱乐等。

- 低空物流

固定翼飞机在低空物流领域有着广泛的应用，包括外卖配送、医疗物资运输和快递服务等。例如，在成都淮州机场起飞的"大棕熊"飞机可用于跨省低空物流，运载生鲜水果等货物。

- 飞行培训

固定翼飞机因其易学性和多功能性的特点而在飞行培训领域发挥着

重要的作用。小型固定翼飞机是飞行培训最佳的入门机型。

3. 固定翼飞机的典型机型

- 赛斯纳 172

赛斯纳 172 是由美国赛斯纳飞机公司研制的单发 4 座活塞式小型通航飞机,又称"天鹰",于 1956 年投入生产(见图 10-4)。在赛斯纳飞机公司的小型通航飞机系列中,172 型是最早采用前三点式起落架的。赛斯纳 172/182 系列是目前世界上产量最大、用于飞行培训最多的飞机之一。

图 10-4　赛斯纳 172

- "阿若拉" SA60L

"阿若拉" SA60L 是由山河星航自主研制的单发、双座、常规气动布局飞机，是中国首个获得中国民用航空局适航认证的民族自主品牌轻型运动飞机，并取得 FAA、澳大利亚民航安全局的适航认证。

该机型采用全碳纤维复合材料一体成型技术，飞行性能、安全性均达到国际先进水平，具有操作简便、使用与维护成本低、起降适应性强、可定制改装等特点，被广泛用于私人飞行、飞行培训、飞行体验、飞行表演、航拍航测和遥感等领域（见图 10-5）。

图 10-5 "阿若拉" SA60L 机队在进行飞行表演

（来源：山河星航）

历经十多年的发展，"阿若拉" SA60L 系列飞机累计交付超 300 架，是中国市场占有率排名第一的轻型运动飞机。

- 西锐 SR-20

西锐 SR-20 是由美国西锐飞机设计公司生产的一种小型活塞螺旋桨式的 5 座轻型飞机，采用下单翼设计，机身采用复合材料打造；适合作为私人飞机和初级教练机使用，具有独特的整机降落伞系统（CAPS），可以在紧急情况下保障机组的生命安全（见图 10-6）。

图 10-6　西锐 SR-20

其他典型的固定翼飞机还包括美国赛斯纳 208、奥地利钻石 DA40/DA42、美国湾流 G650、中国运 -5B 运输机、小鹰 500 轻型多用途飞机、海鸥 300 水陆两栖飞机等。

第三节　通航运营的代表企业——东部通航

在 21 世纪的经济发展新格局中，低空经济正以其独特的优势和潜力逐渐成为推动区域经济转型升级的重要力量。深圳市东部通用航空有限公司（以下简称"东部通航"）作为中国低空经济实践的典型企业，不仅在通航领域取得了显著的成就，更在产业发展中展现出强大的示范性作用。

1. 低空经济的兴起与东部通航的使命

随着全球经济的发展和科技的进步，低空经济作为一种新型经济形态，正逐渐成为各国竞相发展的新领域。在中国，低空经济的发展得益于国家政策的大力支持和市场需求的快速增长。2016年，国务院办公厅印发了《国务院办公厅关于促进通用航空业发展的指导意见》，标志着中国通航业迎来了快速发展的黄金期。在这样的背景下，东部通航应运而生，肩负起推动中国通航业发展的使命。

东部通航的成立，不仅是对国家政策的积极响应，更是对低空经济潜力的深刻洞察。公司致力于将通航转变为老百姓日常生活中的一部分，让航空医疗救援为老百姓提供生命财产保障，让直升机、eVTOL成为大众出行的便捷工具，让游客有机会从空中俯瞰祖国的大好河山。

2. 国际视野与本土实践的融合

在公司成立前期，在创始人赵麒的带领下，东部通航的团队深入全球通航业发达的国家进行考察与学习，深入研究美国、德国、巴西、日本等国通航业的发展情况，以期学习并借鉴先进的经验。这些国际经验为东部通航的业务模式和发展战略提供了宝贵的参考。

东部通航将国际经验与中国的实际情况相结合，制定了一套适合本土市场的发展策略。公司不仅致力于提升通航业的服务水平，更着眼于低空经济的全面发展，推动飞行器在应急救援、旅游、交通等多个领域的应用，为低空经济的实践提供新的思路和模式。

3. 业务发展与市场实践

东部通航被中国民用航空局和深圳市政府共同认定为低空改革试点企业，这为公司在低空经济领域的探索提供了政策支持和实践平台。公司开创了应急救援、跨境飞行、城际飞行、联程接驳、商务定制和城市空游六大类核心应用场景，已发展成国内最大的低空出行平台；上线了"空中的士出行"低空出行线上运营平台，为低空出行的普及和发展提供了有力支持。

依托深圳市中小型直升机综合运行保障基地，东部通航在盐田马峦山建设了低空科技赋能下的美好生活示范区，全方位支撑低空经济创新应用场景的落地。这一示范区的建设，不仅为低空经济的实践提供了实体平台，更为相关技术和服务的创新提供了试验场。

- 应急救援的责任担当

东部通航充分发挥低空效率优势，主动承担社会责任，成立深圳市新质航空应急救援队，执行武汉疫情防控、韶关抗洪抢险、深汕森林灭火等应急灾害救助、空中医疗救护、航空应急演练等应急救援任务，成功挽救了150多位市民的生命，为粤港澳大湾区的市民建立起一座抢救生命的桥梁。

在危重病人医疗应急救援方面，东部通航通过携手深圳大学总医院等社会组织，通过5G通信设备和EIS急诊急救平台，结合5G技术和航空救援，打造了粤港澳大湾区"空中ICU"。在一次救援任务中，一位90岁高龄的患者需要从普宁紧急转运至深圳接受治疗。地面交通最快仍需4小时，而东部通航飞行转运只用了50分钟，既保证了时效性，又提高了转运的安全性和稳定性。在飞行的过程中,飞行器能够通过5G网络将患者的生命体征信息同步至医院大屏,实现"上机即入院"。医院通过对转运过程中治疗措施的实时监控和远程指导,为患者的生命安全提供了有力的保障。这种模式不仅为创伤患者的急救赢得了宝贵的"黄金10分钟"救治时间,也为危急重症患者的空中救援提供了宝贵的经验。

在山地救援方面,东部通航完成了深圳首例直升机山地救援任务。在一次救援任务中,一名游客在七娘山不慎坠落悬崖。由于地形险峻,地面救援人员无法靠近,传统救援方式的时效性难以满足救援需求。东部通航在接到任务后迅速响应,仅用12分钟就将患者从事故现场运送到医院,完成了一项看似不可能完成的空中悬崖救援任务。这不仅体现了东部通航的快速反应能力,也展示了其在复杂环境下的高效救援能力。

在海上救援方面,东部通航同样发挥了重要的作用。在一次救援任务中,一名游客在偏远海岸线徒步时突发心梗。由于海岸线山路崎岖、海面风浪较大,救护车和船艇无法靠近患者。深圳市急救中心立即决定联系东部通航医疗救援队,启用直升机开展医疗救援。直升机从盐田基地起飞,仅用12分钟就将患者送至医院,为患者的救治赢得了宝贵的时间。

- 跨境飞行的创新实践

东部通航在跨境飞行领域的创新实践,是中国低空经济实践成果和潜力的显著展示。2019年6月28日,东部通航实现历史性突破。一架东部通航空客135直升机从深圳宝安国际机场起飞,经过15分钟的飞行,平稳降落在香港国际机场的商用航空中心停机坪,完成"深圳宝安国际机场—香港国际机场"的直升机跨境首飞任务,东部通航也因此成为中国001号粤港跨境飞行企业。深港航线的复航为粤港澳大湾区的商务和旅游人士提供了更快捷的出行选择,这一突破不仅标志着东部通航在跨境飞行领域取得了领先地位,还展示了中国低空经济实践的成果和潜力。

东部通航的跨境飞行服务,通过提供快速、高效的空中交通连接,极大地缩短了粤港澳大湾区城市之间的出行时间。除了已经复航的深港航线,东部通航未来还将新增蛇口邮轮母港到香港信德码头和香港国际机场的直升机航线,以及坪山到深圳宝安国际机场的市内直升机航线,以进一步丰富和完善粤港澳大湾区城市群的低空航线网络。

在粤港澳大湾区的低空经济发展"换挡加速"的缩影中,东部通航的跨境飞行服务是重要的一环。随着利好政策的不断释放,粤港澳大湾区的低空产业正在发展壮大,形成经济增长新引擎,并加速促进粤港澳大湾区的融合。东部通航的跨境飞行服务不仅提升了粤港澳大湾区的交通便利性,还推动了区域经济的一体化发展。

此外,东部通航还积极响应《粤港澳大湾区发展规划纲要》文件的精神,满足人们因粤港澳大湾区城市群融合发展而产生的对跨境出行时效性和便捷性的需求。东部通航在深圳宝安国际机场以东区域建设了国内首个运输机场与通航运行衔接基地,为跨境飞行提供了基础设施支持。这一基地的建设不仅为跨境飞行提供了有力的保障,还为低空经济的进一步发展奠定了坚实的基础。

• 城市内、城际间飞行网络的构建

低空交通网络作为传统交通网络的补充,提供了一种全新的出行方式。它能够提供城市和区域交通高效率点到点的相对直线化的运输服务，同时具备城市地面交通机动性强、覆盖面广的特点。对于城市内部和市郊间的出行，低空交通不仅能避开因江河水网密集地区的城市交通通道稀缺而带来的交通拥堵问题，还能为城市内部和市郊间的短途商务出行、旅游观光、家庭出游等提供极大的便利。这种补充作用不仅缓解了地面交通的压力，还为居民提供了更快捷的出行选择。

东部通航依托盐田区直升机综合运行保障基地（简称"盐田基地"，见图10-7）、高架直升机场（见图10-8）、近200个起降点的低空基建网络（仅深圳就有120多个起降点），在粤港澳大湾区"9+2"城市群开通了各类航线100余条。这一飞行网络的构建使城市内部的短途飞行成为可能，极大地缩短了城市内部的出行时间。例如，传统的地面交通可能需要数小时，而直升机飞行则可以将时间缩短至几十分钟甚至几分钟，极大地提高了应急救援和商务出行的效率。

图10-7 东部通航盐田基地

（来源：东部通航）

图 10-8　东部通航直升机从高架直升机场起飞返回盐田基地

（来源：东部通航）

城市内飞行网络的构建为城市交通提供了新的解决方案。在交通拥堵日益严重的大城市，直升机飞行可以作为一种有效的补充手段，缓解地面交通的压力，提供更为灵活的出行选择。此外，城市内飞行网络的构建也为城市旅游提供了新的视角。游客可以通过直升机俯瞰城市景观，体验不同的都市之美。

在飞行网络构建中，东部通航注重技术创新和服务优化。公司上线了"空中的士出行"低空出行线上运营平台，该平台可智能估算飞行所需的时间和费用，为客户匹配最佳的出行方案。客户可通过小程序实现一键式预约各类低空飞行包机或拼机服务。这一创新举措不仅提高了服务效率，更提升了客户体验。

城市内、城际间飞行网络的构建带来了显著的社会效益和经济效益。在社会效益方面，飞行网络的构建提高了城市的应急救援能力，为人民的生命财产安全提供了更多的保障；在经济效益方面，飞行网络的构建促进了区域经济的一体化发展，加强了城市间的经济联系，为城市的经济发展注入了新的活力。

东部通航构建的飞行网络，为低空经济的发展提供了新的思路和模式。通过不断进行业务创新和市场实践，东部通航不仅推动了通航业的发展，还为低空经济的探索提供了宝贵的经验和启示。

- 联程接驳与商务定制的创新

东部通航的创新实践显著提高了城市交通网络的覆盖性和便捷性。例如，2021年3月18日，南方航空联合东部通航启动了民航客机与直升机乘客联程"一站式"运输服务，开通了北京大兴国际机场至深圳大中华直升机场的接驳航线，提供了机场到城市各区CBD的立体出行服务。这种服务模式有效解决了市内乘客赶往机场乘坐飞机辗转多次、路上耗时长的问题，大幅缩短了乘客的出行时间，提供了方便快捷的出行选择，提升了乘客的出行体验和消费体验。

2024年，东部通航在深圳北站建设了直升机停机坪，打造了我国首个"低空+轨道"空铁联运项目，将直升机快速直达和灵活机动的优势与地铁客运量大、高铁长距离运输能力强的优势相结合，实现了"低空+轨道"在商务定制化出行、城际飞行、跨境飞行、联程接驳、低空旅游等领域的强强联合，带来了全新的应用场景（见图10-9）。这种联程接驳服务不仅提高了出行效率，还拓展了低空经济的服务范围，为低空经济领域带来了更多的应用场景。

通过提供商务定制服务，东部通航满足了新兴市场的需求，特别是为大型集团和500强企业提供了定制化的服务。例如，东部通航通过与华为、平安、京东、腾讯等建立常态化合作关系，助力粤港澳大湾区头部企业参与全球化竞争。这种商务定制服务不仅提升了企业的运营效率，还推动了低空经济的发展，为企业提供了一种全新、高效的出行选择。

图 10-9　东部通航深圳北站联程接驳

（来源：东部通航）

- 城市空游与文旅融合的推广

东部通航的低空经济实践，特别是在"低空+文旅"模式上的创新，为文旅产业注入了新的活力。2024年8月，国务院印发的《国务院关于促进服务消费高质量发展的意见》中明确提出："推进商旅文体健融合发展，提升项目体验性、互动性，推出多种类型特色旅游产品，鼓励邮轮游艇、房车露营、低空飞行等新业态发展，支持'音乐+旅游'、

'演出+旅游'、'赛事+旅游'等融合业态发展。"这一政策背景为东部通航的低空旅游业务提供了政策支持和发展方向。

在技术创新方面，东部通航通过无人机摄影、直升机游览等项目，提升了旅游目的地的吸引力和市场竞争力。这些项目不仅提供了新颖的旅游体验，还推动了旅游业的转型升级。

东部通航积极举办各类"低空+文旅"特色活动，如举办全球首场eVTOL跨海跨城（深圳—珠海）演示飞行活动，提高了公众对低空经济和未来空中出行方式的认知度与接受度。此外，东部通航还积极响应广东省的旅游发展部署，联合深圳及各区文旅部门在节假日期间，以发放消费券的形式掀起低空游览热潮，在大梅沙、蛇口邮轮母港举办系列限定活动，激发人们的低空消费潜能，以"低空+文旅"等业态融合促进产业升级。

东部通航的"见圳奇迹"航线是全国唯一常态化运营的直升机城市低空观光线。乘客可以以广阔的视野、立体的角度，在半空中感受城市景观。

这些活动和航线不仅丰富了旅游目的地的旅游产品，还推动了低空经济与文旅产业的融合发展，为城市空游市场的发展提供了新的动力。

随着经济社会的发展和与国际的接轨，以及消费者对低空旅游体验满意度的提高，低空旅游市场的潜力将被不断挖掘。调查显示，有94.7%的消费者对低空旅游表示满意，并认为其能放松心情、缓解焦虑。未来，低空旅游产品将呈现多样化的趋势，除传统的观光旅游外，还将涌现出更多的旅游形式，如休闲度假、冒险体验、体育娱乐等。

4. 总结与展望

东部通航的发展历程充分展现了低空经济的潜力和前景。作为中国低空经济实践的典型案例，东部通航在产业发展中的示范性作用不言而喻。它在应急救援、跨境飞行、城际飞行、联程接驳、商务定制和城市空游等方面的实践，为低空经济的发展提供了新的思路和模式。

东部通航的成功得益于粤港澳大湾区绝佳的空域资源、本地的高净值人群和大型企业客户群体，以及财政实力雄厚的改革开放前沿阵地深圳市的大力支持。东部通航的成功经验不仅对中国乃至全球低空经济的发展具有重要的借鉴意义，更为未来城市空中交通的构建提供了可行的解决方案。

展望未来，东部通航将继续秉持首创精神与追求卓越的企业内核，持续深度挖掘低空经济的潜力。公司将致力于构建安全、便捷、高效的城市空中交通生态，打造人类低空出行新范式。通过不断开展技术创新和服务优化，东部通航旨在成为低空经济领域的领导者，引领未来城市发展的新潮流，为人类提供更加美好的空中出行体验。

第十一章
低空飞行器关键系统

"安全"是发展低空经济的底线和红线，我们把一系列对保障飞行安全至关重要的系统，包括整机降落伞系统、电池热失控预警系统、电磁防护系统、信息安全系统、避障安全系统等，都归于低空飞行器的安全使能子系统。

如果把低空飞行器比喻成一个人，那么其各个关键系统可以类比为：躯干（机身）、四肢（机翼）、心脏（动力）、大脑（飞控系统与AI）、五官（各种传感器与任务载荷）、五脏六腑与血管神经（航电、机电等机载系统）。我们把这些关键系统归纳为三大类：动力子系统、航电与飞控子系统、飞机平台与机电子系统。

动力子系统包括三种：内燃机动力推进系统、电力推进系统和混合动力推进系统。内燃机动力推进系统包括活塞/涡轴发动机等内燃机，起发供电系统和螺旋桨；电力推进系统包括电池、电机、电控（其中，电池、电机、电控简称"三电"系统）和螺旋桨；混合动力推进系统可以认为是内燃机动力推进系统和电力推进系统的组合，包括活塞/**涡轴发动机**等内燃机、起发供电系统、"三电"系统和螺旋桨。

航电与飞控子系统包括飞控系统（含飞控计算机、舵机控制机、舵机）、导航设备、卫星通信设备、自组网通信设备、光电吊舱、数字微光相机、激光雷达测量系统产品等。

飞机平台与机电子系统包括机体机构、燃油系统、起落架系统、隔振系统、航空照明产品等。

第一节　安全使能子系统

安全使能子系统包括整机降落伞系统、电池热失控预警系统、电磁防护系统、信息安全系统、避障安全系统等。

1. 整机降落伞系统

整机降落伞系统，又称弹道式整机降落伞救生系统，或机身紧急降落伞救援系统。它起源于航天技术中的弹道回收技术，一旦飞机在空中出现紧急情况，通过主动弹射的方式，将嵌在机身内的整机降落伞弹射出来，伞衣将迅速展开，使飞机在安全的速度下平稳落地，从而保护乘客的人身安全。

整机降落伞系统是一种被动安全技术，是用于在所有其他应急程序无法保证安全的紧急情况下拯救乘客及飞机的一种安全装置，目的是降低事故发生后造成的风险等级。在部分专业人士看来，整机降落伞系统之于飞行器就好像安全气囊之于汽车，应当成为保障机上乘客安全和减缓地面次生灾害的标配。弹出整机降落伞迫降在农田里的通航飞机，如图 11-1 所示。

整机降落伞系统已成为一种被广泛接受的方法，可大大降低飞行中紧急情况下飞行员和乘客严重受伤或死亡的可能性。西锐飞机公司（Cirrus Aircraft）的联合创始人艾伦·克拉普梅尔曾在1985年的一次空中碰撞事故中幸存。此次经历促使他和他的兄弟决定在未来生产的西锐飞机中增加一种能够在最坏情况下保障飞行员和乘客安全的装置，于是便有了整机降落伞系统的设计理念。自此以后，西锐整机降落伞系统（Cirrus Aircraft's Whole-Aircraft Parachute System，CAPS）成为每一架西锐飞机的标准配置。截至2024年9月，西锐整机降落伞系统已经挽救了131架飞机，并挽救了268名乘客的生命。（数据来源：西锐飞机官网）

图11-1 弹出整机降落伞迫降在农田里的通航飞机

（来源：天鹰装备）

随着航空技术的发展，飞行器的种类和应用场景也越来越丰富，因此传统有人驾驶通航固定翼飞机、多旋翼无人机、复合翼无人机、

eVTOL 等不同飞行器对整机降落伞系统的使用需求也不同。

整机降落伞系统一般可分为降落伞组件、吊带系统、弹射系统、激活系统四大部分。降落伞组件主要由伞衣、伞绳、伞包等组成,它们是产生气动阻力的主要部件;吊带系统是连接机身与降落伞的主要装置,由若干吊带和连接件等组成;弹射系统主要由射伞装置、伞舱等组成,用于迅速拉出或推出降落伞,从而快速完成降落伞的部署;激活系统主要由激活手柄组件、电子控制单元(或包含在飞控系统中)等其中的一种或多种组成部件,用于激活整机降落伞系统。其工作流程一般分为弹射拉直阶段、充气展开阶段、稳定下降阶段,如图 11-2 所示。

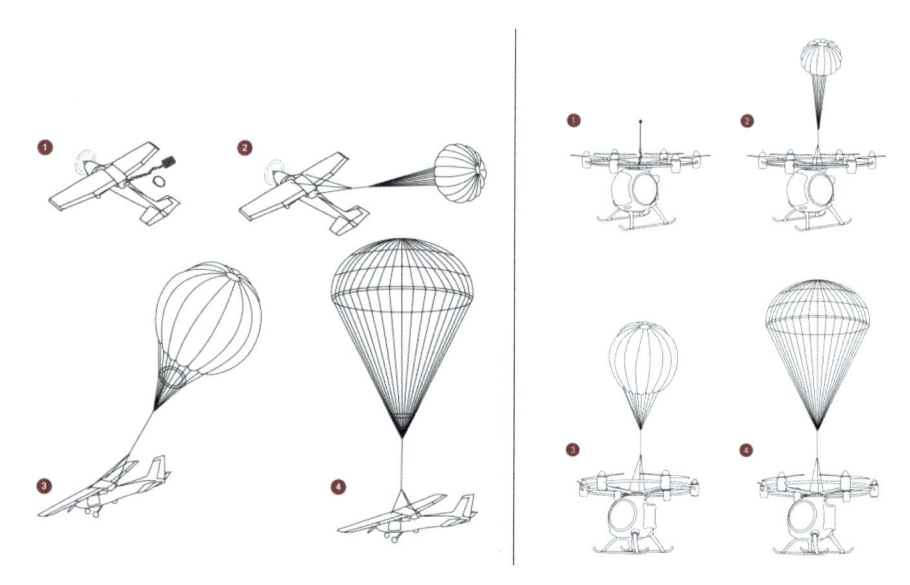

图 11-2　固定翼(左)、eVTOL(右)整机降落伞开伞过程
(来源:天鹰装备)

降落伞弹射拉直是其工作程序的第一个阶段,拉直过程是否顺利直接关系到降落伞能否进行正常充气。由于降落伞的拉直过程包含柔性大变形、瞬态冲击、流固耦合等多种因素,具有时间短、程序多、耦合强

等特征，因此研究改进和优化拉直过程的设计具有非常重要的意义。

降落伞拉直完成后就进入充气阶段，在充气过程中降落伞伞衣会经历几何非线性与材料非线性并存的瞬间结构大变形过程，而且伞衣内外部的流场复杂。伞衣内部的流场是显著的湍流状态，伞衣外部的流场则存在严重的分离现象，同时伞衣织物还有一定的透气性，因此降落伞的充气过程是一个柔性结构动力学与空气动力学耦合的复杂动力学现象。目前，通常使用的研究方法主要有试验分析法、半理论半试验法和数值模拟法。试验分析法是降落伞性能研究的主要方法，主要通过风洞、空投等获取试验数据，但实施难度大、成本高，且难以模拟极端环境下的开伞充气性能；半理论半试验法具有较高的计算精度和效率，但该方法的充气模型往往具有较强的针对性和局限性；数值模拟法为解决降落伞强非线性模拟问题提供了新的思路，对于结构复杂、初始折叠状态、充气大变形等问题，相关的数值模拟技术仍需进一步研究。

降落伞稳定下降阶段的结构一般可被视为由降落伞和载荷组成的多体系统，需要研究建立精确的降落伞刚柔耦合多体系统动力学模型，以分析不同条件和随机因素干扰下的降落伞多体系统运动规律。

降落伞是一种柔性气动力减速器，通常由特殊纺织材料制成，质地柔软。它的包装体积小，便于存储和携带，但展开后可获得比原包装状态大数百倍的阻力面积，从而有效地减缓物体的下降速度。降落伞具有结构简单、减速高效、工作可靠、成本低廉的特点，因此被广泛应用于各类飞行器的气动减速和稳定系统中。

由于降落伞的柔性结构体特征，其工作过程涉及多物理场耦合动力学、刚柔耦合非线性多体动力学、复杂约束条件下的多学科优化等问题，理论分析、数值仿真及试验模拟难度均比较大。因此，企业应对整机降落伞技术进行持续深入的研究，以使其在整机救援、低空安全方面发挥更大的作用。

国内从事整机降落伞研制的企业主要有深圳天鹰装备、航空工业宏光、航天科技 508 所、常州小域智能和东莞火萤科技。其中，深圳天鹰装备产品谱系较全，覆盖人用降落伞和传统有人驾驶通航固定翼飞机、中小型多旋翼无人机、中小型复合翼无人机、eVTOL 等低空飞行器整机降落伞系统，是国内首家获得降落伞适航认证的企业，牵头制定了《中型无人驾驶航空器降落伞系统通用规范》《整机降落伞系统通用规范》等团体标准。

2. 电池热失控预警系统

eVTOL 属于航空飞行器，其安全要求远高于电动汽车，而电池安全则是 eVTOL 设计中首要考量的对象。尽管全球主要航空管理机构，如美国联邦航空管理局（FAA）、欧洲航空安全局（EASA）和中国民用航空局（CAAC）等对于 eVTOL 的安全标准仍处于论证阶段，尚未正式出台相关法规，但电池安全，尤其是针对热失控的要求，已成为大家关注的重点之一。以美国航空无线电技术委员会（RTCA）发布的 RTCA DO-311 修订版 A-2017《可充电锂电池及电池系统最低操作性能标准》为例，其中明确规定：当单个电芯发生热失控时，电池系统必须确保不会产生碎片释放和火焰逸出，同时排放物的逸出需符合声明的排放类别。我们可以预见，未来 eVTOL 的电池安全标准及企业内部的安全要求将进一步高于这一规范。

近些年，随着电动自行车和电动汽车（以下统称电车）的逐渐普及，锂电池热失控引起的蔓延火灾事件层出不穷。电池热失控是最紧急、最严重的事故，是俗称的电池"猝死"。电池"猝死"原因多是电池内部短路后，固体电解质界面（SEI）膜分解产生气体，逐步劣化为隔膜收缩融化，内温急剧升高，最终导致电池爆阀起火。

由于电车和电动飞行器在电池组成方面的相似性，我们可以推断，随着电动飞行器产业规模的不断扩大，其迟早会面临犹如电车在电池热失控预防方面的挑战。而由于电动飞行器采用的电池能量密度更高，安全风险更高，且电动飞行器在垂直起降阶段，高倍率放电的电池会急剧升温，电池热失控发生的概率大幅提升，上述电池热失控挑战尤为严峻。

目前，无论是电车还是电动飞行器，都主要通过电池管理系统（BMS）来监测和管理电池的状态，包括电池的温度、电压、电流等参数，通过这些参数来评估电池的健康状态及热失控风险。但由于这些参数为非原位监测，信号滞后，漏报、误报严重，从而给系统的最终处置决策带来难度。幸运的是，在由电池系统引发的电动飞行器发生安全事故之前，电池表面局部都会由于内部产气而伴随不可逆的膨胀/形变，这种形变压力测量的极高报出率和极早提前量给系统处置决策带来了非常宝贵的确定性（见图11-3），从而系统可以在应急情况下做出保护动作如降功率或迫降。因此，一种原位、实时、具备边缘触觉感知的无人机主动安全预警技术的开发尤为重要，可为无人机的快速发展保驾护航。

所谓边缘触觉，指的是在电池模组内部嵌入分布式压力薄膜传感器测量模组间膨胀力的变化，结合传统的电压/电流和温度测量，除热失控提前有效预警之外，还可以实现对电池老化状态（State of Aging）和电荷状态（State of Charge）的更有效管理，为运营商降本增效。基于边缘触觉传感器的无人机电池主动安全预警技术，如图11-4所示。

第十一章 低空飞行器关键系统

1. 萌芽期

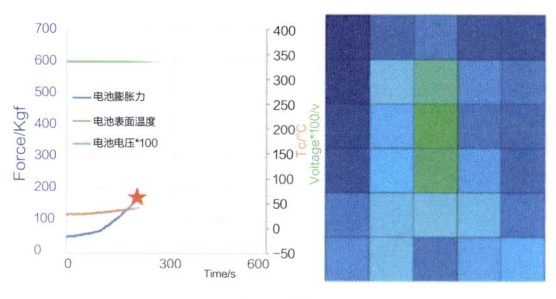

2. 劣化期

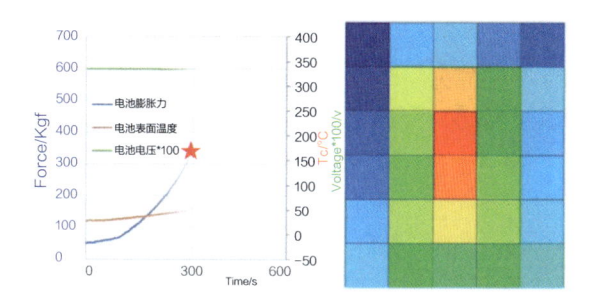

3. 临界期

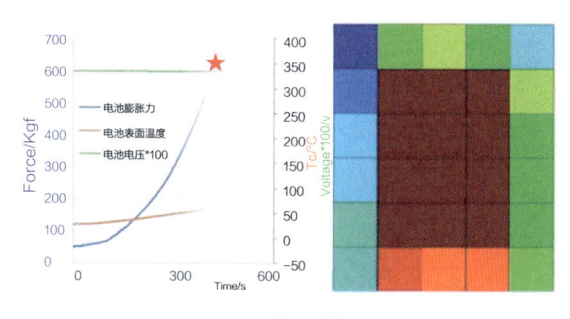

4. 爆阀期

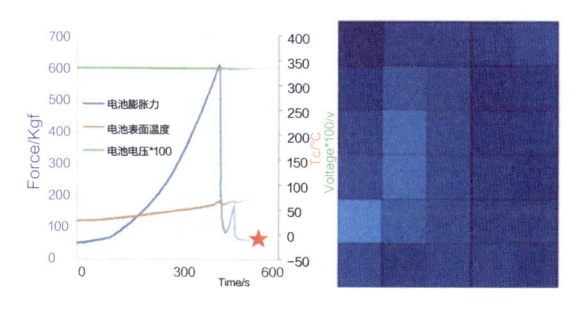

图 11-3 电池表面形变压力测量

（来源：钛深科技）

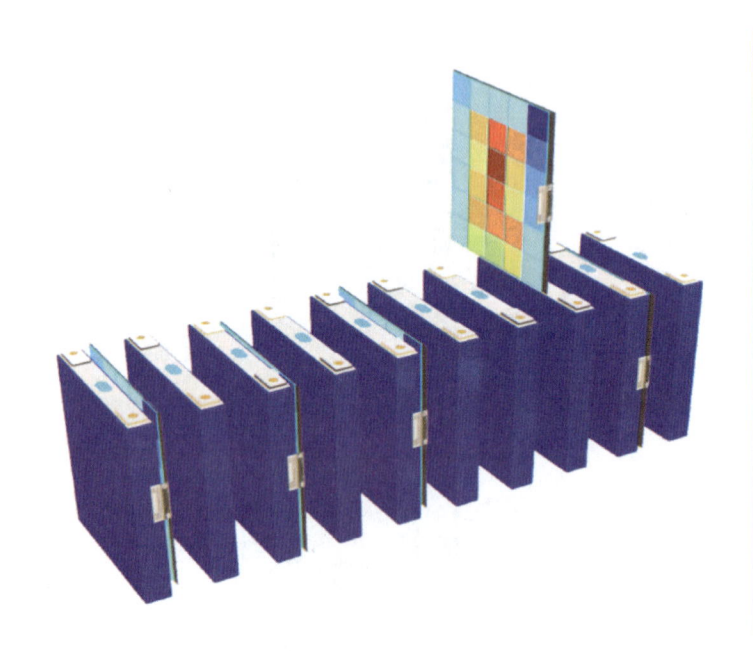

图 11-4　基于边缘触觉传感器的无人机电池主动安全预警技术

（来源：钛深科技）

目前，部分为 eVTOL 配套的国外电池企业已经为其研发的高性能混合锂金属电池增加了边缘触觉感知技术，可以及时监测电池表面膨胀力的异常变化，从而有效预警热失控，极大降低了电池起火现象在电动飞行器上出现的概率。

设想一个场景，当乘客坐在电动飞行器座舱里时，可以看到一盏"电池热失控警告"灯（类似汽车上的胎压警告），一旦该灯亮起，飞机便会紧急迫降，给乘客留出逃生的机会。

边缘触觉感知技术的核心是触觉传感器，这些传感器能够感知和反馈物体表面的触觉信息。国外在这一领域有一些知名公司，如 Tekscan、Pressure Profile Systems 和 Sensor Products Inc 等，这些公司致力于开发高精度的边缘触觉感知技术，其广泛应用于多个行业。国内深圳钛深科技等公司也在这一技术领域有所突破。

3. 电磁防护系统

低空飞行器的飞行高度一般在海拔 1000 米以下，这部分高度存在着闪电、静电、高强辐射场（High-Intensity Radiated Field，HIRF）等自然界和人为复杂电磁环境的影响。由于低空飞行器的飞行高度较传统民航飞机的飞行高度更低，因此其面临的电磁环境更为严酷和复杂，具体表现特征如下。

（1）闪电影响。飞行器遭受的闪电放电一般包括：云地放电、云间放电、云内放电三种类型。低空飞行器所遭遇的自然界闪电基本以大能量、高强度的云地放电为主，且飞行器的机体结构尺寸相对较小，单位结构上承载的闪电电流密度更大。因此，低空飞行器的闪电环境效应较传统民航飞机更为严酷，需要进行特殊防护设计，否则可能会引起灾难性的后果。

（2）HIRF 影响。低空飞行器的运营场景大多在城市之间，周围可能存在着无线电台、广播电视发射台、雷达、通信基站，以及其他地面、水面、空中的射频（RF）发射机等产生的射频能量辐射，HIRF 环境较传统民航飞机更为复杂。由于长时间处于低空飞行环境，低空飞行器在 HIRF 环境下的频率覆盖范围更广，电场强度可能更高，作用时间会更长，对飞机电气和电子系统的安全运行将产生不可预测的危害。

（3）静电影响。目前，低空飞行器的结构材料以碳纤维或玻璃纤维复合材料为主，与传统的金属结构材料相比，其电导率更低，更容易积聚静电电荷。另外，低空飞行器等动力装置基本上都采用了螺旋桨，螺旋桨高速旋转与空气摩擦更容易产生静电。

低空飞行器的电磁防护设计尤为关键，由于低空飞行器与传统民航飞机在构型设计、飞行高度、动力系统、材料使用等方面存在较大差异，因此需要采用一些新技术，这对低空飞行器的电磁环境防护及适航审查工作也提出了新的要求和挑战。通过相关调研可知，国内大多数低空飞行器在闪电、HIRF防护设计方面存在薄弱环节，甚至许多低空飞行器未考虑闪电、HIRF等强电磁防护问题。而闪电防护设计贯穿整个飞机设计周期，必须在设计前期予以充分考虑，否则可能影响飞机结构设计及制造、设备布局等方面，进而增加设计制造成本，延误适航取证工作。

综上所述，电磁防护对保障低空飞行器安全具有重要性和必要性。通过采取有效的电磁防护措施，可以确保飞行器的电子设备在复杂电磁环境下稳定工作，保障飞行安全，推动低空经济的健康发展。常规的电磁环境效应试验包括雷电直接效应试验、雷电间接效应试验、静电试验、HIRF试验、电磁脉冲试验、电磁兼容性试验。除试验检测之外，也建议在飞行器设计初期通过大量仿真设计及结构件、燃油系统、电气设备、配电系统等防护设计来确保技术的可靠性和实用性。同时，在电磁防护方面需要提前布局安装如雷电抑制芯片、静电放电器、防雷金属网及屏蔽膜、雷电导流条等直接及间接防护产品。大量数据显示，这些防护产品在实际应用中取得了良好的抑制和防护效果，可显著提高飞行器的电磁防护能力。目前，国内某些企业在飞行器电磁环境效应试验及防护方面已经开展了大量的研究工作。电磁防护系统如图11-5所示。

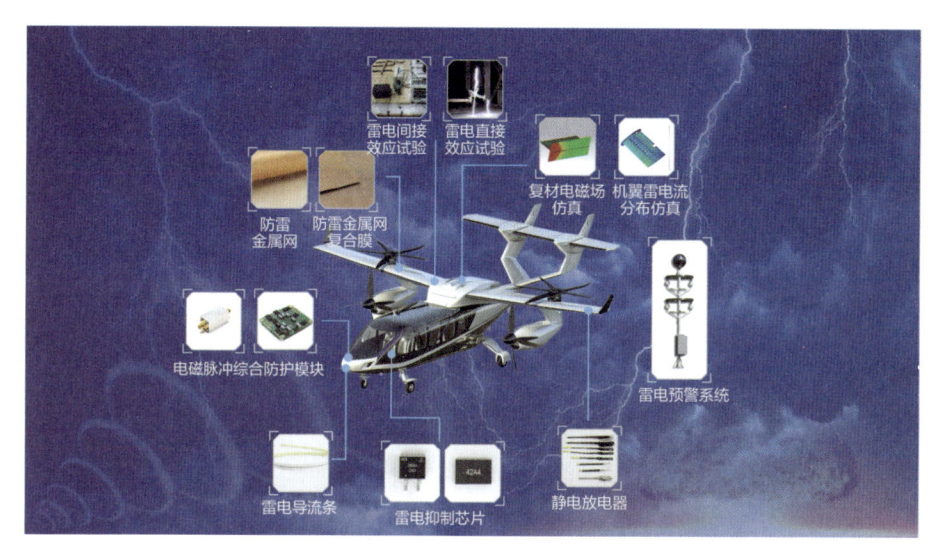

图 11-5　电磁防护系统

（来源：爱邦电磁）

电磁防护行业内也涌现出了一批深耕细分领域的企业，西安爱邦电磁就是其中的代表。该公司成功开发了系列化的新型雷电导流条、雷电抑制器、防雷机载天线、防雷薄膜、雷电记录卡等产品，填补了多项国内空白。

4. 信息安全系统

无人驾驶航空器产业近几年发展快速，然而目前还无法避免无人驾驶航空器在数字空间中的安全威胁，诸如身份标识被伪造、篡改，身份通告流程被假冒、劫持，飞控信号被拦截、伪造，位置信息泄露，航空器数据传输信息在传输过程中被窃取、篡改，飞控中心网络被入侵等安全问题。此外，无人驾驶航空器还面临诸多安全监管难题，包括供应商繁多、通信制式不统一、指控平台不统一、身份无法跟踪、黑飞和盲飞等问题，以及多头管理等具体应用挑战。这些问题使低空经济在网络安全领域存在巨大的安全隐患。

从网络安全视角审视无人驾驶航空器的安全问题，首先要解决的是无人驾驶航空器的数字身份问题。由于缺乏数字空间中的设备身份信息，以及统一、低成本的身份认证方式，现有系统无法满足快速流动的数字身份需求，也无法为更多的网络和信息系统提供便捷服务。例如，每个实体人都有身份证信息，还需要有一个数字证书，通过身份证信息与数字证书绑定，实现实体人在数字空间的身份对应，从而保障数字空间中的身份认证、数字签名、信息加密等安全防护措施。同理，每架无人驾驶航空器按照国家标准《民用无人机唯一产品识别码》（GB/T 41300—2022）都有标识信息，但是由于缺乏在数字空间的无人驾驶航空器数字设备证书，不能解决在不同信息系统之间无人驾驶航空器身份的确认、授权、信息加密、溯源、责任确定等安全问题。所以，迫切需要建立一个统一的无人驾驶航空器安全管控平台，以满足无人驾驶航空器在数字空间的身份认证、信息加密、实体鉴权等安全防护要求。

无人驾驶航空器安全防护体系包括航空器侧安全防护、地面接入侧安全防护、飞控中心网络安全防护、统一安全管理机制等多个方面。通过建设全面的安防体系，重点实现保障空域使用有序，减少空中交通冲突，保障飞行安全；有效追踪无人驾驶航空器来源及使用者，发现并制止潜在威胁，维护公共安全；及时掌握无人驾驶航空器飞行动态，提升监管效率。低空经济网络安全建设还需要加强和完善相关法律法规和技术标准体系，促进与低空经济相关的网络安全产业健康发展。

该领域的代表企业盛邦安全已经实现了无人机通信加密系统，通过在无人机上部署密码模块，实现了无人机入网身份认证、空口信息加密等功能。通过在飞控中心部署安全接入网关、网络安全防护设备和统一身份管控平台，实现了对无人机飞控系统的整体安全防护和统一的飞行器身份认证。基于西北工业大学无人机安全团队组建的西安辰航卓越也在该领域有所布局。

5. 避障安全系统

随着未来低空经济的蓬勃发展，无人机活动将变得极为频繁。毫米波雷达可让无人机在复杂低空环境（如城市楼宇间、山区峡谷中），精准探测障碍物，不受恶劣天气与光线干扰，高效避障。这是保障飞行安全、拓展应用范围、推动低空经济稳健前行的关键所在。

毫米波雷达是工作在毫米波段，通常指 30～300GHz 频段（波长为 1～10 毫米）。毫米波雷达具有体积小、质量轻和空间分辨率高的特点。与红外、激光、视觉相比，毫米波雷达穿透雾、烟、灰尘的能力强，具有全天候（大雨、暴雨除外）、全天时的特点。

大疆创新部分高端无人机如经纬 M300 RTK 采用了毫米波雷达避障方案。融合环扫毫米波雷达与双目视觉、红外传感器，实现 360° 全向避障。纵横、美团、丰翼、普宙等无人机企业也有类似的避障方案。

在该领域，民营企业——凌波微步（宁波）深耕行业十年，给很多行业的无人机公司提供了很好的产品。

第二节 动力子系统

如前所述，目前主流的无人机动力系统包括三种：内燃机动力推进系统、电力推进系统和混合动力推进系统。内燃机动力推进系统包括活塞/涡轴发动机等内燃机，起发供电系统和螺旋桨；电力推进系统包括电池、电机、电控（其中，电池、电机、电控简称"三电"系统）和螺旋桨；混合动力推进系统可以认为是内燃机动力推进系统和电力推进系统的组合，包括活塞/涡轴发动机等内燃机、起发供电系统、"三电"系统和螺旋桨。

内燃机动力推进以活塞、涡轴、涡桨、涡扇、涡喷等类型内燃机作为动力源，通过汽油、重油、氢燃料等燃料的燃烧产生能量，再通过驱动螺旋桨转动（活塞、涡轴、涡桨）或高速排出的气流（涡扇、涡喷）产生推力，为无人机提供动力。同时，内燃机通过起发供电系统给电池和其他机载系统供电。中小型内燃机动力推进无人机以采用活塞、涡喷发动机为主，大型内燃机动力推进无人机根据使用环境的不同，分别采用活塞、涡轴、涡桨、涡扇等类型发动机。广义上的直升机动力系统还包括传动系统（含减速器和传动轴）。

电力推进系统由螺旋桨/涵道风扇、电机、电控、线束、电池集成，为飞机提供动力，与传统发动机相比容易改善飞机的气动布局和安全冗余。

混合动力推进系统正成为航空动力发展的重要方向，它将燃油（或汽油、重油、氢燃料）与电力结合，通过内燃机与电动机联合驱动，提高效率并降低排放。

1. 航空活塞发动机

航空活塞发动机作为航空动力系统的核心组件之一，拥有悠久的历史和广泛的应用。随着航空技术的不断进步,航空活塞发动机在设计理念、材料应用和燃料多样性(燃油、汽油、重油、氢燃料)等方面持续创新,满足了从通用航空到无人机领域的多样化需求。航瑞DB416航空重油活塞发动机和宗申CA550TI航空汽油活塞发动机,如图11-6所示。

图11-6 航瑞DB416航空重油活塞发动机和宗申CA550TI航空汽油活塞发动机
(来源:航瑞动力、宗申航发)

1)航空活塞发动机的历史和典型应用

(1)行业来源与发展历程。

航空活塞发动机的历史可以追溯到航空工业的萌芽阶段。在早期航空动力系统中,航空活塞发动机以其相对简单的结构和制造工艺成为主流。

20世纪初期:莱特兄弟首创的"轻量化四缸发动机"成功驱动了人类历史上的首次飞行,奠定了航空活塞发动机的基础。

二战时期:随着航空技术的发展,航空活塞发动机在功率和可靠性方面取得了飞跃式进步，如 V 型发动机和星型发动机广泛应用于战斗机和轰炸机。

现代阶段：在涡轮发动机逐渐成为主流后，航空活塞发动机的市场转向无人机、轻型飞机及通用航空领域，其技术进一步优化。

（2）典型应用领域。

航空活塞发动机因其高效、灵活和经济的特点，在多种低空经济和无人机应用场景中得到了广泛应用。

应急救援：航空活塞发动机为无人直升机（如驼航科技"驼峰-600"重载无人直升机）提供动力，用于物流运输、抢险救灾、森林灭火、海上救援、岛礁投送等任务。

物流运输：支线物流无人机（如腾盾科创"双尾蝎"货运无人机）采用航空活塞发动机，以实现更低的初始费用、运营成本及更好的可维护性。

通用航空：小型飞机和轻型运动飞机（如山河星航"阿若拉"SA60L）广泛采用航空活塞发动机，其具有较高的经济性和较低的维修成本，成为许多飞行器的首选。

2）航空活塞发动机的发展趋势

（1）集成化发展。

未来的航空活塞发动机将在集成化发展中展现全新的技术高度。

一体化动力模块的设计理念是将燃油系统、点火系统、冷却系统和传感器紧密集成于单一模块中,既简化了整体结构,又大幅提升了维护效率与系统性能的一致性。同时,先进的螺旋桨驱动系统将进行全面升级,通过可变螺距设计与电子控制优化,实现发动机与螺旋桨的协同标定,从而推动整体系统性能的提升,而不再局限于传统的单一发动机优化。这一集成化设计将显著提高燃油效率,优化飞行性能,为现代航空应用提供更智能、更高效的动力解决方案。

(2)混合动力技术。

混合动力技术正成为航空活塞发动机发展的重要方向。

一方面是燃油与电力结合,即通过内燃机与电动机的联合驱动,提高效率并降低排放。另一方面是再生制动与能量回收,即通过电动系统回收着陆时的动能并储存,用于下一次起飞。

(3)氢能应用。

随着绿色航空的兴起,使用氢气作为燃料的氢内燃机成为绿色航空未来发展的方向之一。

氢内燃机是一种通过直接燃烧氢气来释放能量的动力装置,具备零碳排放的显著优势。氢气以其高能量密度和清洁燃烧特性,在航空活塞发动机中展现出巨大的潜力。相比传统化石燃料,氢气燃烧过程只生成水,无须额外处理污染物排放问题,同时能够实现高效能量转化。为了适应氢气独特的燃烧特性,氢内燃机需要优化燃烧室设计、增强点火系统的可靠性,并匹配高压供氢系统,确保燃烧效率和飞行安全。这项技术为航空领域的绿色转型提供了全新路径。

（4）智能化与数字化。

智能化技术将进一步提高航空活塞发动机的可靠性和效率。

数字化与智能化技术正引领航空活塞发动机迈向更高效、更可靠的未来。通过传感器网络和先进的人工智能算法，发动机能够实现实时状态监测与故障预测，主动规避潜在风险，提升运行安全性。同时，基于数据链路的远程监控和智能控制功能，可以对发动机性能进行精确调节，以适应复杂多变的飞行任务需求。大数据分析与数字孪生技术的结合，为发动机设计优化、健康管理和性能提升提供了强有力的支撑。

未来，智能化航空活塞发动机将以更低的维护成本、更高的运行效率和更优异的可靠性，助力航空领域的全面升级。

（5）轻量化与高效能材料。

任何技术进步都能找到新材料的身影，轻量化与高效能材料的应用正在为航空活塞发动机的性能优化提供全新突破。新型复合材料，如碳纤维复合材料和钛合金，因其优异的强度重量比和耐疲劳性能，显著减轻了发动机整体质量，同时提升了结构强度和抗震能力，为飞机的燃油效率和航程带来了直接收益。此外，表面涂层技术的进步，特别是高温耐磨涂层和抗腐蚀涂层的开发，大幅提高了关键零部件在严苛环境下的耐久性与可靠性。

结合这两大技术方向，未来的航空活塞发动机将实现更轻、更强、更高效的性能表现，以满足绿色航空和长寿命作业的双重需求。

航空活塞发动机在技术演进中展现出了强大的生命力，未来将继续在通用航空和无人机领域发挥重要作用，并通过绿色与智能化创新驱动行业的持续发展。

2. 起发供电系统

起发供电系统由电机、电控、配电、线束和电池组成（见图 11-7），完成对发动机的起动和在发动机拖动下发电的功能。

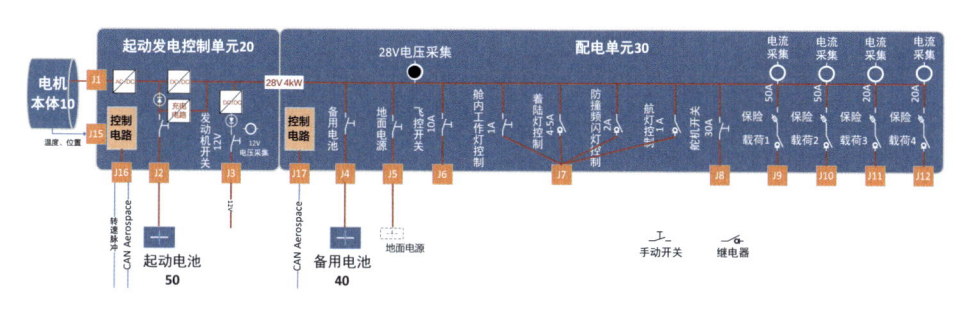

图 11-7　起发供电系统的组成

（来源：德赛控制）

起动过程如下：起动电源给控制器提供 28V 直流电源，由控制器将 28V 直流电源转换成三相交流电，驱动电机起动发动机，不同发动机应采用不同的控制策略，使整个起动过程平稳丝滑，起动效率高。

发电过程如下：发动机起动成功后，电机为控制器提供三相交流电，控制器将三相交流电整流成幅值随转速变化的直流电，再由 DC-DC 环节将电压稳定在 28V，有时考虑线损稳定在 29V，输出电压质量应满足 GJB 181B—2012《飞机供电特性》的要求。

起动电源通常选择电池或超级电容，其容量应根据最小起动扭矩、最低起动转速、连续起动次数及间隔等因素决定。起动电源的放电倍率要高于备用电源，以满足起动时的大电流需要。在满足这些条件后，还需要考虑质量和体积，质量越轻越好，且体积越小越好。

电机通常工作在电动和发电两种工况：起动过程电机工作在电动工况；发动机起动成功后，电机工作在发电工况，通常在 2000～6500rpm 区间内稳定发电。电机与发动机匹配性要求很高，应与发动机进行一体化设计，这样既能减轻质量、减小体积，也能减少零件数，如码盘与转子融合。在满足这些条件后再考虑通风散热、防护及电磁兼容（EMC）的要求。

控制器通常工作在驱动和整流两种工况：起动过程控制器工作在驱动工况；发动机起动成功后，控制器工作在整流工况。由于电机在 2000～6500rpm 区间内发电，控制器在发电工况下，要承受电机发出的交流电是大范围变频、变压的情况，通常采用跟踪有源整流，以此来提升整流环节的效率；采用 DC-DC 变压、稳压技术，以此来提升该环节的转换效率，目前主流电压体系为 28V；具有通信功能（包括 CAN、422、485 等多种通信协议）、控制功能、完善的保护功能、FLASH 故障查询功能、自诊断（BIT）功能。在满足这些条件后再考虑通风散热、防护及 EMC 的要求。

线束、连接器要考虑载流量要求、强度要求、机上布线方便要求。在满足这些条件后再考虑通风散热及 EMC 的要求。

1）适配活塞发动机的起发系统

活塞发动机起动特点是零转速时起动扭矩最大，特别是低温（如 -40℃）时起动扭矩大幅增加，更难起动，这就要求电机具有较大的堵转扭矩方能克服起动扭矩使发动机旋转；在转动过程中存在最低起动转速，即发动机的点火转速，达到这个转速时发动机点火，会产生反作用扭矩，电机必须拖动发动机达到这个转速并克服阻力扭矩，才能成功起动。起动策略和参数调整很关键，决定起动的丝滑性和效率（相同的电源可以起多次或使起动电源轻量化），国内发动机普遍采用起发一体系统，国际品牌仍然维持起发分离方式。起发一体电机和起发一体电机应用于活塞发动机，如图11-8所示。

图11-8　起发一体电机和起发一体电机应用于活塞发动机

（来源：德赛控制）

2）适配涡轴/涡扇发动机的起发系统

涡轴发动机起动特点是零转速时起动扭矩很小，低温（如-40℃）时起动扭矩增加甚微，随着转速的增大，阻力扭矩越大，而且点火转速较高（通常在2000～4000rpm），持续时间较长，这就要求电机在较高转速情况下仍然具有较大的拖动扭矩，才能成功起动。通常要将发动机拖到3000rpm以上才开始点火，4000rpm才点火成功，在这期间电机都要对发动机进行拖动，超过4000rpm时，发动机会自行达到额定转速。对于不同发动机，这两个数据也会有差异。

小型涡扇发动机与涡轴发动机起动特点相似。起发一体电机应用于涡轴发动机，如图11-9所示。

起发一体电机应用于涡轴发动机

图11-9 起发一体电机应用于涡轴发动机

（来源：德赛控制）

3）适配涡喷发动机的起发系统

与涡轴发动机相比，小型涡喷发动机没有齿轮减速机构，通常要将发动机拖到30 000rpm以上才开始点火，40 000rpm才点火成功，在这期间电机都要对发动机进行拖动，超过40 000rpm时发动机会自行达到额定转速。不同发动机，这两个数据也会有差异。

3. 螺旋桨

作为低空经济极为重要的飞行场景，低空应用场景要求飞行器在较低的飞行马赫数下具备较高的推进效率，且具备良好的低速特性。而主流的推进方式之———螺旋桨推进，因螺旋桨在低速飞行条件下具备超高的推进等效涵道比，使其成为低空经济中最受关注的推进方式之一。

以 eVTOL 为代表的低空飞行器便广泛采用螺旋桨作为其核心推进部件（见图 11-10）。

图 11-10　eVTOL 及其螺旋桨

（来源：羲禾航空）

与固定翼对飞行速度的要求不同，螺旋桨通过桨叶旋转便产生与飞行方向相匹配的气动力，能轻易实现飞行器垂直起降、悬停及低速飞行。而当飞行速度进一步增加时，螺旋桨可与固定翼配合，令固定翼完全承担升力，而桨叶产生的气动力仅用于克服飞行阻力，从而高效提升巡航效率。

螺旋桨的高效气动设计和复合材料的应用响应了低空经济对高效、环保和经济的需求。通过基于飞行工况的剖面翼型、扭转角、桨叶数量等设计，可以实现高升阻比、低噪声污染的设计目标。与传统金属材料相比，玻璃纤维、碳纤维等复合材料在保证或提高螺旋桨力学特性的同时，进一步实现了螺旋桨轻量化设计，对低空经济飞行器的安全与经济性具有重要意义。

多设计点的气动特性优化是提高飞行效率的重要手段之一。以调整桨叶角为核心的螺旋桨变距方案，能够使螺旋桨适应不同的飞行工况。在额外新增机构尚可接受的前提下，针对起飞、爬升、巡航或悬停等不同状态,提升效率,从而进一步改善飞行器的性能与经济性。液压变距和电动变距是较易实现的两种螺旋桨变距形式。液压变距是一种成熟可靠、便利精准且较为柔和的变距形式,桨叶角的变化通过控制输油量来实现,故该控制形式具有较简单的机构,同时具备较好的响应速度及准确的控制效果;电动变距通过电机驱动桨叶角变化,电机可快速响应控制信号,使桨叶角进行快速调节,由于机构中不存在液压油,故其机构相较于液压变距更简洁,环境适应性更强。液压变距与电动变距均在增加少量的额外机构的前提下,能灵活、快速且精准地调整桨叶角。

螺旋桨的高效气动设计、复合材料的应用及适用于多设计点气动特性优化的变距形式使其有足够的潜力响应低空经济提出的高效、经济与低污染的要求,也明确了螺旋桨具有成为低空飞行器主要推进部件的潜力。

国际上从事螺旋桨研发生产的企业有主攻大中型飞机螺旋桨的美国联合技术公司(United Technologies Corporation,UTC)下属汉密尔顿公司(Hamilton Standard)、美国哈策尔螺旋桨公司(Hartzell)、德国MT公司(MT)、法国赛峰集团(Safran)旗下英国道蒂公司(Dowty)、俄罗斯 AEROSILA 公司和主攻小型通航飞机和无人机螺旋桨的新西兰 Airmaster 公司、捷克 Woodcomp 公司等,国内有航空工业惠阳航空螺旋桨、安徽羲禾航空、安阳市豪克航空科技、安徽劲旋风航空科技,其中惠阳航空螺旋桨主要为我国大中型飞机配套螺旋桨产品,安徽羲禾航空已给多家头部无人机企业的多款吨级固定翼无人机和多款 eVTOL 配套螺旋桨产品。

4. 电池

与电车用电池相比，eVTOL 用电池在安全性、能量密度、功率密度等方面有着更高的要求。

安全性：美国航空无线电技术委员会（RTCA）发布的 RTCA DO-311 修订版 A-2017《可充电锂电池及电池系统最低操作性能标准》中明确规定：当单个电芯发生热失控时，电池系统必须确保不会产生碎片释放和火焰逸出，同时排放物的逸出需符合声明的排放类别。具体详见第一节中"电池热失控预警系统"的内容。

能量密度：目前，eVTOL 用电池电芯的能量密度已到 285Wh/kg，通常续航 200～300km 的 eVTOL 需要 150～200kWh 的电池组（质量在 600～800kg）。如果需要进一步提升续航时间或获得更多商载质量，则必须进一步提升电池的能量密度来减轻自身负重、减少体积占比。

功率密度：eVTOL 实现垂直起降所需的电池功率密度远高于在地面行驶的同等质量电车的电池功率密度。根据国外相关机构的研究，eVTOL 与电车的放电功率需求存在明显差异。复合翼或倾转旋翼构型的 eVTOL 在航行时会有几个阶段，包括起飞悬停、爬升、巡航、下降、降落悬停等。典型 eVTOL 航程示意图如图 11-11 所示。

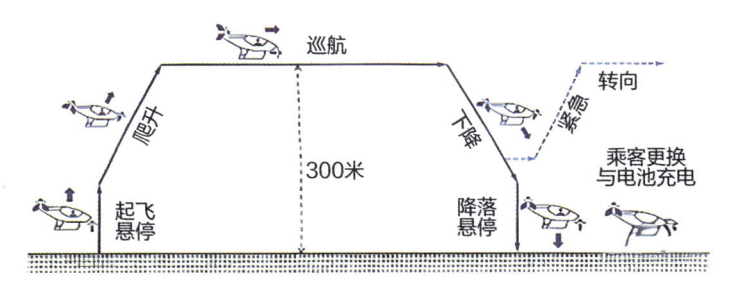

图 11-11　典型 eVTOL 航程示意图

在巡航期间放电倍率通常处于 1C～2C，但在起飞和降落时都需要极高的功率输出，通常放电倍率达到约 3C～5C。考虑到飞机下降时电池处于低电量状态，此时进行高倍率放电对电池的要求更苛刻（低电量时电池电压降低，需输出更高电流支撑输出功率）。此外，考虑到紧急迫降情况，如其中一个电池包失效，则剩余电池包就需承担整体的动力输出，电池需要在低电量情况下做到高功率放电，由此可见 eVTOL 对于电池功率密度具有更苛刻和全面的要求。图 11-12～图 11-15 分别介绍了 eVTOL 代表性电池电量概况、悬停与巡航时所需的电池特定功率、航程距离与消耗的能量的关系、eVTOL 航程的电池能量分解。

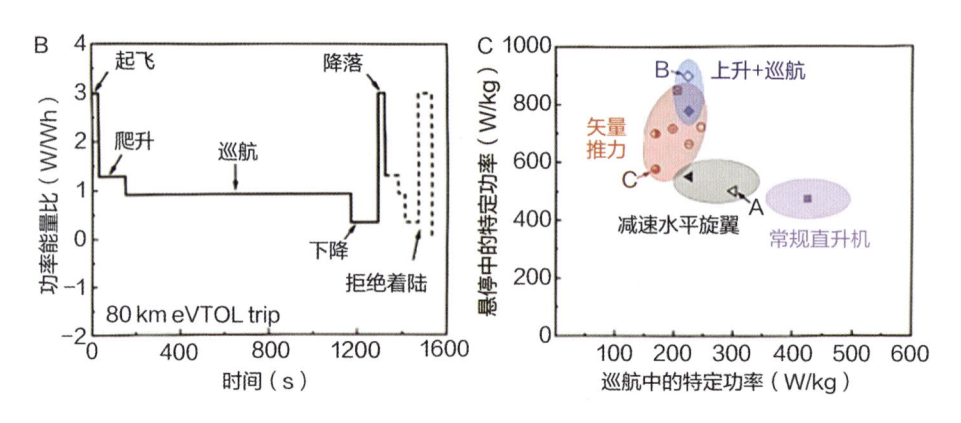

图 11-12　eVTOL 代表性电池电量概况

图 11-13　悬停与巡航时所需的电池特定功率

此外，考虑到 eVTOL 对减重的严格需求以满足能量密度要求，同时还需兼顾高功率输出密度，电池系统需要在多方面达到极高的综合性能标准。这对电池技术提出了前所未有的挑战，也成为 eVTOL 发展的关键技术瓶颈之一。

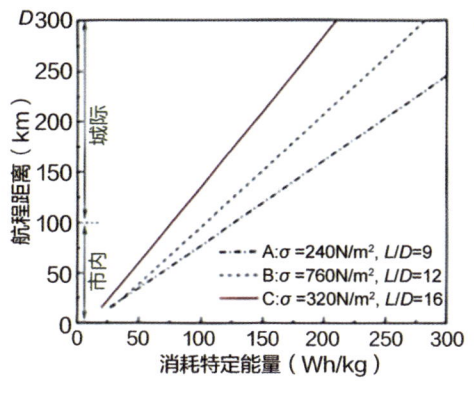

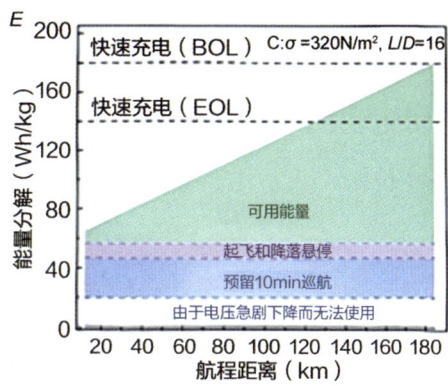

图 11-14　航程距离与消耗的能量的关系

图 11-15　eVTOL 航程的电池能量分解

2023 年 10 月，工业和信息化部、科学技术部、财政部、中国民用航空局联合印发《绿色航空制造业发展纲要（2023—2035 年）》，将"满足电动航空器使用需求和适航要求的 400Wh/kg 级锂电池产品投入量产，500Wh/kg 级产品小规模验证"明确为关键核心技术攻关方向。电化学体系变革是实现电池高能量密度的根本途径，达到 400Wh/kg 及以上能量密度的目标需要开发并使用比容量更高的正负极活性材料，进行电化学体系迭代。eVTOL/飞行汽车用电池主要指标要求，如表 11-1 所示。

表 11-1　eVTOL/飞行汽车用电池主要指标要求

主　要　指　标	要　　　求
能量密度	目前主流电池电芯能量密度达 285Wh/kg，2030 年其目标是达到 500Wh/kg
功率密度	2030 年功率密度的目标是达到 1.25kW/kg
倍数	5C 及以上
循环次数	10000 次以上

锂金属电池的出现为 eVTOL 电池的发展带来了新的希望与曙光。

锂金属电池技术使用金属锂代替传统锂离子电池所使用的石墨材料作为负极，得益于金属锂极高的理论比容量和最低的电化学电位，是高比能动力电池的最优技术路线（2021年度麻省理工科技评论"全球十大突破性技术"）。锂金属电池体系如图11-16所示。

图 11-16　锂金属电池体系

（来源：盟维科技）

新型超凝聚阻燃电解液，结合长循环锂负极表面保护层构筑技术，有效抑制锂枝晶生长，降低热失控和热扩散风险，解决体系关键安全问题，兼顾锂金属电池的高安全性与高能量密度。单体级锂金属电池电芯能量密度高达530Wh/kg，系统级锂金属电池电源整体能量密度超过400Wh/kg，可通过高低温、针刺、短路、过充过放和冲击等国际标准滥用测试。

目前，国内外已有数家电池公司探索和聚焦锂金属电池的开发。其中，苏州盟维科技推出了全球能量密度最高的锂金属电池产品，并率先解决了锂金属电池工艺制造的难点，建成了全球首创的锂金属电池自动化生产线，成为全球最早实现 500Wh/kg 级锂金属电池产品批量交付的企业。未来，盟维科技将持续专注锂金属电池创新技术开发，持续生产最先进的高能航空动力电池产品以满足实际应用需求，推动低空经济高质量发展。除此之外，纽约证券交易所上市公司麻省固能（SES AI）也在锂金属电池研发领域深耕多年，有不俗的表现。尽管锂金属电池的发展仍面临诸多挑战，但其前景备受关注，令人充满期待。

5. 电机与电控

作为 eVTOL 的核心部件之一，推进系统是制约该新型飞行器发展的关键因素，发展轻质化、高可靠性推进电机系统是我国 eVTOL 实现跨越式发展、突破关键瓶颈的重要方向。永磁电机具有高功率密度、高效率的特点，契合 eVTOL 电力推进技术需求，可构成一种极具发展潜力的电力推进系统。为了满足 eVTOL 推进电机在轻质化、高可靠性、高安全性等方面的苛刻要求，亟须对轻质化永磁推进电机系统的关键技术进行探索和研究。

eVTOL 用永磁推进系统发展需要紧扣高转矩/功率密度、高可靠性与高安全性等特殊要求，重点围绕永磁推进电机轻质化拓扑结构、全域损耗分布特性与高效热管理技术、位置冗余及多通道协同智能控制技术等关键基础科学问题开展相关技术研究，建立适用于 eVTOL 的轻质化永磁推进电机系统综合设计理论。eVTOL 用永磁推进系统处理关键科学问题，如图 11-17 所示。

（1）eVTOL 动力装置轻质化永磁推进电机拓扑结构。

探求 eVTOL 推进系统高可靠性、高安全性要求下的轻质化永磁推进电机拓扑结构，是实现 eVTOL 动力装置轻量化设计的前提与基础。

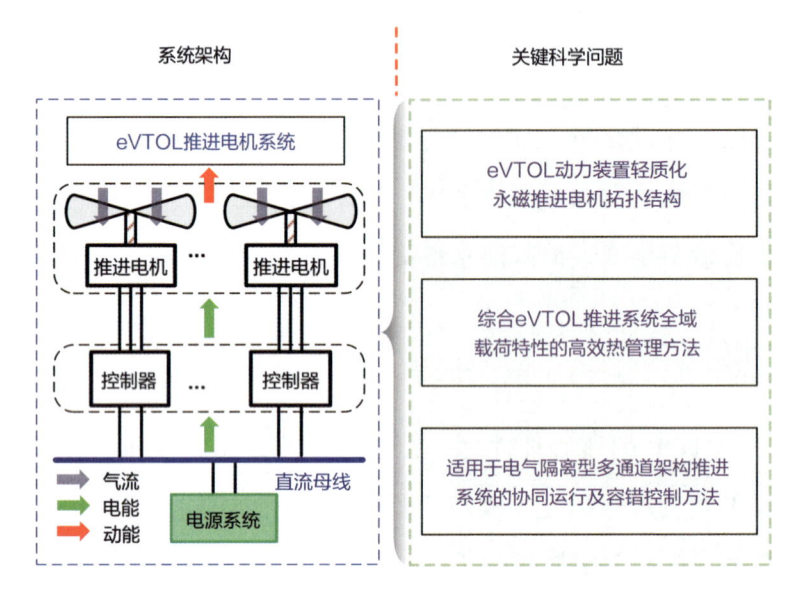

图 11-17　eVTOL 用永磁推进系统处理关键科学问题

（来源：羽嘉动力）

（2）综合 eVTOL 推进系统全域载荷特性的高效热管理方法。

兼顾高电磁负荷运行状态下的散热要求和高电压体制下的高防护等级要求的高效热管理方法，是保障推进系统在全域载荷范围内安全可靠运行的核心与关键。

（3）适用于电气隔离型多通道架构推进系统的协同运行及容错控制方法。

探明电气隔离型多通道架构推进系统的故障运行模态、实现弱耦合下各个通道协同运行及高效容错，是实现推进系统高效、高可靠、高安全运行的重要基础。

随着电动航空时代的到来，全球主流 eVTOL 和航空动力公司都在进行电动推进单元（Electrical Propulsion Unit，EPU）的研发和测试，如赛峰（Safran）、罗罗（Rolls-Royce）、GE 航空等。

MagniX 是一家专注于电动推进系统的公司，其电动推进单元可以在 800V 电源下分别连续输出高达 350kW 的功率（Magni350）和 700kW 的功率（Magni650）（见图 11-18），已在 Eviation Alice 飞机、DHC8-Q300 飞机上成功应用，展示了其在航空电动化领域的领先地位。此外，还有赛峰、YASA、EMRAX 等国际头部电动力系统供应商，其面向 eVTOL 的低速大扭产品扭矩密度在 10Nm/kg 左右，效率在 93% 左右。

国际领先的电动航空企业 Joby 针对航空电动力系统采用一体化集成设计（见图 11-19），其系统整机质量达 28kg、峰值功率达 238kW，其先进的电动力系统不对外销售。

图 11-18 Magnix EPU　　图 11-19 Joby 航空的电动力系统

国内航空电驱动系统产品集中在 100kW 级以下，适用于小型无人机或 1~2 座小型电动飞机，大功率电驱动系统也有不少电机企业涉足，如卧龙电驱、羽嘉动力等，其产品成熟度与国外头部企业生产的产品还存在较大差距。

直驱螺旋桨的 EPU 电机转速较低，一般在 2000 ~ 3000rpm，扭矩较大，属于低速大扭矩电机，而直驱涵道的 EPU 电机转速较高，一般在 5000rpm 以上，属于高转速大扭矩电机。因此，螺旋桨/涵道风扇、电机和控制器之间的匹配很关键。

6. 电动航空未来发展方向：混合动力驱动

由于纯电力推进系统由供电系统和电力推进系统组成，不需要燃油发动机，广泛被 eVTOL 等新兴电动航空厂商使用。纯电力推进系统所带来的明显优点有：①推动航空业绿色发展，应对全球环境挑战；②相比燃油动力系统，电力推进系统架构更简化，为预测和排除故障带来便利，并拓展了飞行器设计的自由度；③电力推进系统架构多采用分布式，理论上更具安全冗余；④分布式电力推进系统可将动力分散到飞行器的各个主要结构上，并改变机体周围流场，提高气动性能。分布式电力推进系统架构，如图 11-20 所示。

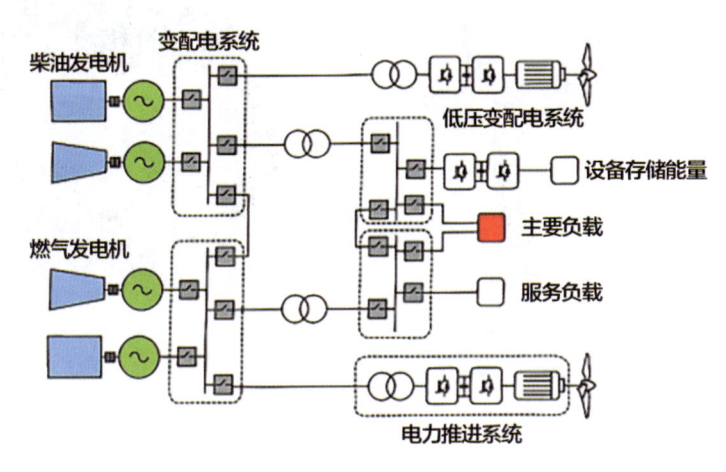

图 11-20 分布式电力推进系统架构

（来源：航瑞动力）

但是，纯电力推进系统的 eVTOL 在商载和续航里程方面存在着明显的短板。在国内几家头部 eVTOL 整机企业的代表产品中，沃飞长空 AE200 航程 200 千米内，可载 1 位飞行员和 5 位乘客；峰飞航空 V1500M 航程 250 千米，可载 1 位飞行员和 3～4 位乘客；亿航智能 EH216-S 航程 30 千米，可载 1 位飞行员和 2 位乘客。国外 eVTOL 的代表企业 Joby S4 航程 240 千米，可载 1 位飞行员和 4 位乘客；Archer Midnight 航程 160 千米，可载 1 位飞行员和 4 位乘客。eVTOL 在商载和航程方面，与传统通航飞行器之间存在较大的差距，如 Bell 407GXi 直升机最大起飞质量为 2380 吨，与 Joby S4 接近，航程 690 千米左右，可载 2 位飞行员和 5 位乘客；巴航工业飞鸿 300E 固定翼公务机最大起飞质量为 3 吨，与 Archer Midnight 接近，可载 2 位飞行员和 5 位乘客，航程更是高达 3700 千米。

限制 eVTOL 商载和续航里程的关键问题在于电池的功率密度和能量密度不足。另外，飞行器与纯电动飞行汽车不同，对电池的可靠性要求更严格，尤其是在供电失效或故障等极端情况下对安全性要求更加苛刻。

类似于油电混合动力汽车架构可实现对纯电动飞行汽车的增程，燃油发动机与电动机共同作用的油电混动推进系统也可用于 eVTOL，称为油电混动 eVTOL 或混动 eVTOL，国外文献中有时称其为 HVTOL 或 HeVTOL。HVTOL 中的发动机，可以使用活塞发动机，也可以使用涡轮发动机。活塞发动机相对于涡轮发动机有更好的成本优势和燃油经济性，涡轮发动机的功率密度更优。

根据发动机是否直接提供推进动力，油电混动推进系统可再分为并联式架构和串联式架构。并联式架构：发动机与电动机通过传动装置共同驱动螺旋桨。发动机在最佳工况点附近运行，电动机用来提供不足的功率，当发动机输出功率大于飞行所需时，电动机作为发电机运行吸收多余能量。系统效率较高，燃油消耗较少。但由于发动机通过传动装置直接耦合到飞机螺旋桨驱动轴上，传动装置的存在限制了效率的进一步提高。串联式架构：发动机不直接提供动力，只驱动发电机提供电能，能实现发动机与电动机的解耦，使得发动机能够始终在最佳工况点附近稳定运转，效率高、排放性能好。并联式架构和串联式架构的优点和缺点，如表11-2所示。

表 11-2 并联式架构和串联式架构的优点和缺点

类 型	并联式架构	串联式架构
优点	不需要额外的发电机，机体体积较小，降低油耗，可短时间内提速	油耗性能优异，制作成本较低，结构简单，机体设计自由度高，减缩气动噪声总声级，燃油发动机在最优燃油经济区持续运行
缺点	制作成本高，结构复杂，部分制约混动系统综合性能	所需动力电池尺寸较大，机体体积较大，部分能源浪费

一方面，HVTOL结合了传统燃油飞机的特点，相比纯电动飞行汽车的性能优势明显：最大起飞质量和电池质量降低、巡航高度更高、巡航距离更长、载荷能力更强，燃油发动机的高能量密度燃料存储优势得以体现，无须频繁补给/充电就能完成任务；另一方面，电动机则在飞行器的低空飞行、起降阶段及对噪声和碳排放有严格要求的区域发挥着重要作用。在城市进行低空飞行时，电动机的低噪声特性能够有效减少对城市居民的噪声干扰，其零碳排放的特点也符合城市环保要求，有助于实现低空飞行与城市环境的和谐共生。

在现有技术条件下，油电混动推进系统能量密度优势明显。燃油的能量密度在考虑发动机热效率的情况下，几乎是当前电池组的能量密度的 20~30 倍。在功重比方面，考虑发电机、电动机及控制器集成的系统整体功重比约为电池组的 2~3 倍。当然，不同的混动系统构型及配置，对于能量密度和功率密度也会带来相当的变化。

采用油电混动技术路径的相关厂商的产品已取得较为优异的性能。如 ELROY Air 的 HVTOL 飞行器 Chaparral C1，其采用分布式电力推进系统＋涡轮发电机＋电池的架构，航程达到 483 千米，显著高于纯电 eVTOL。美国、俄罗斯等国家将分布式混合电力推进系统视为有潜力在 2030 年后投入使用的、极有前景的航空动力解决方案。如波音、GE、空客、西门子、罗罗等公司都已经在政府科研计划支持下开展了混动推进系统研究。国内，翊飞航空的 eSTOL 飞行器 ES1000 和追梦空天的 HVTOL 飞行器 DF600 率先采用混动技术路径，其中 DF600 的最大起飞质量为 660 千克，典型载荷 120 千克，航程预计可达 1000 千米。

混合动力也不仅仅是油电混合动力，也可以是氢电混合动力。2024 年 6 月，Joby 公司氢电混动版 eVTOL 验证机实现单次飞行 841 千米。

作为复杂的多学科问题，混动系统的总体优化设计和能量管理策略是决定飞行器性能水平的关键。需要从飞行器典型剖面出发对动力系统的设计进行需求分解，再从动力系统设计的功能、性能和安全性角度出发，搭建完整的飞行器构型、重量、功耗计算模型，实现架构设计、重量集成、功耗需求、控制策略等分析能力。相比纯电动飞行器，混动系统中采用的发动机在散热、减震、降噪等方面也给飞行器设计带来了一定挑战，这方面相比传统燃油动力、机械传动仍会有更好的表现，但考虑未来人员乘坐的体验感和城市上空运行的洁净度，仍需要进行不断的迭代优化。

电力推进技术是航空业的重要发展方向，而混动系统是电力推进的重要组成部分，而且与纯电力推进系统具有高度的兼容性。2024年3月27日，工业和信息化部等四部门联合发布的《通用航空装备创新应用实施方案（2024—2030年）》，标志着通航领域的顶层设计出台。其中涉及动力方案的表述包括：加快关键核心技术突破。加强总体、系统、软件、元器件、材料等领域关键技术攻关。瞄准无人化、智能化方向，攻克精准定位、感知避障、自主飞行、智能集群作业等核心技术。以电动化为主攻方向，兼顾混合动力、氢动力、可持续燃料动力等技术路线，加快航空电力推进技术突破和升级，开展高效储能、能量控制与管理、减排降噪等关键技术攻关。强化装备安全技术攻关，重点突破电池失效管理、坠落安全、数据链安全等技术，提升空域保持能力和可靠被监视能力。

加速通用航空动力产品系列化发展。加快200kW级、1000kW级涡轴，1000kW级涡桨等发动机研制；持续推动100至200马力活塞发动机批量交付，实现市场规模应用。加快布局新能源通用航空动力技术和装备，推动400Wh/kg级航空锂电池产品投入量产，实现500Wh/kg级航空锂电池产品应用验证；开展400kW以下混合推进系统研制；推进250kW及以下航空电机及驱动系统规模化量产，以及500kW级产品应用验证。

国内从事混合动力系统解决方案的企业有航瑞动力、应流航空、宗申动力、天府轻动力等。

第三节　航电与飞控子系统

航电与飞控子系统包括飞控系统（含飞控计算机、舵机控制机、舵机）、导航设备、卫星通信设备、自组网通信设备、光电吊舱、数字微光相机、激光雷达测量系统等。

1. 飞控系统

飞控系统是控制无人机和 eVTOL 等低空飞行器安全、稳定飞行的核心系统，也是整机最关键的系统之一。一般来讲，飞控系统占整机成本的 15%～30%，成本占比较高。广义的飞控系统一般以飞控计算机（见图 11-21）为核心，涵盖导航设备、执行器设备在内的机载系统，以及以地面指控站为核心的地面控制系统。在机载系统中，导航设备负责采集和解算与飞行相关的各个状态量，例如空速、气压高度、姿态、航向、位置等数据，一般包括惯性导航系统、卫星导航系统、大气数据采集系统、无线电高度表、视觉导航系统等，其中惯性导航系统与卫星导航系统一般会协同工作，构成组合导航系统；执行器设备负责依据控制指令驱动低空飞行器各个舵面、机构运动，产生相应的控制力或力矩，一般包括舵机（见图 11-22，又分为旋转舵机和直线舵机）、舵机控制机（见图 11-23）、电液伺服机构等；飞控计算机负责根据导航设备解算的飞机状态信息解算控制律、制导律，生成控制指令，并通过执行器完成对飞机的飞行控制。

图 11-21　飞控计算机　　图 11-22　舵机　　图 11-23　舵机控制机

（来源：艾飞智控）

不同类型的低空飞行器往往采用不同的飞控系统实现方式。

对于小型无人机，例如消费级与部分工业级无人机，通常将惯性导航、卫星导航、大气数据传感器等集成到飞控计算机内部或采用一体化设计，以满足成本、质量、体积等方面的要求，而且小型无人机对飞控系统的可靠性、导航数据测量的准确性等要求相对较低，上述集成化设计即可满足要求。对于中大型低空飞行器来说，因其对设备的可靠性、导航数据的准确性要求更高，需要采用更复杂的余度架构设计及更高精度的传感器，因此一般采用独立式设备。

除了硬件形式上的不同，它们在设计理念上的区别则是根本性的。例如，在中小型无人机上广泛使用的开源飞控系统，虽然其软件开源，但使用者往往只关心其中的部分功能，对他们来说其余部分仍然是"黑盒"；此外，软件代码是设计过程的最终产物，若不了解其中的设计原理，直接对软件代码进行修改，也可能会产生很多不可预料的后果。

随着"低空经济"概念的提出和行业逐步向更深层次发展，未来的低空环境中将会出现大量各类无人驾驶低空飞行器，包括中大型低空飞行器。更丰富的运用场景、更全面的机型和更高频的飞行次数，使其可靠性、安全性，以及运行过程的可预见性将会变得日益重要。为实现这一目标，采用正向设计完成低空飞行器的研发至关重要。例如，控制律是保证低空飞行器安全、稳定飞行的基础与核心，为保证低空飞行器飞行的可靠性与可预见性，一般会采用正向的控制律设计方法：第一步，基于飞行器的气动、动力、质量数据，建立飞行器的动力学模型；第二步，对飞行器的操稳特性等进行分析；第三步，采用线性或非线性方法设计控制律结构及控制参数，并分析控制律性能；第四步，通过仿真对控制律进行验证；第五步，基于实际飞行数据修正飞行器模型，并重复第二至第五步工作，直至模型数据与试飞数据匹配度达到要求。这样做的优势是可以充分了解飞行器的飞行性能，并预测飞行器在实际飞行中的行为，进而实现安全、可预知的飞行。

正向设计是保证飞行器安全飞行的基础，正向设计方法本身的可靠性、有效性则来自设计者对"万年不变的物理规律"的深入理解，以及对"与时俱进的工程技术"的持续创新，更离不开大量飞行器型号工程经验与实际飞行的验证。控制律的正向设计能力也是评估飞控厂商能力的核心指标之一。目前，我国的大型有人/无人飞行器控制律均采用正向设计方法，因此，其飞行稳定性可以得到充分保证。

在无人机飞控系统领域的国际头部企业有霍尼韦尔（Honeywell）、泰雷兹（Thales）、柯林斯（Collins）等；航空工业618所是国内专注于提供无人机飞控系统研发的"国家队"，该领域的民营企业包括艾飞智控、边界智控、翔仪恒昌、创衡控制、致导科技；既从事无人机研发，也提供飞控系统解决方案的民营企业有纵横股份、驼航科技、华奕航空、中创航空等。

2. 导航系统

典型的导航产品丰富多样：惯性导航系统由加速度计与陀螺仪构成，美国诺斯罗普·格鲁曼（Northrop Grumman）的高精度产品多用于军事飞行器，美国霍尼韦尔（Honeywell）的产品多用于高端航空器。卫星导航接收机通过接收卫星信号来确定位置，如美国佳明（Garmin）GPSMAP系列的产品用于航空等多个领域。地形辅助导航系统借助地形特征，英国BAE系统（BAE Systems）公司的产品用于军事低空突防等。组合导航系统整合多种优势，美国天宝（Trimble）公司的产品结合了多种技术用于多个行业。无线电导航设备依托无线电波特性，德国罗德与施瓦茨（Rohde&Schwarz）公司的VOR/NDB产品等为航空航海提供信号收发设备，在各自场景中发挥关键作用，推动各领域导航发展与安全保障。

惯性导航与卫星导航组合，是无人机常用的导航方式。惯性导航自主性强、短期精度高，卫星导航精度高且覆盖广。二者结合可优势互补，卫星导航校正惯性导航误差累积，增强整体导航精度与可靠性，借助数据融合技术实现高效协同。

惯性导航系统由加速度计与陀螺仪构成。顾名思义，加速度计是测量载体三轴加速度的核心器件，进而可积分获得三轴速度，而陀螺仪是测量载体的角速度的核心器件。下面重点介绍一种新型陀螺——硅光陀螺。

在快速发展的科技浪潮中,硅光陀螺技术作为一种突破性集成光学陀螺技术,正逐步引起越来越多的关注。其核心创新在于将光纤陀螺的高性能与硅光技术的集成优势相结合,成为惯性导航领域的新兴力量。这项技术的出现不仅是对传统惯性导航系统的一次跨越式提升,更预示着飞行器导航与控制技术将在精度、可靠性和经济性等多个方面迎来革命性的突破。

1)硅光陀螺技术的重要性与需求

硅光陀螺技术将光纤陀螺的高精度性能与硅基光电子平台的高集成度相结合,使其在惯性导航系统中展现出卓越的优势。该技术不仅具备传统光纤陀螺的精确度,同时通过微纳米制造技术实现了小型化和低成本的目标。这使得硅光陀螺在 GPS 信号受限的复杂环境中,如城市高楼夹缝、山区峡谷及隧道等地方,依然能够为飞行器提供可靠的定位与导航支持。在现代战场和无人飞行器的应用场景中,硅光陀螺的高稳定性和抗干扰能力将成为关键保障。

随着无人机、eVTOL 等新型飞行器的飞速发展,对惯性导航系统提出了更高的要求。硅光陀螺不仅具备光纤陀螺的性能优势,还兼具微机电(MEMS)陀螺的低成本特点,成为理想的技术解决方案,满足对高精度、小型化、低成本和高稳定性的需求。

2)硅光陀螺的技术特点

硅光陀螺基于硅光电子平台,利用先进的硅光技术,通过单片集成有源与无源光子器件,实现了陀螺仪的小型化、轻量化和低成本。这一技术突破不仅优化了传统惯性导航系统的结构,而且在性能上达到了新的高度。微纳米制造工艺与异质异构集成技术的应用，使硅光陀螺在精度、稳定性与寿命方面具有显著优势，能够满足在严苛环境下的高精度导航需求。

3）硅光陀螺在飞行器中的应用效果

在飞行器领域，硅光陀螺的应用具有多重优势。首先，它能显著提升飞行器的自主导航能力，实时提供姿态、速度和位置信息，从而确保飞行器在复杂环境中的安全与高效运行。其小型化设计使得飞行器能够搭载更多有效载荷，同时延长飞行时间，增强了飞行器的实际应用价值和经济效益。其次，硅光陀螺的低成本特性有助于降低飞行器的制造与维护成本，为新型飞行器的普及和商业化应用提供有力支持。

4）硅光陀螺的潜在价值

随着技术的不断成熟，硅光陀螺将在航空航天、无人驾驶、智能机器人、物联网等领域发挥愈加重要的作用。未来，随着技术的进一步发展和成本的持续降低，硅光陀螺有望成为飞行器导航与控制系统中的标准配置，为飞行器的安全与高效作业提供坚实保障。同时，硅光陀螺的广泛应用将催生新兴商业模式和应用场景，推动相关产业的智能化升级，成为未来科技领域中闪耀的璀璨明珠。

硅光陀螺领域的典型企业是重庆自行者科技和美国阿诺罗光子学（ANELLO）。重庆自行者科技和美国阿诺罗光子学（ANELLO）产品对比图，如图11-24所示。

重庆自行者科技硅光陀螺，如图11-25所示。

对比方面	自行者Z1 IMU	ANELLO X3 IMU
技术特色	三轴一体化硅光陀螺	三轴硅光陀螺
零偏特性	≤0.3°/h	≤0.5°/h
随机游走	≤0.02°/√h	≤0.03°/√h
工作温度	[-50,70]℃	[-10,50]℃
动态范围	±800°/s	±200°/s
产品体积	99225mm³	115744.5mm³
产品功耗	<8W	<5W
产品质量	180±15g	182g
产品实物		

图 11-24 重庆自行者科技和美国阿诺罗光子学（ANELLO）产品对比图

（来源：重庆自行者科技）

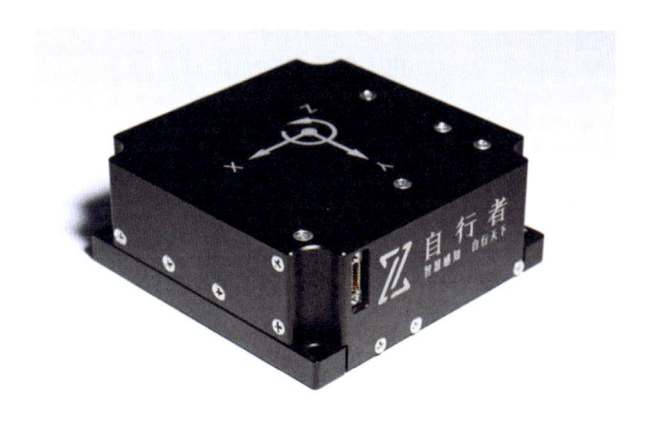

图 11-25 重庆自行者科技硅光陀螺

（来源：重庆自行者科技）

3. 卫星通信系统

随着无人机技术的快速发展，从遥感监测、灾害救援到物流运输和农业喷洒，无人机的应用场景日益增多。然而，无人机的操作通常需要与地面控制中心保持实时通信，尤其是在执行超视距（BVLOS）飞行、长时间飞行或在无人机操作环境复杂的情况下，传统的无线通信手段难以满足需求。卫星通信技术作为一种高效、稳定、远距离的数据传输手段，逐渐成为无人机远程控制和数据传输的理想选择。

无人机卫星通信通过将无人机与卫星网络连接，使无人机能够在全球范围内实现即时通信，无论是在海洋、沙漠、山区，还是在偏远的无基础设施地区，都可以保障通信的稳定性与可靠性。

1）通信卫星按轨道分类

卫星通信是一种通过卫星中继传输信息的通信方式。卫星通信系统主要包括3个部分：通信卫星、地面站和用户终端。卫星通过与地面站和用户终端之间的无线电波进行信号传输，完成信息的交换。根据卫星的轨道类型，卫星通信系统可以分为高轨道卫星（GEO）、低轨道卫星（LEO）和中轨道卫星（MEO）3种。

高轨道卫星（GEO）：位于地球同步轨道（高度约为35 786千米），通信延迟较高（约500～700ms），但覆盖范围广，适合于长期、稳定的通信应用。单颗星可覆盖地球表面的约三分之一，发射、运营成本较低，终端一般采用机械跟踪天线，功耗和质量较低。后文提到的"深圳星"亚太6D、中星26等都属于高轨道卫星（GEO）。

低轨道卫星（LEO）：轨道较低，通常在300～2000千米，通信延迟较低（约20～40ms），因此适合实时、高速的数据传输。LEO卫星通常采用星座系统进行全球覆盖，具有较强的灵活性和较低的通信时延。全球无缝组网运营成本较高。一般使用相控阵天线作为用户终端。低轨道卫星（LEO）的例子有：21世纪90年代美国摩托罗拉公司部署的由 66 颗卫星组成的铱星系统；2015 年太空探索技术公司（SpaceX）提出的由 4.2 万颗卫星组成的星链计划（Starlink，截至 2024 年 11 月已经发射部署了 6700 多颗卫星）；中国的卫星互联网计划，截至 2024 年 12 月 16 日，"千帆星座"计划已发射 59 颗卫星（含 2024 之前试验星 5 颗），"星网计划"已发射 31 颗卫星（含 2024 之前试验星 16 颗）。

中轨道卫星（MEO）：轨道高度通常在 10 000 ~ 20 000 千米，通信延迟适中，全球组网成本较低，适合中带宽需求的全球覆盖应用。北斗、GPS 等卫星导航系统都属于中轨道卫星（MEO）。

2）通信卫星按频段分类

无人机卫星通信所使用的频段通常包括 L 频段、S 频段、Ku 频段和 Ka 频段。

L 频段：L 频段（1 ~ 2GHz）具有较强的穿透能力，抗干扰能力较强，适合在复杂天气或地理环境下的通信。L 频段的通信带宽相对较窄，通常用于低速数据传输，如遥测和控制指令传输。北斗卫星使用 L 频段进行短报文通信。北斗卫星导航系统是我国自主建设、独立运行的全球卫星导航系统，分三期建设，由多颗卫星组网，能提供高精度定位、导航与授时服务，在交通、农业、军事等诸多领域应用广泛，彰显我国航天科技实力，极大地促进了全球卫星导航事业发展并保障了国家空间信息安全。

S 频段：S 频段（2 ~ 4GHz）提供中等带宽，适用于中等数据速率的通信。S 频段常用于视频传输、环境监测和遥感数据的回传。天通卫星使用此频段进行窄带数据通信。天通卫星是我国自主研制的卫星移动通信系统，由 3 颗卫星、空间与地面段及多类终端构成，覆盖范围广，可在多种极端环境及无地面网区域提供语音、短信、数据通信与位置服务，填补了我国民/商用卫星移动通信的空白，提升了应急通信保障并推动了产业发展。

Ku频段：Ku频段（12～18GHz）提供较高的通信带宽，适合传输高清视频、图像及大容量数据。Ku频段常用于无人机的视频监控、图像回传等任务。由亚太卫星宽带通信（深圳）有限公司采购和在轨运行管理、中国空间技术研究院研制、2020年7月发射的"深圳星"亚太6D使用Ku频段作为用户频段与无人机进行宽带通信，亚太6D是我国首个Ku频段全球高通量宽带卫星通信系统的首发星，也是我国第一颗采用Ku/Ka体系的地球同步轨道高通量卫星，通信总容量达到50Gb/s，单波束容量可达1Gb/s以上。

Ka频段：Ka频段（上行26.5～40 GHz）提供更高的带宽，适合超高数据速率的通信，特别是对于高清视频和大数据量的传输。Ka频段在无人机长时间飞行、环境监测等高数据需求场景中具有重要应用。由中国卫通采购和在轨运行管理、航天科技五院研制、2023年2月发射的中星26也是一颗地球同步轨道卫星，采用Ka频段连接用户终端，通信容量超100Gb/s，能够覆盖中国全境及周边地区和水域，如东亚、东南亚、南亚部分地区。"千帆星座"计划和"中国星网"计划的卫星也使用Ka频段。

3）无人机卫星通信系统的应用领域

无人机卫星通信在多个领域中都有广泛应用，以下是一些典型的应用场景。

（1）灾害监测与救援。在自然灾害发生时，无人机可以利用卫星通信技术实时传输灾区的图像和视频，帮助地面指挥中心获取准确的灾情信息。通过卫星通信，无人机能够在没有地面网络覆盖的地方执行任务，确保紧急救援工作的及时开展。

（2）环境监测与资源勘察。无人机搭载卫星通信终端可以实时回传采集到的环境数据，进行空气质量监测、水资源调查、森林火灾监测等。卫星通信可以确保无人机在执行这些任务时，始终与地面监控中心保持联系，进行实时数据传输和分析。

（3）远程物流与运输。在偏远地区或海洋环境中，无人机能够利用卫星通信完成远程运输任务。卫星通信的高可靠性使得无人机可以在长时间飞行中保持与控制中心的稳定通信，确保货物的准确投递。

（4）军事侦察与边境巡逻。在军事领域，无人机常用于侦察、边境巡逻等任务，卫星通信提供了可靠的远程通信保障。通过卫星通信，无人机可以远程回传战场实时图像、视频数据，帮助指挥官进行战术决策。

4）无人机卫星通信技术面临的挑战

尽管无人机卫星通信技术在多个领域具有广阔的应用前景，但仍面临一些挑战。

（1）通信延迟问题。高轨道卫星的通信延迟较高，虽然低轨道卫星可以减少延迟，但由于需要卫星星座进行覆盖，系统的复杂度和成本也随之增加。因此，如何在不同卫星轨道系统之间进行平滑过渡和切换，是目前技术发展的一个关键问题。

（2）天线技术与功耗问题。无人机对通信终端的功耗要求较高，而卫星通信通常需要较大功率的天线系统，这使得天线的质量和功耗成为设计中的主要挑战。轻量化、低功耗、高效率、多频段的天线技术是未来发展的方向。

（3）信号干扰与安全性问题。无人机在执行任务时，可能面临来自环境或其他电子设备的干扰，如何保证卫星通信的稳定性和安全性，尤其是在复杂的战术环境中，是一个重要课题。

未来，无人机卫星通信技术将继续发展，为无人机的远程操作、实时数据传输及超视距飞行提供强有力的支持。随着低轨星座的进一步建设和卫星通信技术的创新，卫星通信将能够为无人机提供更低延迟、更高带宽和更强的全球覆盖能力，卫星通信将在更广泛的无人机场景中得到应用，进一步拓展无人机技术的应用边界。尽管当前仍面临着一定的挑战，但随着技术的不断创新，卫星通信将成为无人机发展不可或缺的组成部分，助力无人机技术的全面发展与应用。

5）无人机卫星通信整体解决方案

目前，尽管低轨星座的建设和发射逐步取得进展，低轨星座的布局也在持续推进，截至目前，"千帆星座"计划已发射59颗卫星，"中国星网"计划已发射31颗卫星。然而，低轨星座仍无法实现全天24小时连续运营。北斗卫星仅能传输小字节数据，而天通卫星资源有限。无人机的数据传输包含视频、控制信号及其他载荷采集数据，因此必须依赖地球同步轨道高通量卫星通信天线。高通量卫星通信具有高通量、高数据速率等特性，广泛应用于无人机卫星通信系统中。

卫星通信系统整体解决方案由机载无人机卫星通信天线、高通量通信卫星、窄带卫星（备份链路）、卫星关口站等组成。星展测控卫星天线支持 Ku 波段、Ka 波段，采用集成化设计，内部集成天线面、伺服结构、功率放大器（BUC）、调制解调器（MODEM）等组件。天线采用三轴稳定、四轴跟踪云台设计，配备自主知识产权的惯性导航测量融合算法，通过稳定的伺服平台，能够在无人机快速转弯、S 型移动、盘旋等动态状态下，保持对卫星的精确跟踪，从而确保无人机在飞行过程中实现不间断卫星通信。该系统支持光电吊舱视频实时回传、基站联通、数据采集回传等功能，能够高效协助无人机完成森林防火、应急保障、灾害预警、空中侦察等多项任务。无人机卫星通信整体解决方案，如图 11-26 所示。

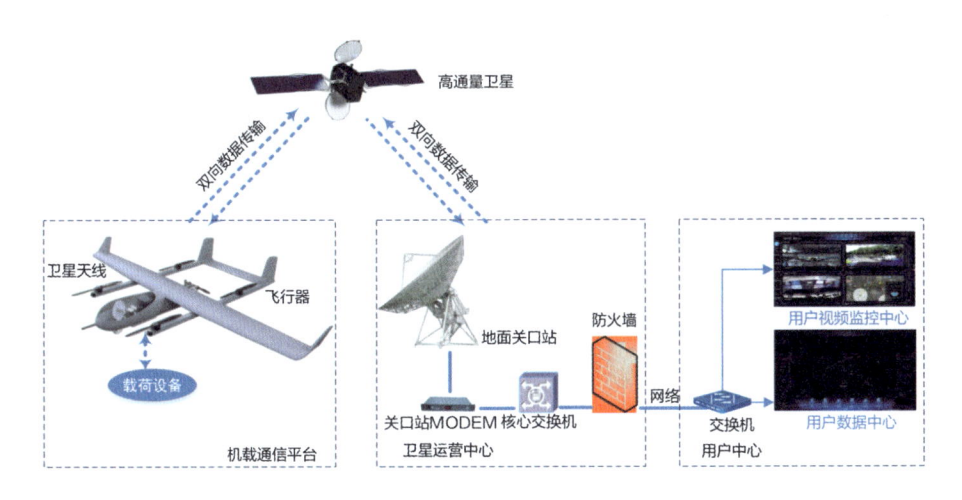

图 11-26　无人机卫星通信整体解决方案

（来源：星展测控）

机载卫星天线（见图 11-27）的产品核心特点如下。

- 通信能力：依据无人机的特性可选择不同口径、波段的产品，采用高通量卫星天线，具有大带宽、高数据速率特性。

- 寻星与恢复：一键锁星，开机自动跟踪锁星、入网，遮蔽消失能快速恢复。

- 校准功能：可自动定期校准，保证卫星链路不断且对星精准。

- 检测与控制：支持自动检测和远程控制，能够定位故障并主动上报，具备断电记忆与保护功能，参数记忆持久，断电后数据不丢失。

- 状态监控：实时记录和显示天线工作状态，支持本地 IP 监控，还可通过协议实现跨波束自动切换。

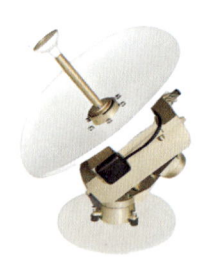

图 11-27　机载卫星天线（左图：Ka 波段宽带；中图：Ku 波段宽带；右图：Ku 波段窄带）

（来源：星展测控）

在无人机卫星系统终端领域的国际企业有霍尼韦尔（Honeywell）、休斯（Hughes）、吉莱特（Gilat）等；在国内，中国电子科技集团公司第五十四研究所、第三十九研究所、第十研究所等为大型无人机提供了卫星通信系统，该领域的民营企业包括星展测控、中科国信、成都迅翼等，民营企业更关注研发满足中小型无人机应用的设备。其中，星展测控是唯一一家同时自研卫星天线终端和自研无人机的企业，其自研的 FS100 复合翼无人机平台适航已被中国民航西北局受理，在应急领域有不俗的表现。

4. 自组网通信设备

无线 Mesh 自组网电台具有体积小、质量轻、安装方便的特点，适用于无人机、有人机、无人船、无人车等具备轻量化组网需求的移动载体，特别适合空天地一体化组网通信需求的应用场景。在机载环境下，系统充分利用飞机、无人机等载体的移动性和灵活性，扩展通信范围并提高通信效率。空中到地面的传输距离超过 30 千米。系统不仅具备北斗卫星导航系统的定位功能，同时也支持 Wi-Fi 覆盖，可与具备 Wi-Fi 功能的智能终端进行各种通信。系统采用同频组网与多跳中继技术，支持点对点、点对多点、链状中继、网状网络及混合网络等多种拓扑结构，可与手持终端、车载终端和基站设备快速组建互联互通的立体网络，实现高效协同。各类飞行器无线 Mesh 自组网场景，如图 11-28 所示。

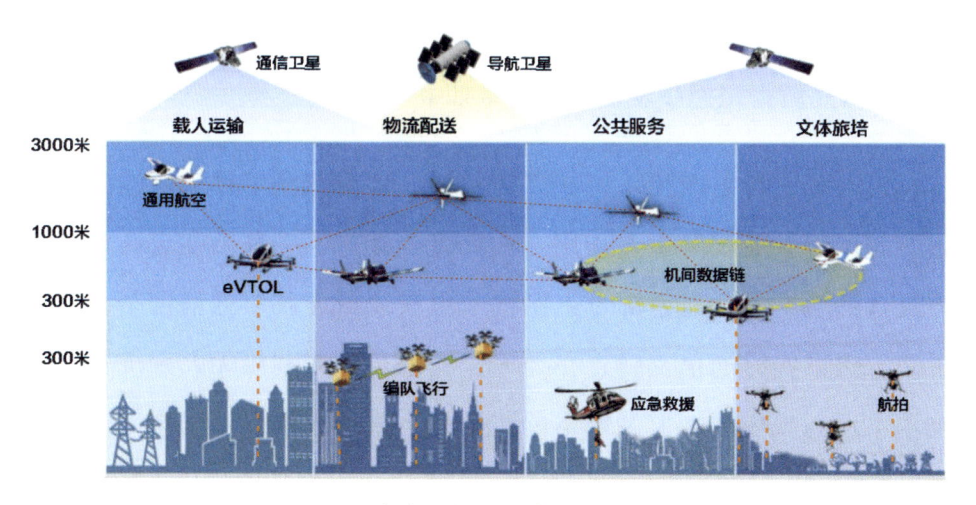

图 11-28 各类飞行器无线 Mesh 自组网场景

（来源：腾远智拓）

无人系统自组网技术的特点如下。

- 无中心组网：组网通信节点地位对等，即可作为终端节点、中继节点或中心节点。

- 任意结构组网：节点自动识别选择带宽数据最优路由。

- 安全保密：通过工作频点、载波带宽、扰码等层层加密，支持 AES128/256 加密。

- 抗干扰、抗毁：采用 COFDM、MIMO、ARQ 等技术，提高数据带宽与抗干扰性能。

- 多节点灵活组网：根据信道质量、速率、误码等指标，自动计算链路路由，灵活组网。

- 全 IP 组网互通：支持数据图传、多种系统互联互通，多媒体业务实时交互。

无人系统自组网技术的应用场景如下。

无人系统自组网技术可在灾害救援、环境监测、物流运输、文化旅游等民用领域发挥重要作用。在灾害救援中，尤其是在山区、海洋等复杂环境中，无人系统自组网技术可快速搭建临时通信网络，为救援队伍提供实时通信支持；在环境监测中，可以利用无人系统自组网技术实现大规模环境监测网络的建设和运维；在物流运输中，无人机可以在空中投递或转运货物，通过无人系统自组网技术优化飞行路径，并实现货物信息的实时跟踪；在文化旅游中，无人系统自组网技术不仅可以提升游客的旅游体验，还可以用于文化旅游的宣传与推广，以及管理与监测；在工业自动化、智能制造等领域中，无人系统自组网技术可以实现设备间的实时通信和数据传输，提高生产效率和设备管理的智能化水平。

国外方面，美国 Silvus Technologies 公司研制的 4000 系列自组网电台产品，目前已达到世界领先水平，组网电台传输速率可以达到 120+Mb/s；美国 Persist Systems 公司给美国军方提供的电台可以实现双模射频模块的便携式拆卸；英国 Cobham 公司生产的 SOLO 8 电台可以实现高速率 80Mb/s；法国泰雷兹军工集团的自组网单兵电台可以实现小速率的多波形加载。目前，国内相关科研院所，比如国防科技大学、海格通信、中船重工集团第七二二研究所、中国科学院上海微系统与信息技术研究所等也开展了基于战术宽带无线自组网的研制工作；民营企业从事自组网通信设备研制的典型代表有深圳腾远智拓、湖南基石通信和深圳希诺麦田，它们都积极为自组网产品的研制做了大量工作。

5. 光电吊舱

光电吊舱作为飞行器能力的"眼睛"，在低空经济领域中同样扮演着至关重要的角色，尤其是在无人机等低空飞行器及相关应用的蓬勃发展下，光电吊舱技术结合视觉 AI 算法（详见本书第十二章："'AI+ 低空飞行器'赋能千行百业"）逐渐成为提升飞行器感知能力、拓展低空经济应用场景的核心技术之一。挂载在无人直升机机身下的光电吊舱，如图 11-29 所示。

在农业与资源管理、工业与行政管理、灾害应急与救援等诸多领域中，光电吊舱均发挥了重要的作用，如图 11-30 所示。

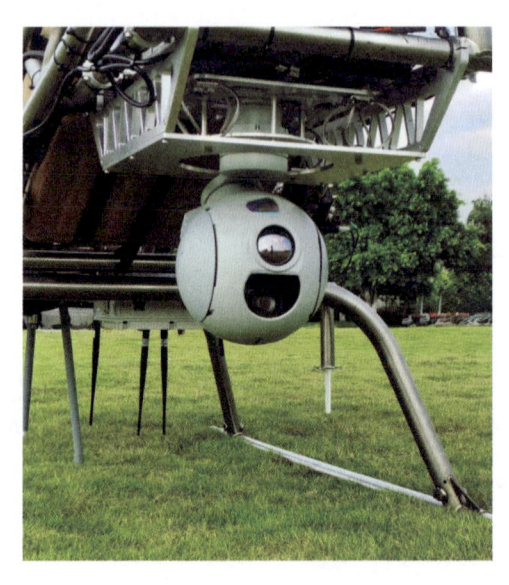

图 11-29　挂载在无人直升机机身下的光电吊舱

（来源：虹跃光电）

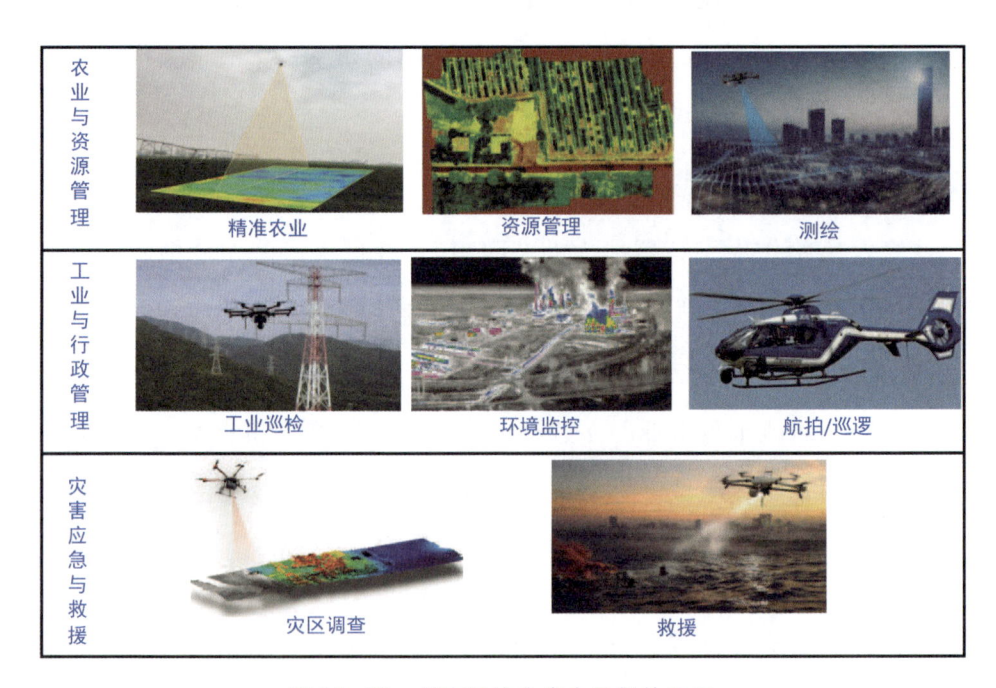

农业与资源管理	精准农业	资源管理	测绘
工业与行政管理	工业巡检	环境监控	航拍/巡逻
灾害应急与救援	灾区调查	救援	

图 11-30　低空经济中光电吊舱的应用

（来源：虹跃光电）

在农业领域中，光电吊舱可对农作物的状态实施详细的监测，如农作物健康状况、土壤湿度、施肥效果等，这些数据有助于实现科学、精准的农业种植，在提高农作物产量的同时减少农业资源的浪费；在资源管理领域中，光电吊舱可对地表植被状态与起伏状态进行监测，为资源管理或灾害预警部门提供数据；在工业领域中，光电吊舱可在线缆、铁路等基础设施巡检中发挥重要作用，通过空中排查可迅速发现潜在的损坏或故障，减少人力成本并提高巡检效率；在行政管理领域，光电吊舱可方便、快捷地对重要区域进行巡检，及时发现违规、违法行为，便于提高行政管理部门的执勤效率；在灾害应急与救援领域中，光电吊舱可快速进入受灾区域，及时获取灾区信息，定位被困人员，为救援部门的后续行动提供数据支持。

为更好地满足上述低空应用需求，光电吊舱技术发展的特点主要体现在多功能、轻量化与小型化、智能化、强信息感知能力等方面。

（1）多功能。

光电吊舱可配备可见光传感器、红外传感器以实现昼夜工作；可搭载激光雷达，实现高精度的地形建模；或者在组合惯性导航器件的辅助下，实现目标定位与区域自主搜索侦察。通过传感器与算法的结合，光电吊舱可满足潜在的多种应用需求。

（2）轻量化与小型化。

为适应低空飞行器（如无人机）的使用，光电吊舱在质量和体积上做了许多优化。轻量化设计不仅延长了飞行器的续航时间，还降低了能耗和运行成本。小型化的吊舱也使得低空飞行器能够承载更多的传感器和设备，增强其综合能力。

（3）智能化。

随着人工智能技术的发展，光电吊舱可以与飞行器的自主控制系统相结合，形成智能化的作业模式，提升作业效率并减少人工干预。

在实际应用中，应针对不同的平台与应用，选择合适的光电吊舱。光电吊舱应充分适应平台的特点，稳定地发挥出正常的功能与性能，并尽可能地简化操作或优化操作界面，作为一个信息处理系统，直观、可信地为用户提供相关数据。

（4）强信息感知能力。

随着传感器技术的快速发展，光电吊舱的信息感知能力在空间分辨和光谱分辨两个层面都取得了显著提升。

在空间分辨层面，光电吊舱的成像性能不断提升，极大地增强了目标识别与监视能力。例如，可见光成像分辨率已从过去的2K升级至4K，提供了更高的图像清晰度和丰富的细节表现，使目标识别更加精准。在热成像领域，红外分辨率也从传统的0.5K提升到1K，进一步提高了在复杂环境和恶劣条件下的探测精度与识别效果，尤其在远距离观测和全天候应用中展现出显著优势。从"可见光2K分辨率＋红外0.5K分辨率"提升到"可见光4K分辨率＋红外1K分辨率"的高空间分辨率图像能够提供更多细节，便于精确定位和识别目标，为各类应用场景提供了有力支持。"可见光4K分辨率＋红外1K分辨率"光电吊舱挂载于复合翼无人机，如图11-31所示。

图 11-31 "可见光 4K 分辨率 + 红外 1K 分辨率"光电吊舱挂载于复合翼无人机
（来源：虹跃光电）

在光谱分辨层面，光电吊舱的发展实现了更高的光谱分辨率，通过捕获更加丰富的景物光谱特征，辅助景物属性的分析与判断。这一能力不仅能帮助我们识别目标类型，还能对目标材料、状态等进行深入的分析，从而增强光电吊舱在复杂任务环境下的应用能力。

总体来看，光电吊舱正朝着高空间分辨率和高光谱分辨率的方向不断迈进，推动多模态传感器技术的发展，更高效地满足现代化应急、执法及远程监控等任务对信息感知精度和性能的严苛要求。

国外从事高性能光电吊舱研制的公司有：Teledyne FLIR（美国）、Thales Group（法国）、L3 HARRIS WESCAM（加拿大）、Elbit Systems（以色列）、Raytheon Technologies（美国）、Rafael Advanced Defense Systems Ltd.（以色列）、PV-Labs（加拿大）等。这些公司研发的产品，在多模传感器性能、光轴稳定指标及信息处理层面均具有较强的竞争力，主要搭载于大型有人机或无人机平台，用于执行多样化的军事作战任务与较高要求的民事用途。其中最有特色的是 PV-Labs 公司研发的光电吊舱，它的内环采用柔性支撑方式，可实现传感器载荷六自由度稳定，相较于传统框架式光电吊舱，具有更好的综合性能。

同时，国外的 Trillium Engineering（美国）、HoodTech（美国）及 Octopus ISR Systems（以色列）等公司，主要专注于 10 千克以下小型光电吊舱的研发，产品在功能、性能、体积及轻量化方面实现了较好的均衡，主要搭载于小型无人机平台，用于实现战术级侦察、作战及一般性民事用途。

国内，从事光电吊舱研制的国营单位主要有西安应用光学研究所、中航光电所、凯迈（洛阳）电子、长春光机所、航天九院等；民营企业有长春通视光电、成都浩孚科技、深圳虹跃光电、北京贯中、武汉高德等。

6. 数字微光相机

数字微光相机技术区别于传统像管、热成像技术，具备数字化、全天时、远距离、高清、高动态、轻量化、生物目标特征信息捕捉等独特技术优势。数字微光相机分为全天时黑白成像和全天时彩色成像，全天时黑白成像在相同光电系统设计条件下具备更强的灵敏度和抗光能衰减的性能，在恶劣气候条件下的优势更加明显。超微光全天时深夜彩色成像效果，如图 11-32 所示。

国内业内领先的技术方案采用单一传感器，兼容日间高清成像和微光高清夜视，实现全天时视觉覆盖，在夜视系统轻量化研制方面，突破了传统多光谱在尺寸和质量上的限制。全天时彩色成像分为微光级和超微光级。微光级可在大多数月光环境下提供高帧率、高快门清晰成像，而超微光级则适用于大多数星光环境，提供同样的高帧率、高快门清晰成像。两者从不同程度上降低了微光环境下速度/高度比对成像质量的影响，为无人机夜间作业和取证提供了可能。其基础原理为利用自然环境当中的微可见光和极微可见光进行成像，无须主动光源照射，通过光子采集增强、光电转换增强、色彩还原、算法增强来实现夜视性能增强。

图 11-32 超微光全天时深夜彩色成像效果（阴历四月初二/无月光/25 帧）

（来源：夜行人科技）

该技术既解决了传统成像夜视增强器在数字化和清晰度方面的问题，也克服了热成像在取证中的局限性，如不能透玻璃和水雾，以及在温度均匀环境下无法识别目标的问题。此外，它还能大幅度减小传统机载多光谱成像系统的尺寸、质量，降低单位成本，并打破传统夜视补光技术的局限，为夜间远距离探测和作业提供技术保障。超微光技术在无人机森林防火平台中的应用效果，如图 11-33 所示。

图 11-33　超微光技术在无人机森林防火平台中的应用效果

（来源：夜行人科技）

传统的"黑光级"摄像机依赖主动红外灯在夜间照亮环境，通过目标反射红外光进行成像。然而，由于红外灯功率有限，补光照射的范围有限，远距离目标反射回来的光线太弱，致使黑光摄像机在夜间无法清晰成像甚至无法成像。

而专业的微光摄像机具备高灵敏度，不依赖主动红外灯，不会受到补光照射范围限制的影响，因此在夜间能够清晰成像。而且微光摄像机具备更强的抗光能衰减能力，往往不需要通过降低帧率的方式来增强夜视。目前，业内已推出 1080P 0.001lx@100fps 的高帧率黑白高清夜视技术，可以支撑更短的快门成像，能够打破无人机夜间飞行速度/高度比的局限。该技术可广泛应用于目标追踪、取证、森林防火侦察和巡逻、车辆/行人追踪等任务。

唯一的不足是，当前数字微光相机采用单一传感器，限制了其分辨率，最高只能达到 1080P，无法与白光相机的 4K 分辨率相比。同时，在白天的探测距离上也不如白光相机。数字微光相机将主要用于夜间作业，也可适当兼容白天作业，但不能完全替代白光相机。在一些特定场景下，如丛林搜索和搜救，它不如热成像相机实用。然而，它为无人机领域在夜间导航、飞行、侦察取证提供了更丰富、更有效的手段，具备较大的应用价值。

数字微光相机以深圳夜行人科技为代表，已用于多个无人机夜间巡检项目。

7. 激光雷达测量系统

激光雷达（Light Detection and Ranging，LiDAR）是一种利用激光技术来测量距离的传感器。它通过发射激光束，并测量激光束遇到目标后反射回来的时间来计算目标物体的距离。当前市面上的激光雷达主要采用脉冲式测距、相位式测距及连续波式测距等三种方式。三种测距方式适用于不同的应用场景。激光雷达测量系统如图 11-34 所示。

脉冲式测距激光雷达一般应用于无人机高度测量，它还可搭载于光电吊舱用于目标的距离测量，测距精度一般为厘米级。

相位式测距和连续波式测距激光雷达一般应用于高精度测量，测距精度为毫米级或微米级。

图 11-34　激光雷达测量系统

（来源：奥伦达科技）

激光雷达扫描机构一般有微振镜和旋转棱镜两种方式。微振镜常用于短距测量，成本较低，但由于结构限制，光斑一般为椭圆形，无法应用于高端测绘。旋转棱镜常用于中长距测量，光斑通过多级修正后为圆形，可用于高端测绘，但成本较高。

无人机是搭载激光雷达测量系统进行三维测绘的主要平台。与倾斜摄影系统相比，激光雷达测量系统具有成图快、植被穿透性强、精度高、全天候等特点，在地质灾害、应急测绘、电力巡检、智能交通、林业调查、作物育种等多个行业领域的应用愈加广泛。

激光雷达测量系统由硬件系统、软件系统及 POS（位置和姿态系统）三部分构成。硬件系统主要由激光雷达、高精度惯性导航系统、卫星导航系统、高精度时间同步系统、控制存储系统及影像系统等几部分组成。机载激光雷达测量系统通过高精度同步系统（一般为毫秒级精度），将激光雷达的测距信息、惯性导航系统提供的姿态信息、卫星导航系统的定位信息及影像系统的照片信息进行数字解算，从而获得三维地理信息。

POS 提供三维激光点云解算的时间和位置参考，同时可用于影像系统的点云着色或影像系统解算。当前，POS 解算一般采用实体基站或云基站解算两种方式，这两种方式又分为 PC 单机解算和云系统解算。

PC 单机实体基站解算采用基于架设的 GNSS 参考站，结合激光雷达测量系统硬件上存储的惯性导航系统和卫星导航系统数据，联合解算出高精度 POS。该种方式需携带实体基站，技术简单，但使用复杂，同时对基站架设条件有很高的要求，对作业人员的素质要求也高。

云系统解算一般采用虚拟基站数据结合激光雷达测量系统硬件上存储的惯性导航系统和卫星导航系统数据，联合解算出高精度 POS。该方式无须携带实体基站，无须考虑基站架设，技术复杂度较高且对人员无技术要求。由于其一致性，云解算技术目前已经成为测绘领域的趋势。

软件系统一般被称为点云数据处理软件，各厂家会有不同的命名方式，主要用于对三维激光点云进行数据处理，满足不同行业的应用需求。

（1）测绘行业。随着三维点云数据质量的提高，采用了航带平差技术，通过基于航带间重叠点云的匹配来修正因电磁干扰或定位误差造成的 POS 系统误差；在地面滤波过程中，将地面植被滤除，以获取准确的地表数据；在三维模型重建方面，基于点云数据，采用三角网格构建等技术生成三维模型，用于后续生产软件的应用。

（2）电力行业。部件提取：提取电力线、杆塔、绝缘子、挂点、横担等；隐患分析：进行树竹障碍、交跨分析及弧垂分析等；树倾倒分析：分析树竹砍伐时的倾倒安全距离；风偏模拟：模拟风对电力线摆动的影响；覆冰模拟：分析不同覆冰程度下电力线的弧垂变化；航点规划：进行杆塔部件的三维航线规划，提供精细化的巡检航线。

（3）农林行业。农作物/树木表型分析：分析农作物和树木的表型特征；结构参数测量：测量农作物和树木的胸径、树高、冠型等结构参数；生物量与碳储量测算：计算生物量和碳储量。

（4）应急救援。灾害现场快速三维重建：快速重建灾害现场的三维模型；方量计算：进行土方量计算（包括挖方与填方）；灾害点排查：排查灾害点，如岩崩、滑坡等。

国外从事激光雷达测量系统研制的企业有奥地利瑞格（RIEGL）、德国徕卡（Leica）、美国天宝（Trimble）、美国法如（FARO）、加拿大欧普泰克（Optech）等。国内国有企业和研究院所从事激光雷达测量系统研制的企业有四维远见等；国内民营企业从事激光雷达测量系统研制的企业有华测导航、中海达、南方测绘、奥伦达科技、数字绿土、飞马机器人等。

第四节　飞机平台与机电子系统

飞机平台与机电子系统包括机体机构、燃油系统、起落架系统、隔振系统、航空照明产品等。

1. 机体机构

1）低空飞行器中的复合材料和金属材料

复合材料，特别是碳纤维增强复合材料（CFRP），因其高比强度、高比模量和优异的抗疲劳性能，成为低空飞行器机体结构的首选材料，复合材料在低空飞行器中的应用大幅降低了结构质量占比，从而显著提升了其续航能力和有效载荷。

150 千克以下的中小型无人机，机体结构以复合材料整体结构为主，辅助少量金属材料；超过 150 千克的飞行器特别是 eVTOL 和货运无人机等，普遍采用复合材料加金属材料组合的机体结构，金属材料占比达 20%～30%，复合材料件占比达 70%～80%（主要用于机翼、机臂、机身、尾翼等关键部件）。复合材料具有轻质高强的特点，能够显著减轻飞行器机体结构的质量，从而提高飞行效率和续航能力。复合材料机体结构如图 11-35 所示。

图 11-35 复合材料机体结构

（来源：亨睿航空）

低空飞行器上金属材料与复合材料之间通常采用胶接方式，部段之间根据需要采用胶接、铆接或螺接等方式。随着批量化的生产，为了保证质量的稳定性和提升生产效率，需要自动化、智能化的装配技术和生产线。

复合材料除用于低空飞行器机体结构之外，还广泛用于推进系统（旋翼、涵道、叶片转子等）、内饰（内饰板、仪表板、座椅等）、起落架系统、能源系统（电池外壳、燃料贮箱等）等。

2）低空飞行器复合材料的关键技术

低空飞行器机体结构设计的基本原则是，在保证结构完整性的前提下，尽可能减轻机体结构的质量。复合材料机体结构设计与制造的目标是在充分分析产品特点和需求的前提下，力求实现成本、效率与质量三者的平衡。复合材料在低空飞行器中的关键技术包括以下 5 个方面。

（1）设计/仿真/制造一体化协同技术。复合材料因其材料、工艺、结构多维一体化的特点，对设计、仿真、制造同样提出了更高的要求，设计、仿真与制造一体化协同技术能够实现结构、强度、工艺、模具工装设计的快速迭代；可以通过仿真手段代替部分试验，降低试错成本；从设计端考虑更好的工艺性，确保产品质量的同时，降低制造成本；结构设计与工艺准备、模具工装设计并行，还能缩短研制周期。

（2）雷电防护与电搭接设计技术。经统计，飞机遭遇雷击导致结构损伤程度分布为：结构穿孔占比达 24%，轻微损伤占比达 49%，无损伤占比达 27%。相对于传统金属材料，低空飞行器常用的碳纤维复合材料对雷击更加敏感，雷击损伤更为严重。复合材料机体结构应重点关注全机表面的低阻抗通路设计、机体结构的泄放电通路设计和电搭接设计等。

（3）抗动态疲劳设计技术。低空飞行器的旋翼系统带来的噪声和振动会导致机体结构与其连接周边区域出现严重的噪声和振动疲劳问题，尤其对于复杂形状的金属电机支座影响更为突出。同时，由于低空飞行器旋翼转速范围较广，复合材料机体结构模态频率很难避开电机的工作频率，从而导致共振不可避免。对于低空飞行器的抗动态疲劳设计应合理选择材料，开展隔振设计，通过仿真与试验相结合的形式进行模态和疲劳设计。

（4）高承载复合材料结构连接技术。复合材料结构的连接技术一般分为机械连接、胶接和混合连接。对于高承载部位的复合材料连接应重点关注胶接强度、胶接质量及不同材质紧固件对复合材料机械连接的适用性等。

（5）适航符合性验证技术。为满足适航条款对复合材料的要求，低空飞行器复合材料的适航符合性验证一般包括对材料、工艺、结构形式、设计值、损伤容限评定和各尺寸样件/部件的强度验证，通常采用积木式验证方法逐级开展。

3）低空飞行器复合材料未来的发展趋势

轻量化与高性能、低成本与规模化、多功能一体化、可持续性与环保是未来复合材料在低空飞行器中的发展趋势。

（1）轻量化与高性能。随着低空飞行器技术的不断发展，对复合材料结构的轻量化和高性能要求将越来越高。通过轻量化设计与优化技术，最大化发挥复合材料的可设计性，使复合材料机体结构在低空飞行器上的应用更加高效。

（2）低成本与规模化。目前，低空飞行器复合材料结构的成型工艺主要以热压罐为主，其制造周期长、成本高、自动化程度低。未来，随着低空飞行器的持续发展和技术更加成熟，低空飞行器的需求将会大增，对复合材料机体结构的成本和生产效率提出了更高要求，低成本工艺和自动规模化生产将是复合材料在低空飞行器中的重要发展方向。

（3）多功能一体化。当下，复合材料在低空飞行器上的应用已实现了初步的结构功能一体化，比如某飞行汽车复合材料电池壳体既是电池组件，也具备承载能力，是机体结构的重要组成部分；某混合动力低空飞行器燃油布置在复合材料机翼盒段，既是燃油系统的组成部分，也是机体结构的重要组成部分。未来，低空飞行器复合材料结构将继续朝着多功能一体化方向发展。例如，将电池、传感器、通信设备等集成到复合材料结构中，实现进阶的结构功能一体化。

（4）可持续性与环保。随着全球对环保和可持续发展的日益重视，复合材料结构的可持续性能也将成为重要发展方向，实现从材料端到回收端的全产业链闭环生态系统是复合材料在低空飞行器上大规模应用及可持续发展的保障。

国有企业和研究院所从事航空复合材料制造的企业有西飞、中航复材、珠海领航等；民营企业从事航空复合材料制造的企业有江苏亨睿航空、常州启赋安泰、江苏新扬、安徽佳力奇、江苏澳盛等。

此外，西安兴航航空设计了数字化低空飞行器总装生产线。

4）连续纤维增强热固性复合材料 3D 打印

连续纤维增强热固性复合材料 3D 打印设备，能解决现有复合材料成型工艺难以实现复杂结构一体化高性能成型的痛点，大幅提高材料利用率，降低生产成本，在低空经济发展进程中扮演着关键角色。与其他短切纤维复合材料 3D 打印及热塑复合材料 3D 打印相比，该设备打印的连续纤维热固性复合材料产品具有更高的刚度、强度与耐久性；在实现结构轻量化的同时，飞行器的性能也更接近于传统成型工艺产品。该设备能实现多个零件一体化快速成型，打印过程中不会产生多余废料，固化过程无须进入热压罐，工艺简单，能大幅缩减复合材料件制造和装配周期，降低能耗和生产成本。此外，复合材料 3D 打印具有制造灵活性的优势，能实现多种点阵、拓扑、变刚性等新型复杂设计复合材料结构制造，达到一体化与轻量化制造，降低飞行器整机质量，提升飞行稳定性、动力性能及操控性能。该设备可适用的纤维材料包括碳纤维、玻璃纤维、芳纶纤维等，也可适用于多种纤维混杂的复合材料 3D 打印，可以根据应用场景自由选择材料组合，以达到更好的打印效果，适应低空经济多种应用场景。复合材料 3D 打印的四旋翼无人机机身结构，如图 11-36 所示。

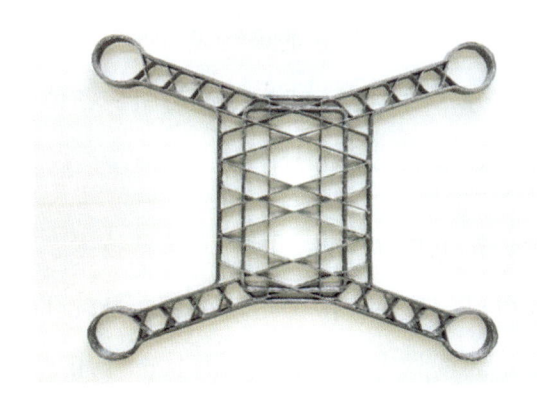

图 11-36　复合材料 3D 打印的四旋翼无人机机身结构

（来源：华晟复材）

国内从事复合材料 3D 打印的有西安华晟复材，其自主研发的复合材料 3D 打印设备可以打印用于低空领域的无人机与 eVTOL 等多种结构，无人机结构包括机身、旋翼、机翼、支架、发动机部件等，eVTOL 包括机身、翼肋、蒙皮加强筋、支架、电池安装支架等。目前，该设备可以实现最大成型尺寸为 3 米 ×2 米 ×0.8 米，已完成机翼肋结构、四旋翼无人机机身结构、桁架结构、飞行器支架结构、进气道格栅结构、机身支架拓扑优化结构、飞机前翼壁板结构等的打印，技术水平国际领先。

2. 燃油系统

燃油系统被誉为飞行器的"血管"，是以燃油发动机作为动力源的飞行器重要且必要的复杂关键系统之一，其用于储存发动机所需的燃油，且在飞行器所有的正常飞行状态与工况下，按一定顺序向发动机不间断地供给规定压力与流量的燃油，同时使得飞行器重心在整个飞行过程中保持在规定的范围之内。

燃油测量管理分系统由五大分系统组成。图 11-37 所示为某典型民用飞机燃油系统机上分布图，该飞机燃油箱有机翼整体油箱和机身结构油箱，燃油系统遍布整个机翼和机身。

燃油系统的优势在于其高能量密度和成熟的技术，可为飞行器提供长时间飞行能力和可靠的运行保障。这使得燃油系统在一些需要长时间飞行和携带大型设备的场景中，具有不可替代的作用。

国内飞行器燃油系统集成供应商中西安沃祥航空是具有代表性的企业，其具备各类油箱、油管、电磁阀、油泵、燃油管理计算机等燃油系统的研发和生产能力，已为多型中型复合翼无人机、大型固定翼无人机、飞艇等低空飞行器提供配套。

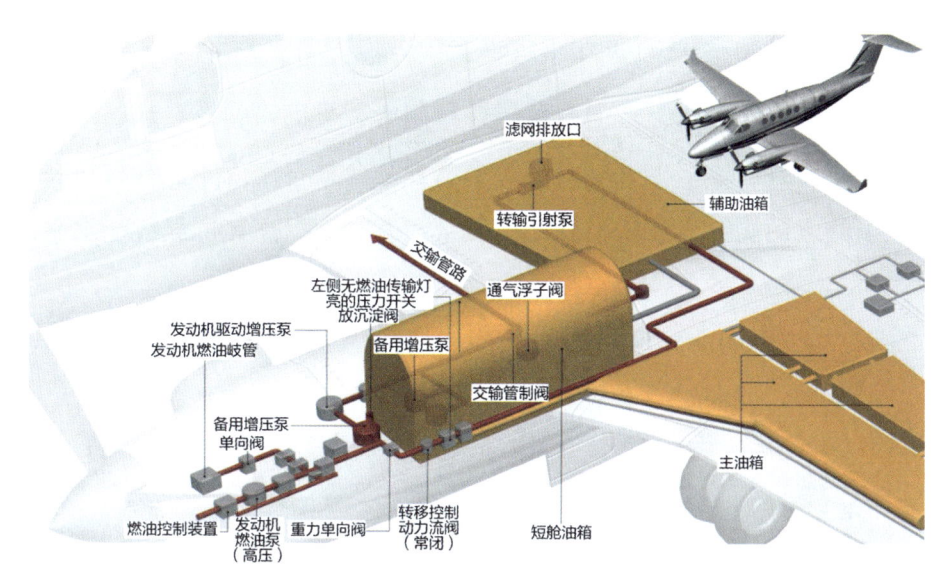

图 11-37　某典型民用飞机燃油系统机上分布图

（来源：沃祥航空）

3. 起落架系统

无人机起落架系统包含缓冲支柱、全电收放作动筒、液压收放作动筒、复合材料起落架；无人机伺服系统包含电静液刹车系统、全电刹车系统、舵机和机载液压系统。

（1）起落架缓冲支柱。它是无人机起落架系统中的关键部件，承担着吸收着陆冲击能量、支撑无人机质量及保证无人机在地面滑行时的稳定性等重要功能。缓冲支柱中的减震部件能够吸收无人机在着陆时的冲击能量，减少对机身和内部设备的损伤，保护无人机的整体结构。起落架的设计还能在一定程度上保护无人机的关键部件，如发动机、油箱等，避免在无人机起飞、着陆或滑行过程中受到地面的直接冲击和损伤，对于整体飞行的安全性和可靠性具有重要意义。

起落架主要包含支柱式、半摇臂式、摇臂式、滑橇式及板簧式起落架等 5 种起落架形式（见图 11-38）。其中，支柱式、半摇臂式和摇臂式起落架由铝合金或不锈钢等金属材料制成，滑橇式和板簧式起落架可以由金属材料制成，也可以由碳纤维增强复合材料制成。复合材料在起落架中的应用能够大幅减轻其结构质量，并显著提高其抗载吸能水平。

支柱式　　　　　　半摇臂式　　　　　　摇臂式

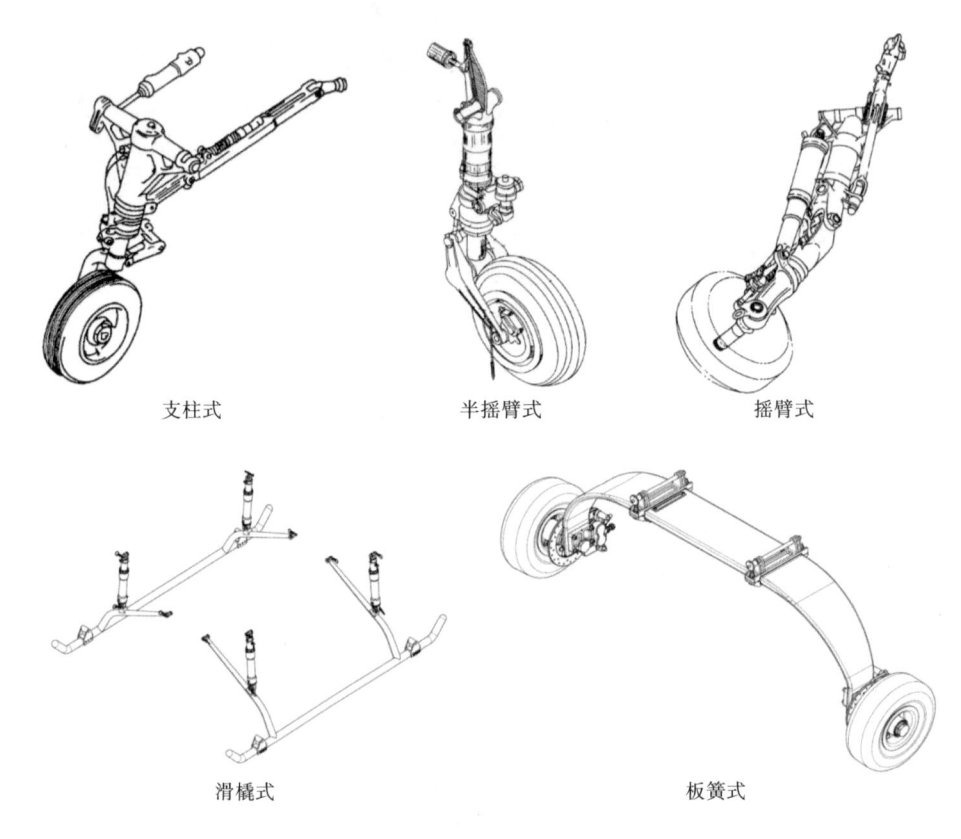

滑橇式　　　　　　板簧式

图 11-38　5 种起落架形式示意图

（来源：朗正科技）

（2）收放装置。收放装置用于起落架、舱门等设备的直线作动，上下位具备机械锁定结构，作动力大、承载力强、可靠性高。涉及

EMA、EHA、多余度等多种作动形式。其中，EMA（Electro-Mechanical Actuator，机电作动器）（结构示意图见图11-39）以电机为动力组件，通过齿轮和滚珠丝杆（或梯形丝杆）将电机转动能量转换为直线运动，带动活塞杆伸缩实现起落架的收放；EHA（Electro-Hydrostatic Actuator，电静液作动器）（结构示意图见图11-40）是一种将电能转化为液压能，再将液压能转化为机械能的高性能伺服作动装置。

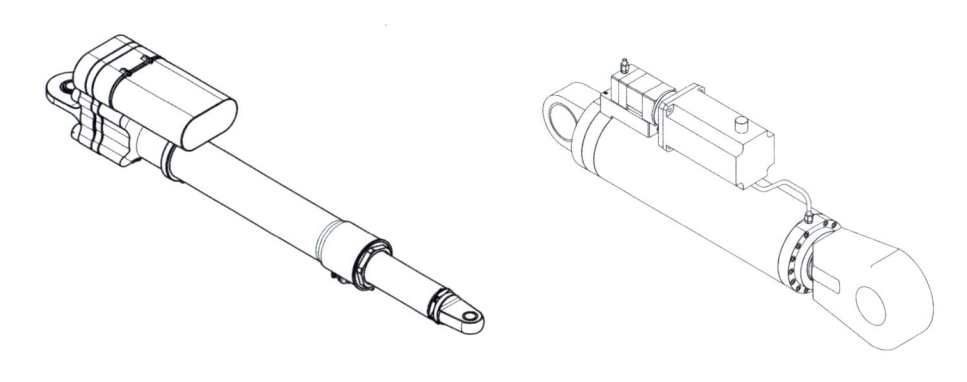

图 11-39　EMA 结构示意图　　　图 11-40　EHA 结构示意图

（来源：朗正科技）

（3）刹车系统。刹车系统用于无人机降落、起飞时的刹车功能，吸收无人机刹车能量，降低无人机刹车距离。其包含机轮、刹车装置、刹车阀等标准化产品，涉及电静液刹车系统、全电刹车系统、多余度刹车系统等多种刹车形式。

电静液刹车系统（结构示意图见图11-41）是一种结合了电静液作动器技术的飞机刹车系统，通过电静液作动器来实现刹车功能。刹车自带独立油源，降低维护要求。

全电刹车系统（结构示意图见图11-42）是一种先进的飞机机轮刹车系统，它使用电力驱动的作动系统进行刹车伺服作动，当需要刹车时，旋转的机电作动器带动滚珠丝杠向前运动,将静盘与动盘压紧,产生刹车力矩从而使飞行器刹停。全电刹车系统具有质量轻、响应快、刹车效率高、安全性和可靠性高、易于维修、环保性能好等优势。

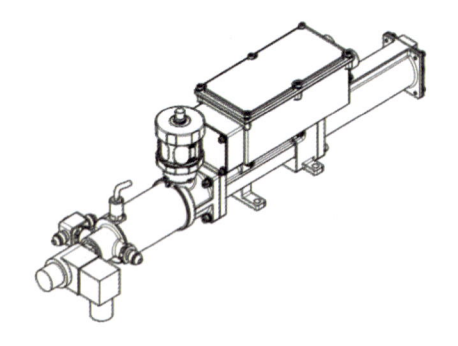

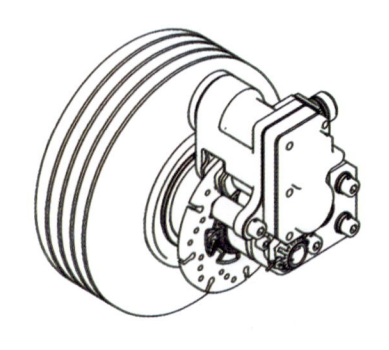

图 11-41　电静液刹车系统结构示意图　　图 11-42　全电刹车系统结构示意图

(来源:朗正科技)

(4)机载液压系统。它是飞机上以油液为工作介质、靠油压驱动执行机构完成特定操纵动作的整套装置,用于驱动大型无人机的起落架收放、刹车系统及其他需要液压驱动的部件。

(5)集成控制器。控制器内部集成电机驱动、处理核心、通信接口等功能。供电端能接受宽电压输入适应,通信接口实现设备对指令的接收,驱动模块对执行器进行控制,反馈采集接口实现实时状态监测,回报有效数据。控制器还根据可靠性需求增添冗余设计,保证设备执行可靠。

国际上从事航空器起落架系统研制的企业有法国赛峰(Safran)、德国/瑞士利勃海尔(Liebherr)、加拿大赫鲁克斯-德维克(Héroux-Devtek Inc.)、美国霍尼韦尔(Honeywell)、雷神技术公司(Raytheon)旗下的柯林斯宇航(Collins Aerospace)等。

国内在该领域比较有代表性的企业是重庆朗正科技,其起落架系统、伺服系统产品可满足 80 千克至 10 000 千克级固定翼无人机的起飞着陆、执行器动作、刹车制动等功能。中航工业 174 厂、贵航 150 厂、中航飞机起落架有限责任公司、北摩高科等参与了大型有人机与部分无人机起落架及刹车系统的配套工作。

4. 隔振系统

动力装置引起的飞机振动是全机性的振动，与气动力引起的振动并列飞机两大主要振源。如果缺少有效措施抑制或隔离，那么振动传至机体后会造成飞行员和乘客不适、机载设备失灵、仪表板指针晃动（对于传统模拟仪表板而言）、部分机体结构失稳等危害。

不同类型的飞行器在飞行任务、结构特点、载荷形式及发动机的振动特性方面差别较大，因此其动力装置隔振系统的设计形式也有所不同。然而，主流仍采用橡胶类弹性元件加部分金属元件辅助结构相结合的方式。由于飞行器具有复杂的载荷形式、严酷的工作环境温度范围、极高的可靠性要求，因此对橡胶材料的质量、弹性元件的制造工艺、系统动力学匹配性和整体产品的质量要求非常高，需进行专门的研制工作。

动力装置隔振系统的主要特点可以总结为以下 7 点。

（1）空间六自由度隔振系统，各自由度之间存在一定程度的振动耦合，需尽量控制。

（2）多种载荷共同作用，隔振系统需在不同工况下承受推力、过载、扭矩、振动、冲击及热变形等载荷的组合。

（3）安装系统的高可靠性要求，安装系统的隔振装置应具备破损安全功能或系留功能。

（4）较大的工作环境温度范围，以航空发动机为例，隔振装置环境温度为 -55 ~ 170℃。

（5）固有频率设计要求，在满足隔离中高频振动的同时，也要避开低频范围内发动机或旋翼的低阶模态频率。

（6）定制化的设计开发过程，发动机隔振安装是一个系统性的设计和定制化的开发过程。

（7）可维护性要求，安装系统及其隔振装置必须易于拆卸，便于发动机的更换及维护。

包括无人机、eVTOL 在内的各类低空飞行器的动力装置隔振降噪的 8 项核心技术如下。

（1）发动机安装系统传力计算与振动载荷谱分析。

（2）空间六自由度隔振系统设计及参数优化。

（3）"高静低动"非线性隔振系统设计技术。

（4）扭矩补偿方案及相关装置研制技术。

（5）系统动力学仿真、模态计算及谐响应分析。

（6）隔振装置结构设计、性能仿真及强度校核。

（7）高阻尼橡胶材料配方设计及制备工艺。

（8）隔振系统性能测试及振动耐久性试验技术。

在无人机、eVTOL 等低空飞行器领域，除发动机隔振之外还需要多种隔振措施综合作用。对于旋翼隔振，类比直升机旋翼隔振安装系统，螺旋桨桨叶间存在升力差，这会产生滚动力矩，从而可能导致无人机失稳，影响正常飞行。此时，使用由多个带有一定角度的层叠式金属橡胶层组成的柔性旋翼弹性轴承，可以有效保持旋翼系统的气动稳定性，降低颤振风险，并减少旋翼振动向机体的传递；惯性导航设备隔振系统通过小型隔振器等隔振措施可以提升工作精度及可靠性，防止机体振动损坏高精密惯性导航设备；光电吊舱隔振系统采用专用的隔振措施以改善其图像清晰度和稳定性；管路隔振系统采取隔振卡箍等方式安装以降低导管结构的因振动疲劳破坏而引起的安全问题。低空飞行器上安装的不同隔振系统，如图 11-43 所示。

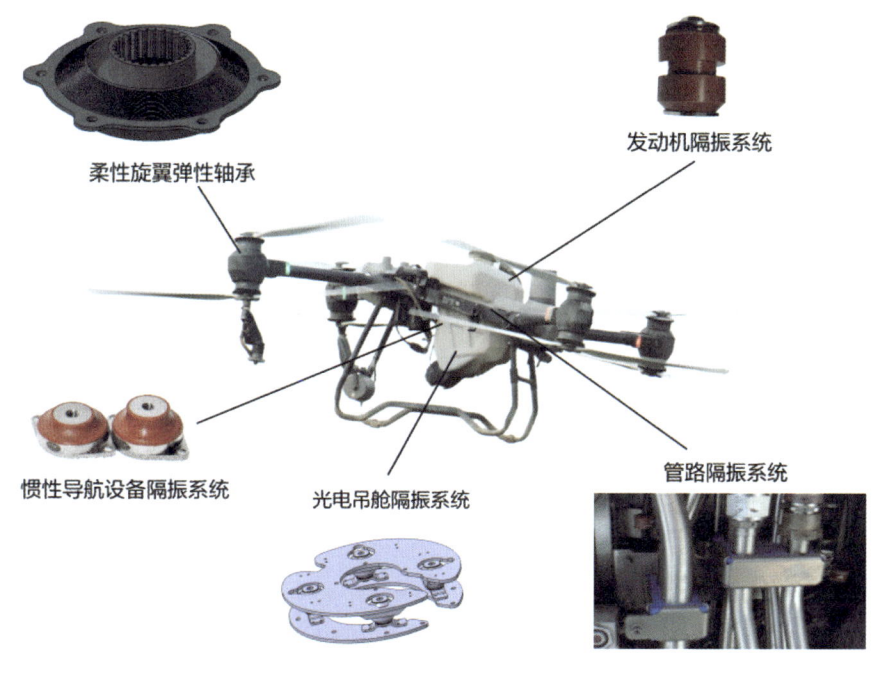

图 11-43 低空飞行器上安装的不同隔振系统

（来源：航弓机电）

此外，随着无人装备技术朝多样化、专用化及全气候域方向发展，对隔振降噪技术及产品也提出了更多、更高的要求，主动隔振降噪、"微振动"控制、多载荷多自由度复杂隔振技术等方向成为新的研究重点并逐步走向工程应用。

与此同时，无人机和 eVTOL 的设计工作逐渐从最初的无序性向规范化、系统化转变，各低空飞行器企业在型号设计过程中应充分重视振动噪声问题，参照相关标准，制定全局性的隔振降噪工作规划，以有效控制无人机及相关设备的振动噪声水平，提升其安全性、耐久性及可靠性。

从事隔振系统研制的企业往往比较小众，不为人所知，可小专业却有大市场，如法国哈金森（Hutchinson）是一家在隔振技术等领域非常有名的公司，它是 2023 年世界 500 强排行榜第 20 位、世界第六大石油公司道达尔能源集团（Total）的子公司。哈金森在汽车零部件、航空航天等多个工业领域都有涉足，2023 年其营业收入为 46.27 亿美元，并在我国苏州市、马鞍山市等地开设了子公司。

国内在该领域比较有代表性的企业有西安航弓机电，其核心团队源于航空工业，研制了某型发动机隔振安装系统、旋翼隔振系统、惯性导航设备隔振系统、光电吊舱隔振系统和管路隔振系统等多类成熟产品。

5. 航空照明产品

航空照明产品可分为外部照明产品和内部照明产品。外部照明产品用于确保飞机在夜间或能见度低的条件下的安全运行，一般包括航行灯、防撞灯、着陆灯、滑行灯等；内部照明产品近些年基于 eVTOL 等用户的个性化需求也发展迅速。广州艾威航科等公司在该领域布局较多。航空照明产品如图 11-44 所示。

图 11-44　航空照明产品

（来源：广州艾威航科）

第十二章

"AI+ 低空飞行器"赋能千行百业

如果我们说"安全"是低空经济的底线和红线，那么 AI（人工智能）则决定了低空飞行器应用的上限。AI 与低空飞行器二者融合创新，不断孕育出新的应用场景，将成为低空经济实现高质量发展的必然趋势。

第一节　AI 在低空经济中的应用潜力

随着技术的进步和政策的逐步放宽，我国的低空经济正处于蓬勃发展之中。然而，低空经济的进一步发展面临诸多挑战，尤其在安全性、效率及应用场景拓展方面，AI 的出现与成熟为其突破和创新提供了关键解决方案。AI 主要通过计算机视觉技术和深度学习算法，赋予机器模拟人类视觉系统的能力，使其能够识别、理解和分析图像、视频等视觉信息。其包括目标检测、图像分类、语义分割、目标跟踪等关键技术，能够从复杂的视觉场景中提取有价值的信息，并作出相应的决策。

在低空经济领域应用 AI 至关重要，首先体现在安全性方面。低空飞行环境复杂多变，存在众多潜在的危险因素，如建筑物、山脉、高压电线及其他飞行器等。传统低空飞行安全保障主要依赖飞行员或地面操作员的肉眼观察和有限的雷达探测,这在复杂环境和突发状况下存在明显局限。而视觉 AI 算法通过飞行器上的高清摄像头实时采集周围环境的图像信息,并运用先进算法进行快速、准确的分析,及时识别障碍物并精确预测其运动轨迹。这使得飞行员或地面操作员能够提前获得预警信息,采取有效的避让措施,从而极大地降低碰撞事故的发生概率,为低空飞行提供更为可靠的安全保障。

其次,从效率提升的角度来看,AI 也具有不可替代的作用。在低空经济活动中,精准的定位和高效的导航是提高作业效率的关键因素之一。AI 则可以通过对地面特征的识别和分析,为飞行器提供更为精准的位置信息和导航辅助。它能够快速识别出地标、道路、河流等具有明显特征的地理元素,并结合地图数据,实时调整飞行路径,确保飞行器沿着最优路线飞行,减少飞行误差,提高飞行效率。以农业植保作业为例,无人机利用视觉 AI 算法可以快速确定农田的边界、农作物的分布情况及病虫害的具体位置,从而有针对性地进行农药喷洒,避免了盲目作业和重复作业,提高了农药的利用率,同时也缩短了作业时间,大幅提升了农业生产的效率。

再次,视觉 AI 算法对于低空经济应用场景的拓展具有重要的推动作用。随着社会的发展,低空经济的应用领域不断扩大,对于飞行器执行任务的精准度和复杂性要求也越来越高。例如,在工业巡检方面,AI 能够对工业设备的外观缺陷、运行状态进行实时检测和诊断。通过对设备表面的图像分析,检测出细微的裂缝、磨损、渗漏等故障迹象,并及时发出预警信息,使得企业能够提前安排维修维护工作,保障工业生产的安全稳定运行,为工业领域的低空巡检开辟了新的应用前景,满足了工业生产日益增长的智能化需求。

综上所述，视觉 AI 算法在低空经济领域的应用是应对当前发展挑战、实现突破与创新的必然选择。它不仅显著提升了低空飞行的安全性和作业效率，还能拓展应用场景，为低空经济的可持续发展注入动力，推动其向更加高效、智能、安全的方向发展，助力我国低空经济在全球范围内脱颖而出，引领技术变革与产业升级。

第二节 低空 AI 应用场景

在低空作业中，一些任务由于存在危险、枯燥或繁重/肮脏（Dangerous，Dull，Dirty，简称 3D）的特性，对操作人员构成了挑战，甚至在某些情况下可能导致作业效率低下或危及生命。AI 的出现为解决这些问题提供了新的途径，它能够凭借其独特的优势，在多个方面替代人类执行相关任务，从而推动低空产业迈向新的发展阶段。

1. 无人机应急巡检

在当今社会，应急管理至关重要，而传统消防巡逻和应急响应方式存在诸多弊端。例如，大面积区域人力巡逻难以高频次覆盖，在大型工业园区，复杂地形和建筑物使人力巡逻效率低，潜在火灾隐患难以及时发现；应急响应受交通状况影响，消防人员驾车或步行赶赴现场常被延误，火灾损失易扩大；隐患识别依赖人员经验，准确率和效率参差不齐；在恶劣环境下，消防人员的生命安全受到威胁且难以全面掌握现场情况，影响救援决策。

第十二章 "AI+ 低空飞行器"赋能千行百业

无人机应急管理监控平台整合多项技术，构建智能应急体系。其搭载的设备和算法能针对不同场景进行识别。

火焰、烟雾识别算法：可见光摄像头捕捉火焰颜色、形状及烟雾形态，红外热像仪检测物体温度分布，算法依据二者特征，通过对大量火灾样本图像进行分析，准确识别火情并反馈给执法管理平台，辅助决策救援方案。火焰、烟雾识别，如图 12-1、图 12-2 所示。

图 12-1 火焰识别
（本节图片均来自共达地创新，下同）

落水人员识别算法：利用无人机挂载的红外摄像机，依据人体与周围环境的温度差异，获取热成像数据，在复杂水域及光照条件下，精准定位落水人员。落水人员识别如图 12-3 所示。

图 12-2　烟雾识别

图 12-3　落水人员识别

走失人员识别算法：依靠热成像相机收集的热量信息，在野外复杂地形中，穿透植被检测人体热量，根据热量轮廓和温度分布识别走失人员，在夜间等视线受限情况下也能有效发挥作用。走失人员识别如图 12-4 所示。

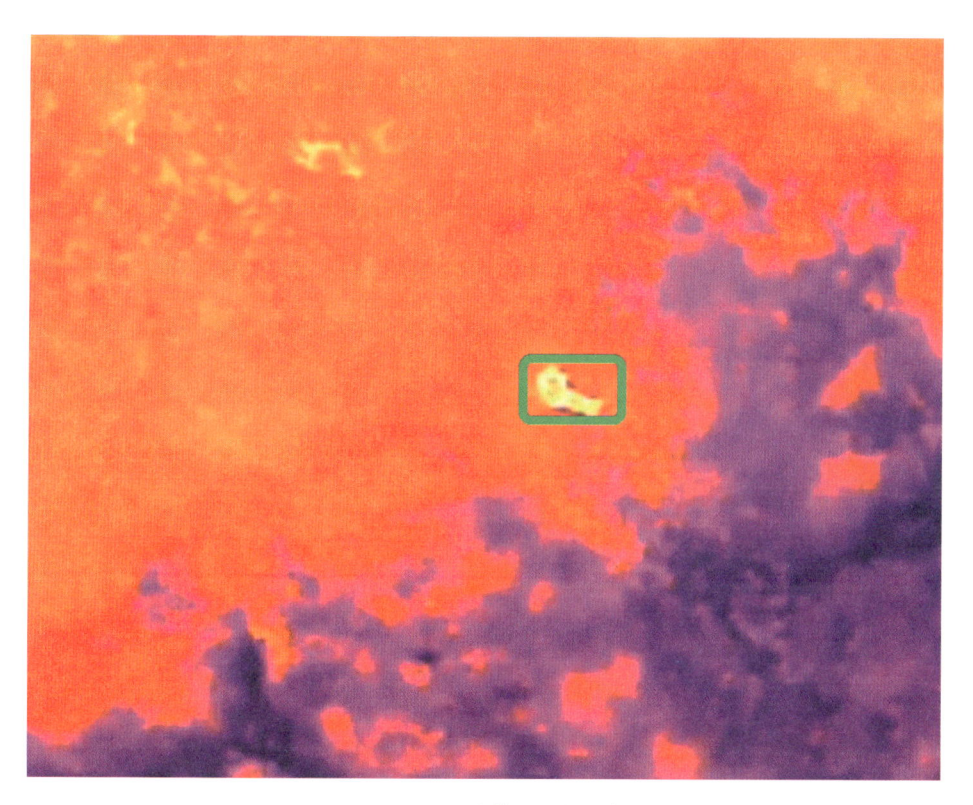

图 12-4 走失人员识别

无人机应急巡检方案在应用价值上成果斐然。在人力成本方面，传统应急巡逻人力成本高昂，以中等规模城市为例，每年消防巡逻人力成本可能达数百万元，采用无人机方案后，人力投入可减少约 50%～70%。无人机不仅可以代替部分人力巡逻，还可在应急响应时减少不必要的人力部署，使人力配置更合理。应急响应效率大幅提升，传统应急响应时间长，而无人机方案可将其缩短至 90 秒左右，快速响应极大降低了火灾蔓延损失。据统计，在某商业区域，采用无人机应急方案后，每年因火灾蔓延导致的损失相比之前降低了 800 万元以上，同时为被困人员争取了更多逃生时间，人员伤亡风险降低 60% 以上。在危险场景中，无人机代替人员深入排查，降低了救援人员伤亡风险，减少因人员伤亡带来的高额赔偿、医疗等费用支出，保障了救援安全。火灾隐患排查效率显著提高，相比人工排查，无人机覆盖广、速度快、准确性高，如在一个大型工业园区，无人机排查一次仅需 2 小时（而人工排查则需 20 小时以上），且遗漏隐患更小，有效降低了火灾发生概率和损失。

2. 高速公路巡逻

在高速公路管理领域，传统巡逻方式存在诸多问题，而无人机高速公路智能巡检方案则展现出显著优势。传统的高速公路巡逻主要依赖交警驾车在固定路段巡逻。然而，由于高速公路路况复杂且路线长，一旦出现突发情况，交警难以及时到达。比如，当发生交通事故时，交警可能需要十几分钟甚至更长时间才能抵达现场，这大大延迟了救援和处理事故的进程，增加了事故危害及后续处理的难度。尽管增加巡逻车辆和人员、优化巡逻路线与调度机制，并在高峰时段和事故多发路段提高巡逻频率，但由于人力和资源的限制，依然难以从根本上解决应急响应迟缓的问题。同时，依靠大量人力和高频次巡逻，造成执法成本居高不下，包括车辆购置费、维护费用及人员工资等。人工巡逻存在视野盲区，有限的道路视频监控难以全面掌握路况，为弥补不足而增加巡逻频次和人力，进一步提高了成本。即便采取优化车辆购置和维护计划、提升交警工作效率等措施，仍难以应对交通流量增长带来的成本压力。

无人机高速公路智能巡检方案借助无人机巡航、高清视频监控与算法处理，构建智能巡检平台。无人机按照预设航线巡航，采集高清图像与视频，通过智能算法自动识别各类违规行为，并及时将预警推送至业务平台。此外，无人机还可与交通大数据分析、智能交通系统及公共服务平台结合，实现事前预防和处理。

行人进入高速公路算法：该算法对无人机采集的影像进行预处理，如去噪、增强对比度后，利用目标检测算法识别行人目标，通过分析其运动轨迹与正常高速公路行车背景特征进行对比，判断是否有行人违规进入。一旦发现有行人违规进入高速公路，立即发出警报并反馈给执法管理平台，以便交警及时劝阻、引导。特别是在高速公路附近有村庄的路段，能有效避免行人进入高速公路而引发交通事故。

车辆拥堵算法：依据车辆密度、车速、排队长度等参数界定拥堵情况。先通过目标检测算法识别车辆目标，计算车辆密度与车速，结合排队长度判断拥堵状态，发现拥堵后及时反馈给执法管理平台，以便交警采取交通疏导措施，如调整信号灯时间、引导车辆分流等，提高通行效率。车流量、车速识别如图 12-5 所示。

图 12-5　车流量、车速识别

车辆违停算法：根据车辆是否在禁停区域长时间静止，以及停放位置是否影响交通来识别违停。利用目标检测算法识别车辆后，分析其运动状态，若其在禁停区域长时间静止，则判定其为违停，并将信息及时反馈给执法管理平台，协助交警快速处理，保障道路安全畅通。行人进入高速公路识别及车辆违停应急车道识别，如图 12-6 所示。

图 12-6　行人进入高速识别及车辆违停应急车道识别

车辆超速算法：结合道路限速信息与车辆在一定路段行驶时间等数据判断是否超速。先识别车辆目标，再计算行驶速度与限速对比，考虑行驶轨迹和加速度等因素以提高判断准确性，发现超速车辆及时通知交警拦截处罚。

红外车辆识别如图 12-7 所示。

无人机高速公路智能巡检方案具有显著的应用价值。在执法成本方面，传统跨省高速公路每年执法成本可能达上千万元，采用该方案后，人力和车辆投入可降低约 40% ~ 60%，还降低了车辆购置费和维护成本。例如，某高速公路管理处原来每年的车辆购置费和维护成本达 300 万元，采用该方案后降至 120 万元左右。在物流运输延误损失上，以往交通事故和拥堵造成的延误损失巨大，如今采用无人机巡逻能快速处理异常事件，每年预计降低数亿元的延误费用。道路设施损坏修复费用也得以降低，通过及时发现和处理违规及事故，减少对道路设施的破坏，每年节省了大量修复费用。同时，大幅提升了高速公路通行效率和安全性，快速处理事故和拥堵，减少车辆停留时间，降低交通事故发生概率，保障道路安全畅通。

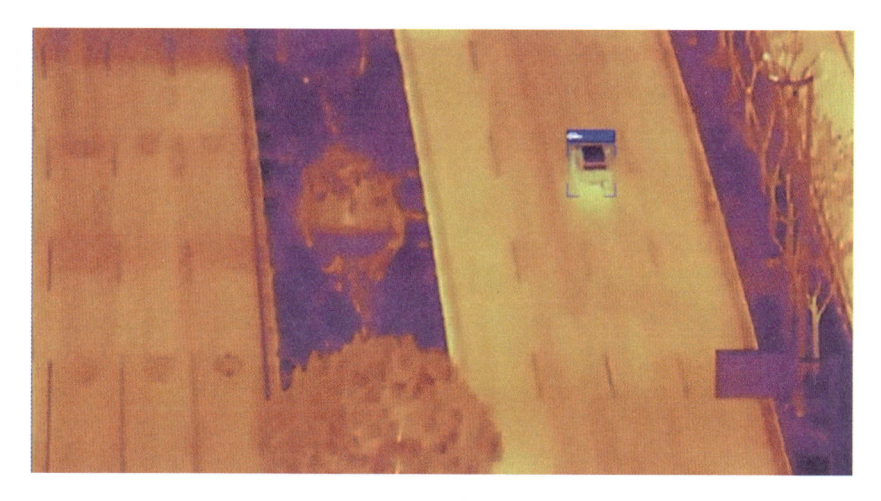

图 12-7　红外车辆识别

3. 公安警务巡逻防控

在公安警务巡逻防控领域，传统方式存在明显缺陷，而无人机技术带来了创新性的解决方案。

传统警力巡逻依赖人力划分区域、定时巡逻，受人力所限，存在诸多巡逻盲区，对于偏远山区、老旧小区等地难以全面覆盖，虽偶尔集中清查，仍无法实时监控，增加巡逻人员又会加大成本与管理难度。对于隐蔽性高的违法犯罪活动，传统依靠便衣警察和线人侦察，效率低、耗时长，高科技手段如监控摄像头等也有局限性。在应对突发事件时，警力调配受指挥层级和人员分布影响，响应迟缓，虽有应急预案和储备警力，但效果不佳。

无人机公安警务巡逻算法解决方案通过无人机巡航与高清视频监控构建智能警务平台。无人机按预设路线巡逻采集图像视频，智能算法自动识别异常。

人群聚集算法：通过分析人群密度、移动速度、聚集形态等特征判断异常聚集。如在某大型集会场所，算法能根据影像准确判断人群是否过度聚集，以便警方提前干预，预防踩踏等事件。人群聚集识别如图 12-8 所示。

图 12-8　人群聚集识别

交通拥堵算法：参考车辆流量、车速、道路占有率等参数确定拥堵程度。例如在城市早晚高峰，无人机快速采集数据，帮助交警及时疏导交通，减少拥堵时间。

烟火识别算法：依据烟雾和火焰在图像中的颜色、形状、动态变化等特征识别火灾隐患，能在火灾初期及时发现，为扑灭火势争取时间。

人流量统计算法：在重大活动安保中，通过分析人员进出、停留等行为特征统计实时人流量，判断其是否超出承载范围，为安保部署提供依据，如某大型演唱会，提前合理安排警力维持秩序。活动聚众识别如图 12-9 所示。

图 12-9　活动聚众识别

船舶识别跟踪（可见光 + 红外）算法：水警巡逻时，综合可见光与红外信息识别船只，跟踪其航行轨迹判断异常行为，如非法进入限制区域或可疑停靠。船舶识别如图 12-10 所示。红外船舶识别如图 12-11 所示。

图 12-10　船舶识别

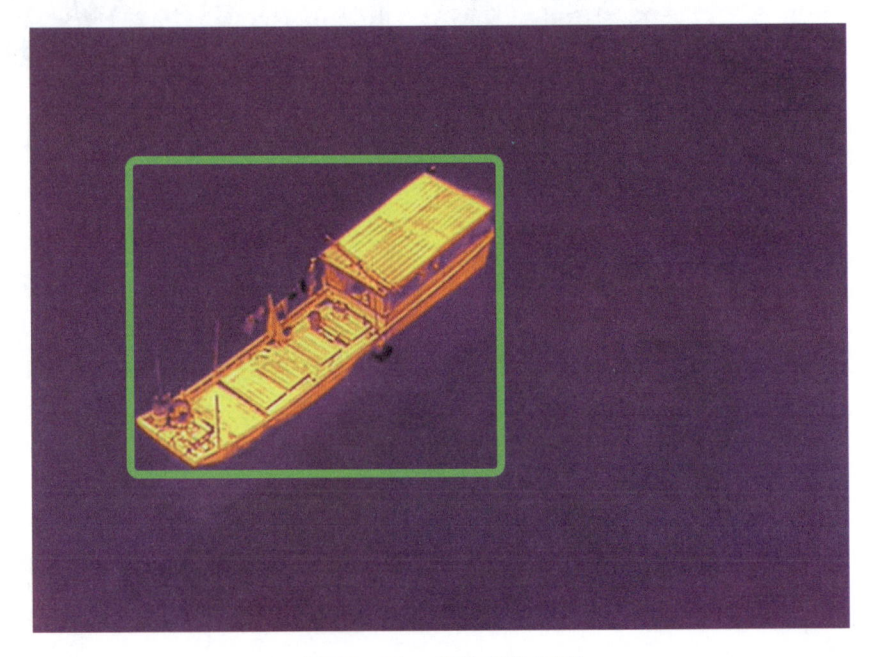

图 12-11　红外船舶识别

无人机公安警务巡逻方案应用价值显著。在警力成本上，大城市每年警务成本达数千万元，采用无人机后可节省约 30% ~ 50% 的警力资源及设备维护费，如原来每年车辆维护费达 500 万元，使用无人机后可降至 250 万元左右。巡逻效率大幅提高，发现、处置违法犯罪行为的时间平均缩短 30% ~ 50%。在重大活动安保中，如某体育赛事因无人机监控后未发生安全事故，确保活动顺利进行，避免潜在的社会面风险。

4. 城管综合巡逻监管

在城管综合巡逻监管方面，传统方式面临诸多困境，而无人机技术带来了新的转机。传统城市管理巡逻依赖人工在网格区域步行或驾车巡逻，像城乡接合部等非网格区域，因距离远、道路复杂，难以保证定时全面巡逻，虽有专项检查，但无法常态化且具有滞后性，导致这些区域成为管理薄弱点，违法建设、违规经营和环境卫生问题频发。各部门虽配备大量巡逻人员，但人工巡逻效率低、成本高，后续问题处理成本也不菲，即便优化协作、精简流程，也难从根本上解决问题。而且人工视角有限，楼顶违建、隐蔽角落违规施工等不易被发现，常靠市民举报，既不确定，又滞后。

无人机智能城管综合巡逻方案借助无人机巡航与高清视频监控构建智能平台，按预设路线巡逻采集图像视频，智能算法自动识别异常。

违建识别算法：无人机全方位采集影像，算法分析建筑物结构、外观材料与周边合法建筑差异，依预设标准识别疑似违建区域，如判断彩钢瓦搭建、超高建筑等，将坐标信息反馈给执法管理平台，便于后续核实处理，避免违建扩大。楼顶违建识别如图 12-12 所示。

图 12-12　楼顶违建识别

流动摊贩及占道经营识别算法：通过分析摊点位置、规模、人员活动及道路占用情况等，区分正常与违规经营。若摊点不在规定区域、规模过大、妨碍行人通行或占用道路，算法立即向执法管理平台发出警报，方便执法人员快速执法，恢复秩序。流动摊贩违规摆卖识别如图 12-13 所示。

图 12-13　流动摊贩违规摆卖识别

无人机智能城管综合巡逻方案应用价值显著。在人力成本上，中型城市每年城管巡逻及问题处理成本达数千万元，采用无人机后人力投入可降低约 40%～60%，操作简单且可远程控制，降低培训与管理成本。问题发现率大幅提升，以往人工难发现的楼顶违建等，无人机高空拍摄轻松察觉，如某区域人工月均发现 10 处违建，无人机启用后月均发现 30 处违建，使城市管理更精细。经济损失得以减少，违建、违规经营和环境卫生差等导致城市形象受损、基础设施损坏，采用无人机方案后，每年预计节省修复整治费用达数千万元，如及时拆除违建避免周边设施遭受损坏。该方案还提升了城市宜居性和经济效益，打造整洁、有序的环境，吸引人才与投资，如某城市环境改善后，旅游收入年增长 20%，企业投资增长 15%。

5. 电力全链路巡检保障

在电力全链路巡检保障中，传统方式深陷困境，而无人机技术成为破局关键。传统输电线路巡检依赖人工登高，偏远地区巡检耗时费力，如在山区，巡检人员可能跋涉数日才能完成巡检工作。登高作业受天气、地形影响，安全风险较高，即使加强培训也难以完全消除。增加巡检人员数量等措施，无法从根本上解决效率低、成本高与安全隐患大的问题。变电站巡检靠人工地面巡视，设备多且分布复杂，运维人员凭经验判断、手动记录，易出错且缺乏精准依据，数据流转困难。优化记录表格等手段效果有限。配电线路巡检受现场人员操作水平差异困扰，成本高、效率低，数据采集不及时、不准确，加强人员管理也难改变低效状况。风力发电厂巡检需高空作业，安全风险大，人工检测精度有限且易漏检，缩短巡检周期又增加成本且难满足精准运维需求。

无人机智能电力全链路巡检方案借无人机巡航与多传感器采集，搭建智能巡检平台，依预设航线巡检，采集数据后智能算法自动识别各类电力设施问题。

输电线路巡检算法：分析无人机采集的可见光和热成像图像，检测杆塔绝缘子、螺栓等组件及通道异常。如绝缘子破损、螺栓松动致热成像异常，算法能精准识别并向执法管理平台发出警报；通道内树障、大型施工机械靠近等异常，也能依物体特征及时发出警报，保障线路安全。图 12-14 ～图 12-16 所示为输电线路巡检。

图 12-14　输电线路巡检（1）

图 12-15　输电线路巡检（2）

图 12-16　输电线路巡检（3）

变电站巡检算法：分析站内设备图像数据，检测设备缺陷，如变压器过热、导线断股等。同时监控周界，依人员形态、轨迹识别无关人员闯入，如发现陌生人徘徊立即向执法管理平台发出警报，确保变电站安全运行。变电站巡检，如图 12-17 ~ 图 12-19 所示。

配电线路巡检算法：无人机精细化巡检杆塔设备，通过外观与热成像巡检。如金具锈蚀、杆塔倾斜等外观问题及部件温度异常，都能准确找出并向执法管理平台发出警报，提升配电线路的安全性。

风机缺陷巡检算法：依据风机叶片外观与材料特性，自动识别叶片裂纹、胶衣脱落等缺陷，准确标注尺寸位置，方便精准维修，保障风机高效运转。

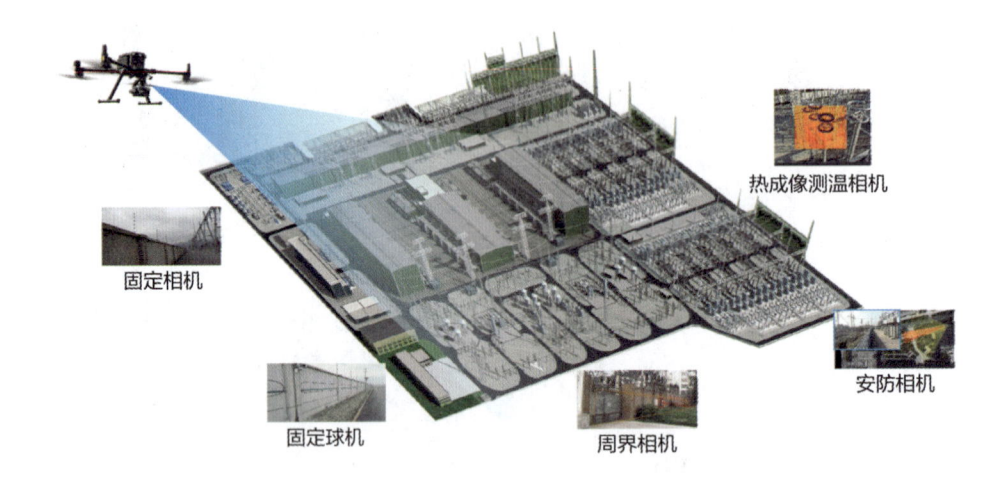

图 12-17　变电站巡检（1）

图 12-18　变电站巡检（2）

图 12-19 变电站巡检（3）

无人机智能电力全链路巡检方案应用价值巨大。在人工巡检成本上，大型电力企业区域每年投入数亿元，采用无人机后可节省成本达 50%～70%，降低人员、交通与设备损耗成本。巡检效率和准确性大幅提高，以往人工巡检慢且易漏检，无人机可快速覆盖大区域、精准检测，减少设备故障维修费用和停电损失。停电次数能降低约 30%～50%，每年节省数亿元相关费用，如工业生产因停电中断减少，居民生活受影响降低。设备使用寿命和可靠性提升，及时维修更换缺陷部件，如变压器及时维护延长寿命，降低更换维修成本。该方案还会促进智能电网建设的发展，实现电力设备实时检测与智能诊断，与大数据等技术结合，提升电力系统智能化水平，为可持续发展助力，开启电力保障新篇章，让电力供应更稳定、可靠，前景广阔，有望重塑电力巡检格局。

6. 海运安全巡航

在海运安全领域，危险化学品船舶筛查至关重要却困难重重。中华人民共和国海事局的传统筛查手段依赖人工和有限设备，效率很低，无法对众多船舶进行实时、全面的监控，导致船舶经常滞港，影响港口正常运作。在准确性上，人为因素影响大，检查人员经验和状态不同，信息获取也不全面，容易出现漏检误检。从资源方面来看，人力和设备维护成本高，设备常出故障，而且检查人员登船检查时，面临化学品泄漏、爆炸等危险，在复杂环境下筛查工作很难开展。值得庆幸的是，无人机与 AI 融合技术为危险化学品船舶筛查带来了新的转机。现在，通过无人机实时巡航获取高清视频流，利用先进算法实现高效精准筛查。

船号识别算法：运用目标检测和 OCR 模型，对船体编号区域图像进行处理，快速准确地提取并识别船号，再联动船舶自动识别（AIS）系统确认船舶身份。

船舶未封舱检测算法：无人机采集视频后，视觉 AI 算法分析图像，自动检测船舶是否封舱。一旦发现船舶未封舱，马上向执法管理平台发出警报，让执法人员提前告知船主预防货物落水等事故，保障航行安全。船舶封舱识别如图 12-20 所示。

图 12-20　船舶封舱识别

船型检测算法：依靠无人机视频流，借助目标检测和分类模型，准确区分货船、渔船、油轮等船型。如果在禁渔区发现非渔船等违规船型，则立即向执法管理平台发出警报，预防违规作业引发的事故，维持海上作业秩序。

船员未穿救生衣检测算法：无人机获取视频后，该算法自动检测船员救生衣穿戴情况，若发现其没穿就马上向执法管理平台发出警报，方便执法人员及时提醒，降低意外发生时的人员伤亡风险，加强海上人员安全保障。

危险化学品船舶筛查算法：先根据外观识别危险化学品船型，再结合目标检测和 OCR 技术处理船体编号图像，快速提取识别船号并联动 AIS 系统确认船舶身份，进一步提高筛查效率和精准度。危险化学品船舶识别如图 12-21 所示。

图 12-21　危险化学品船舶识别

船舶人员非法入侵识别如图 12-22 所示。

图 12-22　船舶人员非法入侵识别

无人机海运安全巡航方案效果显著。人力成本大幅下降，某海域原来人工巡逻一年花费达 500 万元，采用无人机方案后降到 200 万元左右，减轻了机构的负担。监控效率明显提升，无人机覆盖范围广，能及时发现小型船舶违规航行的情况，比传统方式的监控范围扩大了好几倍，有效避免了碰撞事故。安全隐患显著减少，通过快速识别潜在威胁，及时发现未封舱船舶从而预防货物损失和污染，降低了船舶事故和人员伤亡概率。非法活动得到有力打击，某海域走私案件减少 60%。管理水平也大幅提高，智能化手段增强了决策和应急响应能力，在恶劣天气时能快速通知船舶避险。在危险化学品船舶筛查方面，不仅提高了筛查效率，减少了船舶滞港时间，增加了港口货物吞吐量，带来了更多的经济收益，还降低了事故损失，避免因危险化学品船舶事故造成的巨大经济损失和环境污染赔偿费用，为海运安全尤其是危险化学品运输安全提供了坚实保障，推动了海运管理向现代化、智能化迈进，前景广阔，有望重塑海运安全保障格局。

7. 水库监管与水质安全

传统水库监管依赖人工巡逻与固定监控设备，存在诸多弊端。固定监控范围有限，致使部分水域处于监管盲区，无法全面把控。人工巡逻因难以实现实时性，且需投入大量人力，使得运营成本居高不下。在恶劣天气下，传统监管手段的效果明显减弱，监管难度增大，非法活动也难以被及时察觉和处理，这对环境质量和水质安全构成了严重威胁。

科技的发展为水库监管带来了新的解决方案。无人机与先进算法的结合，显著提升了监管效能。

人员违规游泳检测算法：该算法运用计算机视觉和深度学习技术，对无人机采集的高清视频流进行实时分析。通过卷积神经网络确定水面上的人员目标，再借助行为识别模块解析其动作模式，从而精准判定是否存在游泳行为。一旦检测到有人员游泳，立即触发警报，并将相关信息实时传输至执法管理平台，有效预防潜在的溺水等安全问题。人员违规游泳识别如图 12-23 所示。

图 12-23　人员违规游泳识别

非法钓鱼检测算法：无人机获取视频流后算法发挥作用。它整合目标检测与动作识别技术，能够快速且准确地识别水域内的钓鱼活动，尤其是非法钓鱼行为。一旦发现，迅速发出警报，并将详细信息传输至执法管理平台，以便执法部门能够及时采取措施，维护水域生态的稳定。违规钓鱼识别如图 12-24 所示。

图 12-24　违规钓鱼识别

污水排放检测算法：依据无人机拍摄的视频画面，此算法利用颜色分析和流动特征识别技术，自动筛查河道中的污水排放情况。一旦检测到污水排放行为，即刻发出警报，并同步将相关信息传送至执法管理平台，助力执法部门快速响应，防止水资源受到污染。

水面漂浮物检测算法：以无人机拍摄的视频源为基础，该算法运用目标检测和物体识别模型，精确识别河道中的漂浮物，如垃圾、绿藻等。检测到漂浮物后，立即发出警报，并将信息推送至执法管理平台，方便执法部门及时安排清理工作，保持河道的清洁。河道漂浮绿藻、绿植识别，以及水生植物识别，分别如图 12-25、图 12-26 所示。

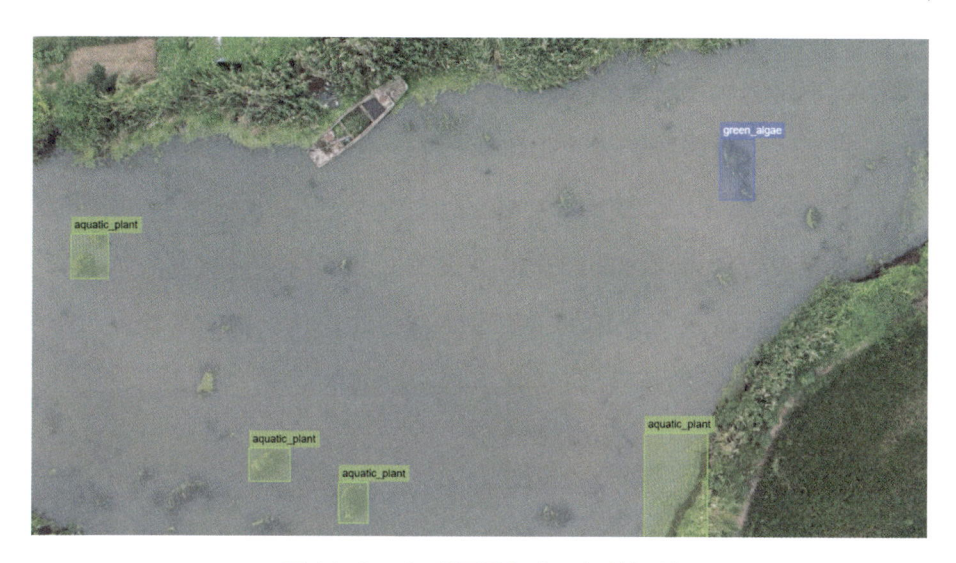

图 12-25　河道漂浮绿藻、绿植识别

图 12-26　水生植物识别

这一创新方案的应用效果显著。人力成本大幅削减，以某水域为例，此前每年人工监管成本为 300 万元，采用新技术后，降低至 100 万元左右，节省了大量资金。监控效率显著提高，无人机的覆盖范围广泛，能够实现全天候、全时段的实时监控，监控范围相比传统方式扩大了数倍，数据的实时性也得到了极大增强。环境污染得到有效控制，如某段河道的污水排放现象从原来每月 5 次减少到每月 1 次，水质得到明显改善。公共安全得以保障，违规游泳、钓鱼等危险行为得到有效监控，事故风险显著降低，切实保护了公众的生命财产安全。管理水平大幅提升，智能化的监控平台为管理部门提供了更精准的数据支持和更高效的决策依据，增强了其决策能力和应急响应能力。此外，良好的水环境吸引了更多的投资和旅游项目，促进了地方经济的发展。

8. 河道"四乱"常态化巡逻

传统的河道"四乱"（乱占、乱采、乱堆、乱建）巡逻依赖人工，问题诸多。人工巡逻效率低，速度和范围受限，难以实时把握情况，死角众多。准确性受主观影响大，信息记录也不周全。而且人力投入多，野外作业还存在安全风险，成本颇高。同时，缺乏有效的数据整合分析，数据分散，人工分析效率低，难以找出规律，无法为治理河道提供科学的决策依据，严重阻碍了河道"四乱"问题的有效解决，急需借助新技术来改进。

如今，科技为河道"四乱"巡逻带来了新途径。

违规占用河道用地检测：该算法通过无人机拍摄的图像或视频，利用先进技术精准识别耕地范围及位置，判断是否有向河道侵占的情况，及时察觉非法开垦、种植行为，防止河道行洪能力失控与生态环境受损。

在捕鱼检测上，AI可依据船只、渔网及人员动作特征，识别禁渔区或禁渔期的非法捕鱼行为，有力保护了渔业资源与生态平衡。对于饲养行为，能检测出河道内的非法养殖设施与放养畜禽，避免污染水质与破坏生态。

采砂船识别算法：该算法基于深度学习目标检测技术，分析无人机拍摄的图像或视频，快速锁定采砂船的特征及位置，追踪其轨迹与作业状态，依预设规则判定非法采砂行为，区分合法与非法采砂船，及时发出警报并将信息反馈给执法管理平台，为执法部门提供准确线索，遏制非法采砂，保护河道生态与资源。

河道垃圾检测算法：该算法通过分析无人机实时巡航采集的高清视频流，精准识别各类垃圾，区分水生植物，定位垃圾位置与范围，估算其体积、数量等信息，结合定位系统，为清理工作提供精确坐标，大大提高了清理效率，助力河道生态恢复。河岸垃圾堆放识别和河道漂浮垃圾识别，分别如图12-27、图12-28所示。

图12-27 河岸垃圾堆放识别

图 12-28　河道漂浮垃圾识别

河岸违建检测算法：该算法通过分析无人机巡航视频，能清晰辨别合法管理用房与违建，从多维度判断未规划许可、侵占河道空间的建筑物，准确定位坐标，及时发出警报，并将信息反馈给执法管理平台，为执法部门提供翔实信息，提升违建监管效率。河岸违建识别如图 12-29 所示。

图 12-29　河岸违建识别

这一创新方案应用价值颇高。人力成本显著降低，如某河道原需 50 人常年巡检，采用新技术后仅需 20 人，人力得以优化。执法效率大幅提升，以往发现"四乱"问题需几天，现在能实时或快速察觉，精准定位并固定证据，及时通知执法人员，避免问题恶化，减少了执法争议，降低了反复调查成本。还能有效预防经济损失，及时制止河道"四乱"行为，如某河道因及时制止乱采，降低了生态修复成本 50 万元，保障了河道行洪安全，降低了洪水灾害损失。长期积累的数据经分析后，能助力管理部门掌握河道"四乱"问题规律与趋势，合理规划资源，实现河道治理的可持续发展，在多个维度发挥经济价值，推动河道管理走向高效与经济平衡，为河道的长治久安提供坚实保障。

9. 国土资源检测与管理

传统的国土资源检测依赖卫星影像和地面巡逻，存在不少问题。时效性差、覆盖范围有限、数据更新慢及人力成本高，这些短板严重制约着检测工作的有效开展。人工巡逻耗费大量人力，管理成本降不下来，还容易出现检测漏洞，在地形复杂区域，传统手段更是难以施展，无法及时、准确获取信息，增加了非法活动与自然灾害发生的风险，急需新技术破局。

两违——违法用地，农用地私自占用检测算法：该算法利用遥感正射图或无人机获取的高清画面，针对农用地展开检测。它能精准识别农用地区域内的施工情况，一旦发现，立即发出警报并推送至业务平台，让管理人员能提前介入，有效预防农用地被违规占用。违规搭建集装箱识别如图 12-30 所示。

图 12-30　违规搭建集装箱识别

　　两违——违法建设，土地违建检测算法：该算法通过无人机采集的高清视频流，自动分析特定区域，快速识别违章建筑。一旦检测到违建，马上发出警报并推送信息至执法管理平台，帮助执法人员及时制止违建行为，保护土地资源。

　　非法采矿检测算法：该算法通过处理无人机提供的视频流，运用目标检测和分类模型，精确识别矿区的非法采矿活动。一旦发现非法采矿，警报瞬间响起，信息传至执法管理平台，方便执法人员及时采取措施，保护矿产资源与环境。

　　滑坡检测算法：该算法通过无人机获取的高清遥感影像，结合图像处理和变化检测技术，实时分析地形变化，敏锐捕捉滑坡迹象。一旦发现风险，系统立即发出预警并推送相关信息至执法管理平台，帮助执法人员提前预防，降低滑坡灾害的危害。

这一创新方案成效显著。人力成本大幅下降，如某地区原本每年国土资源检测人工成本为300万元，采用新技术后降至100万元左右，人力得以优化。监控效率显著提升，无人机能快速覆盖大面积国土，以前某区域检测一次需10天，现在缩短至3天，数据采集更加高效。决策精准度提高，依靠高精度数据分析，如在土地规划中，资源配置更加合理，减少了不合理开发。资源浪费明显减少，及时制止非法采矿、占地等行为，如某矿山因及时制止非法采矿行为，降低了矿产资源损失。生态安全更有保障，精准检测环境污染与生态破坏，提升了生态环境质量。管理现代化水平提升，智能化平台增强了应急响应与综合治理能力，为国土资源的科学管理与可持续发展提供了有力支撑。

10. 农林智能检测

传统林区查找病树的方式存在诸多问题。从效率来看，人工实地巡逻面对广阔且地形复杂的林区，工作进度缓慢，难以迅速定位病树。在准确性上，人员经验和专业知识不足，导致早期或不典型病症容易出现被误判、漏判的情况。检测范围也因偏远险峻区域难以到达而存在漏洞，无法实现全面覆盖。数据记录与分析既不规范也不方便，难以依据这些数据来有效防治病树。而且，人员或工具还可能在林区传播病菌，增加健康树木染病的风险，这对林区的生态健康和经济价值都产生了严重的负面影响。科技的进步为林区树木健康管理带来了新的方法。

无人机病树检测算法：该算法通过无人机定期在林区或果园低空巡

航，采集高分辨率树木图像数据。基于深度学习图像识别模型，对图像进行深入分析，能够精准识别树木的异常特征，如树叶变色、枯萎、树干病变、虫害痕迹等信息，从而准确定位病树，精确统计数量，并通过图像分类技术区分病害类型。检测结果会即时被推送至林业管理业务平台，方便管理人员查看和记录病树的数量、位置、病害种类等信息，为制定防治方案、分配防治资源和开展精准养护工作提供有力支持，保障树木健康生长和生态稳定。例如，某林区以往人工巡逻发现病树的准确率约为60%，而使用该算法后，准确率提升至90%以上，且病树发现时间从平均每周缩短至每天。树木病虫害识别如图12-31所示。

图 12-31　树木病虫害识别

森林火焰检测算法：该算法通过无人机实时巡航获取的高清视频流，能自动检测和分析火焰与烟雾。一旦发现火灾迹象，立即发出警报，并将信息推送至执法管理平台,帮助管理人员快速响应处理,防止火灾蔓延,保护林区安全。以前,由于火灾发现不及时,某林区平均每次火灾损失达 100 万元;采用该算法后,火灾损失降低了 80%。林区烟雾检测,如图 12-32、图 12-33 所示。

图 12-32 林区烟雾检测(1)

图 12-33 林区烟雾检测(2)

这一创新方案应用价值显著。人力成本大幅降低，以前某林区查找病树和检测火灾每年人工成本为 80 万元，采用新技术后降至 30 万元左右。产量和质量得以提升，准确识别病树并及时防治，使得林区树木生长更好，木材产量平均每年提高 15% 左右。数据分析和决策支持得到加强，AI 获取的实时和历史数据，让管理人员决策更科学，如在防治资源分配上更加合理。管理水平显著提升，智能化监控手段增强了决策和应急响应能力，为林区的可持续发展奠定了坚实基础，有力推动了林区管理向现代化、智能化迈进。

11. 能源安全监控

传统的能源安全监控依赖人工巡检与固定监控设备，存在诸多弊端。其覆盖范围有限，实时性欠佳，人力成本高昂。人工巡检耗费大量人力，还易因疏忽产生监控盲区，增加安全风险。在复杂的矿山、油气管道等环境中，传统手段难以全面、及时地发现如油气管道偷盗、边坡裂缝、人员非法入侵和车厢残留等安全隐患，给管理带来极大困难。如今，科技为能源安全监控提供了新方案。

偷油者识别算法：针对偷油者的偷油现象，在汽油运输管道区域，操控装配高性能红外镜头的无人机依预设航线低空巡逻，获取清晰红外热成像图像序列。基于深度学习的算法对图像进行实时处理，先学习大量低温环境下人体活动的红外图像样本，精准定位疑似人员目标，再结合目标运动轨迹、姿态及与关键设施的相对位置等信息综合分析其行为。如发现有人拿铲子开挖、有挖掘机或油罐车等异常情况，立即触发警报，将详细预警信息推送至安保监控平台，安保人员据此迅速响应，精准定位偷油者，及时制止偷油行为。

边坡裂缝识别算法：无人机获取高清图像后，视觉 AI 算法自动分析边坡裂缝情况。一旦检测到裂缝，即刻发出预警并推送至执法管理平台，方便执法人员提前预防，避免边坡坍塌事故。此前，某矿山因未能及时发现边坡裂缝，导致一次坍塌事故，损失达 200 万元，使用该算法后，成功预防了类似事故的发生。建筑裂缝识别如图 12-34 所示。

图 12-34　建筑裂缝识别

人员非常入侵算法：无人机实时巡航的高清视频流，经此算法利用目标检测模型自动识别并跟踪进入矿山人员。当检测到人员非常入侵特定区域后，马上发出警报并推送信息至执法管理平台，支持执法人员快速处理，预防非法入侵。以前某矿区每月约有 5 起人员非法入侵事件，采用该算法后，非法入侵事件减少至每月 1 起以内。

车厢残留预警算法：通过无人机采集的视频流，此算法自动检测运输车厢残留物，当残留煤炭量达阈值，立即预警并推送至平台，方便管理人员及时清理，防止资源浪费与环境污染。如某矿区之前因车厢残留煤炭未及时清理，每月造成煤炭损失约 10 吨，采用该算法后，煤炭损失量显著降低。车厢残留识别如图 12-35 所示。

图 12-35　车厢残留识别

这一创新方案应用价值较高。人力成本明显降低，如某煤矿随着经营规模的扩大，人工检测成本不断增加，采用视觉 AI 算法后，每年人工成本从 100 万元降至 40 万元。安全水平显著提升，有效减少了各类事故的发生，保障人员安全与财产安全。资源节约与环境保护成效显著，减少车厢残留物浪费与污染。管理水平大幅提高，智能化监控增强了决策与应急响应能力，推动能源安全监控向现代化、智能化发展，为能源行业稳定发展筑牢安全防线。

第三节　低空 AI 部署方式

低空经济的 AI 部署方式主要有云端部署、边缘部署和机载部署。

每种方式都独具特点，适用于不同的应用场景，同时也面临着各自的技术挑战。

1. 云端部署

首先，云端服务器具备强大的计算能力，能够运行复杂的视觉 AI 算法模型，轻松处理海量数据，从而实现高精度的图像识别、目标检测与分析等任务。其次，无人机采集的图像和视频数据可上传至云端集中存储管理，这不仅便于数据整合与共享，还为算法训练和优化提供了丰富的数据资源，有利于构建全面且完善的数据库。此外，在云端更新视觉 AI 算法极为便捷，无须频繁改动无人机硬件设备，能及时应用最新技术成果，有效提升无人机智能水平。

在应用场景方面，以物流领域为例，当需要对多个区域的物流配送任务进行统筹规划时，云端可凭借其强大的计算能力，依据无人机采集的各区域地形、交通、货物分布等信息，综合制定出最优配送路线和方案，实现大规模物流资源的高效调配。又如城市环境监测方面，在对大面积区域的空气质量、噪声污染、建筑物状况等进行长期监测分析时，无人机将大量数据上传云端后，云端的视觉 AI 算法能够对这些数据进行深度挖掘与分析，绘制出详细的环境地图和趋势图，为城市规划和环境治理提供科学、精准的依据。

然而，云端部署也存在一些技术挑战。无人机与云端之间的数据传输依赖无线网络，在信号不稳定或带宽有限的情况下，数据传输延迟问题便会凸显，这会严重影响视觉 AI 算法的实时性。比如在应急救援现场，无人机实时回传的图像数据若因延迟而无法及时被云端算法处理，极有可能延误救援决策的制定，错过最佳救援时机。而且，大量无人机数据在云端存储和传输过程中,还面临着数据泄露、黑客攻击等网络安全风险。因此,确保数据的保密性、完整性和可用性成为云端部署的关键挑战,这就需要采用诸如加密技术、身份认证、访问控制等多种安全措施来防范潜在威胁。此外,云端部署高度依赖稳定的服务器和网络基础设施,一旦出现服务器故障、网络中断等情况,无人机的视觉AI算法将受到极大影响甚至无法正常工作,所以建立高可靠性的云端架构和备份机制势在必行。

2. 边缘部署

边缘部署同样具有独特之处,其最大的优势之一便是低延迟。边缘计算将部分计算能力靠近无人机端,例如在靠近作业区域的无人机机场、机巢、机库等设备上部署视觉AI算法。这些设备不仅为无人机提供了起降、停靠和维护的场所,还能作为边缘计算节点,减少数据传输的距离和时间,实现快速的数据处理和响应,从而满足对实时性要求较高的应用场景。同时,边缘部署可在边缘侧对数据进行初步处理和筛选,仅将有价值的关键数据上传至云端,这在很大程度上减轻了云端的数据处理负担,降低了网络带宽需求,显著提高了整个系统的运行效率。而且,在一定程度上,当网络连接不稳定或中断时,边缘部署的视觉AI算法能够依靠本地的计算资源继续执行一些基本任务,确保无人机的部分功能正常运行,极大地增强了系统的可靠性和稳定性。

在实际应用中,边缘部署的优势得以充分体现。在地震、火灾等灾难现场的实时应急救援工作中,无人机需要迅速识别被困人员、火源位置、建筑物倒塌情况等关键信息,并及时反馈给救援人员。此时,部署在无人机机场或周边机巢等边缘计算设备上的视觉AI算法,能够快速处理无人机采集的图像数据，为救援行动提供即时决策支持，大大提高救援效率，为挽救生命争取宝贵时间。在工业厂房内，当无人机对设备进行巡检时，借助边缘计算，可在靠近厂房的边缘服务器（如设置在机库内的计算设备）上快速分析设备运行状态，及时发现潜在故障隐患，并在本地做出初步预警和决策，有效避免因数据传输至云端再返回的延迟而导致故障扩大，有力保障了工业生产的连续性和安全性。

但边缘部署也并非毫无挑战。与云端相比，边缘设备的计算能力和存储资源相对有限，这使得运行过于复杂的视觉 AI 算法模型变得困难重重。因此，对算法进行优化和精简迫在眉睫，要使其在有限的资源下仍能保持较高性能和准确性，这无疑对算法的设计和开发提出了更高的要求。此外，边缘计算环境中存在多种不同类型的设备，如不同架构的服务器、基站及无人机自身的计算单元等，它们的硬件和软件平台差异较大，这无疑增加了视觉 AI 算法在不同边缘设备上的移植和适配难度。所以，开发通用的、跨平台的算法框架和工具成为解决这一问题的关键所在。同时，虽然边缘计算能够独立处理部分任务，但在某些情况下仍需与云端协同工作，例如数据的同步更新、算法模型的优化等。如何构建边缘与云端之间高效、稳定的协同机制，确保整个系统协调运行，是边缘部署面临的一个重要技术挑战。

3. 机载部署

机载部署最大的优势在于无人机能够完全自主运行，视觉 AI 算法直接部署在无人机的机载设备上，这使得无人机无须依赖外部的云端或边缘计算资源，可在任何网络环境下独立完成视觉任务，真正实现自主飞行和作业，极大地提高了无人机的灵活性和适应性。而且，由于 AI

算法在无人机本地运行，数据处理和决策的延迟几乎可以忽略不计，对于一些对实时性要求极高的快速移动目标追踪、避障等任务，能够做到即时响应，从而确保无人机的飞行安全和任务执行的准确性。

不过，机载部署面临的技术挑战也不容忽视。无人机的机载设备体积小、质量轻，其计算能力、存储容量和能源供应都受到极大限制。这就要求视觉 AI 算法必须经过高度优化和压缩，以适应机载硬件有限的资源，同时还要保证算法的性能和准确性，这无疑是机载部署面临的首要难题。再者，高强度的计算任务会使机载设备产生大量热量，而无人机的散热条件相对较差。倘若不能有效解决散热问题，可能会导致设备性能下降、出现故障甚至被损坏，因此开发高效的散热技术和散热结构至关重要，这是确保机载视觉 AI 算法系统稳定运行的关键因素之一。此外，在复杂的低空飞行环境中，无人机可能会遭遇各种突发情况，如强光、阴影、雾气、电磁干扰等。这就要求机载视觉 AI 算法具备较高的可靠性和鲁棒性，能够在这些恶劣条件下准确识别目标和环境信息，避免因算法误判而导致飞行事故，这对算法的设计和测试提出了极高的要求。

第四节　低空 AI 与传统地面安防 AI 的差异

在低空经济的 AI 应用领域中，其应用场景、任务特点、视频数据及 AI 识别技术均体现出了独特的性质，与传统的地面视频监控相比存在着显著的差异。

1. 高实时性要求

低空环境下的 AI 任务具有鲜明的实时性特质。地面相机往往会留存大量的历史录像，以供后续回顾和分析，而无人机视频则更聚焦于当下正在发生的情况。它如同敏锐的实时观察者，迅速捕捉瞬息万变的场景信息，其重点并非对过往画面的记录，而是在事件发生的瞬间进行精准呈现，这种实时性使得无人机在众多需要即时反馈的场景中发挥着不可替代的作用，如突发事件的现场勘查、动态目标的追踪等。

因此，在识别的实时性要求上，无人机面临着更高的挑战和标准。当遇到诸如事故现场等紧急情况时，无人机必须在抵达现场后的极短时间内迅速捕捉到关键信息，并自动引导自身到达最佳的观测位置，快速、准确地完成事件的识别和定位，以便及时为后续的决策和行动提供有力依据，这种快速反应的能力对于紧急救援、突发事件处理等场景至关重要。

2. 高分辨率下的小目标识别

从视角方面来看，无人机拥有独特的垂直及大角度视野优势。地面相机受限于其安装位置和角度，视角相对较为单一和固定。然而，无人机能够高飞于空中，其视角可以是垂直向下的俯瞰，也能够以大角度对目标区域进行全方位的拍摄。凭借着较高的飞行高度，无人机能够轻松覆盖广阔的大场景，同时还能精准定位到微小的目标物体，无论是大面积的农田、建筑群，还是隐藏在复杂环境中的小物体，都能被其清晰地捕捉到画面之中，这为诸如地形测绘、搜索救援等任务提供了关键的视觉支持。

但同时无人机也带来了新的挑战。一方面，小目标在高分辨率图像中所占像素比例较少，特征信息相对不明显，这使得传统的目标识别算法难以准确提取其特征，容易出现漏检或误检的情况。例如，在电力巡检中，无人机需要检测输电线路上的细小缺陷，如绝缘子的微小裂纹、导线的磨损等，这些小目标在高分辨率图像中仍然难以被准确识别。另一方面，高分辨率图像数据量巨大，对算法的处理速度和内存要求也提出了更高的挑战，如果不能有效地处理这些大数据量，将会导致算法的实时性下降，无法满足无人机实时作业的需求。

小目标的尺寸、形状、颜色、纹理等特征的多样性增加了识别的难度。不同类型的小目标可能具有相似的外观特征，同时在不同的光照、角度等条件下，其特征也会发生变化，这使得算法很难建立统一的、准确的识别模型。此外，背景环境的复杂性也对小目标识别产生了较大的影响。在实际的低空飞行环境中，小目标往往处于复杂的背景（如建筑物、树木、山峦等）之中，这些背景干扰物可能会与小目标的特征混淆，增加了算法区分目标和背景的难度。

3. 场景的复杂多变

无人机视频的识别模型多样化。地面相机基于固定场景确定识别模型，如出入口针对车辆或人脸识别；而无人机处于移动状态，面对场景复杂多变，需灵活应对多种情况，支持多种分类识别，适应城市街道、自然野外等不同环境，无法依赖固定画线画框方式，需要依靠先进算法对画面进行深度认知和理解，结合自身位置判断事件和目标状态特征。

摄像头因素对无人机视觉 AI 算法的效果有直接影响。不同摄像头在分辨率、焦距、视角、感光度等方面存在差异，参数选择需根据应用场景进行优化。如远距离检测适合长焦镜头但视野小，大面积搜索适合广角镜头但目标尺寸小，且图像传感器质量会影响图像清晰度和噪声水平，进而影响识别准确率。

飞行高度的变化会影响无人机拍摄场景的视角和目标尺度，从而影响算法性能。飞行高度较低时，目标尺寸大、细节丰富，但视野较小；飞行高度高时，视野较大，但目标尺寸小、特征模糊。此外，飞行高度的变化还会导致光照、大气环境发生改变，增加算法的复杂性。

光照条件也是重要因素。在不同光照强度、角度和色温下，目标的外观特征会发生显著变化。在强光下，目标可能出现反光或阴影；在弱光下，图像对比度降低、噪声增加；光照不均匀也会给算法带来困扰，影响识别效果。

在低空飞行环境中，背景干扰物繁多，如建筑物、树木、车辆、行人等，其特征可能与目标相似，增加了算法区分的难度。例如，在城市进行无人机快递配送时，背景干扰物可能遮挡送货地址或接收人，且其动态变化也会影响算法的稳定性和准确性。

4. AI 与飞控、载荷的协同

此外，无人机 AI 识别还具有协同性要求。在一些特定的任务中，例如电力巡检，无人机不仅要完成对电力线路的检测，还需要与飞行控制及负载设备的操作进行联动。在检测到电力线的故障点时，能够同时控制无人机的飞行姿态，以便更清晰地拍摄故障细节，或者调整负载设备（如检测仪器）的参数，实现对目标的精准识别、跟踪及进一步的分析处理，这种协同性极大地提高了无人机在复杂任务中的执行效率和准确性。

综上所述，低空 AI 与传统视频分析 AI 相比存在着巨大的差异。无人机的实时性、垂直及大角度视角、识别模型的多样性、高实时性要求、独特的认知方式及协同性等特点，决定了其对 AI 有着极为严苛的要求。例如，为了满足实时性需求，算法需要具备高效的数据处理能力，能够在瞬间对大量的图像信息进行分析和判断；针对多样化的识别模型，AI 系统要能够快速切换和适应不同的场景与目标类型，这涉及复杂的模型训练和优化；独特的认知方式要求算法能够突破传统的固定区域识别模式，实现对动态、复杂场景的智能理解和判断；而协同性则需要 AI 能够与无人机的飞控系统、负载设备等进行无缝对接和精准联动，确保各项任务的顺利执行。这些技术难题相互交织，使得低空 AI 的实现面临重重挑战，但也正是这些挑战推动着相关技术不断创新和突破，为无人机在更多领域的广泛应用奠定了坚实的技术基础，有望在未来开启全新的技术应用篇章，为各行业的发展注入强大的动力。

第五节 低空 AI 的代表企业——共达地

共达地创新技术（深圳）有限公司（简称共达地），是低空经济中专注视觉 AI 算法领域的头部企业，创始人赵丛博士毕业于香港中文大学，曾在某头部无人机企业担任机器视觉和 AI 负责人，并做出多项世界领先的产品和技术突破创新。

共达地的核心产品是基于自动化机器学习（AutoML）技术的 AI 自动化训练平台，该平台在业内独树一帜，率先实现了视觉 AI 算法全流程自动化，涵盖数据标注、分析、模型设计、超参调节、训练、芯片适配与部署下发。这一平台对无人机应用厂商意义重大，使其无须组建 AI 专业团队就能开发和部署视觉 AI 算法应用，将原本 3 ~ 6 个月的算法交付周期大幅缩短至 1 ~ 2 周，既降低了成本门槛，又提升了无人机与视觉 AI 算法的业务融合效率。

对无人机企业而言，组建专业 AI 团队的显性成本和机会成本都较高，包括招聘人才、培训、设备投入及团队管理等费用。而共达地的 AutoML 平台让企业摆脱了这一困境。企业只需定义自身业务场景，完成数据采集和准备，就能借助平台的自动化训练能力获得高质量的算法解决方案，从而降低 AI 研发投入，将更多资源聚焦于核心业务，增强竞争力与创新能力。

无人机视觉 AI 算法的应用场景复杂多变，像物流配送、农林植保等不同任务各有独特环境与要求。以电力巡检为例，需在复杂地形和天气下精准识别微小故障点，这要求算法具备高度准确性与适应性，且要随场景的变化快速迭代。共达地的 AutoML 平台可依据具体场景数据定制化训练，快速生成适配算法，并能及时优化，确保无人机在复杂场景中高效完成任务。在算力芯片适配方面，平台兼容性强，能适配从云端到边缘、终端的各类算力芯片。无人机在不同场景下对算力的需求和部署方式不同，该平台可针对不同芯片优化适配，保障算法在各种硬件环境下稳定、高效运行，为无人机多样化应用筑牢技术根基。针对无人机场景的特定算法优化也是平台的亮点之一。如农林植保和城市低空飞行中面临的大分辨率小目标识别难题，平台采用滑窗检测等技术提升小目标检测精度，还具备自动化数据增强功能，通过变换扩展原始数据，增强算法的鲁棒性和泛化能力，使无人机在实际场景中更精准地执行任务。

共达地凭借 AutoML 平台在众多低空 AI 场景和算法的落地实践中积累了丰富经验，本章所述低空 AI 应用场景均来自共达地的落地实践。

通过对大量案例的总结，平台优化了算法模型和训练流程，形成成熟高效的解决方案体系。当新应用场景出现时，能快速提供有针对性的算法建议和方案，缩短开发周期，降低风险，推动无人机 AI 在各行业的普及应用，助力低空经济向智能化加速发展，为相关行业的升级变革提供有力支撑，在低空经济的技术发展进程中扮演着关键角色，有望在未来持续引领行业创新，开拓更多新的应用领域和商业模式，为整个低空经济产业带来更大的价值和活力。共达地 AI 自训练平台低空应用系统架构，如图 12-36 所示。

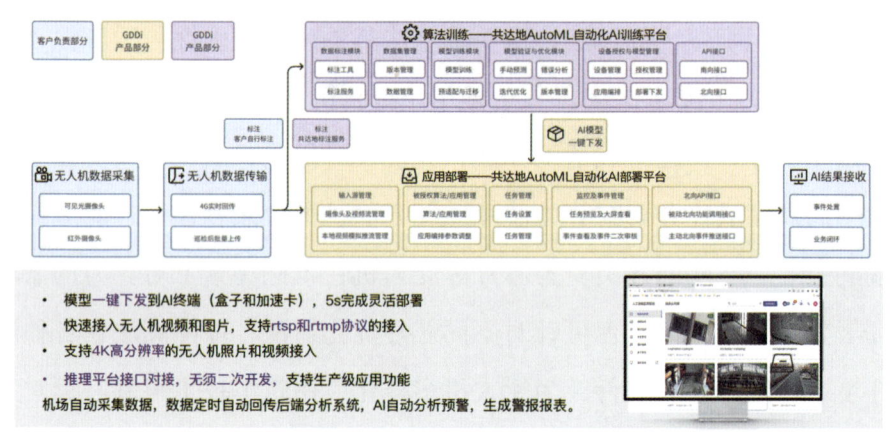

图 12-36　共达地 AI 自训练平台低空应用系统架构

第三篇　发展篇

第十三章

低空经济的"南北东西"

低空经济是一种新经济结构形态，是我国未来经济可持续发展的重大战略布局。根据我国一贯的"先行先试、小步快跑"发展策略，从时间上来看，低空经济的布局经历了近二十年的发展过程，从政策酝酿到全面推行、逐步推进。从地区发展来看，低空经济首先在沿海地区和部分大城市开始推广，超六成企业分布在中南和华东地区，主要集中在广东省、江苏省、湖南省、浙江省、重庆市、四川省、山东省等地。这些地区在航空产业基础、科研实力、市场需求等方面具备明显优势，推动了低空经济的快速发展。

第一节 华东地区——抢在前列

华东地区的低空经济创新资源最为集中，南京市、上海市、杭州市、景德镇市、合肥市等城市在低空经济的专利申请、技术研发等方面表现突出，且拥有大量低空经济相关企业，形成了较为完善的产业链。这些城市之所以在低空经济推进过程中走在了前列，是因为相关省份的政策规划、产业基础和配套设施相对较好，有利于低空经济的发展。

华东地区各级政府高度重视低空经济的发展，纷纷出台相关政策和支持措施。例如，上海市、江苏省、浙江省、安徽省等地相继发布了低空经济发展实施方案或行动计划，明确了发展目标、重点任务和保障措施。

1. 上海市

上海市针对低空经济出台了一系列重要政策，其中最具代表性的是《上海市低空经济产业高质量发展行动方案（2024—2027 年）》。

1）政策背景与目标

为贯彻落实制造强国和交通强国战略，推进新型工业化，培育新质生产力，抢抓全球低空经济创新发展战略机遇，打造低空经济产业新业态，制定本行动方案。

主要目标：到 2027 年，建立低空新型航空器研发设计、总装制造、适航检测、商业应用的完整产业体系，打造上海低空经济产业创新高地、商业应用高地和运营服务高地，核心产业规模达到 500 亿元以上，在全球低空经济创新发展中走在前列。联合长三角城市建设全国首批低空省际通航城市，建成全国低空经济产业综合示范引领区，加快打造具有国际影响力的"天空之城"。

领军企业持续壮大。支持 10 家以上电动垂直起降航空器、工业级无人机和新能源通航飞机研发制造领军企业落地发展，培育 20 家左右低空运营服务领军企业、3—5 家行业领先的适航取证技术服务机构，集聚 100 家以上关键配套企业，建成研发制造、适航取证、飞行服务、场景应用全产业链。

2）主要任务

提升先进动力配套。支持高能量密度航空动力电池、高功重比航空动力电驱等关键零部件研发及产业化，加快新能源动力系统与人工智能等新技术融合发展，形成低空航空器先进动力系统解决方案。

布局网联通导配套。支持低空航空器网联通信链路终端研发，实现地面通信基站对低空飞行器感知与监测，推动空域管理等关键技术创新应用，加快导航系统和低轨卫星互联网直连通信。

强化关键系统配套。创新融合人工智能(大模型)、集成电路、空间定位、区块链、群体智能等新技术，加快飞控系统、航电系统等关键系统产业化，研制高弹性模量碳纤维、热塑性复合材料等先进材料及工艺，实现就近装机配套。

加快规划建设"设施网"。规划布局低空飞行起降设施，结合低空航路航线划设、场景应用等需求，加快建设大中小型起降设施及能源设施。

加快规划建设"空联网"。面向低空航空器规模化应用，推动通信基站、导航系统基站等设施共享共用，建设运行数据、检测数据、气象数据等数据存储设施。积极使用低空飞行专用频率，提高频率利用效率。

加快规划建设"航路网"。结合产业发展需要和超大城市空间特点，研究划设链接五个新城、连通虹桥国际机场和浦东国际机场、衔接长三角周边城市的低空空中交通网络，试点开通由郊区向中心城区延伸的低空示范航线，布局开设服务各类应用场景的低空飞行航线，积极申请城市空中交通管理试点。

加快规划建设"服务网"。建立军民地低空飞行协同管理机制，构建市、区安全运行管理体系。加快建设市级无人驾驶航空器综合监督管理服务一体化平台和飞行服务中心，加快飞行服务站建设，实现协同监管和"一站式"服务功能，提升低空空域管理和空中交通服务能力。发挥华东通航服务中心作用，实现与民用无人驾驶航空器综合管理平台信息互通，协同配合做好监管与应急处置。

建设低空经济特色园区。支持金山区、青浦区等利用空域开放及产业基础优势，建设符合电动垂直起降航空器和工业级无人机总部、研发设计、生产制造、测试试飞、取证交付全产业链的特色产业园区，配套试飞跑道等基础设施，开放相应试飞空域，打造国家级低空经济产业综合承载区。

3）保障措施

加强统筹协调，充分发挥制造业高质量发展机制作用，畅通部队、民航、地方三方联动机制，扩大低空飞行空域，协调重大事项，细化落实各相关单位职责分工，形成工作合力；压实主体责任，市、区加强协同，加大产业政策、专项资金、办公物业、建设用地等要素资源支持力度，推进产业集聚发展；强化金融支撑，加大市级产业转型升级基金支持力度，吸引社会资本、国有资本积极参与，覆盖创新企业全生命周期股权融资需求；加强人才引育，利用市级、区两级有关人才政策，加大人才支持力度，梯队培养行业发展所需的前沿技术研发设计、适航审定、飞行管理、运营服务、检验检测、标准制定等各类人才。

《上海市低空经济产业高质量发展行动方案（2024—2027年）》是上海市推动低空经济产业发展的重要政策文件，通过一系列具体措施的实施,将有力促进上海低空经济产业的快速发展和创新升级。

2. 江苏省

2024 年 8 月 12 日,江苏省印发《省政府办公厅关于加快推动低空经济高质量发展的实施意见》(苏政办发〔2024〕28 号)。

1)主要目标

到 2027 年,低空空域协同管理机制运转高效,低空经济发展规模全国领先。到 2030 年,智能互联、功能完善、安全高效的低空设施网基本建成,覆盖上中下游的特色产业链基本形成,低空飞行应用融入生产生活,低空经济成为全省战略性新兴产业新增长极,努力建成具有世界影响力的低空经济发展高地。

2)重点任务

推动低空空域管理改革:建立低空空域协同管理机制。全力推动"一个标准、一个平台、一套规则、一张网"建设,推动建立多部门参与的低空空域协同管理机制。推进空域加快释放。强化与军队和民航部门对接,协同推进全省低空空域分类划设和使用改革。

加快低空基础设施建设:完善地面基础设施网。指导各地做好基础设施布局规划,统筹布设站点,适度超前布局各类起(备)降场(点)、充电场等配套设施。建设低空智联信息网。创新利用北斗数据链、广播式自动相关监视、5G/5G-A、通信感知一体化、低轨卫星等技术,有序建设通信、导航、监视、气象和情报等设施。构建低空数字底座。持续优化实景三维江苏数据,有序推进构建低空空域数字孪生系统,逐步形成全省低空数字底座。

增强低空产业创新能力：加强关键核心技术攻关。引导头部创新主体攻关核心技术，加快推动核心零部件和关键材料国产化，支持企业承担国家和省重大科技项目。积极打造重大创新平台。高水平建设既有全国重点实验室，鼓励低空经济优势单位争创国家级创新平台，培育一批省级重大创新载体。进一步增强企业自主创新能力。鼓励龙头企业发挥资源整合能力，联合高校院所、产业链上下游企业，打造一批集前沿技术攻关、重大产品研发等功能于一体的产学研协同创新高地。

打造低空制造产业高地：推进低空制造产业链建设。依托各地低空产业基础，充分发挥南京、苏州、无锡、常州等航空制造业优势，打造贯通上下游、具有全球竞争力的低空制造重点产业链。加快培育行业领军企业。依托现有航空航天产业优势企业，围绕全链条进行联合、整合，加快培育具有全球竞争力的领军企业。积极打造特色产业园区。积极培育打造一批覆盖技术研发、生产制造、运营保障等业态多元、特色鲜明的低空经济产业园区。

积极拓展低空飞行应用场景：扩大低空智慧物流应用规模。开发通用航空物流服务，鼓励具备条件的地区或企业积极开展低空物流配送业务。支持在符合安全要求的条件下探索建立低空即时配送网络。拓展低空公共服务场景。全面有序拓展应急救援、医疗救护、农林植保、国土测绘、城乡治理、公共安全监管、生态环境、气象，以及电力、江河湖库、交通线路巡检巡查等领域应用场景。丰富低空文体旅游。依托特色旅游资源，开发景区、度假区、主题公园等低空旅游消费市场。建设一批特色航空飞行营地，支持发展群众性航空运动休闲活动，鼓励各地积极承办各类航空体育、无人驾驶等活动。开发低空特色应用新场景。以场景"化"产业、场景"育"产业为方向，充分发挥我省资源优势，探索开发特色应用场景。稳妥有序推进城市空中交通航线网络布设，鼓励有条件的城市开展eVTOL、直升机等城市空中交通场景应用。

提升综合服务保障能力：提升低空安全保障能力。统筹安全与发展，构建安全管理机制，明确各方管理责任，提升飞行安全保障能力。加强对低空违规飞行、利用无人机实施违法犯罪、违规使用反制设施等行为的监管、打击。提升适航审定服务能力。争取国家行业主管部门在我省设立无人机适航审定中心。支持相关高校、园区、企业和院所先行先试，建设低空飞行器适航服务平台，积极参与适航标准研究。提升低空检测维修能力。加快布局质量检测平台，构建综合检验检测体系。建设一批适应多样化需求的试飞测试基地。支持飞行器制造、专业航空维修机构等企业拓展直升机和无人机的维修、改装等业务。

3）保障措施

加强统筹协调。省发展改革委负责指导全省低空经济发展，省相关部门按照职责分工协同推进低空经济发展。

构建政策管理体系。系统梳理现有法规和技术规范标准的适用性，及时做好修编和补缺工作，研究制定低空空域协同管理、产业发展、飞行服务、安全管控、资源要素等方面政策举措。

加大财政金融支持。统筹相关省级财政专项资金，大力支持低空经济领域重大项目建设和重点企业发展。发挥各级产业引导基金撬动作用，引导国有资本和社会资本协同推进低空经济发展。鼓励金融机构在信贷和保险方面创新产品和服务。

加强统计监测分析。研究制定符合实际需求的统计方法，建立和完善低空经济统计监测制度，强化低空经济发展动态监测和分析。

营造良好发展氛围。积极参与、合规举办国际、国内低空经济发展论坛、展会、会议等活动，依托各类媒体、科教基地、行业协会等，开展低空经济科普教育，宣讲产业政策，宣传发展成效，营造低空经济健康发展的良好环境。

总体而言，江苏省出台的低空经济政策比较全面和具体，从空域管理改革、基础设施建设、产业创新、应用场景拓展等多个方面入手，为低空经济的高质量发展提供了有力保障。

3. 浙江省

浙江省政府于 2024 年 8 月 7 日正式印发了《浙江省人民政府关于高水平建设民航强省 打造低空经济发展高地的若干意见》（浙政发〔2024〕20 号）。

1）总体要求

到 2027 年，基本建成航空服务全省覆盖、航线网络全球通达、空港枢纽多式便捷、航空产业高能集聚、低空经济先行引领、行业治理顺畅高效的高水平民航强省和低空经济发展高地。到 2035 年，全面建成高水平民航强省和低空经济发展高地。

2）重点任务

打造高能级空港枢纽。提升空港枢纽功能，完善空港集疏运体系，加快构建辐射全国、畅达全球的航线网络，构建现代化航空物流体系，提升航空运输服务品质，培育壮大航空运输主体。

打造现代化航空产业集群。优化临空产业布局，打造重点产业平台，提升科技创新能力，梯度培育重点企业。

打造低空经济发展高地。统筹推进低空新基建，积极拓展低空应用场景，优化低空经济发展生态，实施低空产业补链强链，积极开展低空经济试点。

3）实施行动方案

低空新基建强基行动。布设低空新基建"三张网"（低空基础设施网、低空航路航线网、低空飞行服务网），全省建设 A 类通用机场达 20 个、实现"市市通"，公共无人机起降场达 150 个，四大都市圈核心区低空新基建实现全覆盖。

低空应用全域拓展行动。推动无人机电商物流规模化发展，打造无人机电商物流品牌；通过政府购买服务等方式，拓展"低空＋公共服务"场景应用；完善航空应急救援体系，推进"1+10"通用航空应急救援基地建设；培育"低空＋旅游""低空＋体育"等新兴消费业态；积极争创国家低空经济相关试点，以县域为单元，开展省级低空经济试点。

低空经济生态培育行动。加快建立低空法规政策体系，出台低空运行规则与标准，提升无人机公共安全管理能力，积极举办低空经济相关论坛、特色活动，营造浓厚发展氛围。

4）要素保障政策措施

为确保政策目标的实现，浙江省还制定了一系列要素保障政策措施，包括财政要素政策、税收要素政策、土地要素政策、金融要素政策、人才要素政策、国资要素政策等方面的支持。

5）地方政策响应

杭州市、绍兴市等地也根据省政府的总体政策，制定了相应的实施方案和配套措施，以推动低空经济在当地的高质量发展。例如，杭州市提出了到2027年低空经济产业规模突破600亿元的目标，并明确了具体的发展路径和支持措施。

从上述"江浙沪"三地的情况来看，长三角地区在低空经济的布局和反应方面非常迅速，对未来低空经济在当地的发展定位和思考也相对清晰。

4. 安徽省

安徽省近些年在科技创新、新能源和高科技领域投入很大，取得了很多突出成绩。随着近年低空经济的发展，安徽省出台了《安徽省加快培育发展低空经济实施方案（2024—2027年）及若干措施》。

1）发展目标

到2025年，低空基础设施建设加快推进，建成一批应用示范场景，低空经济规模和创新能力快速提升，集聚化产业生态初步形成。到2027年，低空基础设施进一步完善，应用场景不断拓展，低空经济规模和创新能力达到全国领先水平，打造合肥、芜湖两个低空经济核心城市，发挥六安、滁州、马鞍山等市低空制造业配套优势，彰显安庆、宣城等市低空服务业特色，基本形成双核联动、多点支撑、成片发展的低空经济发展格局。

- 基础设施逐步完善

统筹考虑发展需求、规划布局和运营效益，建设规模适度的低空基础设施。到2025年，建设10个左右通用机场和150个左右临时起降场地、起降点，部分区域低空智联基础设施网初步形成。

到2027年，建设20个左右通用机场和500个左右临时起降场地、起降点，全省低空智联基础设施网基本完备，便捷高效、智慧精准的低空飞行服务保障体系构建形成。

- 产业规模加快提升

到2025年，低空经济规模力争达到600亿元，规模以上企业达到180家左右，其中，培育生态主导型企业1—2家。

到2027年，低空经济规模力争达到800亿元，规模以上企业力争达到240家左右，其中，生态主导型企业3—5家。

- 创新能力有效提升

攻克一批低空领域关键"卡脖子"技术，研发一批具有自主知识产权的无人机、固定翼飞机、电动垂直起降飞行器（eVTOL）及其核心零部件，基本实现低空经济产业链自主可控。到2025年，省级以上科技创新和公共服务平台力争超过100个。到2027年，省级以上科技创新和公共服务平台超过 120 个。

- 规模应用水平显著提升

到 2025 年，全省通用飞机飞行力争达到 1 万小时，无人机飞行力争达到 160 万小时。

到 2027 年，通用飞机飞行力争达到 1.5 万小时，无人机飞行力争达到 200 万小时。

- 产业生态逐步完善

到 2025 年，打造 30 个低空标杆应用场景，5 个低空经济发展示范区，建设 2 个低空经济发展示范城市和 1 个低空综合应用城市群。

到 2027 年，低空经济标杆应用场景、示范区、示范城市及综合应用城市群进一步扩容升级，争创若干国家民用无人驾驶航空试验基地（试验区）。

2）主要任务

统筹共建低空智联基础设施。加快推动通用机场、无人机起降设施等地面保障设施网及低空航路航线网的建成落地，统筹共建低空智能信息网、低空飞行数据平台及低空监管服务平台等低空新型基础设施。

构增强低空科技创新引领。聚焦固定翼飞机、无人机、eVTOL 及民用直升机等整机，中小微型航空发动机、动力电池、燃料电池、混合动力系统、机载系统及飞控系统等关键系统、零部件、关键材料及元器件，开展技术攻关。

推进低空制造业集群化发展。推动重大项目招引落地，聚焦整机制造与关键配套开展企业梯队培育及产业链协同应用，提升低空制造业企业智能绿色制造水平，推进低空制造业集群化发展。

应用牵引低空服务业发展。开发开放低空应用场景，扩大短途运输、低空物流、公共服务、低空消费等低空规模应用，培育飞行培训、维修保障等低空衍生服务，以应用培育壮大低空市场，牵引低空飞行服务业发展。

提升低空飞行保障水平。重点围绕低空飞行保障能力、适航审定服务能力、检验检测服务水平及低空飞行管理等方面，加强技术、场地、人才等要素保障，提升飞行服务供给水平。

营造低空经济发展生态。聚焦产业特色打造低空经济品牌，围绕军民航单位常态化协作机制深化军民航协作、发挥基金撬动作用提升金融服务能力，实施人才引育政策强化产业人才供给，依托产业、区位、政策优势深化开放合作，营造低空经济发展生态。

3）保障措施

安徽省发展和改革委员会还出台了《关于加快培育发展低空经济若干措施》，包括支持低空基础设施建设运营、支持低空飞行服务保障、支持低空经济科技创新、支持低空制造项目建设、支持低空产品示范推广、支持低空场景开发开放、支持低空经济集群发展、支持低空经济开放合作、支持低空经济投资融资、支持低空经济人才保障。

综上，安徽省在科技发展领域尝到了甜头，因此在布局低空经济发展战略方面具体详尽，旨在通过一系列措施推动低空经济的快速发展。

第二节　中南地区——积极贡献

中南地区主要包括河南省、湖北省、湖南省、广东省、广西壮族自治区、海南省，广义上包括香港和澳门，是全国低空经济的重要组成部分。2023年，中国民用无人机产业产值规模接近1200亿元，其中中南地区产业规模达885.6亿元，占比达到75.4%，远超其他地区。中南地区是中国低空经济产业规模的主要贡献者。

中南地区在低空运营服务方面表现突出，采购数量最多，占比达到八成以上。低空运营服务涵盖培训、维修、应急救援、物流、农林植保、电力巡检等多个领域，为低空经济的发展提供了有力支撑。

在应急救援方面，中南地区超半数采购集聚于抗洪救灾和森林防火等场景。同时，在城市应用场景中，中南地区也积极探索无人机在城市安全、环境保护、国土测绘等领域的应用。

1. 河南省

2024年8月12日，河南省人民政府办公厅发布《促进全省低空经济高质量发展实施方案（2024—2027年）》（以下简称《实施方案》）。为深入贯彻落实党中央、国务院及省委、省政府决策部署，加快开辟低空经济发展新赛道，推动低空消费、低空飞行器制造、低空运营服务等全产业链融合发展，形成新质生产力，打造战略性新兴产业集群，助力现代化河南建设，制定本实施方案。

发展目标。到2025年，完成低空基础设施布局，初步建立低空空域管理机制，建成 10 个左右通用机场和一批直升机、无人机起降场地、起降点；产业规模大幅提升，低空经济规模达到 300 亿元，规模以上企业达到 50 家左右，省级以上科技创新和公共服务平台力争超过 20 个，全省通用飞机飞行时长力争达到 8 万小时，无人机飞行时长力争达到 100 万小时；产业生态逐步完善，打造 20 个低空标杆应用场景。

到 2027 年，建成 20 个左右通用机场及兼具通用航空服务功能的运输机场，低空经济规模达到 500 亿元，规模以上企业达到 60 家左右，省级以上科技创新和公共服务平台超过 25 个，通用飞机飞行时长力争达到 10 万小时，无人机飞行时长力争达到 200 万小时。低空经济标杆应用场景进一步扩容升级。

郑州市、安阳市是首批国家通用航空产业综合示范区；安阳市获批国家民用无人驾驶航空试验区，拥有涉航企业 90 余家，形成了低空经济"链群雁阵"。全省已建成 8 个取证或备案通用机场，年通航飞行时间达到 7 万小时，为低空经济的发展奠定了坚实基础。

2. 湖北省

湖北省于 2024 年 7 月发布《湖北省加快低空经济高质量发展行动方案（2024—2027 年）》。

1）发展目标

至 2027 年，全省低空基础设施基本完备，产业能级大幅跃升，应用场景加快拓展，力争产业规模突破 1000 亿元，低空经济成为全省经济高质量发展的重要增长极。

2）重点任务

- 加快建设低空基础设施"四网"

完善地面起降"设施网"。支持在符合条件的医院、学校、体育场、商务区、高层建筑、交通枢纽、高速服务区、旅游景区等布设起降场地。积极推进已建成的应急救援起降点与低空起降场地融合使用。

构建低空智能"信息网"。按照"一期补短板填空白、二期按需求加密度"的原则，建设覆盖全省的低空飞行通信、导航、气象和监测等信息基础设施。

划设低空飞行"航线网"。规划"两横两纵三圈"低空航线网。鼓励相关市州对开展传统通航飞行、无人机等其他低空飞行的运营公司给予相应补助。

打造低空飞行"服务网"。加快湖北省低空飞行综合管理服务系统和低空飞行服务中心建设，省级中心设在武汉，实现全省低空飞行"一窗口申请、一站式审批、一张网通管"功能。

- 大力发展低空制造产业

打造整机制造产业集群。支持华中科技大学组织研发团队攻关先进低空飞行器整机设计，推动中国特种飞行器研究所货运无人飞机、飞艇、水面飞行器研发及产业化，支持普宙科技、电鹰科技、旭日蓝天等一批本土企业做大做强，引导东风汽车等本土头部企业转型布局低空装备整机制造，积极引入亿航智能、小鹏汇天、中信海直等国内头部企业在鄂设立分部或研发基地。

打造关键零部件生产和系统研发集群。加快布局新能源低空动力技术和装备，引导中航锂电、东风时代、亿纬动力等企业进入航空锂电池研发领域；引导武汉绿动氢能、众宇动力、海亿新能源等企业进入航空氢能源研发领域。推进机载系统和设备标准化模块化发展，鼓励航空工业航宇救生装备、武汉航空仪表、湖北航特装备等企业结合低空产业需求，加快推进统标统型。

打造新型材料供应集群。重点突破碳纤维复合材料和轻型合金材料技术，支持科研机构利用脉冲强磁场实验装置研发高强度轻量化新材料。

- 大力培育"低空+"经济新业态

"低空+应急救援"。加大低空飞行器在城市公共管理领域的应用，省政府相关部门及各市州根据工作需要将购买低空服务统筹纳入本级年度财政预算。支持东湖新技术开发区和武汉经济技术开发区进行无人机城市管理试点。鼓励县级及以上行政区域建设基于无人机等低空飞行应用的城市智慧化治理体系。积极推动低空应急救援融入全省航空应急救援体系建设，构建全省统一标准、统一指挥、统一调度的航空应急救援体系。鼓励拓展低空飞行器在森林防火、高层灭火、抢险救灾等场景的应用。

"低空+物流配送"。探索"航空+低空"物流体系建设，布局"干—支—末"物流配送。加快推进低空飞行器在物流领域应用，结合省内物流园区、快递分拨中心、重要商务区布局低空物流节点。支持一批快递物流头部企业实现无人机物流业务常态化运营。

"低空+城市交通"。率先在武汉都市圈开展市内和城际低空客运航线试点。推动无人驾驶载人航空器在城市空中交通中的示范应用,支持通航企业发展以 eVTOL 为主的城市空中交通新业态。鼓励运输机场和通航机场联合拓展客运业务,推动"干支通、全网联"。

"低空+时尚旅游"。积极引导和支持发展各类低空经济新兴消费项目。鼓励各地依托重点旅游景区开发空中游览等特色项目,打造一批"云端游"系列产品。强化武汉经开国际航联世界飞行者大会、荆门漳河爱飞客等一批具有国际影响力的航空运动赛事品牌。

"低空+农林生产"。充分发挥湖北农业大省资源优势,全面推广绿色农业、现代农林业植保作业,开展植保无人机规范应用试点、高质量作业示范,对从事植保作业的农业生产经营组织购置植保无人机,落实农机购置与应用补贴。积极推广低空飞行器在作物监测、农药喷洒、精准种植等领域的规模化应用。

"低空+北斗应用"。全面推广北斗技术与低空应用融合,推动各类低空飞行器配备北斗高精度机载终端,实现低空飞行实时动态监视;推动省内 ADS-B 基站改造升级为基于北斗多模授时的 ADS-B 地面站;打造覆盖全省的北斗低空综合服务平台。积极探索 5G 通信与北斗卫星导航系统一体化的低空空域监视技术应用,作为北斗定位+短报文、ADS-B 等低空空域主要监视技术的补充。

- 积极营造低空经济发展良好生态

推进低空空域管理改革。推动湖北省全域低空空域管理改革,以全省低空空域灵活高效使用为目标,实现空域资源的动态释放。科学精准划设湖北省低空空域，形成动态管理机制，建立军民协同、灵活转换、无缝衔接的低空空域使用模式，进一步拓展飞行活动空间。加强"军地民"工作协同，建立三方深度参与的常态化机制，共同研究协调低空空域分类划设、飞行活动监管等事项。

加强人才培养力度。发挥省级人才计划项目牵引作用，精准引进、培养低空领域行业领军人才，将适航审定、通航服务类别等专业技术人才列入省级人才引进计划。支持省内高校加快低空产业相关学科专业建设、大专高职院校开展无人机操控和航空器维修等职业技能培训。持续强化低空飞行培训领域优势，支持现有通航企业提升传统航空培训业务能力，积极引导开展无人机操控员、eVTOL驾驶员等专业人才培训。

创建低空产业示范区。按照"一核三极"辐射联动的布局，打造以武汉为中心，襄阳、宜昌、荆门为支撑，全省协同发展的低空经济产业格局。支持武汉创建全国城市空中交通管理试点；东湖新技术开发区加快建设低空经济企业总部及研发、应用服务示范区，加强共享无人机示范区建设并适时在全省范围内推广；武汉经济技术开发区加快打造低空经济产业研发、试验及航空运动示范区。拓展荆门全国首批国家通用航空产业综合示范区内涵，打造低空经济产业综合示范区。支持襄阳、宜昌、荆州等城市根据自身优势产业打造整机及装备制造、低空航空器综合互检互验示范区。

为了保障全省低空经济目标的达成，湖北省专门成立低空经济高质量发展工作专班，统筹推进低空经济发展各项工作，并制定和完善相关配套政策，确保政策措施落地见效。同时，通过多种渠道和形式宣传低空经济政策和成效，营造良好的发展氛围。

3. 湖南省

2024年6月13日，湖南省人民政府办公厅印发《关于支持全省低空经济高质量发展的若干政策措施》（湘政办发〔2024〕20号）的通知，主要内容包括以下几个方面。

- 加大传统通航运营补贴

鼓励开展低空飞行，对于主运行基地设在湖南的通航企业年飞行小时达到100小时，按照最大起飞重量1吨（含）以下的航空器予以500元/小时、最大起飞重量1吨（不含）—5吨（不含）的航空器予以2000元/小时、最大起飞重量5吨（含）以上的航空器予以3000元/小时的运行补助，单个企业每年补助最高不超过100万元，所需资金由省财政预算安排。

对于滑翔伞、动力伞等轻型运动航空器和热气球、飞艇等轻于空气航空器的运营企业，年飞行超过2500架次给予运营补贴，超出部分按照35元/架次给予补贴，单个企业每年补助最高不超过50万元，所需资金由省财政预算安排。

对在民航局取证或备案且通航年飞行小时达到1500小时以上的运输机场、飞行小时达到1000小时的通用机场及开展应急救援、医疗救助等公共属性业务的临时起降场地，每年给予100万元运行补助，所需资金由省财政预算安排。

- 加大新型航空器运营支持力度

对于利用电动垂直起降航空器（eVTOL）、飞行汽车等新型飞行器开展商业化飞行的企业，每开通一条固定飞行航线且年飞行小时达到 100 小时，按照 1000 元 / 小时给予运营补贴，单个企业每年补贴最高不超过 300 万元，所需资金由省财政预算安排。

鼓励无人驾驶航空器（无人机）开展低空物流和配送业务，企业每开通一条固定无人机物流航线或配送航线且常态化运营一年以上，年飞行达到 1000 架次的（往返为一架次），一次性给予 10 万元航线补贴（市州申报的公益性强、推广价值高的示范航线，可以在开通时先行安排），超出 1000 架次的部分按照小型、中大型民用无人机分别按照 35 元 / 架次、50 元 / 架次给予运营补贴，单个企业每年补贴最高不超过 100 万元，所需资金由省财政预算安排。

- 拓展应用场景

鼓励各市州发放低空旅游消费券，鼓励旅行社开展低空旅游业务，与各景区、通用机场合作开发观光旅游、主题游、体验游等业态和产品。依托景区建立飞行营地、垂直起降点，开展飞行体验等低空飞行体验活动。

支持滑翔伞、航空跳伞、飞艇、热气球等航空体育运动发展，每年发放不低于 300 万元航空体育消费券，并根据我省低空经济市场规模逐年递增，所需资金从省体育彩票公益金中列支。

鼓励开展通用航空器各类驾照获取，对培训合格且取得相应证件的，按照私照每本 1 万元、运动类驾照每本 0.5 万元的标准给予企业补助。

支持企事业单位、协会、高校等单位在湘举办各类低空赛事活动。经批准承办的低空赛事活动，由专业审计机构审计后，按审计确认该项目实际发生总费用的 30% 给予补贴，国际级、国家级赛事补贴最高分别不超过 100 万元、50 万元。各市州积极协助举办赛事，在场地改善等必要的基础设施建设方面予以支持。

- 支持新质生产力发展

航空制造企业新取得国家通用航空器整机（不含起飞全重 150 千克以下无人驾驶航空器）型号合格证、生产许可证，并在省内建设生产线并投产的，按照投产后第一年销售额的 5% 给予一次性补助，单个型号补助金额最高不超过 1000 万元。

对省内企业研制航空发动机整机级新产品和起落架、机轮刹车、辅助动力、直升机传动等分系统级新产品，按照实现产业化后第一年销售额的 5% 给予一次性补助，单个型号补助金额最高不超过 300 万元。所需资金从省工业和信息化部门有关专项中列支。其中，单个型号产品在研制过程中已获得财政资金支持的，予以相应抵扣。

- 加强技术创新

鼓励企业投资低空经济领域科技创新平台，对新获批的国家重点实验室、技术创新中心、制造业创新中心、产业创新中心，每年支持 500 万元，连续支持三年，所需资金从创新型省份建设专项资金中解决。

对 eVTOL 整机企业突破倾转旋翼、低噪音螺旋桨等填补国家空白核心技术的企业，按其较上年度新增享受研发费用加计扣除部分的一定比例分类给予补助，最高不超过 1000 万元，所需资金从企业研发财政奖补资金中解决。

- 积极招引低空企业

对重大低空经济类先进制造业项目，根据其对经济社会实际贡献情况给予奖励，最高奖励2000万元。

对商务部或我省确定的低空经济类、eVTOL及大、中型无人机、核心零部件研发制造与商业运营等新质生产力产业链总部项目以外的标志性外资项目、重点招商引资项目，根据其对经济社会实际贡献情况给予奖励，最高奖励1000万元。

鼓励低空行业领军企业来湘设立企业（集团）总部，对"三类500强"企业来湘设立各类总部的，根据其对经济社会实际贡献情况，最高奖励1000万元。

- 促进产业集聚

对新引进的低空整机制造企业、航空装备制造等企业，租赁研发办公用房、生产制造用房的，前三年按照其实际支付租金的50%给予租金补贴，每年度补贴不超过100万元；对自建研发用房、生产制造用房的，按照其基础设施固定资产投资额的2%给予补贴，最高不超过200万元。

支持以通航旅游、通航会展、航空文化、通航制造为特色的通航小镇发展，对经认定的省级及以上通航小镇，省财政给予一次性1000万元支持。

支持申报国家民用无人驾驶试验基地、城市空中交通等试点，对申报成功的市州、县市区，省财政给予一次性500万元支持，所需资金从省预算内基建专项资金中解决。

- 完善基础设施

按照整体规划、分步实施、适度超前、经济适用、属地为主的原则，鼓励运输机场增加通航功能，加快通用机场建设。对符合国土空间规划并纳入全省通用机场布局规划的通用机场（含改扩建）按照工程费用的10%一次性给予支持，单个机场最多不超过1000万元，所需资金从省预算内基建专项资金中解决。

水、电、气等附属设施建设纳入市政规划予以保障，并与机场建设同步建成。符合省级规划布局的通用机场建设项目，进场道路纳入省级道路建设规划保障，并与机场同步建设。

各市州统筹布局城市直升机、无人机、eVTOL等起降场地。鼓励企业建设垂直起降场地、充电站、监视站等低空经济相关基础设施，依法依规给予用地等政策支持。

- 支持低空监视系统建设

加大低空监视平台投入力度，拓宽低空监视网覆盖率及范围，持续拓展北斗低空综合应用示范成果，进一步提升北斗低空空域管理服务系统性能，打造更多低空经济领域北斗规模应用的场景，形成一批低空经济领域北斗规模应用行业标准。重点在城市、低空飞行航线、物流航线等周边加密低空监视站点。

鼓励开展无人机、eVTOL、携带有应急装备的直升机或有应急功能的直升机等新型航空器低空载人、物流所需的监视、通信等基础平台的研究及应用。

- 扩大公共服务和生产应用

将低空经济公共服务纳入政府购买服务相关目录范围，鼓励购买装备产品。

构建应急救援、医疗、国土调查与测绘、高速公路、城市低空巡查、工农林矿牧渔等低空作业体系，符合条件的可按规定实施政府购买服务，资金纳入政府购买服务预算管理。

- 加大金融支持力度

通过政府引导基金相关子基金加强对低空产业的支持。

支持传统通用航空器、无人机研发制造等企业单独或联合其他企业法人依法发起设立以低空经济业态为主的租赁公司。鼓励金融机构合理降低通航企业贷款利率，向通航企业提供分期付款等金融产品。

鼓励保险机构开发针对低空物流、载人、城市管理等低空商业应用险种，对省内投保的低空企业与个人给予适当保费优惠。

- 汇聚低空经济专业人才

大力培育引进低空经济高层次创新创业团队，支持省内职业高校开设低空经济相关专业，对重大创新团队和开设相关专业的高校，统筹现代职业教育质量提升计划、生均经常性拨款等相关资金给予支持。

将通航飞行员（含大型无人机操作员）和持有机务维修基础执照、航务（管制、签派）执照、安全监督员执照的人才列为紧缺急需或特殊人才，按照省市相应人才政策执行，并在医疗保障、住房保障、子女入学、人才培养等方面予以支持。

这些政策措施的实施，将为湖南省低空经济的高质量发展提供有力支持，推动低空经济成为湖南省战略性新兴产业的重要组成部分。

4. 广东省

2024年5月21日，广东省人民政府办公厅印发《广东省推动低空经济高质量发展行动方案（2024—2026年）》（粤府办〔2024〕6号）。

1）总体目标

到2026年，低空管理机制运转顺畅、基础设施基本完备、应用场景加快拓展、创新能力国际领先、产业规模不断突破，推动形成低空制造和服务融合、应用和产业互促的发展格局，打造世界领先的低空经济产业高地。

管理机制运转顺畅。"军地民"三方协同管理机制基本建立，在基础设施建设运营、低空飞行服务保障等方面构建起各方分工明确、协同高效的工作机制。

基础设施基本完备。建设一批通用机场和起降场、起降点，基本建成安全高效、互联互通的地面基础设施网络，核心区域低空智联基础设施建设完成。

产业规模稳步增长。低空经济规模超过3000亿元，基本形成广州、深圳、珠海三核联动、多点支撑、成片发展的低空经济产业格局，培育一批龙头企业和专精特新企业。

创新能力显著提升。布局一批省级创新平台，争创国家级创新平台

1—2家。攻克一批低空领域关键"卡脖子"技术，基本实现低空产业链自主可控。

应用规模不断拓展。全省通用飞机飞行达到15万小时，无人机飞行达到350万小时。在城市空中交通、低空物流、全空间无人体系等试点示范取得积极进展。

2）加快推进低空空域管理改革

加强低空空域协同管理、争取低空经济试点示范。

3）适度超前布局低空基础设施

完善地面起降设施网、构建低空智联网、推动数字低空建设、建设低空管理服务体系。

4）积极拓展低空应用场景。

构建低空智慧物流体系、发展城市空中交通新业态、打造航空应急救援体系、全面赋能"百千万工程"、培育低空新兴消费业态。

此外，广东省各市也结合自身实际出台了相关政策措施，如广州市发布的《广州市低空经济发展实施方案》，目标是到2027年广州低空经济整体规模达到1500亿元左右。重点工作任务是加强统筹规划和协同推进、夯实低空基础设施建设、打造低空制造业高地、拓展特色低空应用场景、健全规则制度体系。

5. 广西壮族自治区

广西壮族自治区积极响应国家关于发展低空经济的决策部署，将低空经济作为战略性新兴产业进行重点培育，制定了《广西低空经济高质量发展行动方案（2024—2026 年）》，发展目标是充分发挥我区空域、区位等优势，以创新研发和场景应用为牵引，统筹推动低空装备制造、场景应用、飞行服务保障体系、技术创新能力不断发展，培育发展低空领域新技术、新模式、新业态，加快打造具有重要影响力的低空经济高地。

青秀区低空经济产业集聚区：南宁市青秀区基于在无人驾驶航空产业链方面的良好基础，出台《青秀区低空经济无人驾驶航空试验区建设工作总体方案》，创新性打造广西壮族自治区首个低空经济产业集聚区。该试验区在搭建无人驾驶航空底层数据体系、探索智能网联无人系统产业化应用、开展多场景运行试点等方面先行先试，已取得初步成效。

低空无人机物流运输航线首飞：广西交通投资集团所属广西计算中心有限责任公司积极推动"低空经济＋物流"应用研究，联合交通运输部路网中心编制发布相关技术标准等。广西壮族自治区首批低空无人机物流运输航线成功首飞，实现广西壮族自治区低空经济商用场景的重要突破。

6. 海南省

2024 年 9 月，海南省发展改革委等部门联合印发《海南省低空经济发展三年行动计划（2024—2026 年）》（琼发改基础〔2024〕921 号）。为贯彻落实 2023 年中央经济工作会议精神和 2024 年国务院政府工作报告提出的"积极打造低空经济等增长引擎"相关要求，抢抓低空经济产业密集创新和高速增长的战略机遇，统筹推进海南省低空经济体系建设，加快形成低空经济融合发展生态，制定本行动计划。

1）目标

到 2026 年，出台 3 项政策制度；建设 2 个保障服务平台；建成通用机场 9 个，低空飞行器起降场超过 500 个；划设低空航线数量超 300 条；重点拓展建设 8 个低空应用场景；推动一批重点项目建设，实现全省低空经济总产值超过 300 亿元。

2）重点任务

- 构建低空经济政策制度体系

完善低空经济顶层设计。编制《海南省低空经济发展规划》，明确海南低空经济发展思路、发展路径、发展目标、发展重点、保障措施等内容，科学引领低空经济健康有序发展。研究出台《海南省关于支持低空经济高质量发展的若干措施》，有效推动企业引进培育、基础设施建设、低空航线开通、应用场景拓展、延伸业态发展、园区集聚发展、科学技术创新、飞行服务完善等。

规范低空经济管理。统筹考虑基础设施、飞行服务、产业应用、产业支持、技术创新、安全管理、法律责任等方面，加强促进海南省低空经济产业发展立法研究，适时推动相关法规出台，规范和引导低空经济活动，促进低空经济产业高质量发展。

- 深化低空空域管理改革

加强低空空域协同管理。持续完善军地民协同管理机制，共同研究低空空域分类划设、低空航线划设、低空空域监管、低空空域灵活转换等事项，制定《海南省低空空域协同运行办法》，简化飞行审批程序，提高低空空域使用效率。

构建低空飞行航线网。优化现有南北纵向低空航线，新划设 3 条东西横向低空航线、3 条连接海南和大陆的进离岛通道，构建海南"三纵三横三出岛"低空航线主干网。统筹考虑低空文旅、商业运输、海洋管理、物流配送、空中巡查等场景拓展需要，划设低空航线超 300 条。

建立动态空域管理模式。统筹军事航空、公共运输航空低空飞行需求，在确保国家空防安全底线基础上，建立军民协同、高效衔接的低空空域使用模式和灵活转换空域使用协调机制，提高低空空域资源使用效率。

- 建设低空基础保障设施

加快推进通用机场建设。按需改造儋州西庆、三亚天涯、海口甲子、东方大田通用机场，支持完善跑道、机库、停机坪、燃料加注、电动飞行器充换电等设施，提升通用机场保障能力、增加可起降机型；推进琼海博鳌等运输机场拓展通用航空服务保障功能，增设公务机专用停机坪、低空飞行器专用机库等设施。建成儋州和庆、白沙元门、临高马袅、琼中、万宁 5 个通用机场，开展文昌、保亭、五指山等通用机场建设前期工作，布局建设跑道型通用机场；鼓励建设低成本、简易型通用机场；探索建设具有口岸功能的通用机场。推动军方采取分批打包方式核准通用机场场址。

推动低空飞行器起降场地建设。统筹全省低空飞行应用需求，规划 500 个低空飞行器起降场。优先在旅游景区、环岛旅游公路驿站、物流枢纽、车站、码头、海岛等重要地区，布局建设 20 个左右功能完善的基地型起降场，其他起降场由企业和市县按需建设。鼓励现有和新建住宅、楼宇建设低空飞行器起降设施。

完善通信导航监视设施。在中部五指山及周边区域、琼州海峡区域"补盲""加密"对空监视与地空通信设施，实现全省范围内 1000 米以下低空飞行活动监管全覆盖。在三亚、临高等市县试点部署建设接收无线局域网（Wi-Fi）或蓝牙自动广播识别信息的地面信息接收设施，有效增强无人机管控能力。

- 构建低空经济发展平台

完善低空飞行服务信息平台。加强海南通航飞行服务站和无人机综合监管平台功能整合，融入低空飞行数字底座，提高向空域用户提供飞行计划申报、对空监视、地空通信、航空气象、航空情报、飞行情报、告警及协助救援等服务能力，接入海易办和海政通，实现管理部门低空数据共享和违规线索推送，满足未来"高密度、高频次、高复杂性"的低空飞行和政务管理需求。加强对低空无人机测绘、航空摄影和地理信息数据的安全监管，规范高精度实景三维地图的安全使用。以海南通航飞行服务站和无人机综合监管平台为依托，加强低空应急救援、医疗救护等公共安全服务指挥调度保障能力建设。

建立低空经济科技创新平台。结合无人机、eVTOL、新型运动类航空器等各类低空飞行器试飞测试需求，支持依托海口甲子、白沙元门、东方大田、临高马袅等通用机场建设航空器试飞测试基地。依托企业积极打造若干低空经济科技创新中心，培育建设低空经济领域重点实验室，支持海口等地建设通用航空科技创新园。

- 推动低空经济试点示范

拓展城市空中交通场景、建设民用无人驾驶航空试验基地（试验区）、建设低空经济示范区、拓展低空飞行器旅游观光场景、拓展低空飞行器跨海运输场景、拓展无人机海洋管理场景、拓展无人机安全巡护场景、拓展无人机热带特色农业应用场景。

- 实施产业能级提升行动

培育低空产业创新力量、招引推动低空制造突破、加快推动低空产业集聚、塑造海南产业特色品牌。

3）保障措施

发挥政府投资母基金引导作用，撬动社会资本，支持行业龙头企业、市场化基金管理机构设立低空经济产业发展子基金。鼓励市县政府出台采用贷款贴息、运营补贴等扶持方式支持低空企业发展。应对低空经济发展需求，充分利用省内现有优质教育资源，支持省内高校、职业院校开设低空飞行器设计制造、无人机应用等低空经济相关专业或课程，加强低空经济相关专业的人才培养。依据国土空间规划，强化低空产业研发制造、通用机场及低空飞行器起降场建设、示范工程建设等项目用地保障，加快用地审批流程。

海南发展低空经济具有得天独厚的环境优势和政策支持，未来将在低空旅游、航空运动、应急救援等方面持续领先，推动形成低空制造和服务融合，应用和产业互促的发展格局，助力海南自贸港建设。

第三节　华北地区——稳步推进

与华东地区和中南地区相比，华北地区包括北京市、天津市、河北省、山西省、内蒙古自治区在内的 5 省（市、自治区），目前其在整个低空经济领域的占比较低，约为 12.6%，且主要集中在北京市、河北省和天津市三个地区。

1. 北京市

北京市经济和信息化局等四部门制定了《北京市促进低空经济产业高质量发展行动方案（2024—2027 年）》。低空经济是国家战略性新兴产业，是新质生产力的典型代表。发展低空经济，是塑造发展新动能新优势、打造经济增长新引擎的重要举措，是建设现代化产业体系、推动实现高质量发展的必然要求。为贯彻落实党中央、国务院决策部署，抢抓低空产业密集创新和高速增长的战略机遇，加快探索低空经济新业态新模式，显著提升北京市低空经济引领示范、辐射带动能级，制定本方案。

1）发展目标

面向全国，走向国际，在确保安全的前提下，力争通过三年时间，低空经济相关企业数量突破 5000 家，低空技术服务覆盖京津冀、辐射全国，低空产业国际国内影响力和品牌标识度大幅提高，产业集聚集群发展取得明显成效，低空产业体系更加健全，在技术创新、标准政策、低空安全、应用需求等领域形成全国引领示范，产业规模达到 1000 亿元。

2）重点任务

- 持续加强低空经济技术创新引领

建设高能级创新平台。鼓励企业与高校、科研院所、产业链上下游企业合作，建设一批低空经济领域新型研发机构、重点实验室、技术创新中心和企业技术中心，推动低空经济领域的技术研发，打造一批具有自主知识产权和国际竞争力的核心技术。

促进科创成果转化落地。发挥在京企业、高校、科研院所作用，鼓励牵头部署低空经济科技成果孵化器、加速器，孵化转化一批创新成果、产品和技术。加强北斗、5G等卫星通导遥技术应用，促进商业航天与低空经济融合发展。

加快推进标准制定。支持企业、高校、科研院所参与低空经济领域法规规章、标准规范制定，加快团体标准制定，不断提高京内单位对行业标准、国家标准、国际标准等制修订的参与度。

- 加快形成低空安全管控全国标杆

攻克低空安全管控关键技术。支持京内企事业单位加强光电对抗、控制信息干扰和数据链干扰等无人机反制技术研发，形成多体系融合的无人机反制手段，着力突破复杂环境区域内无人机侦测、识别、定位难题。充分利用人工智能、大数据等技术手段，支持构建低空安全风险预测与应急处置大模型，实现异构、多样、高速低空飞行器的立体防御及非常态化低空安全隐患的高效处置。

加强低空安全技术验证。推动京津冀联动，打造多元化应用场景，通过设定多级防御圈应对不同危险级别的空域入侵，强化重点目标单位的安全技术验证。加强无人机及新型低空飞行器数据安全、网络安全攻防演练，着力确保信息安全。鼓励企业加快开发低空安全管控技术、装备、软件检测验证系统平台，吸引全国低空安全技术设备企业来京检测和验证。

构建低空安全防范体系。在京梯次配备多种软硬反制系统设备，提高立体管控水平。探索建立一体化指挥体系架构，创新低空安防推演能力，构建快速预警、精准识别、有效处置的城市级低空安全管理综合解决方案，形成重点区域低空防御及常态化低空安全服务保障的示范应用集成，培育可推广复制的经验模式并在京津冀地区及全国推广。建设低空安全产业园，打造低空安全示范区。

- 巩固低空制造全产业链竞争力

加强关键核心技术创新。通过整机牵引，突破轻质高强新型复材结构、新能源动力、复杂环境适应性等核心技术。积极发展氢能动力推进系统，加快固态锂电池、高功率密度航空电机、高效电控系统、混电推进系统等技术攻关。聚焦机载装配、地面配套等需求，支持光电、雷达等多功能、高性能、轻量化、低成本任务设备及地面系统设备研发。瞄准复杂环境适应性及高安全防控，加快长距离、高可靠、抗干扰、反劫持、防破解的飞控系统研制。加强无人机与人工智能融合创新，推动无人机向智能化与集群化发展。大力发展低空高端制造、增材制造等产业。

支持先进整机研制。依托北京科技创新及需求集中优势，支持有条件的区引进、培育无人机、eVTOL、吨级货运无人机、新型通用航空器等先进整机制造项目及优势企业。支持京内企事业单位突破低空飞行器研发设计、模拟仿真、数字孪生等关键技术，打造长续航、大载荷、多功能的工业级无人机及空中交通运输装备，探索仿生、混合布局、特种飞行平台等新构型整机开发，提升无人机飞行平台通用化、模块化搭载任务执行能力。

培育优质多元企业主体。鼓励企业推进优势互补，增强产业链韧性和安全水平，不断提高面向全国市场及低空装备制造、低空飞行应用、低空服务保障、基础设施建设等全产业链的竞争力。加快在低空经济领域培育一批龙头企业、配套企业、技术服务企业，打造一批专精特新和制造业单项冠军企业。

- 构建监管及运行服务技术支撑体系

发展数字化低空飞行及监管服务技术。充分发挥北京市航空航天、轨道交通、自动驾驶、通信及无线电、数字经济等技术优势，鼓励企业开发低空智联网和空域管控服务系统，构建通感一体、空天地协同的技术支撑能力。鼓励在京科研机构、企业、通信运营商等面向京津冀乃至全国，提供飞行器智能化控制、同空域多机种融合飞行、低空通信导航监视、低空感知探测数传、无线电频谱创新应用、空域精细划设、数字低空规划及全空间协同管理、数字基础设施建设等技术支持和解决方案。

创新检验检测及适航验证技术服务。积极争取国家有关部门支持，鼓励企事业单位在京设立无人机、eVTOL等安全性可靠性检测验证技术研发和服务机构，提升生产检测、应用验证、综合测试等技术设备和解决方案供应能力。支持轻小型无人机第三方检验检测、中大型无人机及eVTOL适航验证机构建设，鼓励在京单位与京外机构联合，在河北、天津等省市布局建设一批试飞、测试基地或专业分支机构。

打造服务低空经济的产业生态。依托北京教育、人才、金融、数据等资源，支持低空科普教育、人才培训、金融保险、数据服务等产业化发展，支持建设低空金融、数据算力服务中心，发展低空产业咨询、垂直起降场地建设服务、商务交流等生产性服务业，加强低空经济产业全生命周期服务。建立健全低空数据管理制度，强化数据分类分级管理，加强数据生产、传输、处理和使用全流程安全管理。

- 优化低空基础设施和服务保障

加强起降及服务保障场地建设和利用。充分发挥现有通用机场功能，提升低空飞行器起降、停放、补能、维修、托管等服务能力。统筹规划建设无人机、eVTOL等起降场网络，存量整合、集约布局，完善无人机识别、通信、定位、导航、监视、气象、电磁等设施建设，在自然灾害多发等区域布局起降场所，探索高频次、全天候、大容量、智能自主起降场布局应用。完善路网、电力等基础设施，加强全市航空资源统筹利用。

提升低空飞行服务保障能力。统筹推进飞行控制、监管、服务等智慧化平台及共性技术平台建设，提升低空飞行保障能力。优先支持延庆、平谷、密云、海淀、房山等区建设低空飞行监管、服务平台，做好技术标准统一、系统接口预留，为后续与市级、国家相关平台对接和互联互通提供基础条件。鼓励企业建设中试、验证等共性技术平台，加强综合性中试验证公共服务能力建设，形成行业完整中试能力，补齐创新链产业链协同短板，加速产业化应用进程。结合市内各区低空空域实际，加强城市低空数字基础设施建设，基于实景三维数据成果，链接城市信息模型（CIM）数据，建设城市低空高精度空域数字底图，划设低空目视航图，服务保障低空飞行应用。

加快推动示范建设及区域协同。在延庆、平谷、密云、海淀、房山、大兴、经开区等有基础条件的区开展低空新基建、应用新场景及运行新模式示范建设，推动建立空天地协同的新型基础设施网络体系及无人装备运行管控体系，加快将北京纳入全空间无人体系建设统筹。加速推动北京市无人驾驶航空示范区建设。推进京津冀地区飞行服务平台统一建设、协同运行、信息互通。加强北京低空技术、装备等在天津、河北等地区应用，推进资源共享，加快形成京内技术输出＋京外技术验证及服务应用的协同发展模式。

- 打造全国低空飞行应用创新示范

扩大航空应急救援应用。结合北京市航空应急救援需求，推动在全市开展低空应急通讯、消防灭火、巡查投送、医疗救护等领域应用示范，推进救援航空器的常态化备勤、救援人才的专业化培养。加快构建先进的航空救援指挥体系和物资储备体系，实现快速响应。加快推进房山通用航空装备应急救援创新应用试点，打造城市航空应急救援运行基地。

推进航空物流配送应用。在延庆、平谷、密云、房山等有条件的区推动常态化低空物流配送应用，并拓展到京津冀重点地区。开发干支末航空物流配送航线，开展无人机城际运输及末端配送应用示范，探索智慧物流新模式，推动构建航空物流配送网络。

创新并开放多元应用场景。智慧城市建设方面，加大无人机在城市管理、空中交通、生态治理、农业生产、园林绿化、文物保护、安防巡查、电力巡检等领域的应用。特色文旅方面，在延庆、密云、平谷、房山、城市副中心文化旅游区等有条件的地区开发和推广低空观光、飞行体验、高空跳伞等低空旅游产品。空中交通方面，探索建立大兴机场与雄安新区的低空客运航线，挖掘北京与周边地区的城际空中通勤应用。

3）保障措施

健全组织领导和推进机制。成立市级工作专班，探索管理新模式，加强与国家有关部委对接及市内资源的统筹协调，推动制定一批低空经济重大政策、重点事项，解决重要问题。研究制定任务清单，建立军地民协同机制，统筹推进空管服务、运行监管、产业发展、需求集散、统计分类等各项事宜。

创新政策手段并加大支持力度。制定出台专项政策，加大资金支持力度。鼓励各区出台政策措施，在资金、土地、人才、空域等方面加大投入。用好专项产业基金，聚焦低空方向，引导社会资本、专业机构投资。深化企业服务，加强金融保险、贷款等支持。加强国际交流与合作，支持引入先进产品技术，推进无人机产品及技术服务走出去。

汇聚形成各方协同的资源力量。加强央地协同、区域联动，鼓励相关区建立协同机制，各企事业单位组建联合体等，加快形成北京市低空经济发展合力。充分发挥领军企业、科研院所等作用，释放其资源，引领带动低空经济产业发展。集聚一批专家、科研院所、产业链上下游企业等资源，支持成立低空经济专家委员会、产业联盟、行业协会，发挥桥梁纽带作用。

加强宣传推广和文化培育。依托服贸会、中关村论坛等重大活动举办低空经济会议论坛、展览展示、赛事活动，积极承接国家级相关活动。鼓励有条件的区建设低空产品展示空间，搭建低空经济共性技术交流平台、公共服务保障平台，定期开展需求对接、项目推进等活动。加强政策宣贯，广泛开展无人机进校园等科普教育活动，营造全市低空经济发展良好文化氛围。

2. 天津市

天津市积极响应国家号召，将低空经济作为新质生产力发展的重要方向，加快产业布局，推动低空经济高质量发展。

- 制定行动方案

宁河区：出台了《天津市宁河区低空经济高质量发展行动方案（2024—2026年）》，目标是到2024年底，落地低空经济产业链相关企业突破20家。设立宁河低空经济专项基金。依托中国民航大学宁河二期项目，启动通用航空机场及低空综合测试场建设项目、科普研学宁河基地项目，实施七里海巡检项目，打造宁河低空经济应用场景示范。

到2025年底，落地低空经济产业链相关企业突破40家，基本建成现代产业区低空经济试验片区，承接北方地区无人机企业试飞测试市场需求。推进中国民航大学科技园项目，进一步加强低空经济全产业链打造，壮大产业规模、提升产业能级、增强产业竞争力。

到2026年底，落地低空经济产业链相关企业突破60家，我区低空经济产业体系建设取得实质性进展，产业聚集水平和配套能力较大提升、技术创新和平台支撑能力显著增强。打造特色低空主题产业园，引培 2 家以上专业平台载体，实现宁河特色"农文旅"、七里海生态保护、智慧农业、快递物流、科普研学、竞技实训、赛事转播、公共治理等多场景全覆盖，使低空经济产业成为我区社会经济发展新的重要增长极，加快发展成为京津冀地区低空经济发展先行区、北方地区低空飞行产业示范区。

天津港保税区：发布了《天津港保税区推进低空经济高质量发展行动方案》，目标是到 2027 年，低空经济发展要素和基础条件基本完备，培育出一批具有核心竞争力、带动作用强的骨干企业，形成具有较强竞争力的特色产业集群；到 2030 年，基本建成较为完善的低空经济体系，培育形成创新引领、要素富集、空间集约的低空经济产业集群，成为推动高质量持续发展的重要力量。

- 加大招商与产业培育

宁河区：依据中国民航大学及市内各高校航空科技、教育、人才及产业优势和宁河区现有产业基础，科学精细布局低空经济产业图谱。积极对接国内外航空行业龙头企业以及重点科研机构，促进资源对接、成果转化，抓住低空技术装备设计制造源头，打造原材料及零部件配套、低空运营保障、低空经济产品与应用的上中下游全产业链，稳步推开链式招商。积极对接北京大兴地区探索"大兴＋宁河"的京津低空经济合作新模式，唱好京津"双城记"有效贯通区域创新链、产业链、供应链、资金链、人才链。

天津港保税区：围绕低空航空器的整机制造、维修改装、核心部件配套、低空服务业等全产业链环节，加快产业聚集。

- 推进技术创新与应用

宁河区：围绕科技研发、产教融合协作、低空产业孵化，发挥中国民航大学、天津大学等高校、科研机构学科优势，促进重点实验室、新型研发机构等创新载体以及研发设计、检验检测等科技平台的共建共享，打造"科研—孵化—加速—转化"全周期创新引擎。组织开展各类宁河低空经济发展研讨会等专题活动，成立低空经济联盟，结合京津冀发展战略，打造低空经济领域的"宁河印象"，成为低空领域高端智库交流、新产品展示、新场景发布平台。

天津港保税区：依托京津两地教育和科研优势，提升民用直升机、无人机、新型航空器领域新技术、新产品研发能力，建立科技成果孵化平台，孵化转化一批创新成果、产品和技术。

- 完善基础设施建设

宁河区：规划建设宁河低空综合测试场地。按照《天津市通用机场布局规划（2017—2030年）》的近期规划加快布局建设宁河通用机场，规划建设低空综合测试场地，建立无人机通信、可靠性等性能测试平台和无人机整机飞行性能验证平台。完善试验、试飞、检测、验证、适航、评定等功能，主动承接北方地区无人机企业试飞测试市场需求。

天津港保税区：加快建立低空经济基础设施运营平台，构建数字化低空运行环境，推动实现设施网、空联网、航路网、服务网的"四网合一"。

- 拓展低空应用场景

宁河区：在"低空＋文旅""低空＋物流""低空＋治理""低空

+研学"等多领域应用低空经济，实现多场景全覆盖。

天津港保税区：结合保税区三区两港、津滨双城、京津冀协同等区位特点，在物流配送、低空旅游、城市通勤、应急保障、医疗服务等方面，不断探索"低空+"应用场景，以多元化的应用场景推动产业快速发展。

- 优化营商环境与服务保障

宁河区：加强组织保障、加大要素供给、强化宣传引导、筑牢安全防线。

天津港保税区：充分利用低空空域资源，结合实际需求，合理划设航路航线，保障低空飞行有序安全。推动适航审定创新，支持满足条件的企业获取型号合格证和生产许可证，与民航部门研究建立低空航空器适航审定中心，争取新政策、新标准先行先试，并发挥示范作用向全国推广。加强与京津冀其他区域联动，共同谋划和建设统一标准的基础设施，共同完善和拓展更大范围的应用场景，同时发挥好保税区的产业承接优势，形成"北京技术输出+保税区技术验证、服务应用以及产业化"的协同发展模式。

3. 河北省

2024年5月31日，河北省制定并实施了《关于加快推动河北省低空制造业高质量发展的若干措施》（冀工信装〔2024〕78号）。

1）具体举措

- 强化创新引领，提升产业竞争能力。

加强产品创新攻关。瞄准产品高端化，加强通用航空装备、通信导航装备、地面保障装备和飞行服务管理软件等低空制造关键技术和核心装备攻关。

建设研发创新平台。聚焦低空制造业提档升级需求，支持龙头企业联合高等院校、科研院所和产业链上下游企业开展产业链协同创新和模式创新，建设重点实验室、企业技术中心、技术创新中心、产业创新中心、制造业创新中心、工业设计中心等一批省级以上创新平台。

打造质量品牌体系。坚持通用航空装备标准化与技术创新、示范应用一体化推进，实现国家标准、行业标准、团体标准协同发展。

- 强化企业培育，推动产业融通发展

加强企业梯度培育。聚焦整机研制和应用，构建企业梯度培育体系，鼓励龙头企业整合资源，强化对产业链、供应链和创新链的引领和组织协同，成为具有生态主导力和产业链控制力的"链主"企业。

打造共享制造平台。支持各类市场主体依托龙头企业建设低空制造共享工厂，推进制造、创新、服务等资源共享，为中小企业提供关键核心零部件设计、加工和组装服务，降低企业生产经营成本。支持低空制造业重点集群和园区建设"产业大脑"，以工业互联网、5G技术等为基础，建立共享制造工业互联网平台，统筹利用企业闲置生产能力，培育产能共享、协同制造等新模式。

发展智能绿色制造。推动核心企业在关键零部件制造、装配、物流等环节，建设数字化生产线、柔性生产线，打造一批智能单元、生产线、车间，积极创建智能制造示范工厂和智能制造优秀场景，推动企业智能化转型。

- 强化产业配套，构建完整产业链条

发展飞行器产业。着力"拉长长板"，围绕我省航空装备产业优势领域，支持通用飞机、无人机、高温合金、飞机刹车片、螺旋桨等优势企业，采用上市融资、兼并重组、战略合作等方式整合要素资源，打造具有核心竞争力和国内影响力的产业高地。下力"补齐短板"，围绕航空发动机、飞机起降系统、减速传动系统、机载设备系统等短板弱项，推动优势企业对接，弥补产业链短板。用力"锻造新板"，抢抓国家通用航空装备发展契机，积极布局发展新能源飞机、智慧空中出行（SAM）装备、电动垂直起降航空器（eVTOL）等产业链，增强产业链供应链韧性和竞争力。积极组织产业链上下游产需对接，推动零部件配套企业纳入航空制造装备企业供应商目录。

打造配套装备产业。构建以整机为核心的低空制造全产业链条，推动通信导航、地面保障、飞行软件等产业发展，支持高精度激光陀螺、高端微波通信装置、监视雷达、5G-A 基站、北斗导航设备、北斗地基增强系统、通用航空器北斗标配等通信导航装备产业发展；引导机场消防车、应急救援车、电源车、飞机牵引车、除雪（冰）设备、驱鸟设备、气象装备等地面保障装备产业发展；鼓励企业开发智能调度、动态检测、实时情报等服务管理为一体的飞行服务管理软件，推动构建统一标准、互联互通和共享共用的低空智能管理系统。

推动产业耦合发展。推动我省优势产业跨行业交流对接，深挖需求痛点，鼓励企业开展技术产品跨行业交叉应用，拓展技术产品价值空间，打造一批典型案例。针对生产设备整体处于中高水平的航空行业，鼓励企业更新一批高技术、高效率、高可靠性的先进设备。支持我省先进材料、电子信息、空天信息、人工智能、新能源汽车、高端装备等优势产业参与低空制造产业发展，开辟低空制造产业发展新赛道。加快技术融合创新，推动"北斗＋低空""通航＋""无人机＋"，推动工业母机、复合材料、MEMS 芯片、激光雷达、智能座舱等低空制造关联产品联合攻关和创新应用。定期发布低空制造业重点产品需求目录和重点企业名单，完善信息查询沟通渠道，支持重点企业延伸低空制造相关业务，向前端设计、后端部件配套、系统总成拓展。

2）雄安新区的政策

雄安新区作为河北省的重要发展区域，也制定并实施了《关于支持低空经济产业发展的若干措施》。

支持低空经济创新主体落地新区。对新落户新区开展 eVTOL（电动垂直起降航空器）、飞行汽车、大中小型有人／无人驾驶航空器整机研发制造、通用航空器整机研发制造、核心零部件研发制造、商业运营服务等业务的低空经济企业、科研院所、科研机构等创新主体，实缴注册资本规模 2000 万元以上的，按实缴注册资本的 1% 给予不超过 1000 万元的落户奖励。

支持关键产品研发。聚焦整机装备、通导设备、新材料、关键零部件、软件研发等核心产品，在政策有效期内，产品形成的累计年度产值（销售额或营业收入）首次达到 2000 万元以上的企业，按照产品产值（销售额或营业收入）的 2% 给予一次性资助，单个企业最高不超过 500 万元。

支持公共服务平台建设。对围绕低空飞行服务、共性关键技术攻关、试飞验证、检验检测、适航审定、在线交易、气象安全保障、交付服务／

展示中心等低空经济重点领域的各类公共服务平台，按其建设投入的50%给予资助，每个项目最高不超过5000万元。

支持基础设施建设。支持新区企业有序规划建设适应低空飞行器航线需要的起降坪、垂直起降点、停机库、航空飞行营地、无人机自动值守机库、低空通导感知服务网络等基础设施，构建低空飞行器起降点和航线网络。对建设无人机小型起降平台、智能起降柜机、充换电站、中转站、气象监测站、低空服务站、低空服务网等基础设施的企业，按照实际建设投入的50%给予一次性补贴，每套基础设施最高不超过20万元，每家企业每年度该项资助金额合计最高不超过500万元。对建设中型起降场、大型起降枢纽、eVTOL（电动垂直起降航空器）起降场、停机库、航空飞行营地跑道、直升机起降平台的企业，按照实际建设投入的50%给予一次性补贴，每个起降场地最高不超过300万元，每家企业每年度该项资助金额合计最高不超过600万元。

支持适航取证。对在新区获得中国民用航空局颁发的航空器型号合格证（TC）和生产许可证（PC）并在新区经营的低空经济企业给予奖励，其中eVTOL（电动垂直起降航空器）、飞行汽车、通用航空器（有人）每次奖励1500万元，大型无人驾驶航空器每次奖励500万元，中型无人驾驶航空器每次奖励300万元。政策有效期内，每家企业每年奖励不超过3000万元，同一型号仅奖励一次。

鼓励开展低空经济标准规范制订。对在新区经营的低空经济企业或机构牵头制定并发布的低空领域内的国际标准、国家标准、行业标准、地方标准，按项目分类分别给予奖励。其中，主导国际标准制定、修订的，按项目分别给予不超过100万元、50万元的奖励；主导国家标准制定、修订的，按项目分别给予不超过50万元、20万元的奖励；主导行业标准制定、修订的，按项目分别给予不超过30万元、10万元的奖励；主导地方标准制定、修订的，按项目分别给予不超过20万元、5万元的奖励。参与标准制定或修订的，应为参加起草单位前3名，参照《雄安新区支持企业标准创新发展实施细则（试行）》标准给予资助。每个申报主体年度奖励累计不超过300万元。

支持开设航线运营。对经审批在新区新开设低空无人机、轻型有人机货运航线（起点或终点至少一个在新区内）并常态化运营的低空经济企业给予补贴，轻小型无人机按照50元/架次、每家企业每年度不超过500万元给予补贴；中大型无人机、轻型有人机按照200元/架次、每家企业每年度不超过1000万元给予补贴；对于同时开设低空无人机、轻型有人机的货运航线企业，每家企业每年度该项补贴金额不超过1000万元。

支持低空经济示范应用场景。支持低空经济示范应用场景，鼓励新区企业在城市空中交通、航空物流、应急救援、基础设施建设、智慧城市运营管理AI巡检、环境监测、低空旅游等领域打造标杆性应用场景，开展创新示范应用，打造一批标杆示范项目，形成一批可复制可推广的典型案例。鼓励企业和科研机构加强技术研发和创新，加快推动技术成果形成示范效应。聚焦低空经济领域，为相关技术成果所有者打造或提供创新应用场景，对成功实现落地转化的，每个项目按前期研发投入30%给予最高额度不超过1000万元奖励性后补助。

强化低空经济产业场地保障。对在新区注册落地的低空经济企业及相关行业协会，在新区租赁研发、生产制造、办公用房的，享受相应的租金减免政策。对符合条件的优质低空经济企业，优先保障入驻中试基地等相关园区。

加快引进低空经济专业人才。创新选人用人机制，对低空经济领域高端人才实行"特岗特薪"，围绕服务承接疏解和重点发展产业，支持用人单位设置首席科学家、首席技术官、首席信息官、首席运营官、首席架构师等特聘岗位，经认定后每年按年薪的50%~100%给予奖励。允许高校、科研院所等国有企事业单位科技人才按规定在雄安兼职兼薪、按劳取酬。对柔性引进的急需高端人才，按累计服务时间，给予每月1~3万元工作津贴。支持开展低空飞行培训，推动更多飞机爱好者到雄安参加实训实操，形成完整的低空飞行员培训模式。

加大金融支持力度。充分发挥雄安新区新一代信息技术产业基金、种子基金、天使基金等基金作用，引导社会资本、专业机构参与新区低空经济产业发展。加大雄安科技专项对低空经济领域的支持力度。对低空经济企业贷款进行贴息，按照贷款合同签订实际贷款利率的50%予以贴息，采用数字人民币实际贷款利率的80%予以贴息，每家企业的贴息总额不超过100万元。

支持在新区举办论坛等交流推广活动。支持低空经济领域企事业单位、协会、高校、科研院所在雄安新区举办低空经济峰会、高端展会、学术会议，按照《关于雄安新区促进会展业发展的若干措施》实施细则给予奖励，加强雄安新区低空经济宣传交流、扩大影响。

4. 山西省

2024年5月16日，山西省人民政府办公厅印发《山西省加快低空经济发展和通航示范省建设的若干措施》（晋政办发〔2024〕25号）。

- 大力拓展通航应用场景，构建通航公共服务网络

鼓励市、县政府和省有关主管部门将购买通用航空公共服务（含无人机）纳入本级政府购买目录范围，列入各单位财政预算，扩大购买规模，年度购买飞行服务小时数原则上只增不减。

鼓励省有关单位建立航空应急救援、航空医疗救护、警务航空等机队。

对短途运输、低空旅游等通航业务给予补贴，支持常态化开展。

支持和引导厂矿企业采购航空应急救援、医疗救护服务，对于距离三甲医院超过30公里以上的厂矿企业采购航空应急救援服务的，按采购额予以一定补贴。

- 加快通航基础设施建设，提升运营服务保障能力

支持通用机场、航空飞行营地项目纳入省级重点项目清单。

对纳入国家和省级重大项目（用地）清单的通用机场、航空飞行营地项目，建设用地、林草地等指标由省级统筹解决。

对新建及改扩建运输机场通航设施、通用机场、航空飞行营地项目，按照工程费30%给予补助，单个机场不超过3000万元，单个航空飞行营地不超过1000万元。

对年度通用航空飞行达到1000架次且对公众开放的通用机场及运输机场，给予每年不超过300万元的补贴。

对纳入全省低空飞行（含无人机）服务保障体系的工程建设项目，按照工程费不超过 50% 给予补助。

- 提高通航研发制造水平，强化创新平台驱动效能

支持先进军用技术向通用航空领域转移转化，推动省内通航整机制造、动力系统、机载系统、地面保障设备等加快实现自主可控。对符合山西省通航产业发展方向要求且投资额达到 5000 万元以上的重大产业项目，给予一定奖励。

对在晋航空制造企业取得国家通用航空器（不含起飞全重 150 千克以下无人机）整机型号合格证及生产许可证的，给予不超过 1000 万元奖励。

支持通航产业的重大平台载体和实训基地建设，对获得中央预算内投资项目，省级视推进情况给予资金配套。

对正式获批运行的航空类国家重点实验室、省部共建国家重点实验室、"一带一路"联合实验室、国家技术创新中心，每年给予 1000 万元经费支持。

对符合条件开放运行且绩效考核优良的航空类省以上重点实验室、中试基地、技术创新中心，每年给予不超过 200 万元经费支持。

对航空类国家制造业创新中心、国家级企业技术中心、国家级技术创新示范企业等创新平台，予以奖励支持。

- 激发通航消费市场活力，营造浓郁通航文化氛围

鼓励引进国际级、国家级航空体育运动赛事、无人机竞技比赛等具

有航空特性的活动，对引进的赛事、活动给予专项办会补贴。

对组队代表山西参加国家级及以上航空类项目赛事并取得前三名的学校、相关企业、社会团体，每次给予不少于10万元的奖励。

鼓励大、中、小学校建设、挂牌校园航空飞行营地，对挂牌校园飞行营地并连续两年以上开展一定量航空科普教育、航空运动等的，一次性给予5万元补贴。

- 加大通航人才培育力度，夯实通航产业发展基础

鼓励省内通用航空院校、企业开展通用航空商照、私照、运动类照、民用无人机驾驶员执照、遥控航空模型飞行员执照等通航培训。对培训合格且取得相应证件的，按照商照每本5万元、私照每本2万元、运动驾驶执照每本1万元、民用无人机驾驶员执照每本0.1万元、遥控航空模型飞行员执照每本0.1万元的标准给予培训企业补助。

支持有条件的普通高等学校和职业学校开设通用航空相关专业。对高校获批的国家部委级以上航空类科技创新或人才培养平台纳入高等教育百亿工程揭榜挂帅项目予以支持。

鼓励将通用航空发展所需的通航企业高级管理、航空运营、空中管制、机务维修、航空制造、机场建设与管理等相关人才以及持有商用驾驶员执照、航线运输驾驶员执照、运动驾驶员执照（具备教员等级）、民用及运动类航空器维修人员执照、飞行签派员执照、空管类（管制、情报、电信、气象）执照、民用航空监察员证的列为急需紧缺或特殊人才，严格落实个人所得税优惠政策，在医疗、住房、子女入学等方面予以支持。

鼓励各市、县政府制定本地区支持通用航空业发展相关政策。山西省国家通用航空业发展示范省建设领导小组办公室要会同有关责任单位，加强组织协调，强化服务保障。各相关单位结合工作职责及时制定出台实施细则或操作规程。

5. 内蒙古自治区

2024年9月12日，内蒙古自治区人民政府办公厅印发《内蒙古自治区低空经济高质量发展实施方案（2024—2027年）》（内政办发〔2024〕38号）。

1）发展目标

发挥内蒙古区位优势、算力优势、空域优势，拓展丰富和示范推广"低空+"应用场景，带动低空飞行器及零部件制造、基础设施、低空飞行与保障一体化发展，培育新业态新模式，发展新质生产力。到2027年，低空空域改革初见成效，培育1—2个低空空域管理改革试点。低空基础设施逐步完善，通用机场数量达到33个、标准化临时起降场（点）达到100个，建成2个以上低空飞行综合服务站。应用场景不断丰富，打造10个左右低空经济典型应用场景。低空制造实现突破，引育3—5家低空经济头部企业和30家研发制造企业。产业集聚效应初步显现，培育呼包鄂低空经济发展圈，建设呼和浩特市、鄂尔多斯市2个低空经济示范区，打造包头低空制造、赤通锡低空应用、乌阿海满低空旅游3个集聚区，基本形成低空制造、低空飞行、低空保障、综合服务一体化产业发展格局。

2）主要任务

加快低空空域改革。挖掘低空空域资源，围绕通航公司数量及分布情况，结合盟市低空空域需求，分类划设低空适飞空域。鼓励有条件的盟市开展低空空域管理改革，支持鄂尔多斯市打造低空空域管理改革试点，在呼伦贝尔市、阿拉善盟探索"低空空域管理＋低空经济发展"新模式。

统筹共建基础设施。加快建设具备低空飞行器起降、备降、停放、能源补给等功能的通用机场、起降场（点），探索培育低空飞行器适航试飞基地。在旅游景区、医疗机构、高速公路服务区、枢纽场站、重点林（牧）区及自然灾害高风险区建设直升机临时起降点和无人机起降平台，支持商业区、公园、露营点、大型社区等区域建设无人机物流配送起降平台，鼓励社会资本参与建设。

构建协同保障网络。依托全国一体化算力网络国家（内蒙古）枢纽节点建设和绿算资源，建设自治区低空飞行智能信息网，实现低空数据自动归集和智能分析，打造自治区低空经济数据底座。开展适应自治区低空飞行活动的数字化、智能化飞行规则和模式研究，探索低空空域融合飞行管理服务机制，编制自治区低空数字空域图和目视飞行图，搭建低空航路航线立体交通网络。建设自治区低空飞行服务调度平台，实现低空飞行服务"一站办理"；建设自治区低空飞行智慧监管平台，实现空中交通管理、低空监视预警、突发事件处理、应急救援保障等"一网通管"。

开发开放应用场景。加强低空＋应用场景建设，鼓励多元主体参与，带动低空经济产业融合发展。推动低空智能飞行器在国土、气象、环保、应急、电力、交通、城管、公安、边防等领域的示范应用。扩大农（林）业、低空物流、低空消费等领域规模应用。

发展低空制造产业。发挥呼和浩特市、包头市、通辽市、鄂尔多斯市等地区装备制造业优势，集中引进一批具有核心竞争力的头部企业，发展无人机、电动垂直起降飞行器（eVTOL）、核心零部件、航空材料等低空制造业。依托自治区原材料、新能源装备产业优势，开展碳纤维、超高强度钢、轻质镁铝合金等新型航材及电机、电池、飞控系统等零部件的研发生产，培育"专精特新"中小企业。

提升创新发展能力。支持区外低空飞行器研发机构、高校、企业与区内企业联合成立研发机构，开展关键技术研发、系统集成和工程化应用。加强企业与高校、科研院所合作，建立产学研用一体化机制，深度参与自治区科技"突围"工程。引导央企、高校、科研院所在呼和浩特市、包头市部署低空经济科技成果孵化器，孵化和验证创新成果、产品和技术。探索建设自治区中大型无人驾驶航空器适航试飞测试验证实验室、低空立体交通网络实验室，积极参与研究低空立体交通网与低空飞行相关国际、国家、行业、团体及地方标准规范，鼓励企业、高校、科研院所参与国家相关领域标准研制。

加快产业集聚示范。依托呼和浩特低空经济产业园，推动以无人机及核心零部件制造为重点，服务、研发、培训、物流为特色的低空经济示范区建设。聚焦鄂尔多斯市在试飞业务、短途运输、航空培训、无人机产业等方面产业基础，打造以空域改革、无人机制造、维修保养、综合保障为主的低空经济示范区。围绕包头市装备制造和稀土新材料优势，培育以低空飞行器整机及核心零部件制造为核心的低空制造集聚区。加强呼和浩特市、包头市、鄂尔多斯市三市联动、产业协同，打造呼包鄂低空经济发展圈。发挥通辽市、赤峰市、锡林郭勒盟场景多元优势及东部地区文旅资源优势，建设赤通锡低空应用和乌阿海满低空旅游集聚区。加快低空飞行与多领域、多行业的融合，以点带面促进自治区低空经济发展。

培育低空经济服务业。鼓励地方人民政府、国有企业和社会资本参与飞行服务保障体系建设。积极开展应用场景实测和市场验证，推进新技术新产品推广应用。培育飞行培训、维修保障、飞行器托管和租赁等低空经济服务业，支持低空经济大数据以及相关应用产业发展。依托行业协会、学会，举办各类展览展示、科普教育、产学研用技术交流活动。

3）支持政策

支持基础设施建设。鼓励各盟市以补投结合的方式，推进低空基础设施建设。支持有条件的地区建设通用航空运行保障基地、无人驾驶航空器测试场以及 eVTOL、直升机、大中型无人机枢纽起降场。鼓励社会资本投资建设和运营测试场、起降场等公共基础设施。

支持应用场景拓展。鼓励政府部门将低空应急救援、医疗救护、社会治理等履职辅助性服务纳入政府购买服务目录。支持企业做大做强低空物流配送，开展电力巡线、航拍测绘、农林植保、生态监测等领域的商业化应用，开发空中游览、航空体育等服务项目以及定制化服务和产品。

支持企业做大做强。支持符合条件的低空经济企业申报国家高新技术企业、国家及自治区专精特新中小企业认定。鼓励金融机构开发面向低空经济的创新研发、技术改造等贷款产品。鼓励保险公司开发低空商业应用险种，扩大保险覆盖范围和商业场景契合度，建立风险覆盖广泛的低空经济保险服务体系。

支持科技创新发展。鼓励企业、高校、科研院所建设低空经济创新研究机构，对落地运行的研发载体按照政策给予财政资金支持。支持企业开展低空飞行器整机、关键系统、零部件自主或联合研究，自治区科技计划项目支持相关领域开展核心关键技术攻关。深化关键核心技术"揭榜挂帅"机制，按低空制造相关技术需求，支持龙头企业牵头组建创新联合体揭榜。

支持人才引进培育。深化校企合作，促进院校资源与市场需求互补，为自治区低空经济发展提供人才支撑。以柔性或刚性引才方式，吸引低空经济头部企业、军工、央企外溢高层次人才和团队落地，对顶尖人才给予事业平台、科研经费、服务保障等政策支持，对符合条件的低空经济高端人才申报各类人才奖项给予支持。支持区内高校、企业开展通用航空商照、私照、运动类照、民用无人机驾驶员执照、遥控航空模型飞行员执照等培训。

第四节　西南地区——藏龙卧虎

西南地区包括重庆市、四川省、贵州省、云南省和西藏自治区五省（市、自治区），是发展低空经济的重点区域。目前，西南地区大约有93家通用航空企业，占比达到14.1%，仅次于华东地区、中南地区、华北地区，位列全国第四。这一数据表明西南地区在低空经济领域已经具备了一定的基础和发展潜力。此外，西南地区的低空经济发展得到了地方政府的支持，以成都市为代表的地区将低空经济列入发展重点，利用地区产业优势，加速布局新赛道。这些举措为西南地区低空经济的发展提供了有力的政策支持和产业发展环境。

1. 重庆市

重庆将低空经济作为战略性新兴产业和未来产业进行重点发展，出台了《重庆市推动低空空域管理改革促进低空经济高质量发展行动方案（2024—2027年）》。

1）总体要求

坚持"统筹兼顾、协同共建，需求牵引、滚动实施，市场主导、政府引导，改革引领、创新驱动"基本原则，构建可用低空空域资源最大化、协同管理机制顺畅、管理服务体系优质、空管数字底座强大、法规制度保障有力的"五大基座"，探索跨省低空飞行联盟新体系、低空飞行数字化管理新手段、飞行服务站一体化管理新机制、通航起降点建设新模式、空域要素定价新方式、低空领域标准体系建设新突破等具有全国引领性的"六大创新"，打造消费业态丰富、产业链条完整、创新生态活跃、通航文化精彩的"低空经济创新发展之城"。

到2025年，低空空域管理改革取得突破性进展。以北斗应用为支撑的低空经济发展基础设施体系基本建成。新建通航起降点200个以上，实现低空飞行"县县通"，"干支通"机场及临时起降点全面实现互联互通。市、区县（自治县，以下简称区县）两级低空飞行服务站和保障设施基本建成。建成试飞试验基地3个以上。政务服务、行业应用和消费市场等示范应用场景趋于成熟。通用航空器整机制造能力快速提升，建成研发平台3个以上，初步构建我市低空经济创新研发制造体系。全市低空飞行器数量增长15%以上，飞行架次、飞行时长增长20%以上。新增通航制造业投资100亿元以上，低空经济市场主体数量达到400家，其中制造业类150家、消费运营类250家。

到 2027 年，低空空域管理改革的战略支撑和先行先试作用更加凸显。以北斗应用为支撑的城市空中交通空机一体化管理系统基本建成。新建通航起降点 1500 个以上，实现低空飞行"乡乡通"。数字空管技术取得新突破，低空空域管理更加精细化。低空飞行应用场景全面覆盖应急救援、物流配送、城市通勤等领域。低空产业能级不断提升，研发生产能力持续增强，低空空域利用率进入全国前列，"六大创新"取得阶段性成效。低空飞行器数量年均增长 20% 以上，飞行架次、飞行时长年均增长 25% 以上。新增通航制造业投资 200 亿元以上，低空经济市场主体数量达到 1000 家，其中制造业类 400 家、消费运营类 600 家。

2）主要任务

构建军地民协同管理工作体系，分步实现低空空域资源利用最大化。

构建低空飞行管理服务体系，探索数字空管新模式，持续提升低空空域管理服务能力。

建立低空空域法规制度体系，为低空飞行管理服务提供政策支撑。

扎实开展改革试点，探索低空空域管理改革路径。

试点打造低空飞行应用场景，丰富低空经济业态。

构建低空经济创新研发制造体系，提升产业发展能级。

建立促进低空经济发展的政策体系，推动低空经济健康有序发展。

积极营造低空经济发展浓厚氛围，加快培育低空经济特色文化。

3）保障措施

强化责任落实。市级有关部门要压实责任、细化举措，按照职责分工扎实推进各项工作，加强协作联动。各区县政府要主动作为，组建工作专班，稳妥推进改革，确保各项任务落地落实。

强化典型引领。有基础、有条件的区县要积极先行先试，探索积累工作经验。市级有关部门要加大指导支持力度，总结推广经验做法、典型案例，推动全市低空经济高质量发展。

强化安全管理。健全低空飞行风险防控机制，加强风险隐患排查，依法严厉打击各类违法违规飞行行为，全力保障低空领域各类活动安全。加强应急救援体系建设，强化通用机场、通航起降点安全管理，提升城市空中交通安全保障能力。

通过上述措施，重庆市旨在推动低空经济产业的快速发展和广泛应用，为城市经济发展注入新的动力。

2. 四川省

四川省人民政府办公厅印发《关于促进低空经济发展的指导意见》（川办发〔2024〕24号）。

1）总体要求

到2027年，建成20个通用机场和100个以上垂直起降点，实现支线机场通航全覆盖，试点城市低空监管、服务、应用一体化信息平台建成投用，低空空域分类划设和协同管理取得突破性进展，在通航装备制造、低空飞行运营等领域各培育形成 3—5 家行业领军企业。到 2030 年，全面建成布局合理、功能完善、覆盖广泛的飞行起降基础设施网络，空域管理和服务水平更好适应飞行活动需求，通航装备制造能力、产业配套协作水平国内领先，形成一批具有全球影响力的品牌产品。

2）重点任务

• **培育壮大低空飞行应用市场**

开通通航短途运输服务。率先在省内试点城市之间开通常态化运营航班，构建全省短途运输航线网络，积极探索在高原地区开展短途运输服务。推动通航短途运输接入公共航空运输销售系统、离港系统，鼓励通航企业、运输航空公司开通通程航班。鼓励试点城市探索新型飞行器商业应用模式，发展商务出行、空中摆渡、私人包机等新业态。

发展无人机物流配送。构建航空物流"干—支—末"网络，推动无人机深度融入末端物流，探索可持续运营模式。支持利用既有机场开通无人机货运航线，开展跨区域、中短途无人机物流，加强与其他交通方式衔接，实现物流网络市县互达、城乡兼顾。支持有条件的社区、商业圈、医院、露营地、公园等开展无人机末端配送。

扩大低空公共服务范围。拓展低空公共服务在森林草原防灭火、地质灾害防治、应急抢险、医疗救护等领域的应用，打造航空应急救援基地，提升快速反应能力和应急救援、预警监测服务水平。扩大低空农林作业应用，基本实现主要林（牧）区航空护林（草），提高农业航空作业精细化、智能化水平。推广低空电力作业、航空探矿、航拍航测、人工增雨、气象探测、生态监测等服务，满足多样化作业服务需求。扩大政府购买低空公共服务范围。

拓展低空消费市场。推动旅游景区开通低空旅游线路和观光圈建设，支持短途运输、低空旅游融合发展。支持建设航空运动体验基地和航空飞行营地，举办大型航空体育和无人飞行器等赛事活动。鼓励发展以低空经济为主题的新型文化业态、文化消费模式，支持举办航空会展、航空论坛，支持开发低空文创产品。加大低空文化宣传力度，开展大众科普教育活动。加强低空经济各类人才培养引进，支持高校相关专业学科建设。培育低空飞行消费人群，拓展消费市场。

培育招引市场运营主体。支持省内骨干企业与国内通航运营企业深化合作，开通通航短途运输航线航班。支持试点城市引入国内物流配送龙头企业，探索可持续商业化运营模式。培育引进一批低空旅游、航空运动、飞行器租赁等运营企业，创新低空消费产品。支持成立航空公益运营企业，提供森林草原防灭火、应急抢险、医疗救护、农林作业等公共服务。鼓励无人机企业拓展测试、维修、培训、运输、应急等业务。

- 提升低空空域使用效率

促进低空空域高效使用。推进低空空域分类划设工作，进一步释放空域资源。针对短途运输、航空体验、跨市无人机物流、城市无人机配送等低空飞行活动，探索不同运行场景在同一空域飞行机制。探索中大型无人驾驶航空器与有人驾驶航空器融合运行，促进低空资源高效利用。

建立低空非管制空域服务模式。支持试点城市根据不同空域类型及运行场景，建立分级分类的低空非管制空域服务模式。优化空域使用管理方式，针对非管制空域简化现行飞行计划申报流程。加强低空通信导航监视，提高非管制空域的通信导航监视水平。

- 加快低空基础设施建设

完善飞行起降基础设施网络体系。支持加快建设通用机场及各类起降场，完善飞行器起降、备降、停放、能源补给等功能，优先支持一批社会公益性强、建设成本低的通用机场项目。支持在旅游景区、医疗机构、高速公路服务区、枢纽场站、重点林（牧）区以及自然灾害高风险区建设直升机临时起降点和无人机起降平台，支持在商业区、公园、露营点、社区等建设无人机物流配送起降平台，鼓励更多社会资本参与建设。支持民用运输机场拓展通航服务功能，提升既有通用机场的使用效率。鼓励试点城市将低空基础设施纳入城市建设规划，新建住宅与商业楼宇预留低空基础设施建设空间。

加快建设低空智能信息基础设施。探索建立省级低空空管运行管理服务平台。发挥省低空空域协同运行中心作用，服务保障全省低空空域使用，鼓励试点城市健全军地民协同管理机制，完善飞行服务保障体系，试行飞行计划一网审批。支持试点城市建设无人机低空监管、服务、应用一体化信息平台和信息基础设施。推动北斗短报文（RDSS）、5G、卫星、无人驾驶航空器运行识别等新技术新装备在低空领域的应用。增补低空航空气象监测设施，提升低空气象服务能力。有效运用无人机探测反制系统。推进低空飞行障碍物警示标识建设，构建障碍物警示网络及障碍物数据库。

- 推动通航制造业发展

提升产业创新能力。高标准建设民航科技创新示范区，打造涵盖空管、适航、机场、航空运输、新技术应用等领域的综合性研发平台，推进人工智能在低空经济领域的应用赋能。加快建设国家高端航空装备技术创新中心、省无人机产业创新中心、全电通航飞行器工程研究中心等创新平台，推动通信导航、飞行控制、航空材料等领域关键核心技术攻关，开展工程化验证和中试熟化，促进新技术尽快转化、新业态加快涌现。

提高产业发展能级。充分发挥自贡、彭州民用无人驾驶航空试验基地作用，推进无人驾驶航空运行管理、风险评估、技术应用等方面协同发展。建立健全覆盖飞行器整机、机载系统、零部件、元器件及材料的全产业链和全生命周期检验检测适航认证体系。积极设立民用航空器适航审定中心或分中心，成立中大型级无人机适航审定检测分中心、发动机及螺旋桨验证性试验中心、无人驾驶航空器安全检测评价中心等。加快数字化转型，推动通航制造降本增效，支持公共服务平台建设，建强无人机省级战略性新兴产业集群。

打造行业标志性产品。加快发展低空领域整机制造，做强"四川造"无人机知名品牌，丰富无人机产品谱系，补齐轻型运动型飞机、特种用途飞行器等产品短板，加大适合高原飞行的相关航空器研发力度，大力发展电动垂直起降飞行器等新产品，研制面向通用飞机、工业级无人机的中小推力、新能源发动机，推进通航机载任务设备及地面保障设备研发，全力打造具有国际影响力的本土品牌。

3）保障措施

加强组织实施。建立省级协调推动机制，统筹指导全省低空经济发展，有关部门（单位）按照职能分工，加强规划实施和要素保障，重点围绕空域管理、基础设施建设、产业发展、安全监管等方面协同抓好工作落实。省委军民融合办、省发展改革委加强与西部战区空军的沟通衔接，统筹协调相关事项。有关市（州）可参照制定相应政策措施。

开展先行试点。开展低空经济试点建设，在全省范围内挑选发展基础较好的3—5个城市，联合省内外重点骨干企业，围绕通航短途运输、无人机物流配送、低空公共服务、低空消费、低空管理服务一体化信息平台等重点领域开展试点示范，构建新型城市空中交通管理体系，为全省低空经济发展先行探索、示范引领。

强化资金支持。省级财政安排2亿元资金专项支持低空经济发展。优先支持符合条件的项目申报地方政府专项债券。鼓励金融机构针对低空飞行活动和基础设施建设创新金融产品。省直有关部门（单位）在本行业领域加大对低空经济活动的资金支持力度。

强化行业规范。严格执行低空经济相关领域现有各项规范标准，鼓励相关行业部门（单位、企业）结合发展需求，积极探索制定低空制造、低空应用、低空保障等领域的地方标准，推动低空经济健康可持续发展。

强化安全管理。坚持安全第一原则，加强跨部门、跨领域的低空飞行联合监管，运用数字化、信息化技术提升低空空域导航、通信、监视等管理水平，形成全过程、可追溯的安全监管体系，加大"黑飞"等违法犯罪行为联合查处打击力度，确保空防安全、公共安全和飞行安全。

3. 贵州省

贵州省拥有较完整的航空整机及零部件研发、制造、服务保障体系，以及丰富的低空空域资源，为发展低空经济提供了得天独厚的优势。

- 产业布局与规划

一体化低空产业发展新格局：贵州正加快布局形成研发、制造、试飞、检测、维修、运营等一体化低空产业发展新格局。

重点企业扶持：支持贵飞公司、航新科技等企业扩大无人机等低空产品的研发和生产能力，推动通用航空器研发、制造加快发展。

产业链完善：加强低空制造产业链上下游配套产业集聚集群发展，形成低空制造产业梯队。

- 基础设施建设

通用机场建设：统筹布局通用机场建设，优化通用机场布局规划，有序推动通用机场建设。支持以市场化方式与社会资本合作建设通用机场项目。

低空数字化基础设施：完善低空航线沿途通信基站设施，建立城市气象精细预报系统，探索建设低空一体化综合监管服务平台。

- 应用场景拓展

低空旅游：聚焦优质旅游资源，打造低空旅游交通运输网，开发空中观光游览、高桥低空跳伞、高空跳伞等低空旅游服务。

低空物流：整合多种基础设施资源，建设城市无人机物流配送体系，推动无人机物流运输和公路物流运输融合。

公共服务能力提升：积极发展通用航空应急救援，深化拓展无人机通用航空在抢险救灾领域的应用，推进无人机遥感技术在国土资源勘测、数字地图测绘、气象研究等领域的应用。

- 法规与监管

地方立法保障：通过地方立法建立健全安全管理体系、强化飞行安全监管、实施严格准入与资质管理，以及建立风险预警和应急处置机制，为低空经济的安全运行提供法治保障。

监管体系完善：明确监管部门和监管人员的培训和考核制度，制订详细的培训计划，确保监管人员具备必要的专业知识和技能。

- 人才与技术支撑

人才培养：加强与国内外高校和科研机构合作，开展关键技术攻关，培养低空飞行运行、数字空域管理、新型航空器适航等领域专业人才。

科技创新：鼓励本地航空制造企业积极参与航空先进装备研发、整机制造，加快高端航空装备大部件制造等关键能力建设。

因此，贵州省在产业基础、应用场景和人才储备方面都有明显优势，有利于低空经济的快速推进。

4. 云南省

云南省拥有丰富的航空资源优势、独特的地理环境和广阔的市场需求，为低空经济的发展提供了得天独厚的条件。

- 战略规划与布局

明确发展目标：云南省在《政府工作报告》中明确提出要布局发展

低空经济等未来产业，形成新质生产力。同时，出台了《云南省无人机产业发展三年行动计划（2023—2025年）》，推动无人机产业快速健康有序发展。

区域协同发展：昆明市、红河哈尼族彝族自治州、文山壮族苗族自治州、西双版纳傣族自治州、大理白族自治州、丽江市、怒江傈僳族自治州等多个州市联合成立低空经济精准招商专班，共同推动低空经济发展。

- 基础设施建设

通用机场与起降点建设：规划建设规模适度的通用机场、起降场、起降点，推动低空基础设施建设逐步完善。例如，昆明市计划在主城区内率先建成设施网、航路网、服务网"三张网"。

数字化基础设施建设：加快建设与低空经济发展相配套的数字化基础设施，如低空监视及通信信息平台、低空数字底座平台等，提升低空飞行的智能化水平。

- 应用场景拓展

多元化应用场景：推动"低空+"应用场景的拓展，包括低空旅游、低空物流、低空应急救援、低空农业等多个领域。例如，昆明市已开辟多条航路形成多种"低空+"新业态；大理白族自治州在洱海廊道建设无人机机巢巡视洱海水域；怒江傈僳族自治州、文山壮族苗族自治州探索发展"无人机+旅游""无人机+物流"等新业态。

示范项目引领：通过一批示范项目的实施，带动低空经济的全面发展。如云南低空经济产业园的落地运营、文山壮族苗族自治州"低空经济+文旅"项目的成功签约等。

- 政策支持与激励

财政资金支持：加大对低空经济产业的财政资金支持力度，用于基础设施建设、技术研发、示范项目推广等方面。

税收优惠与减免：对符合条件的低空经济企业给予税收优惠和减免政策，降低企业运营成本。

人才引进与培养：加强低空经济领域的人才培养和引进工作，提升从业人员的专业素质和技能水平。同时，鼓励企业与高校、科研机构合作开展技术研发和人才培养项目。

- 法规与监管

完善法规体系：建立健全低空经济相关的法规体系，明确各方责任与权利，保障低空飞行的安全有序进行。

加强监管力度：加强对低空经济产业的监管力度，建立健全安全监管机制和服务保障体系，确保低空飞行的安全性和可靠性。

5. 西藏自治区

西藏自治区地广人稀，陆地交通建设成本高、运输时间长，发展低空经济十分必要且前景广阔。为贯彻落实中央关于发展新质生产力，打造低空经济等战略性新兴产业要求，2024年6月11日西藏自治区发展和改革委员会制定《西藏自治区支持低空经济高质量发展的若干政策

（征求意见稿）》（简称《若干政策》），向全社会公开征求意见。

- 设立低空经济发展专项资金

将自治区通用航空发展专项资金变更为低空经济发展专项资金，按照本《若干政策》有关支持范围和标准，研究制定低空经济发展专项资金管理办法。

专项用于支持建设通用机场、开展通用航空业务、促进低空旅游消费、开通短途运输航线、开展通用机场运营、建设飞行服务保障体系、完善通用航空设施设备、支持无人机发展，以及建设无人机试验基地、通航小镇、培养低空经济人才、开展培训教育、举办低空经济会议及活动、开展低空经济研究等方面。

- 支持通用机场基础设施建设

科学修编自治区通用航空发展规划，将项目选址纳入所在地（市）行署（人民政府）、县（区）两级国土空间规划。简化通用机场审批程序，A类、B类通用机场在通过军方核准场址和民航审查批复后，由自治区人民政府授权投资主管部门，按程序直接审批项目可行性研究报告或核准项目申请报告；临时起降点（含飞行营地等）由项目所在地（市）行署（人民政府）投资主管部门按程序审批并向自治区投资主管部门报备。鼓励社会资本采用多种方式参与通用机场投资和运营，支持符合条件的通用机场及相关配套基础设施申报国债、地方政府债券，各地（市）行署（人民政府）新建通用机场将纳入自治区年度重点项目计划管理。对于符合全区通用机场布局规划的新建A类、B类通用机场，取证后按照该项目主体工程建设费用（最终结算价）的30%一次性给予支持，所需资金从低空经济发展专项资金中解决或以资源配置及资源开发权的方式解决。

- 支持低空飞行服务保障体系建设

支持低空智能信息网、低空飞行数据平台及低空监管服务平台等低空飞行服务系统，无人机、直升机和电动垂直起降航空器起降及能源保障等新型基础设施建设。鼓励低空经济企业在通用航空器安装北斗、ADS-B、5G等机载终端设备，并给予20%的补贴。加快低空飞行服务保障体系项目建设，鼓励社会资本投资低空飞行保障配套设施，按照配套项目总投资（最终决算价）的30%进行补助。

- 鼓励通用机场管理运营

对年度通用航空飞行（含大型无人机起降）达到500架次（起、降各计0.5架次，下同）的A1、A2、A3类通用机场以及执行通航飞行达到500架次的运输机场，对管理运营单位分别给予每年最高300、200、100、100万元的补助，每个机场补助期限不超过5年，所需资金从低空经济发展专项资金中解决。支持国家投资的通用机场免费提供给通航运营企业使用3年，运输机场减半收取相关使用费用（不含私人包机飞行）。

- 鼓励开通区内短途运输航线

鼓励低空经济企业开通区内短途运输航线（起点或终点至少一个在区内支线机场、通用机场的点对点执行的航线）。考虑到高高原适航机型少、准入门槛较高、运营成本较大、市场开发度较低等因素，初期采取政府主导培育市场的方式，以招标的方式确定运营单位，根据运营企业开通的航线类别、航线数量、航班频次、使用机型等情况签订合同，确定补贴额度。待市场开发稳定后，按照乘客1000元/每人/小时进行补贴。所需资金从低空经济发展专项资金中解决。

• 鼓励开展低空物流

对在区内开通低空物流配送新航线（起点或终点至少一个在区内）的低空经济企业给予奖励。其中，第一，轻、小型无人驾驶航空器取得行业主管部门审批（认定飞行数据，下同）新开辟的航线，飞行架次首次超过2000架次的年度，每条航线给予一次性奖励30万元，且超出2000架次部分每增加2000架次，每条航线给予15万元奖励；次年开始，同比上一年同一航线飞行架次，每增加2000架次，每条航线给予15万元奖励。第二，中、大型无人驾驶航空器取得行业主管部门审批新开辟的航线，飞行架次首次超过500架次的年度，每条航线给予一次性奖励50万元，且超出500架次部分每增加500架次，每条航线给予25万元奖励。次年开始，同比上一年同一航线飞行架次，每增加500架次，每条航线给予25万元奖励。第三，有人驾驶航空器运载货邮开展物流业务的，按照5000元/每吨/小时进行补贴。以上奖励每个企业每年合计不超过500万元。

• 鼓励拓展通航应用场景

支持各地（市）行署（人民政府）和自治区相关主管部门将通用航空公共服务（含无人机，下同）纳入政府购买相关目录范围，列入自治区财政预算。通过购买通用航空服务的方式，在巡查处置、警务飞行、医疗救助、林草防火、城市消防、应急救灾、国土测绘、交通指挥、农药喷洒、气象探测、天气作业等公共服务领域推广应用。鼓励发展通用航空消费市场，对开展低空旅游、飞行体验、航空运动等，通过发放政府消费券方式予以补贴。

- **畅通低空经济企业融资渠道**

符合条件的低空经济类企业享受《西藏自治区招商引资优惠政策若干规定》关于税收、金融、产业扶持、土地、就业创业及优化营商环境等方面的优惠政策。支持各类社会资本与国内知名企业合作在我区设立低空经济企业。支持区内符合条件的低空经济企业发行企业债券、中期票据、短期融资券，引导银行业金融机构加大对区内低空经济企业的信贷支持，利率可按西藏金融机构一般类商业贷款利率执行。支持符合条件的低空经济企业上市挂牌融资，并按照自治区有关规定给予奖励。对符合条件的低空经济类企业，执行西部大开发15%的企业所得税税率、免征企业所得地方分享部分、企业研发费用加计扣除各项税收优惠政策等。

- **鼓励低空经济企业落户西藏**

对新落户的低空经济企业，经营范围为eVTOL（电动垂直起降航空器）及大、中型无人驾驶航空器整机研发制造、核心零部件研发制造与商业运营等，实缴注册资本规模1000万元以上（含本数），经与市政府或落地区政府签订合作协议，承诺第二年纳入本市统计核算的产值规模（营业收入）不低于1000万元，在其完成第二年承诺时按实缴注册资本的10%给予不超过1000万元的落户奖励，同时，采取自治区、地（市）联动方式，对新落户企业在空间保障、场地建设、设备购置、人才引进等方面予以综合支持。鼓励符合条件的低空经济企业申报国家高新技术企业、专精特新中小企业等。对首次获得高新技术企业认定的企业，按落户地区的相关支持政策享受奖励。

第五节　西北地区——应用广阔

西北五省（区）包括陕西省、甘肃省、青海省、宁夏回族自治区、新疆维吾尔自治区，在发展低空经济方面，相继出台了一系列政策措施，明确了低空经济发展的总体目标和定位。

1. 陕西省

陕西省工信厅于 2024 年 7 月 10 日印发《推动低空制造产业高质量发展工作方案（2024—2027 年）》。方案提出 5 类 15 条具体措施，一是推动低空制造产业升级，包括持续提升重点产业链建设、加大低空制造项目支持服务、锚定智能化融合化服务化不动摇；二是抓好低空制造企业培育，包括支持头部企业做大做强、不断壮大企业体量规模、精准培育细分领域"小而美"企业；三是加速低空制造技术攻关，包括加快新型低空装备产品创新、推动关键核心技术产业化、强化企业创新主体地位；四是加快低空制造产业承载，包括推动低空制造特色产业聚集发展、强化低空应用场景牵引、培育低空制造生态圈；五是强化低空制造要素支撑，包括强化无线电频谱资源统筹优化、促进行业内外合作交流、加大低空产业融资支持。

省委、省政府高度重视低空经济发展，批准成立了省低空办，负责统筹推进全省低空经济的发展。省发展改革委在实地调研省内重点地市低空经济发展情况的基础上，起草了《陕西省促进低空经济高质量发展的实施意见》，并已报请省政府研究审定。该实施意见将进一步明确全省低空经济发展的方向和重点任务。省交通运输厅编制了《低空物流试点工作方案》，并已报送省政府审批。该方案旨在通过低空物流试点工作，推动低空飞行器在物流领域的应用和发展。省文旅厅推进低空文旅项目建设，与陕西秦汉通用航空公司探索合作模式，组织有关院所开展低空文旅整体规划研究。这将有助于拓展低空经济的应用场景和市场空间。

西咸新区作为西安市低空经济发展示范区、秦创原（无人机）创新产业聚集区，在低空经济发展上率先成形起势；出台了《西咸新区促进低空经济高质量发展行动方案（2024—2026年）》等若干支持措施，从上下游企业聚集、科技成果转化、服务体系培育等方面给予政策支持；加快完善 5G-A 通感一体网络、无人机起降场等基础设施，推动低空经济应用场景的拓展和创新。

2. 新疆维吾尔自治区

新疆维吾尔自治区政府积极响应国家号召，将低空经济作为推动经济社会高质量发展的重要抓手，提出打造低空经济先行区、集聚区和示范区的战略目标。新疆正在加快建设通用机场网络，根据规划，到 2030 年全疆将建成 A2 级以上通用机场 89 个，密度达到每十万平方公里 5.4 个；到 2035 年将建成 98 个，密度达到每十万平方公里 5.9 个，实现 99% 的县级行政单元在直线距离 50 公里范围内享受到通用航空服务。同时，规划设计了阿勒泰、克拉玛依、且末等低空飞行服务站，以及研究在通航高速公路服务区设置起降点运营模式，试点建设疆内通航服务站。

推动产业融合：新疆依托丰富的旅游资源，大力发展"通航＋旅游"业态，通过开通低空旅游航线、引入低空飞行旅游项目等方式，为游客带来全新的观光视角，提升旅游体验。同时，低空经济还广泛应用于农业、林业、应急救援等领域，推动传统产业向高端化、智能化、绿色化发展。

加强技术研发与创新：新疆航空产业（低空经济）研究院的成立为低空经济发展提供了理论和技术支撑。研究院将开展课题研究、编制发展规划、完成建设规划等工作，为低空经济的持续健康发展奠定坚实基础。

优化营商环境：新疆维吾尔自治区政府致力于优化营商环境，吸引更多低空经济企业和人才进驻新疆。通过制定切实可行且稳定的扶持政策、改善通用航空运行条件等措施，为低空经济的发展创造有利条件。

新疆已成为全国通用航空发展较快、机队规模及机场数量相对较大的省份之一。低空经济的应用场景不断拓展，为经济社会发展注入了新活力。

其他三个省，甘肃省、宁夏回族自治区和青海省，目前仅见甘肃省在2024年年初开会讨论《甘肃省低空经济高质量发展三年行动计划建议（讨论稿）》，后未见印发正式建议，但在局部地区开始试点低空经济，如肃北县出台《肃北县促进低空经济发展激励措施》，从统筹低空经济顶层设计、加快低空项目谋划推进、支持低空经济产业发展、支持低空基础设施建设等多个方面发力，培育低空经济发展新动能。

宁夏回族自治区和青海省有关低空经济的相关政策还需持续关注。

第六节　东北地区——蓄势待发

东北地区（辽宁省、吉林省、黑龙江省）在我国经济、社会和文化发展中具有举足轻重的地位，工业基础雄厚、农业机械化水平较高、物流运输繁忙、自然资源丰富等为低空经济的发展提供了良好的基础。

1. 辽宁省

辽宁省委、省政府高度重视低空经济产业发展，将其列为省政府重点工作任务。沈阳市编制了《低空经济高质量发展行动计划（2024—2026年）》，目标是到2026年，低空飞行器在城市空运、物流配送、应急救援和智慧城市管理等领域综合服务高效运行，打造10个以上低空经济应用示范场景，培育低空经济相关企业突破100家，产业规模达到30亿元。大连市制定并印发了《大连市推动航空装备产业集群发展工作方案（2023—2025年）》和《大连市关于高质量培育和发展通用航空产业的实施意见》，抢抓新一轮低空经济发展机遇，提高产业配套能级，着力打造具有全国影响力的航空装备产业集群。

辽宁省积极推进通用机场和起降场等基础设施建设，以提升低空飞行的便捷性和可达性。沈阳市在财湖机场有序改扩建的同时，还规划布局无人机起降场、起降围笼等基础设施。

辽宁省支持建设省级创新平台，如重载长航时工业级无人机工程研究中心等，以推动低空经济领域的技术创新；通过省重大专项、"揭榜挂帅"等计划项目支持轻型电动飞机、氢内燃机飞机等重大产品的研发攻关；鼓励高校和科研机构与企业合作，培养低空经济领域的高技能人才。

辽宁省依托自身产业优势，积极打造"低空＋物流配送""低空＋交通出行""低空＋城市管理"等典型应用场景。鼓励无人机在农业植保、建筑检测和维护、电力巡检等领域的应用推广。

2. 吉林省

吉林省发展和改革委员会航空产业办与吉林省市场监督管理厅就吉林地区通航发展工作开展深入研讨，积极推进通用机场和起降场等基础设施建设，以完善低空飞行服务保障体系，鼓励社会资本参与低空基础设施的建设和运营；并出台《支持长春临空经济示范区建设的若干举措》，加快重点平台建设、完善交通运输体系、支持重点产业发展、推进创新能力建设、深化体制机制改革、强化绿色低碳发展、加强要素保障等。

吉林省支持高校和科研机构开展低空经济领域的技术创新研究，鼓励企业加大研发投入，推动航空装备产业与智能制造、新材料等相关产业的融合发展，支持吉林通用航空职业技术学院等教育机构培养通航领域专业人才。

吉林省积极探索"低空＋旅游""低空＋农业""低空＋城市治理""低空＋应急""低空＋物流"等示范应用模式，鼓励无人机在农业植保、森林防火、应急救援等领域的广泛应用。

3. 黑龙江省

黑龙江省政府审议通过了《黑龙江省加快推动低空经济发展实施方

案（2024—2027 年）》，该方案明确了提升低空产业研发制造能力、强化低空科技创新引领、推进低空空域管理改革等主要任务。

黑龙江省在重要场所和有需求的地区统筹规划建设地面基础设施，完善低空智联网络，积极推进通用机场和起降场等基础设施建设，以提升低空飞行的便捷性和可达性。

黑龙江省支持航空制造企业、高校及科研院所开展低空经济领域的技术创新研究，推动科技成果转化；鼓励企业加大研发投入，培育创新主体地位；支持高校和科研机构培养低空经济领域的高技能人才。

黑龙江省力争打造农业植保标杆应用，在短途运输、低空旅游、低空物流、公共服务、城市管理等应用场景开展有益尝试；鼓励无人机在农业植保、物流配送、应急救援等领域的广泛应用推广。

事实上，东北地区有很强的低空优势，相信一定会随着全国低空经济的发展而快速崛起。

第十四章

人才是根本

低空经济作为一种新型经济形态，正逐渐成为推动经济社会发展的重要力量。随着低空经济的蓬勃发展，对人才的需求也日益增加，并呈现出多元化、专业化的特点。具体的人才需求包括但不限于无人机飞手和操控员、航空工程与技术人才、安全管理专家、数据分析与智能化人才、跨学科背景人才等。

要想准确理解人才需求，必须从低空经济本身的行业特征出发，分析与行业发展相匹配的人才需求，并探讨如何培养符合低空经济发展要求的人才。

第一节　行业特征

低空经济既以已有的传统行业（如通用航空）为基础，又有新时代的行业特征（如无人化、电气化、智能化等）。这些特征不仅诠释了低空经济的内涵，也为其未来的发展提供了广阔的空间。

归纳起来，低空经济的行业特征主要体现在以下 6 个方面。

1. 综合性强

低空经济广泛涵盖航空器的研发、生产、销售，以及与低空飞行活动相关的基础设施建设、飞行服务、产业应用、技术创新、安全监管等多个领域，形成了一个完整的产业链。因此，低空经济的第一个行业特征就是其极强的综合性。

低空经济不仅涉及航空器的研发、制造和运营，还包括与低空飞行活动紧密相关的多个环节，如基础设施建设（包括起降点、飞行服务站、通信设施、导航设施、监视设施等）、飞行服务（如飞行计划申报、气象服务、空域协调等）、产业应用（如农业植保、物流配送、应急救援、旅游观光等）、技术创新（如无人机技术、电动垂直起降技术、空管技术等）及安全监管等。这些环节相互依存、相互促进，共同构成了低空经济的完整产业链。

低空经济的综合性还体现在其多领域、跨行业的融合特性上。低空经济不仅与航空制造业、航空运输业等传统航空领域紧密相关，还与农业植保、物流配送、旅游观光、医疗救援、应急救援等多个非航空领域深度融合。这种融合不仅拓宽了低空经济的应用范围，也为其带来了新的增长点和发展机遇。

低空经济的综合性还体现在对技术和管理的高要求上。在技术方面，低空经济需要不断引入新技术、新材料、新工艺，以提高航空器的性能、安全性和经济性。在管理方面，低空经济需要建立完善的管理体系，包括飞行安全管理、空域管理、航空器适航管理、人员资质管理等，以确保低空飞行活动的安全有序进行。

低空经济的发展既受到政策的强力推动，也受到市场需求的广泛驱动。在政策方面，国家和地方政府通过出台相关政策、规划、标准等，为低空经济的发展提供了有力的支持和保障。在市场方面，随着人们对高效、便捷、快速交通方式和服务需求的不断增长，低空经济迎来了广阔的发展前景。

低空经济的发展离不开人才和资本的支撑。在人才方面，低空经济需要大量的专业人才，包括航空工程师、飞行控制专家、安全管理专家、数据分析师等。在资本方面，低空经济的发展需要大量的资金投入，用于研发、制造、运营、基础设施建设等方面。人才和资本的双重支撑为低空经济的发展提供了坚实的基础。

2. 立体性与局地性并存

- 立体性

低空经济的立体性主要体现在其运行空间的三维特性上。低空经济作为一种依托三维空间发展的经济形态，许多作业都是"飞行在空中，作用在地面"，空地衔接十分紧密。具体来说，低空经济的立体性体现在以下 3 个方面。

空间利用充分：低空经济通过利用低空空域资源，实现了对三维空间的有效利用，提高了空间资源的利用效率。

作业范围广泛：低空经济涉及的作业范围广泛，包括城市空中交通、偏远地区的作业飞行及医疗救援、抢险救灾、气象探测、科学实验等多个方面。

空地协同紧密：低空经济中的各项活动往往需要空地协同完成，空地衔接的紧密性是其显著特征之一。

- 局地性

低空经济的局地性则主要体现在地域窄、规模小和较为分散等方面。低空经济主要以小飞机、小航线、小企业为依托，这使得其与各地区的关联度十分紧密。具体来说，低空经济的局地性体现在以下 3 个方面。

地域依赖性强：低空经济的发展往往依赖特定地域的空域资源、基础设施、产业环境等因素，具有较强的地域依赖性。

规模相对较小：低空经济中的企业规模相对较小，以中小企业为主，这使得其经营更加灵活，但也面临着资金、技术等方面的挑战。

分散布局：低空经济中的各项活动往往分布在不同的地域，这种分散布局有利于更好地利用当地资源，但也增加了管理和协调的难度。

低空经济的立体性与局地性并存，是其行业特征的重要体现。这种并存状态不仅使得低空经济在促进经济发展方面具有独特的优势，也为其在加强社会保障、服务国防事业等方面提供了有力支撑。同时，立体性与局地性的结合也使得低空经济在发展过程中需要更加注重空域资源的合理利用、基础设施的完善及产业环境的优化等方面的工作。

3. 融合性显著

低空经济的融合性显著，主要体现在以下几个方面。

低空经济是以低空飞行活动为牵引，辐射带动多个领域融合发展的新型综合性经济形态。它不仅涵盖了传统通用航空业态，还融合了以无人机为支撑的低空生产服务方式。

低空经济离不开航空制造业的支持。随着低空飞行器的不断创新与发展，航空制造业在低空经济中扮演着越来越重要的角色。从无人机的研发到 eVTOL 的推出，航空制造业的技术进步直接推动了低空经济的蓬勃发展。

低空经济的应用场景非常丰富，涉及农业、工业、服务业等多个领域。例如，在农业方面，低空经济可以用于植保、施肥、播种等；在工业方面，低空经济可以支持电力巡检、石油管道巡检、建筑工地监测等；在服务业方面，低空经济则广泛应用于旅游观光、应急救援、物流配送等领域。这种跨领域的应用特性，使得低空经济能够带动多个行业的协同发展。

低空经济的发展依赖于航空技术、无人机技术、人工智能、大数据分析、5G 通信等前沿科技的创新和应用。这些技术的发展为低空经济提供了强有力的支撑，推动了低空经济产品的不断迭代升级。例如，eVTOL 作为低空经济的新兴产品，其研发就融合了电动化技术、智能控制技术、空气动力学等多个领域的技术成果。

低空经济还具有空地融合、有人机与无人机融合等特性。它不仅服务于民用领域，还广泛应用于警用、海关及军用领域；低空飞行活动与地面服务紧密衔接，形成了"空－地"信息一体化的服务网络。低空经济既包括有人驾驶航空器的飞行活动，也涵盖无人驾驶航空器的广泛应用。

近年来，国家和地方政府出台了一系列政策，以此来推动低空经济的健康发展。这些政策不仅为低空经济提供了广阔的发展空间，还促进了各产业之间的深度融合。同时，随着低空经济市场规模的不断扩大，市场需求日益增长，进一步推动了各领域的融合发展。

4. 广泛性与创新性

低空经济所涉及的领域和行业十分广阔，涵盖了通用航空、警用、海关及军用领域，并广泛应用于农业、工业和服务业等行业。几乎触及生产和生活的方方面面，这种广泛性赋予了低空经济巨大的市场潜力和发展空间。

低空经济的参与主体包括企事业单位、政府部门及个人等。不同主体在低空经济中扮演着不同的角色，共同推动这一领域的发展。

低空经济涉及的航空器种类多样，包括固定翼飞机、直升机、无人机、动力伞、三角翼、气球、飞艇等。这些航空器各有特点，适用于不同的应用场景。

低空经济的应用几乎遍布所有行业，从农业、林业、畜牧业、渔业到制造业、采矿业、电力、交通、物流、环境、卫生、体育、娱乐、服务业和管理等各个领域。其应用场景包括但不限于城市空中交通、偏远地区作业飞行、医疗救援、抢险救灾、气象探测、科学实验等多个方面。

低空经济的发展离不开技术的创新和突破。随着互联网、卫星导航、云计算、人工智能等技术的不断发展，低空经济在飞行服务、产业应用、技术创新等方面都取得了显著的进步。

低空经济依托航空制造、互联网、卫星导航、云计算、人工智能、区块链等先进技术，推动了新型航空器的研发和应用。例如，eVTOL和无人机等新型航空器的出现，为低空经济注入了新的活力。这些技术不仅提升了航空器的性能和安全性，还降低了运营成本，拓宽了应用场景。

低空经济催生了新的商业模式和服务模式。例如，在"低空经济+"模式下，低空飞行活动与其他行业深度融合，催生了新型生产作业类、公共服务类及航空消费类应用场景。这些创新模式为各个行业的发展带来了新机遇，促进了产业升级和转型。

随着低空经济的不断发展，相关管理政策和服务体系也在不断创新和完善。例如，各地市相继进行低空空域协同管理改革，推动低空飞行审批流程的简化和优化。同时，加强低空经济统筹协调，推动技术创新、应用创新、管理创新、开放创新等全方位创新，努力抢占低空经济发展先机。

5. 政策驱动性

低空经济的发展受到政策的强力推动。国家和地方政府通过出台相关政策、提供财政补贴、税收优惠等措施，积极促进低空经济的健康发展。同时，政策引导也为低空经济的规范发展提供了有力保障。

值得注意的是，从历史经验来看，政府提供财政补贴既有利也有弊。

- 积极效应

财政补贴能够直接支持国家经济政策的实施，确保政策目标的有效达成；通过财政资金的杠杆作用，可以引导和带动更多的社会资金投入特定领域，从而扩大财政资金的经济效应；财政补贴可以激励企业进行技术改造和产业升级，提升整个产业的竞争力和技术水平；在某些情况下，财政补贴可以消除市场中的排挤效应，保护弱势产业或企业，促进公平竞争；通过财政补贴，政府可以对经济进行宏观调控，缓解经济波动，维护社会稳定；财政补贴可以直接增加居民收入或企业利润，进而刺激消费和投资需求，促进经济增长。

- 消极效应

过度的财政补贴会造成政府财政负担加重，甚至引发财政赤字问题，影响其他重要财政支出的安排；长期的财政补贴可能会使受补单位产生依赖思想，缺乏自主创新和市场竞争能力，影响经济效率和资源配置效率；不合理的财政补贴可能会扭曲市场价格体系，造成资源配置扭曲，加大宏观调控的难度；财政补贴可能造成企业之间的不公平竞争，特别是当补贴政策偏向某些特定企业或行业时；在财政补贴的发放和管理过程中，如果存在制度漏洞或监管不力，就会出现"骗补"现象，容易滋生腐败行为，损害公共利益。

总之，政府提供财政补贴作为一种经济政策手段，在促进经济发展、维护社会稳定等方面发挥着重要作用。然而，财政补贴的使用需要谨慎权衡利弊，确保政策目标有效达成的同时避免产生负面影响。因此，政府在设计和实施财政补贴政策时，应充分考虑市场需求、资源配置效率、财政可持续性等多方面因素，确保财政补贴政策的合理性和有效性。

6. 市场需求旺盛

低空经济涵盖了农业、工业、服务业等多个领域，其市场需求来源广泛。例如，在农业领域，无人机被广泛应用于植保、播种、施肥等方面，显著提高了农业生产效率；在工业领域，无人机和直升机则可用于电力巡检、物流配送等，降低了人力成本，提高了安全性。

随着低空经济技术的不断发展和创新，其应用场景也日益丰富。从城市空中交通到偏远地区的作业飞行，从医疗救援到抢险救灾，低空经济的应用场景不断拓展。这些多样化的应用场景为低空经济提供了巨大的市场需求空间。

近年来，国家和地方政府对低空经济给予了高度重视和大力支持。一系列政策的出台为低空经济的发展提供了有力保障，激发了市场需求。例如，放宽低空空域限制、优化低空飞行审批流程、加强低空经济基础设施建设等措施，都有利于推动低空经济市场需求的增长。同时，随着市场需求的不断扩大，越来越多的企业和投资者开始关注低空经济领域，这进一步推动了市场的繁荣。

随着人们生活水平的提高和消费观念的转变，对低空经济的消费需求也在不断增长。例如，低空旅游观光作为一种新兴的旅游方式，受到越来越多消费者的青睐。此外，随着无人机技术的普及和应用场景的扩大，物流配送、空中拍摄等服务也逐渐进入人们的日常生活，进一步推动了低空经济市场需求的增长。

近年来，低空经济市场规模迅速扩大。2023 年，我国低空经济产业规模已达 5059.5 亿元，同比增长 33.8%，预计到 2026 年有望突破万亿元大关。这一市场规模的持续增长反映了低空经济行业市场需求的旺盛态势。

低空经济市场的旺盛需求直接推动了我国整体经济的回暖，并刺激了国内消费和国际进出口贸易等持续向好。同时，我国经济的持续回升也让全球投资者对我国的未来充满信心，大量外资涌入，进一步助力我国经济的高速发展。投资、消费和出口这"三驾马车"仍然是经济增长的主要动力。

第二节　人才需求

低空经济作为新时期重要的战略性新兴产业，正经历着快速的发展，其对人才的需求也呈现出多样化和专业化的特点。

随着无人机、空中飞行汽车等新型航空器的发展，以及低空经济应用场景的不断拓展，低空经济对人才的需求持续增长。据相关权威机构预测，到2030年，我国的低空经济产业规模有望达到2万亿元，这一巨大的市场潜力将催生对各类专业人才的迫切需求。

据统计，不同行业人工成本占产业规模的比例不同。这一比例受企业规模、产品类型、生产自动化程度等因素的影响。人工成本不仅包括员工的基本工资，还涵盖了社会保险、员工福利、教育培训、劳动保护等多个方面。这些费用都是企业在运营过程中必不可少的支出，直接影响员工的稳定性和工作积极性。因此，企业在实际运营过程中应根据自身情况合理规划人工成本，确保在保障员工福利的同时，也能保持企业的健康运营和持续发展。此外，人工成本占企业营收比例的合理范围因行业和企业特点而异。企业在设定人工成本时，应综合考虑行业特性、企业战略、市场环境和同行业的薪资水平等多重因素，以实现长远的可持续发展。

对于制造业，人工成本占收入或营收的比例通常较低，平均约为7%。这是因为制造业自动化程度较高，人工成本相对较低。此外，考虑到制造业的特点和市场需求，企业在设定薪酬时应综合考虑多种因素，如行业标准、市场状况、企业战略及薪资的激励效果，以确保能够吸引和留住人才，同时维持企业的竞争力和盈利能力。

在农业、林业、畜牧业、渔业，人工成本占企业总成本的9.92%；对于采矿业，人工成本占企业总成本的27.78%；在电力、热力、燃气产业，人工成本占企业总成本的12.04%；在建筑业，人工成本占企业总成本的8.28%；在批发和零售业，人工成本占企业总成本的10.56%。

低空经济行业中人工成本占比的具体数据并不清楚，但可以参考其他行业数据进行粗略估算。我们首先分析过去20年我国高速发展的两大支柱产业——房地产和汽车行业的产业规模、从业者数量和人工成本。

我国房地产行业总体规模在2024年1—8月份的统计数据显示，全国房地产开发投资完成额为69 284亿元，2023年开发投资总额约为11.09万亿元。其中，人工成本约占10%，即约为1.1万亿元；全国房地产从业人员约为1100万人，则人均成本约为10万元/年。

2023年，我国汽车行业总体产业规模约为12.6万亿元，从业人员约为2230万人，人工成本占比也是10%左右，则人均成本约为5.65万元/年。

假设低空经济从业人员人工占比与房地产、汽车行业相当,即10%。按照预测,到2030年,我国的低空经济产业规模有望达到2万亿元,那么人工成本约为$2 \times 10\%$等于0.2万亿元,即2000亿元。按照汽车行业人均成本估算,低空经济从业人员大约有354万人;按照房地产行业人均成本估算,低空经济从业人员大约有200万人。也就是说,到2030年,我国低空经济从业人员人数大约为300万人,同时有带动房地产和汽车行业保持稳健持续的发展趋势。这对我国经济的牵引作用巨大。

低空经济未来的人才需求主要涉及以下6类。

1. 无人机飞手

无人机技术的直接操作者和应用者,承担着将技术转化为实际生产力的关键角色。随着无人机在农业植保、物流配送、环境监测等领域得到广泛应用,许多行业对专业的无人机飞手的需求日益增长。

- 主要职责

飞行操作:根据任务需求,安全、准确地操控无人机完成既定飞行任务。

数据采集与处理:在电力巡检、遥感测绘等任务中,负责采集数据并进行初步处理、分类、整理、归档。

设备维护与保养:负责无人机的日常检查、定期保养、故障诊断与排除,确保无人机处于良好工作状态。

航线规划：根据飞行环境和气象条件，合理规划无人机航线，确保飞行安全、高效。

- 技能要求

理论知识：掌握无人机基础知识、航空法规、气象学基础及 GPS 原理等。

实操技能：具备熟练的飞行操控能力，包括飞行稳定性、航线规划、精准降落、手动模式操控等。同时，还需掌握无人机摄影摄像、数据处理等附加技能。

安全意识：强调飞行前的安全检查、避障技巧、紧急情况下的应对策略等，确保在任何情况下都能保持冷静，安全操作。

法律法规意识：了解并遵守国内外无人机飞行的相关法律法规、空域管理规定、隐私保护政策等。

随着无人机应用的普及，培养专业、合格的无人机飞手迫在眉睫。培训内容通常涵盖理论学习与安全意识建立两大方面，并通过模拟飞行训练、地面站操作练习、夜间及复杂环境飞行实践等方式来提升学习者的实操技能。此外，无人机飞手还应加强对无人机摄影摄像、数据处理等附加技能的学习，以满足不同领域的应用需求。

- 就业前景与发展

随着无人机技术的不断进步和应用领域的广泛拓展，无人机飞手这一职业的就业前景越来越广阔。特别是在物流配送、电力巡检、空中拍摄、农业植保等领域，对无人机飞手的需求将持续增加。目前，报名参加无人机飞手培训和考证变得非常方便，未来无人机操作可能像汽车驾驶一样普及，成为一项必备技能。与此同时，随着无人机技术的创新和应用场景的拓展，无人机飞手将面临更多的职业发展机会和挑战。

2. 航空工程师

航空工程师，也被称为飞行工程师，是在航空工程领域内从事研究、设计、生产、运营、维护和管理航空器及相关设备的工程技术人员，需要具备扎实的航空工程知识和实践经验。

• 主要职责

飞行前后与飞行期间的检查：在无人机起飞前与降落后检查无人机，确保无人机各系统的正常运行。如果是大型客机，则在无人机飞行期间还需检查液压操控、燃油消耗、机舱增压、电力等系统，确保飞行安全。

数据管理与模型开发：管理特定机型的现有数据包和正在开发的数据包，进行飞行数据收集和飞行模型开发，以开发飞行模拟器数据包；负责航空模型、操纵负荷模型和无人机系统模型的需求工程。

工程技术支援与评估：完成相关无人机及其系统的重大、重复、疑难系统的工程技术支援；负责无人机制造厂或部件厂家技术资料的评估工作；负责编排无人机维修停场计划等工作。

设计与实施管理：负责无人机气动特性设计、飞行性能计算、试飞工程计划与实施管理；参与飞行模拟器系统的调试、集成和测试，包括最终验收测试和鉴定支持。

设备维修保养：负责无人机的维修与保养工作，包括电子电气设备的检测、维护、修理工作。

- 技能要求

科学基础：具备扎实的数学、物理和力学基础，能够应用这些知识来解决工程问题。

工程知识：掌握广泛的工程知识，包括材料科学、电子学、控制工程等，熟悉工程原理和技术。

专业知识：深入了解飞行原理，如空气动力学、飞行力学及无人机结构与设计等知识；熟悉电子技术，能够进行电子设备的设计、调试和维修；掌握计算机技术，能够进行模拟计算和数据分析；了解模拟与仿真技术，能够进行无人机系统和器件的仿真分析；具备系统集成的能力，能够将各个子系统有机地结合起来，确保整个系统的正常运行。

软技能：具备良好的问题解决能力，能够分析和解决复杂工程问题；具备团队合作能力，能够有效地与其他专业人员进行沟通和协作；具备项目管理能力，能够组织、协调和监督项目的各个环节；具备创新能力，能够提出新的想法和解决方案，推动技术的发展和进步；具备沟通能力，能够与团队成员、客户和合作伙伴进行有效的沟通，准确传达信息和需求；具备技术学习能力，能够不断学习新的知识和技术，保持专业竞争力。

- 就业前景与发展

随着我国经济持续发展，航空运输业迅速壮大，已成为全球较大的航空市场之一。国外主要航空公司纷纷进入我国扩展业务，推动了我国航空业的快速发展。这为航空工程师提供了丰富的就业机会和广阔的职业发展空间。

航空工程师可以在航空制造公司、航空航天研究机构或航空维修公司等单位就业，负责无人机及相关组件的设计、制造和维护。随着航空业的快速发展，航空工程师的需求量也在不断增加。此外，航空工程师还可以选择加入航空公司，担任航空安全、航空管理、航空运营等方面的职位，积累丰富的实践经验，并有机会晋升为航空公司的高层管理者。

3. 飞行控制专家

飞行控制专家专注于飞行器的控制系统研发与优化，确保飞行器的稳定、安全飞行。

- 主要职责

飞控系统设计：根据飞行器的总体设计要求和性能指标，设计飞控系统的架构、算法和控制策略；负责飞控系统的硬件选型、软件编程和系统集成，确保系统满足飞行需求。

算法研究与优化：深入研究飞行控制算法，包括姿态控制、轨迹制导、导航、飞行管理、系统监控等，提高飞控系统的性能。根据飞行数据反馈和测试结果，不断优化算法参数和结构，提升飞控系统的稳定性和鲁棒性。

测试与验证：组织开展飞控系统的地面测试、仿真试验和飞行试验，验证系统的性能和可靠性；分析测试数据，评估飞控系统的性能指标，提出改进措施。

技术支持与维护：为飞行器制造商、航空公司和维修企业提供技术支持，解决飞控系统中存在的问题；负责飞控系统的维护和升级工作，确保系统长期稳定运行。

- 技能要求

专业知识：具备扎实的飞行控制理论功底，熟悉飞行动力学、系统辨识、操稳、飞行品质、飞行控制、轨迹制导、导航、飞行管理等领域的知识；了解飞行器结构、发动机原理等相关知识，以便更好地理解和设计飞控系统。

技术能力：精通飞行控制算法设计、编程和仿真验证技术，能够使用 MATLAB、Simulink 等软件进行算法开发和仿真分析；熟悉飞控系统的硬件组成和工作原理，能够进行硬件选型、配置和调试；具备数据处理和分析能力，能够使用统计软件或编程语言处理和分析飞行数据。

软技能：具备良好的问题解决能力，能够迅速、准确地识别问题并提出解决方案；具备团队合作精神和沟通协调能力，能够与不同领域的专业人员进行有效的合作；具备持续学习和创新能力，能够跟踪飞行控制领域的最新技术动态并将其应用于实际工作中。

- 就业前景与发展

飞行控制专家是航空领域不可或缺的专业人才，他们的工作对于保障飞行器的安全、稳定和高效运行具有重要意义。他们可以在飞行器制造商、航空公司、航空科研机构等单位就业，从事飞控系统的设计、研发、测试、维护等工作。同时，随着无人机、无人车等智能飞行器的快速发展，飞行控制专家在这些领域也将有更多的就业机会和更大的发展空间。

4. 安全管理专家

安全管理专家负责企业和组织的安全管理工作，确保生产、运营过程的安全。

- 主要职责

制定安全管理制度与操作规程：负责制定和完善企业的安全管理制度、操作规程等相关文件，并对制度的实施情况进行跟踪和检查，确保其符合实际情况及企业的整体发展规划。

安全风险评估与管理：从事企业安全风险的分析、辨识，提供管理要求，制定并实施风险管理策略，降低安全风险。

安全咨询与指导：为企业提供双重预防机制建设、指导、培训，以及专项安全咨询服务。

安全事故调查与处理：负责安全事故的调查、处理、复盘，从事故中吸取教训，改进安全管理措施。

应急管理：制订和实施应急响应计划，确保在安全事件发生时能够迅速采取行动，协调并组织应急响应团队。

安全培训与意识提升：设计和实施安全培训课程，提高员工的安全素质，通过各种方式提升员工的安全意识。

合规性与审计：负责对企业各项重大决策的合法性进行审核并提出建议，参与制定安全生产方案；确保安全管理工作符合相关法律法规和标准要求。

- 技能要求

安全意识：具备高度的安全意识，能够及时发现潜在的安全风险并采取相应的防范措施。

安全知识与技能：熟悉各种安全设备和工具的使用，掌握安全管理和风险评估的方法与技巧。

沟通与协调能力：能够与上级领导、下属员工、其他部门的人员、外部供应商等进行有效沟通和协调，推动安全工作的开展。

组织与领导能力：能够制定和实施安全计划与策略，分配和监督安全任务与工作的完成，激励和引导团队成员。

分析与解决问题的能力：能够分析安全事件的成因和影响，制定并实施有效的解决方案，对解决方案的效果进行评估和总结。

学习与创新能力：不断学习新知识和新技能，掌握新技术和新方法，以应对新挑战，提出创新性的安全管理思路。

法律法规遵循能力：熟悉国家、行业的相关法律法规和安全标准，确保安全管理工作的合法性和合规性。

- 就业前景与发展

随着工业化和数字化水平的提高，企业和组织对安全管理的需求日益增长。安全技术与管理专业的毕业生不仅在传统行业（如制造业、建筑业等）有着广泛的就业机会，同时在新兴行业（如互联网、大数据等领域）也备受青睐。安全管理专家作为该领域内的专业人才，其就业前景非常广阔。

市场需求大：随着社会对安全问题的重视程度不断提升，各行各业都需要大量的安全技术与管理人才，市场对此类专业人才的需求量非常大。

薪资待遇优厚：由于专业性较强且行业需求稳定，从事安全管理工作的专业人员往往能够获得较好的福利待遇和薪资水平。

职业发展空间大：安全管理专家可以在企业安全管理部门、政府机构安全监管部门、安全咨询机构等多个领域发展，随着工作经验的积累和专业技能的提升，可以逐步晋升为高级安全管理人员或安全领域专家。

5. 数据分析师和智能化人才

数据分析师是专门负责处理、分析和解释大量数据，提取有价值信息，为业务决策提供支持的专业人员，须具备数据分析、人工智能、大数据等方面的专业知识和技能。

- 主要职责

数据分析师的主要职责包括收集、整理和处理各类数据，运用统计学、数据挖掘等技术进行数据分析；提取有价值的信息，为业务提供数据支持；参与数据分析平台的搭建和优化；与业务团队紧密合作，确保分析结果能够转化为实际生产力。

- 技能要求

数据分析师要熟练掌握统计学、数据挖掘等数据分析技术，熟练使用 SQL、Python、R 等编程语言进行数据处理和分析，具备较强的逻辑思维能力、结构化思维能力和问题解决能力，还应具备良好的沟通表达能力和团队合作精神。

智能化人才是指具备较高的信息素养，熟练掌握人工智能、大数据、云计算等相关技术和知识，能够将其应用于实际业务场景，推动企业智能化转型的专业人员。其主要包含以下 3 类人员。

人工智能工程师：专注于开发和实施人工智能技术，如机器学习、深度学习等。

数据科学家：负责处理、分析和解释大量数据，利用机器学习算法为业务决策提供科学依据。

商业智能分析师：运用商业智能工具分析业务数据，提供业务洞察和策略建议。

- 就业前景与发展

未来是人工智能和大数据的时代，企业对数据分析和智能化的需求持续增加，数据分析师和智能化人才的岗位需求及薪资将不断提升，成为前景广阔的职业。

6. 跨学科背景的高素质复合型人才

- 主要职责

低空经济涉及航空、通信、人工智能、大数据、云计算等多个学科领域，需要融合多学科的知识和技能，迫切需要具有跨学科背景的高素质复合型人才，能在低空经济这一复杂系统中发挥综合作用，解决低空经济领域中的复杂问题，推动技术创新和产业升级。

- 技能要求

多学科知识储备：具备扎实的理论基础和广泛的知识面，能够在多个学科领域进行深入研究和实践。

综合应用能力：能够将不同学科的知识和技能有机结合，形成独特的解决方案，解决实际问题。

创新思维：具备敏锐的洞察力和创新思维能力，能够在低空经济领域中发现新的机遇和挑战，推动技术创新和产业升级。

沟通协调能力：能够与不同背景和专业的人员进行有效沟通和协作，促进团队合作和项目推进。

随着低空经济领域的快速发展，当务之急是加大力度培养跨学科背景的高素质复合型人才。尽管顶尖的复合型人才有时并非刻意培养的结果，但按照常规的成才路径投入资源，依然有很大希望培养出符合行业需求的高素质复合型人才。

为了培养低空经济领域中的跨学科背景的高素质复合型人才，可以采取以下措施。

加强学科交叉与融合：在教育体系中加强不同学科之间的交叉与融合，鼓励学生跨学科选课并积极参加实践活动。

建立校企合作平台：通过校企合作平台，让学生有机会接触到实际项目和产业需求，提升学生的实践能力和综合应用能力。

开展职业技能培训和竞赛：举办职业技能培训和竞赛活动，提升从业人员的职业技能水平和创新能力。

引进和培养高端人才：通过引进和培养高端人才，为低空经济领域注入新的活力和智慧。

- 就业前景与发展

总之，低空经济领域中的高素质复合型人才，尤其是跨学科背景的人才，是推动该领域发展的关键力量。通过加强学科交叉与融合、建立校企合作平台、开展职业技能培训和竞赛，以及引进和培养高端人才等措施，可以有效培育更多符合行业需求的高素质复合型人才，从而推动该领域的持续健康发展。此外，随着低空经济的国际化进程加快，对具备国际视野和跨文化交流能力的国际性高素质复合型人才的需求也日益增加。

第三节　人才培养

随着科技的飞速发展，低空经济作为一种新型经济形态正以前所未有的速度崛起，成为推动产业升级和经济发展的新引擎。无人机作为低空经济的重要组成部分，其应用领域已从最初的军事侦察、空中拍摄扩展到农业植保、物流配送、环境监测、应急救援、影视拍摄等多个领域，展现出巨大的市场潜力和社会价值。在这一背景下，低空经济的人才培养也取得了显著进展。

1. 低空经济人才培养现状

国内已有多所高校、职业院校及培训机构开设了无人机相关专业或课程，涵盖理论学习、实操训练、考证取证等多环节的培养体系。政府不断推出相关政策，鼓励高校和职业院校开设航空运输、航空产业、低空经济等相关专业，深化产教融合协同育人，加快培养航空领域高水平创新型人才和高素养技能人才。

随着无人机应用领域的不断拓展，对无人机驾驶员的需求也急剧增加。高素质、专业化的无人机驾驶员供不应求，特别是中大型无人机的驾驶员。根据统计，截至 2023 年年底，培训机构发放的民用航空无人机驾驶员执照近 20 万本，但主要集中在小型无人机的执照上，中大型无人机的执照数量相对偏少。部分培训机构存在教学内容滞后、实操机会不足等问题，难以满足行业快速发展的需求。低空空域管理、无人机飞行安全等方面的法律法规和政策尚不完善，给无人机驾驶员的培训和就业带来了一定困扰。

为解决这一问题，高校、职业院校与无人机企业应深度合作，共同制定人才培养方案，确保教学内容与行业需求无缝对接。相关院校应优化课程设置，增加实操训练比重，引入先进教学设备和技术，以提高培训质量和效率。同时，行业内的培训机构应定期举办技能培训和认证课程，提升从业人员的实际操作能力和技术水平，培训内容应涵盖最新技术进展和行业规范，确保人才能够适应快速变化的市场需求。此外，相关部门应主导建立低空经济人才交流平台，促进人才与企业的有效对接；通过举办行业论坛、技术交流会等活动，提高人才的行业认知度和竞争力。政府和企业应制定相应的引才政策，吸引全球范围内的技术专家和行业领军人才,并建立人才激励机制,激励人才在低空经济领域取得突出成就。企业应通过薪酬激励、晋升机会等方式留住优秀人才,同时建立健全产业园区和创新基地,为引进的高端人才提供良好的工作和生活环境。

此外,低空经济人才的培养不仅应通过社会化途径,还应延伸至高校乃至高中教育阶段,尽早对其开展专业化和系统化培养。

2. 高校应尽的责任

高校应在课程设计、专业设置、学习实践、校企联合、师资队伍建设等方面做出适应社会需求的及时调整,除了开展通识教育,还应该承担一部分职业教育工作。

- 专业设置与课程调整

高校应根据低空经济的发展需求,开设相关专业(如无人机应用技术、航空维修工程、低空飞行管理等)以系统培养相关专业人才。

在课程设置上,注重理论与实践相结合,增加低空飞行原理、无人机操控与维护、低空旅游管理等课程,同时融入气象、导航等相关知识,提升学生的综合能力。

- 实践教学与校企合作

高校可以与企业合作建立实习基地,让学生在实际操作中积累经验,提高实践操作能力。例如,高校可以与无人机制造企业、通用航空运营公司等合作,为学生提供实习机会。

鼓励教师参与企业的项目研发和实践,同时邀请企业专家来校授课、举办讲座，实现人才培养与产业需求的无缝对接。

- 师资队伍建设

高校应积极引进具有低空经济领域实践经验的教师，提升教学质量。

鼓励教师参加国内外相关培训和学术交流活动，提升教师的专业水平和教学能力。

- 激发学生兴趣与主动性

通过举办无人机飞行比赛、低空旅游创意设计大赛等活动，激发学生的兴趣和主动性。

设立奖学金和奖励机制，鼓励学生在相关领域取得优异成绩。

- 推动产学研用深度融合

高校应与企业、科研机构等合作，共同建立低空经济研发中心、实验室等科研平台，为师生提供优质的科研环境和资源。

鼓励师生参与低空经济领域的科研项目，深化与企业的合作，推动科研成果的转化和应用。

同时，积极参与低空经济领域相关标准的制定工作，提高学校在行业标准制定中的影响力和话语权。

- 拓宽国际视野与合作

高校应与其他高校、科研机构等建立合作关系，共同开展低空经济领域的研究和项目合作，拓宽师生的国际视野、建立学术网络。

通过国际技术交流与人才培养，总结国际经验，提升本国低空经济主体的技术水平与国际竞争力。

- 关注政策动态与市场需求

积极争取政府在低空经济领域的政策支持，如资金扶持、税收优惠、人才引进等，并利用政策优势引导学校资源向这一领域倾斜。

了解低空经济各细分领域的人才需求，以便有针对性地调整人才培养方案。

第十五章

凝心聚力,参与低空经济建设

低空经济作为我国经济结构转型期提出的全新经济形态,肩负着推动经济结构优化升级、激发经济活力及强化全球战略布局的重要使命。

当前,我国正在积极推进产业升级和创新发展。低空经济作为一种新型经济形态,以其独特的产业链条和广阔的市场空间,为经济结构转型提供了新的动能。通过发展低空经济,不仅能够促进航空制造、新材料、信息技术等高端制造业的快速发展,还能推动现代服务业的拓展和创新,催生新的商业模式、消费场景及新型城市建设规划等,为经济增长注入新的活力。在全球化的背景下,我国积极参与全球经济治理和国际合作。低空经济作为全球战略布局的重要组成部分,能够推动我国航空领域的技术创新和国际交流。特别是在"一带一路"倡议下,低空经济可促进我国与相关国家在经济及多领域的交流与合作,提升我国在全球低空经济产业链中的地位和影响力。

基于上述分析,全国各省、自治区、直辖市等各级政府应深刻理解低空经济的战略意义,积极推动相关产业的快速发展;各行各业的企事业单位应积极参与低空经济建设,紧密配合国家战略布局和地方政策,共同推动产业规模的扩展;各投资者和投资机构应意识到低空经济所蕴含的重要机遇,主动投身低空经济相关产业,促进低空经济的快速壮大;各大高校、职业院校和培训机构应及时调整专业设置、优化课程内容和培训方式,为低空经济的发展持续输送各类人才,推动就业增长;从个人职业发展的角度来看,低空经济领域潜力巨大,参与其中大有可为。

第一节 各地政府深刻领会

各地政府应充分理解低空经济的核心内涵,深刻领会低空经济的战略意义,加速推进相关工作。

1. 理解低空经济的核心内涵

低空经济既涵盖低空制造、低空飞行、低空保障及综合服务等多个领域,又涉及物流配送、城市交通、农林植保、应急救援、体育休闲、旅游观光等多个服务领域,具有产业链条长、成长性好、市场空间大、绿色环保等特点,主要包括以下几个核心产业。

低空制造是低空经济的基础,包括低空飞行器及其关键部件(如新材料、电子设备、发动机)的研发与制造。

低空飞行是低空经济的核心,涵盖各类低空飞行器的实际应用,如物流配送、旅游观光、应急救援等。

低空保障涉及低空飞行所需的基础设施建设,如机场、导航设施、通信设施等,以及飞行安全保障措施。

综合服务提供与低空经济相关的各类创新服务，如数据处理、数据分析、法律法规与监管服务、培训与教育等。

低空经济作为一种依托三维空间发展的新型经济形态，具有较强的空间立体性。低空制造、低空保障与综合服务主要依赖地面运作，为低空飞行提供产品、服务、基础设施、宣传等支撑与辅助，空地衔接较为紧密。

低空经济的发展依托高度聚集的地区产业集群，具有较强的区域依赖性。各地区可以根据自身的资源优势和发展特色，打造具有地方特色的低空经济产业。

低空经济涉及民用、警用、军用等多个领域，跨越第一、第二和第三产业，催生了基于"低空经济+"的广泛应用前景。通过飞行器与多产业形态的深度融合，低空经济为农业、工业和服务业的转型升级提供了新的动力。

低空经济的发展将促进航空制造、新材料、信息技术等高端制造业的快速发展，同时带动现代服务业的拓展和创新，推动产业结构优化升级。

2. 把握低空经济的战略定位

低空经济是新质生产力的典型代表，是推动经济高质量发展的重要力量，有助于培育竞争新优势、打造增长新引擎、增强发展新动能。

- 国家发展战略中的重要地位

低空经济作为一种新型经济形态，已经正式纳入国家级的战略规划中。2021年，中共中央、国务院印发的《国家综合立体交通网规划纲要》中，明确提出了发展低空经济的要求，标志着其在国家发展战略中的重要地位。近年来，随着技术的不断进步和市场的逐步开放，低空经济吸引了来自多个领域的广泛关注，包括航天企业、汽车行业、运输行业、政府、军方及学术界等。

- 对经济高质量发展的推动作用

低空经济涵盖研发制造、基础建设、运营服务、后勤保障等多个产业环节，可以带动一系列相关产业链的快速发展，推动产业升级与经济增长。低空经济将大幅降低区域间的交流和融合成本，提高人们的通勤效率，并拓展生活空间的范围。

- 未来发展趋势和前景

低空经济作为前沿技术催生了新质生产力，其快速发展有望催生万亿级市场。未来，随着技术的不断进步和应用领域的不断拓展，低空经济将迎来更加广阔的发展前景。

国家层面应持续释放支持低空经济发展的信号，从政策引导到法律法规的完善，为低空经济的健康发展提供有力的保障。地方政府也应积极响应，出台一系列相关政策措施，推动低空经济的发展。

- 具体应用场景与发展方向

低空经济的具体应用场景丰富多样，包括但不限于城市空中交通、应急救援、物流配送、农业植保、环境监测、旅游观光等领域。未来，随着技术的不断进步和市场的逐步成熟，低空经济将在更多领域发挥重要作用。

3. 认识低空经济的多重价值

- 经济价值

低空经济以其独特的产业链结构，涵盖了航空器研发、生产、销售及与之相关的基础设施建设、飞行保障和衍生综合服务等环节，能够显著拉动相关产业的发展。例如，通用航空可以带动航空器制造、维修、运营等产业；无人机则广泛应用于农业植保、物流配送、空中拍摄等多个领域，创造了新的商业机会。

低空经济具有巨大的市场潜力。近年来，我国低空经济产业规模持续增长，预计到 2030 年和 2035 年，低空经济产业规模将分别达到 2 万亿元和 3.5 万亿元。这一庞大的市场规模为经济发展提供了强劲的动力。

- 社会效益

低空经济为城市交通提供了新的解决方案。例如，eVTOL 可以在城市中心实现快速、高效的空中交通服务，缓解地面交通压力。此外，旅游观光等新兴业态也为人们提供了全新的出行体验。

在灾害救援、医疗急救等场景中，无人机和直升机等低空飞行器能够快速到达现场实施救援和物资投放，提高救援效率和成功率。这种高效、灵活的应急响应机制为社会带来了积极的影响。

低空飞行器在环境监测、生态保护等方面也发挥着重要作用。例如，无人机可以用于空气质量监测、森林火灾预警、野生动物保护等，助力提升环境保护水平。

- 战略意义

低空经济已被正式纳入国家级的战略规划中，成为推动经济社会发展的重要力量。国家层面密集出台相关政策文件，为低空经济的发展创造了有利的条件。

随着低空经济技术的不断进步和市场逐步开放，我国低空经济产业有望在国际市场上占据一席之地。通过加强国际交流与合作、引进并培养高素质人才，将提升我国低空经济的国际竞争力。

4. 制定和实施相关政策措施

各地政府应制定低空经济发展战略规划，出台支持低空经济发展的政策体系，建立健全法规体系，保障低空经济活动的合法合规运行。

加快通用机场和各类起降场的建设，提升低空飞行服务的智能化水平。

优化低空管理体制，促进空域资源的高效利用；健全低空经济服务体系，提高低空经济活动的便利性和安全性；加强开放合作水平，提升我国在全球低空经济产业链中的地位。

推动航空器与各个产业形态加快融合，拓展低空经济的市场空间。同时，加强宣传引导，提升低空经济产品与服务的消费意识或参与欲望。

5. 加强科技创新和人才培养

鼓励企业加大研发投入，突破关键核心技术。同时，加强与国际先进技术的交流、合作，引进和消化吸收国外先进技术成果。

加大对教育和科技领域的投入力度，培养更多具备创新精神和实践能力的高素质人才。同时，加强与高校、科研院所的合作力度，共同推动低空经济领域的技术创新和人才培养工作。

第二节　企事业单位积极加入

企事业单位应积极参与低空经济建设。

1. 抓住市场机遇

企事业单位可以从以下几个方面入手。

- 深入了解行业趋势与政策环境

企事业单位需要深入了解低空经济的行业趋势和政策环境。通过关注国家及地方政府发布的相关政策文件、研究报告和行业报告，了解低空经济的发展现状、未来趋势及政策支持方向。这将有助于企业把握市场机遇，制定符合行业发展趋势的战略规划。

- 加强技术研发与创新

低空经济涉及多个技术领域，如航空器制造、无人驾驶技术、通信技术、数据处理等。企事业单位需要加大技术研发与创新力度，不断提升自身的技术实力。通过引进高端人才、建立研发中心、加强与高校及科研机构的合作等方式，推动关键技术的突破和应用，为低空经济的发展提供有力支撑。

- 拓展应用场景与商业模式

低空经济的应用场景广泛,包括应急救援、物流配送、旅游观光、环境监测等多个领域。企事业单位需要积极拓展低空经济的应用场景,结合自身的技术优势和市场需求,开发出具有竞争力的产品和服务。同时,探索多元化的商业模式,如物流配送、旅游观光、飞行培训等,以满足不同客户的需求,实现企业的盈利增长。

- 构建完整的产业链与生态圈

低空经济涉及多个产业环节,包括航空器制造、基础设施建设、飞行服务保障等。企事业单位需要积极参与低空经济的产业链构建与生态圈建设。通过加强产业合作与交流,形成优势互补、协同发展的良好局面。同时,推动产业链上下游企业的紧密合作,共同打造低空经济的产业集群和生态圈,提升整个产业的竞争力和影响力。

- 关注市场变化与客户需求

低空经济市场变化迅速,客户需求多样。企事业单位需要密切关注市场动态和客户需求,及时调整产品和服务策略。通过加强市场调研和数据分析,精准把握客户的真实及潜在需求,为客户提供更加精准、高效的服务。同时,注重客户体验和反馈,不断优化产品与服务流程,提升客户满意度和忠诚度。

- 加强品牌建设与市场营销

品牌建设和市场营销是企业抓住低空经济市场机遇的重要手段。企事业单位需要注重品牌形象的塑造和传播,通过参加行业展会、举办技术论坛、发布新闻稿等方式，提升品牌知名度和影响力。同时，加强市场营销力度，制定有效的营销策略和推广计划，吸引更多的潜在客户关注并使用低空经济的相关产品和服务。

2. 促进技术创新与升级

低空经济的发展离不开技术的支持和推动。企事业单位在参与低空经济建设的过程中，需要不断投入研发资源，推动技术创新和升级。这不仅有助于提升企业的核心竞争力，还能为整个低空经济产业的发展提供有力支撑。

- 技术创新的驱动力

低空经济的蓬勃发展催生了物流配送、旅游观光、应急救援等新需求。这些需求对航空器的性能、智能化水平、安全性等方面提出了更高的要求，从而促使企事业单位加大研发投入，进行技术创新。

国家和地方政府出台了一系列政策文件，明确支持低空经济的发展，并鼓励技术创新。政策导向为企事业单位提供了明确的方向和动力，促使它们积极参与低空经济领域的技术研发和应用。

- 技术创新的具体领域

企事业单位在低空经济建设中，可以聚焦于航空器的研发与创新。这包括新型无人机的设计、eVTOL 的开发、直升机等通用航空器的性能提升等。通过采用新材料、新技术和新工艺，提高航空器的能效、安全性和智能化水平。

低空经济的智能化发展是必然趋势。企事业单位可以加强在导航设施、通信设施、自动控制等智能化技术领域的研发和应用。例如，利用人工智能算法优化飞行路径、提高飞行效率；利用物联网技术实现航空器的远程监控和维护等。

低空经济的发展离不开完善的基础设施支撑。企事业单位可以参与低空飞行起降网络的建设，包括通用机场、直升机起降点、无人机起降平台等的规划和建设。

- 技术升级的路径

企事业单位可以与高校、科研院所等建立紧密的产学研合作关系，共同开展低空经济领域的技术研发和创新。通过资源共享、优势互补，加速技术成果的转化和应用。

低空经济领域的技术创新需要高素质的人才支持。企事业单位可以加大人才引进力度，吸引国内外优秀人才加入低空经济领域的研究和开发工作。同时，加强内部人才培养，提升员工的专业技能和创新能力。

低空经济是一个全球化的产业领域。企事业单位可以积极参与国际交流与合作，引进国外先进的技术和管理经验，同时推动国内技术成果走向世界舞台。通过国际交流与合作，不断提升自身的技术水平和国际竞争力。

- 技术创新与升级的成果

通过技术创新与升级，企事业单位可以开发出具有自主知识产权的高性能航空器产品，提高产品的市场竞争力和附加值。这些产品将更好地满足市场需求，为企业带来更大的经济效益。

技术创新与升级将推动低空经济产业链的协同发展。企事业单位之间的合作将更加紧密，可以形成完整的产业链和生态圈。这将有助于提升整个产业的竞争力和可持续发展的能力。

低空经济的技术创新与升级将带来显著的社会效益。例如，在应急救援领域，高性能的无人机和直升机可以更快地到达灾区实施救援；在农业植保领域，智能无人机可以提高作业效率和精准度等。这些创新将为社会发展和民生改善做出积极贡献。

3. 提升品牌影响力，推动产业升级与协同发展

通过在低空经济领域的技术创新和突破，企事业单位可以打造具有核心竞争力的产品和服务，从而在市场上脱颖而出。技术创新是提升品牌影响力的核心驱动力。

积极参与与低空经济相关的会议、论坛、展览等活动，展示企业的最新技术成果和解决方案，提高品牌曝光度。同时，利用媒体宣传、公关活动等方式，加强品牌故事的传播，塑造积极的品牌形象。

通过提供高质量的产品和服务，赢得客户的认可和信赖，形成良好的口碑效应。客户的正面评价和推荐将进一步巩固和提升企业的品牌影响力。

低空经济的发展离不开技术的持续创新和突破。企事业单位应加大研发投入，推动低空经济相关技术的研发和应用，促进产业技术水平的整体提升。这将有助于推动产业升级，实现高质量发展。

通过参与低空经济建设，企事业单位可以加强与上下游企业的合作

与交流，形成完整的产业链体系。通过产业链的整合与优化，提升整个产业的竞争力和抗风险能力。

低空经济的发展催生了众多新兴业态，如物流配送、旅游观光等。企事业单位应积极探索和培育这些新兴业态，拓展新的市场空间和增长点。

低空经济的发展需要多行业、多领域的协同合作。企事业单位应加强与相关行业的交流与合作，共同推动低空经济产业的发展和进步。通过跨行业合作，实现资源共享、优势互补和互利共赢。

地方政府在推动低空经济发展中扮演着重要角色。企事业单位应积极响应地方政府的号召和支持政策，加强与地方政府和区域内其他企业的合作与交流。通过区域协同发展，形成低空经济产业集群效应和规模效应。

4. 履行社会责任与贡献社会价值

企事业单位在享受发展机遇的同时，也应积极履行社会责任并贡献社会价值。这不仅有助于提升企业的品牌形象和社会声誉，还能够促进低空经济行业的健康和可持续发展。

- 遵守法律法规，确保安全运营

企事业单位在参与低空经济建设时，必须严格遵守国家和地方关于低空飞行的法律法规，确保所有活动合法合规。这包括飞行高度限制、航线规划、飞行器注册等规定，以保障飞行安全和社会稳定。

加强飞行器的日常维护和安全检查，提高飞行员的技能水平和安全意识。建立完善的安全管理体系和应急预案，确保在紧急情况下能够迅速、有效地应对。

- 促进技术创新，推动产业升级

积极参与低空经济领域的技术研发和创新，推动无人机、轻型飞机等低空飞行器的技术进步和产业升级。这不仅有助于提升企业的核心竞争力，还能够促进整个行业的快速发展。

积极参与低空经济相关标准的制定和推广工作，为行业的规范化、标准化发展贡献力量。通过制定统一的标准，提高产品的兼容性和互操作性，降低运营成本，提高整体效益。

- 关注环境保护，实现绿色发展

在产品设计、生产、运营等各个环节注重节能减排，降低环境负担。例如，采用电动或混合动力系统替代传统的燃油动力系统，减少碳排放和空气污染。

利用低空飞行器进行环境监测和污染控制工作，为环境保护提供有力支持。通过实时监测空气质量、水质等环境指标，帮助决策者采取有效措施改善环境质量。

- 提升公共服务水平，促进社会和谐

在低空经济领域积极开展应急救援服务，提高应对自然灾害、突发事件等紧急情况的能力。通过无人机等低空飞行器迅速到达灾区进行现场勘查、物资投送和伤员救援等工作，为受灾群众提供及时有效的帮助。

利用低空飞行器进行物流配送服务，提高物流效率和覆盖面。特别是在偏远地区和交通不便的地区，通过低空飞行器进行物流配送可以大大缩短配送时间、降低运输成本，为当地居民提供更加便捷的服务。

- 加强人才培养与引进，推动行业可持续发展

加强低空经济领域的人才培养工作，通过设立专项基金、开展培训项目等方式吸引和培养高素质的专业人才。这些人才将为行业的创新和发展提供有力支持。

积极引进国内外优秀的低空经济领域人才和团队，通过提供优厚的待遇和良好的工作环境吸引他们加入企业的创新和发展中。这将有助于提升企业的整体实力和创新能力。

5. 享受政策支持与优惠

参与低空经济建设的企事业单位应该享受一定的政策支持与优惠，鼓励企事业单位积极投身其中，共同推动产业的升级和壮大。

- 财政补贴与资金奖励

对新落户的低空经济企业，在用房、用地、用能、服务保障等方面给予支持。对服务低空经济企业发展的检验检测机构，如适航审定检测中心、无人机产品质量检验检测中心等，按年投资额的20%给予补助，最高可达500万元。类似政策在不同地区可能有所差异，但均体现了对头部企业及机构的重视和支持。

对新增获得"灯塔工厂"、国家级单项冠军、国家专精特新"小巨人"和省级专精特新冠军的企业，按其当年经济指标增幅超过全市平均增幅部分的50%给予奖励，金额从100万元到300万元不等。

对获得中国民用航空局颁发的无人驾驶航空器型号合格证、生产许可证及运营合格证并在本地经营的低空经济企业给予资助，具体金额根据航空器类型而定，如对载人 eVTOL 的补助资金可达 1500 万元。

- 税收优惠与减免

虽然具体税收优惠政策可能因地而异，但通常参与低空经济建设的企事业单位可以享受一定程度的税收减免或优惠，如研发费用加计扣除、高新技术企业所得税优惠等。

- 用地与基础设施支持

对低空经济项目用地给予优先保障，降低企业用地成本。

支持低空经济基础设施建设，如起降场、保障设施、航路航线等，形成有力支撑低空飞行的设施体系。

- 技术创新与研发支持

鼓励企业加大技术研发投入，对符合条件的研发项目给予资金支持。

支持企业、高校院所参与低空经济相关创新平台建设，提升产业创新能力。

- 市场拓展与应用场景推广

鼓励企业拓展低空经济应用场景，对符合条件的示范项目给予奖励或补贴。

将低空经济相关产品和服务纳入政府采购目录，支持企业产品推广和应用。

- 融资与金融服务

引导金融机构加大对低空经济企业的信贷支持力度,降低企业融资成本。

运用融资担保、产业基金等多种工具,支持低空经济领域专精特新"小巨人"、制造业单项冠军等企业发展。

- 人才政策与保障

对低空经济产业人才在申报国家、省、市人才政策、落实待遇保障等方面给予支持。

支持企业与高校、科研院所合作开展人才培训与交流活动,提升产业人才素质。

第三节 高等院校迅速调整

为了配合低空经济的发展,高校、职业院校、相关培训机构等应尽快进行全方位调整,以适应行业需求和发展趋势,若已有相关基础需进一步加强,不相关的专业应进行整合调整,以提高行业相关性。

1. 调整专业设置与课程体系

- 调整专业设置

针对低空经济的综合特点,高校和职业院校新增了与低空飞行器制造、低空运营服务、低空基础设施等紧密相关的专业。例如,无人机操作、无人机系统研发、航空物流、低空交通管理等专业。这些专业成为热门选择。一些传统航空院校也基于原有民用航空飞行、民用航空运输等专业开设了新的学科和专业方向，如低空飞行技术、通用航空飞行员培训等。

低空经济涉及多个领域，因此跨学科的专业设置成为趋势。例如，结合电子信息工程、通信工程、材料科学等专业，形成低空经济特色专业方向，如低空通信导航技术、低空飞行器复合材料应用等。

- 调整课程体系

在保留传统航空航天类专业核心课程的基础上，增加与低空经济相关的课程内容。例如，在飞行器设计与工程、飞行器动力工程等专业中增加无人机设计、低空飞行控制等课程。

开设专门针对低空经济的专业课程，如低空飞行器原理与系统、低空运营管理、低空法律法规等，以满足行业对专门人才的需求。

增加实操训练比重，引入先进的低空飞行器模拟训练系统和实地飞行训练机会，提升学生的动手能力和实践技能。同时，与企业合作建立实训基地，实现课程与岗位的无缝对接。

与低空经济领域的企业深度合作，共同制定人才培养方案，将企业的实际需求和行业标准融入课程体系中。通过校企合作、工学结合等方式，培养符合行业要求的高素质技能型人才。

鉴于低空经济领域的法律法规和政策尚不完善且变化较快，课程体系中应加强对无人机飞行安全、法律法规等方面的教育，通过开设相关课程、邀请行业专家讲座等方式，提高学生的法律意识和安全意识。

清华大学、北京航空航天大学、北京理工大学、南京航空航天大学、西安交通大学、西安工业大学、哈尔滨工业大学、上海交通大学等都设有与航空相关的专业，其在人才培养方面处于国内一流、世界前沿。这些学校为低空经济发展输送了大量高端技术人才和综合素质高的复合型人才。职业院校和培训机构则为低空经济发展输送了各类型职业水平高的人才，这些人才是低空经济发展的主力军，所以相关职业院校和培训机构应加大力度培养。例如，浙江安防职业技术学院作为浙江省首批开展无人机应用技术相关专业的高等院校，聚焦无人机领域，开设了无人机应用技术专业，培养集无人机零部件装配、维护与维修、飞行操控、无人机设计与开发、无人机行业应用等知识与能力于一体的高素质技术技能型人才。

低空经济的专业设置与课程体系调整是一个动态的过程，需要根据行业发展需求和人才培养目标不断优化和完善。通过新增专业方向、跨学科融合、优化传统课程、新增专业课程、强化实践教学、推动产教融合和注重法规政策教育等措施，可以培养出更多符合低空经济领域需求的高素质技能型人才。

2. 增强产教融合与校企合作

低空经济的产教融合与校企合作是当前推动该领域发展的重要途径。

- 产教融合的意义

产教融合是指教育与产业之间的深度融合，旨在通过教育与产业的有机结合，促进技术创新、产业升级和人才培养。在低空经济领域，产教融合有助于培养符合行业需求的高素质人才，推动低空技术的创新与应用，促进低空经济的健康发展。

- 产教融合的现状与趋势

国家和地方政府纷纷出台政策支持低空经济的发展，鼓励产教融合与校企合作。例如，深圳市出台了全国首部促进低空经济产业发展的专项法规《深圳经济特区低空经济产业促进条例》，为低空经济的产教融合提供了政策保障。

高校、职业院校通过与无人机企业、科研机构等进行合作，共同推动低空经济的发展。合作模式包括共建低空经济产业学院、专业群、实训基地等，实现资源共享、优势互补。例如，深圳鹏城技师学院与顺丰科技有限公司联手打造全国技工教育系统首家"低空经济产业学院"，实现"五个共建"，包括共建低空经济产业学院、专业群、应用创新中心、CAAC（中国民用航空局）执照培训基地和校外实训基地。这一合作不仅提升了人才培养质量，还促进了低空经济的技术创新和应用。

通过产教融合，低空经济领域的人才培养体系逐渐完善。高校和职业院校根据行业需求调整课程设置，加强实操训练，提高学生的专业技能和职业素养。例如，浙江安防职业技术学院与广州中科云图智能科技有限公司进行低空经济产学研合作对接，并签订战略合作协议，明确下一步在人才培养、院士导入、科研项目联合申报、企业引进入驻温州市等方面的合作。

随着低空经济的不断发展，产教融合将进一步深化。高校和职业院校将更加注重与企业的合作，共同推动技术创新和人才培养。例如，东营职业学院无人机产业学院与当地企业联合开展无人机执照培训，培养无人机运维的技术人员。

产教融合的合作领域将不断拓展。除了无人机领域，还将涵盖物流配送、旅游观光、应急救援等多个领域，形成多元化的合作格局。

通过产教融合，低空经济领域的人才培养质量将不断提升。高校和职业院校将更加注重培养学生的实践能力和创新精神，为企业输送更多的高素质人才。例如，绵阳低空经济产业学院实施跨学科的教育科研融合，并与企业合作，进行定制化人才培养，以更好地支持绵阳市低空经济的发展。

3. 加强法规政策教育与提升安全意识

在低空经济领域，加强法规政策教育与提升安全意识是确保行业健康、安全发展的关键。随着低空经济的快速发展，无人机等低空飞行器的应用日益广泛，相关的法规政策教育和安全意识提升变得尤为重要。

- 法规政策教育

低空经济涉及空域管理、飞行安全、隐私保护等多个方面，需要严格遵守国家和地方的法律法规。因此，加强法规政策教育，提高从业人员对法规政策的理解和执行能力，是保障低空经济安全有序发展的基础。

《中华人民共和国民用航空法》《无人驾驶航空器飞行管理暂行条

例》等法律法规对无人机的管理、飞行活动、安全监管等方面作出了明确规定。

各地政府根据自身情况出台的低空经济管理政策，如北京市的《北京市促进低空经济产业高质量发展行动方案（2024—2027年）》、上海市的《上海市低空经济产业高质量发展行动方案（2024—2027年）》等，这些政策文件对低空经济的发展方向、重点任务、保障措施等进行了详细规划。

高校、职业院校、培训机构应将法规政策教育纳入相关专业的课程体系中，通过课堂教学、案例分析等方式，让学生充分了解低空经济的法规政策；定期举办低空经济法规政策培训班、研讨会等活动，邀请行业专家、政府官员等进行讲解和交流，提高学生的法规政策素养。

- 安全意识提升

低空经济涉及飞行活动，安全风险较高。提升从业人员的安全意识（包括飞行前的准备、飞行中的操作规范、应急处理等方面），有助于预防事故的发生，保障人身和财产安全。在使用无人机等低空飞行器进行空中拍摄、环境监测等活动时，应严格遵守隐私保护法律法规。低空飞行活动应尽量减少对环境的影响，避免噪声污染、空气污染等问题。

高校、职业学校、培训机构应通过模拟飞行、应急演练等实操训练方式，提高学生应对突发情况的能力和安全意识。定期开展安全教育活动，如安全知识讲座、安全案例分析等，强化学生的安全意识和责任感。

- 监管与自律

政府部门应加强对低空经济活动的监管力度，对违法违规行为进行严厉查处，确保行业安全有序发展。

行业协会等组织应发挥自律作用，制定行业标准和规范，推动行业健康发展。

4. 搭建就业服务平台

搭建无人机飞手就业服务平台，加强与行业协会、企业的合作，为飞手提供更多就业机会和职业发展路径。例如，通过举办招聘会、建立就业信息库等方式，促进无人机飞手与企业的对接。

5. 政策支持与推动

地方政府纷纷出台政策推动低空经济的发展，如河南省人民政府办公厅发布关于印发《促进全省低空经济高质量发展实施方案（2024—2027年）的通知，提出加快组建郑州航空航天大学等措施。绵阳市政府出台相应政策支持低空经济发展，最高给予企业1000万元的单项奖励，并设立10亿元的产业基金。

为了配合低空经济的发展，高校、职业院校、培训机构在专业设置、课程体系、产教融合、法规政策教育、就业服务等方面进行了全面调整，以适应行业的需求和发展趋势。这些调整不仅有助于提升人才培养质量，促进低空经济的健康发展，同时也为相关产业的发展提供了有力的人才保障。

第四节　职业选择适度倾斜

个人在低空经济发展中的职业选择丰富多样，随着这一领域的快速发展，越来越多的机会涌现了出来。

1. 无人机相关职业

1）无人机飞手

无人机飞手，也被称为无人驾驶航空器系统操作员，是指具备无人机操作技能的专业人员。他们通过远程控制设备，驾驶无人机完成既定飞行任务。

• 主要工作任务

安装与调试：负责无人机的组装、调试，包括电机、动力设备、桨叶及相应任务设备等，确保无人机各项设备运行正常。

航线规划：根据任务要求规划航线，结合飞行控制软件进行航前检查，确保飞机的全球定位系统、罗盘、空速管及其俯仰翻滚等状态良好。

飞行操作：操控无人机完成既定飞行任务，实时掌握飞机的姿态、方位、空速、位置、电池电压、即时风速风向、任务时间等重要状态。

数据处理：整理并分析无人机采集的数据，如影像拼接和分析等，提取有价值的信息和数据。

安全监控：对所负责的飞行区域进行监控和管理，及时反馈相关数据信息，确保飞行安全。

维护保养：参与无人机的日常检查、维护、保养和故障排查等工作，确保无人机的正常运行并延长使用寿命。

• 技能要求

飞行控制技能：掌握无人机的起飞、降落、定点、拍摄等基本飞行技能，熟悉应急处理和安全操作规范。

导航和定位技能：了解地理信息系统和全球定位系统的应用，能够进行航行规划、实时导航和精确定位。

传感器技术和应用：了解无人机配备的各种传感器（如摄像头、雷达、惯性测量单元等）的原理和应用，能够利用传感器数据进行飞行控制、目标识别和环境感知等操作。

通信和遥测技术：掌握无线通信技术，确保无人机与操作人员之间的实时交互和控制指令传输的稳定可靠。

任务规划和执行能力：根据任务需求进行航行规划、任务载荷配置和实时任务执行，并具备对任务结果的分析和评估能力。

• 职业发展与前景

技术发展与需求增长：随着无人机技术的不断进步和应用场景的持续扩大，无人机飞手的需求量大增，就业前景广阔。

行业监管与标准化：政府对无人机的管理日益严格，要求无人机飞手具备更高的专业素养和适应能力，但同时也为遵守规定、技术过硬的无人机飞手提供了更多的发展机会。

创业与职业发展：有志于在无人机领域创业的无人机飞手可以利用自己的技术和经验开设无人机服务公司或提供无人机培训服务。此外，随着无人机技术的普及和应用范围的扩大，无人机飞手还可以向技术研发、项目管理等方向发展。

- 就业方向

无人机飞手的就业方向广泛多样，包括但不限于农业植保、电力巡检、石油管道巡检、空中拍摄、国土资源勘查、应急救援、交通监控等领域。他们可以在这些行业中从事无人机的具体操作、数据处理、维护保养等工作。

- 薪资水平

无人机飞手的薪资水平因地区、单位性质及个人能力等因素而异。一般来说，具备丰富经验和专业技能的无人机飞手薪资较高。实际薪资水平还需根据市场情况和具体职位来确定。

总之，无人机飞手是一个充满机遇和挑战的职业。他们需要具备全面的技能、知识体系及高度的专业素养和适应能力来应对不断变化的市场需求与工作环境。同时，政府和社会各界也应加强对无人机行业的支持与引导，为无人机飞手提供更多的发展机会和保障措施。

2）无人机系统研发工程师

无人机系统研发工程师负责设计、开发并优化无人机系统，确保其性能卓越、安全可靠。

- 岗位职责

系统设计与开发：根据项目需求和市场需求，设计无人机的整体系统架构，包括动力系统、飞控系统、通信系统等；负责无人机的硬件选型、软件开发、算法调试等工作，确保无人机系统的高效运行；编写相关技术文档，如系统设计报告、开发文档、测试报告等。

性能优化与测试：对无人机系统进行性能测试和优化，包括飞行稳定性、续航能力、载荷能力等关键指标的测试；根据测试结果进行问题排查和修复，提升无人机系统的整体性能。

市场调研与需求分析：进行市场调研，了解行业发展趋势和竞争状况，为产品设计和开发提供市场依据；分析客户需求，提出合理的设计方案，满足客户的多样化需求。

项目管理与协调：制订项目计划与进度安排，确保项目按时按质完成；协调项目团队各成员之间的工作，解决项目过程中出现的问题和冲突。

技术支持与培训：为生产部门、销售部门及客户提供技术支持，解答技术难题；参与无人机产品的培训工作，提升团队的整体技术水平。

- 技能要求

专业知识：扎实的飞行器设计、自动控制、通信工程、电子工程等相关专业知识背景；熟悉无人机系统的基本原理、组成结构和关键技术。

软件与工具：熟练掌握与无人机控制系统开发相关的软件和工具，如 MATLAB、Simulink、C/C++ 等；熟悉无人机仿真测试软件，能够进行系统的模拟测试和优化。

分析与解决问题的能力：具备较强的问题分析和解决能力，能够快速定位并解决无人机系统研发过程中的技术难题；善于从全局把握问题，提出有效的解决方案。

沟通与协作的能力：沟通与协作能力强，能够与客户、供应商等相关方进行有效的沟通与协调。

持续学习的能力：关注无人机领域的最新技术和发展趋势，持续学习和掌握新知识、新技能；积极参与技术交流和研讨活动，提升个人技术水平。

- 发展前景

随着无人机技术的不断发展和应用领域的持续拓展，无人机系统研发工程师的就业前景十分广阔。未来，无人机将在农林植保、遥感测绘、电力巡检、应急救援、空中拍摄等多个领域发挥重要作用，对无人机系统研发工程师的需求也将不断增加。同时，随着无人机技术的不断创新和升级换代，无人机系统研发工程师也将面临更多的机遇和挑战。因此，具备扎实专业知识、丰富实践经验和持续学习能力的无人机系统研发工程师将在未来的职业发展中占据优势地位。

2. eVTOL 相关职业

eVTOL 作为一种新兴的航空器，其设计、研发、制造、测试及认证是一个涉及面广、产业链长、技术密集的复杂系统工程。对个人职业技能的要求也因此而多样化且高标准。

- 专业背景与知识

航空航天工程、机械工程或相关领域学位：通常要求具备航空航天工程、机械工程、材料科学、物理学或相关领域的学士学位或更高级学位。这些专业背景为理解和解决 eVTOL 设计中的复杂问题提供了坚实基础。

深入理解 eVTOL 关键技术：熟悉电动航空技术、无人驾驶、人工智能、信息通信等相关领域的跨界技术；了解总体设计、气动设计、混合动力、复合材料、飞行控制、分布式电力推进及航空电子等关键技术的综合集成。

- 专业技能

设计与仿真的能力：能够使用 CAD 软件（如 CATIA）进行飞行器设计，熟悉复合材料设计工具和插件；具备进行结构分析和仿真工具的经验，如 FEA（有限元分析）和层压板优化软件。

软件编程与控制系统开发：对于涉及飞行控制、自动驾驶等系统的工程师，需要具备扎实的编程能力，熟悉现代软件开发流程，如敏捷开发、持续集成等；能够开发并优化飞行控制算法，确保飞行的稳定性和安全性。

动力系统设计与优化：熟悉分布式电力推进系统的设计与优化，包括电机、电池、电控等关键部件；了解高功率密度电机的设计、仿真与测试，以及电池系统的安全管理与能量管理策略。

安全与适航认证：熟悉航空器适航认证流程，了解 FAA、EASA 等国际航空管理机构的标准和要求；能够在设计和研发过程中融入适航理念，确保产品符合安全标准。

- 综合能力

问题解决与创新的能力：具备出色的问题解决能力，能够在面对复杂技术难题时提出创新性的解决方案；同时，具备批判性思维和持续学习的能力，以适应 eVTOL 技术的快速发展。

沟通与团队协作的能力：良好的沟通能力和团队协作精神是不可或缺的；需要与多学科团队紧密合作，共同推进项目进展；同时，能够与供应商、客户等外部利益相关者进行有效沟通。

项目管理的能力：对于高级职位或项目负责人，需要具备项目管理经验，能够制订项目计划、监控进度、管理风险并确保项目按时按质完成。

- 特定岗位技能

高级复合材料设计工程师：需要具备在复合材料零件设计方面的丰富经验，熟悉碳纤维、玻璃纤维等材料的制造技术和相关法规。

飞行控制软件主管：除了编程技能，还需要具备管理技能和安全关键的航空航天软件开发经验；能够领导软件团队进行高效的项目管理和产品开发。

eVTOL 研发工程师：负责 eVTOL 的设计、研发与测试工作，包括动力系统、航电系统、结构设计等方面。

低空飞行器制造工人：负责低空飞行器的生产制造工作，包括零部件加工、组装、调试等。

3. 低空运营服务与管理

低空物流运营专家：负责搭建和运营低空物流网络，优化航线、提高运输效率，实现快速、高效的货物运输。

低空旅游策划师：负责规划和设计低空旅游线路，打造独具特色的旅游产品，吸引游客参与低空旅游体验。

4. 综合服务与保障

低空飞行保障人员：负责低空飞行活动的地面保障服务、空中保障服务、适航审定及检测检验服务等。

5. 教育与培训

低空经济专业教师与培训师：负责低空经济相关专业的课程教学与培训工作，培养低空经济领域的专业人才。

6. 政策支持与监管

政策研究与规划人员：负责低空经济相关政策的研究与制定工作，

为低空经济的发展提供政策支持和指导。

上述仅仅是一部分相关职业内容，并不全面。事实上，个人在低空经济发展中的职业选择非常丰富多样，涵盖无人机相关职业、低空飞行器制造与研发、低空运营服务与管理、综合服务与保障、教育与培训及政策支持与监管等多个领域。随着低空经济的不断发展壮大，这些职业领域将提供更多的就业机会和发展空间。个人可以根据自己的兴趣、专业背景和职业规划选择合适的职业方向。

反侵权盗版声明

电子工业出版社依法对本作品享有专有出版权。任何未经权利人书面许可，复制、销售或通过信息网络传播本作品的行为；歪曲、篡改、剽窃本作品的行为，均违反《中华人民共和国著作权法》，其行为人应承担相应的民事责任和行政责任，构成犯罪的，将被依法追究刑事责任。

为了维护市场秩序，保护权利人的合法权益，我社将依法查处和打击侵权盗版的单位和个人。欢迎社会各界人士积极举报侵权盗版行为，本社将奖励举报有功人员，并保证举报人的信息不被泄露。

举报电话：（010）88254396；（010）88258888
传　　真：（010）88254397
E-mail：　dbqq@phei.com.cn
通信地址：北京市万寿路 173 信箱
　　　　　电子工业出版社总编办公室
邮　　编：100036